林艺淇 主编

经典胎教全书

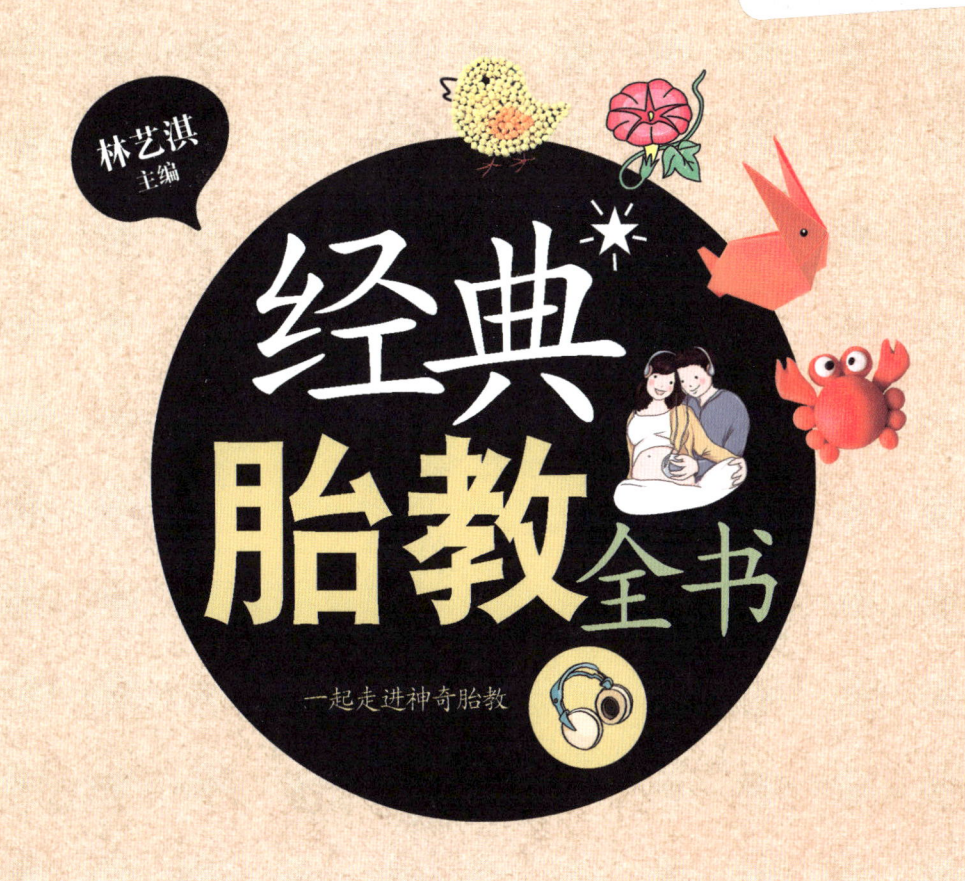

一起走进神奇胎教

吉林科学技术出版社

图书在版编目（CIP）数据

经典胎教全书 / 林艺淇主编． -- 长春：吉林科学技术出版社，2013.12
ISBN 978-7-5384-7313-1

Ⅰ．①经… Ⅱ．①林… Ⅲ．①早期教育－家庭教育 Ⅳ．①G78

中国版本图书馆CIP数据核字（2013）第308425号

经典胎教全书
Jingdian Taijiao Quanshu

主　　编	林艺淇
出 版 人	李　梁
责任编辑	许晶刚　杨超然　任思诺
模　　特	陈园园　于　洋　张莹楠　张子璇　小　静　刘　微
封面设计	长春市一行平面设计有限公司
制　　版	长春市一行平面设计有限公司
开　　本	880mm×1230mm　1/16
字　　数	400千字
印　　张	22
印　　数	1—10000册
版　　次	2014年3月第1版
印　　次	2014年3月第1次印刷
出　　版	吉林科学技术出版社
发　　行	吉林科学技术出版社
地　　址	长春市人民大街4646号
邮　　编	130021
发行部电话/传真	0431-85635177　85651759　85651628
	85635181　85600611　85635176
储运部电话	0431-86059116
编辑部电话	0431-85679177
网　　址	www.jlstp.net
印　　刷	沈阳美程在线印刷有限公司

书　　号　ISBN 978-7-5384-7313-1
定　　价　45.00元

如有印装质量问题　可寄出版社调换
版权所有　翻印必究　举报电话：0431-85679177

前言
Qianyan

对于每一位女性来说，怀孕都是一种独特的经历。在40周的怀孕旅程里，准妈妈的身体、心理都会发生很大变化，怀孕不仅是孕育一个生命，对准妈妈来说也是一次成长。

当发现怀孕的那一刻，准妈妈的心情会十分兴奋、激动，一方面害怕自己看错试纸的结果，一方面又特别高兴，想赶快把怀孕这一消息告诉所有人。在兴奋、高兴的同时，准妈妈要尽早为胎儿进行胎教，调查表明，有效的胎教可以生出聪明、健康的宝宝，因为胎儿能感受到准妈妈的爱和教育。

准妈妈需要掌握很多关于孕期方面的知识，例如在怀孕的40周里，需要吃什么食物能够补充营养；什么时期需要补充哪些营养素；胎儿在各个时期需要做哪些胎教；怎样能够缓解准妈妈焦虑的情绪等等。

《经典胎教全书》站在准妈妈的角度为您排解孕期的多种疑虑，让准妈妈安全、健康、开心地度过孕期。

第一章 Di yi zhang
孕早期
经过不懈的努力 终于怀孕了

01周 受孕是胎教的第一步　20

准妈妈和胎儿的变化　20
准妈妈的变化　20
胎儿的变化　20

必知的孕期生活指导　21
最佳受孕季节　21
最佳受孕时机　21
控制体重　21

需要关注的健康问题　22
孕前必须治疗的疾病　22
孕前禁忌这些药品　24

科学的饮食营养　24
摄取适量叶酸　24
补充维生素　25
以下食物不妨多吃　25
孕前不能吃的食物有什么　25

每周胎教重点　26
做好胎教准备　26
故事胎教：《捞月亮》　27

02周 抓住排卵期受孕的机会　28

准妈妈和胎儿的变化　28
准妈妈的变化　28
胎儿的变化　28

必知的孕期生活指导　29
计算排卵期　29
性生活要和谐　29
轻松受孕小秘诀　29

需要关注的健康问题　30
警惕高危妊娠　30
受孕与遗传　30

科学的饮食营养　31
继续补充叶酸　31
合理安排早餐　32
远离这些有毒物质　32

每周胎教重点　32
音乐胎教：莫扎特G大调弦乐小夜曲　32
音乐胎教：聆听班得瑞的《安妮的仙境》　32
运动胎教：增强身体活力健身操　33
故事胎教：《乌鸦喝水》　34
故事胎教：《拇指姑娘》　35
语言胎教：古诗中的母亲　36

03周 受精卵进行细胞分裂　37

准妈妈和胎儿的变化　37
准妈妈的变化　37
胎儿的变化　37

必知的孕期生活指导　38
远离噪声和振动　38
防辐射服的选用　38

需要关注的健康问题　38
威胁胎儿的药物　38
预防孕期流感　39

科学的饮食营养　40
补充锌元素　40
准妈妈美味营养餐　40
摄入盐要适量　40

每周胎教重点　41
美学胎教：美从现在开始　41
运动胎教：散步　41
故事胎教：《掉在井里的狐狸和公山羊》　42
语言胎教：《三只熊》　43

04周 胎儿的神经管形成　44

准妈妈和胎儿的变化　44
准妈妈的变化　44
胎儿的变化　44

必知的孕期生活指导　45
怀孕的征兆有哪些　45
如何检测是否怀孕　46

需要关注的健康问题　47
如何提高免疫力　47
怀孕后做了不该做的事怎么办　47
孕期感冒了怎么办　47

科学的饮食营养　48
补充蛋白质　48
准妈妈营养标准参考指标　48
准妈妈美味营养餐　49

每周胎教重点　51
写胎教日记　51
音乐胎教：卡布里的月光　51
音乐胎教：《紫丁香》　51
音乐胎教：《雨的印记》　52
音乐胎教：《森林中的一夜》　52
意念胎教：插上想象的翅膀　52
故事胎教：《三个和尚》　53

05周 胎儿大脑和脊椎形成　54

准妈妈和胎儿的变化　54
准妈妈的变化　54
胎儿的变化　54

必知的孕期生活指导　55
情绪上有所转变　55
早孕反应早知道　55
推算预产期的方法　55
怀孕了，这些事情不能做　56
避开辐射强的物品　56
不可不知的产假大事件　57

需要关注的健康问题　59
了解腹痛是怎么回事　59
偶尔会出现胀气　59

科学的饮食营养　60
补充维生素B₁　60
选择易消化的食物　60
准妈妈美味营养餐　60

每周胎教重点　61
微笑是最好的胎教　61
音乐胎教：《秋日私语》　61
名画欣赏：《蒙娜丽莎的微笑》　61
音乐胎教：《爱之梦》　61
故事胎教：《下金蛋的鸡》　62
语言胎教：《荷塘月色》　63

06周 胚胎开始逐渐呈现雏形　64

准妈妈和胎儿的变化　64
准妈妈的变化　64
胎儿的变化　64

必知的孕期生活指导　65
体重增加　65
告诉周围的人自己怀孕了　65

需要关注的健康问题　66
引起自然流产的原因　66
怎样避免早期流产　67

科学的饮食营养　68
补充人体必需的营养　68
要少食多餐　68
准妈妈美味营养餐　68

本周胎教重点　69
美学胎教：画一幅动物简笔画　69
音乐胎教：《斯卡波罗集市》　69
运动胎教：手臂、骨盆倾斜与环绕运动环绕　70
故事胎教：《龟兔赛跑》　71
语言胎教：《面朝大海，春暖花开》　72
语言胎教：《终南山》　72
名画欣赏：毕加索《梦》　73
语言胎教：《小星星》　73

07周 胎儿心脏形成　74

准妈妈和胎儿的变化　74
准妈妈的变化　74

胎儿的变化 74
必知的孕期生活指导 75
准妈妈很容易尿频 75
尽量让自己平静下来 75
如何改善早孕反应 75
关注胎儿心跳 76
需要关注的健康问题 76
为什么会出现先兆流产 76
什么情况下需要保胎 76
科学的饮食营养 77
补充钙质 77
在外就餐怎样吃才健康 77
准妈妈美味营养餐 77
本周胎教重点 78
做好胎教计划，安排好工作和休息 78
音乐胎教：《天鹅》 78
运动胎教：踏步运动 79
名画欣赏：《缠毛线》 79
故事胎教：《狼和小羊》 80
语言胎教：《动物儿歌》 80

08周 手臂和腿部开始细分 81

准妈妈和胎儿的变化 81
准妈妈的变化 81
胎儿的变化 81
必知的孕期生活指导 82
准妈妈要学会控制情绪 82
日常生活中的动作姿势规范 82
需要关注的健康问题 83
警惕葡萄胎 83
远离病毒 84
科学的饮食营养 85
这样吃可以补充营养 85
适量补充蛋白质 86
这些受争议的食物真的不能吃吗 86
准妈妈美味营养餐 88
本周胎教重点 89
情绪胎教：练练书法 89
音乐胎教：《蓝色多瑙河》 89

运动胎教：缓解颈部疲劳 89
故事胎教：《贪心的樵夫》 90
语言胎教：朗诵泰戈尔的《太阳颂》 90

09周 胚胎长出手指和脚趾 91

准妈妈和胎儿的变化 91
准妈妈的变化 91
胎儿的变化 91
必知的孕期生活指导 92
需要建立围产保健手册 92
早孕反应会持续多久 92
不要过分在意睡姿 92
选择什么交通工具上班 92
需要关注的健康问题 92
警惕高危妊娠综合征 92
可能会引起高危妊娠综合征的疾病 93
科学的饮食营养 94
这些食物可以多吃一些 94
喝孕妇奶粉 94
减少盐的摄入量 95
不宜吃的食物 95
准妈妈美味营养餐 96
本周胎教重点 97
音乐胎教：《A大调单簧管协奏曲》 97
运动胎教：脸部按摩操 97
故事胎教：《马蹄上的钉子》 98
语言胎教：《开始》 99
语言胎教：《登鹳雀楼》 99
语言胎教：《卖报歌》 100
名画欣赏：《向日葵》 100
名画欣赏：《金色的秋天》 101
趣味胎教：《童言无忌》 101

10周 全面进入胎儿期 103

准妈妈和胎儿的变化 103
准妈妈的变化 103
胎儿的变化 103
必知的孕期生活指导 104
选择合适的内衣 104
挑选一双合适的鞋 104

看似卫生却不卫生 104
需要关注的健康问题 105
担心胎儿畸形怎么办 105
怎样做绒毛膜取样检查 105
科学的饮食营养 106
补充矿物质和维生素 106
补充矿物质和维生素 106
准妈妈美味营养餐 106
本周胎教重点 107
不要让音乐变成噪声 107
音乐胎教：胎教名曲推荐 108
音乐胎教：《天鹅湖》 108
情绪胎教：远离孕期抑郁症 109
故事胎教：《狐狸请客》 110
语言胎教：爱的教育（节选） 110
语言胎教：唱儿歌 111
名画欣赏：《农民的婚礼》 111

11周 胎儿迅速成长 112

准妈妈和胎儿的变化 112
准妈妈的变化 112
胎儿的变化 112
必知的孕期生活指导 113
预防妊娠纹从现在开始 113
怀孕也可以适当做家务 113
准妈妈要有正确的姿势 114
需要关注的健康问题 114
过敏的症状与危害 114
会引起准妈妈过敏的食物 115
科学的饮食营养 115
加强钙的补充 115
酸食这样吃 115
营养师推荐的食材搭配 115
准妈妈美味营养餐 117
本周胎教重点 118
故事胎教：《掩耳盗铃》 118
语言胎教：儿歌《数鸭子》 119
语言胎教：儿歌《拍手歌》 119
语言胎教：古诗《回乡偶书》 119
趣味胎教：猜谜语 120

12周 胎儿长大两倍左右 121

准妈妈和胎儿的变化 121
准妈妈的变化 121
胎儿的变化 121
必知的孕期生活指导 122
化妆品对胎儿的危害 122
洗澡要注意什么 122
准妈妈应注意晒太阳 123
需要关注的健康问题 123
出现眩晕症状 123
胚胎停育 124
科学的饮食营养 124
补充镁 124
开胃调理原则 124
准妈妈美味营养餐 125
本周胎教重点 126
情绪胎教：聆听大自然的呼吸 126
情绪胎教：关于四叶草的传说 126
音乐胎教：《花之圆舞曲》 126
音乐胎教：《春野》 126
故事胎教：《画蛇添足》 127
语言胎教：《再别康桥》 128
语言胎教：《致大海》 128
语言胎教：《对月》 129
名画欣赏：《母子情》 129

第二章 Di er zhang
孕中期
安全度过一个愉快舒适的孕期

13周 具备完整的脸部形态 132

准妈妈和胎儿的变化 132
准妈妈的变化 132
胎儿的变化 132

必知的孕期生活指导 133
什么样的睡姿最合适 133
黑色素沉淀 134
妊娠纹 134

需要关注的健康问题 134
注意口腔卫生 134
警惕贫血 135

科学的饮食营养 136
补充锌 136
拒绝这些不良的饮食习惯 136
准妈妈美味营养餐 136

本周胎教重点 137
抚摸胎教：怎样进行抚摸胎教 137
音乐胎教：莫扎特A大调单簧管五重奏 138
音乐胎教：《听海》 138
故事胎教：《祖父和孙子》 139
趣味胎教：数独 140
趣味胎教：简笔画 140

14周 可以区分胎儿性别 141

准妈妈和胎儿的变化 141
准妈妈的变化 141
胎儿的变化 141

必知的孕期生活指导 142
准妈妈要关爱乳房 142
学会放松身体 142

需要关注的健康问题 143
皮肤瘙痒怎么办 143
经常头痛怎么办 144

科学的饮食营养 144
补充多种营养素 144
准妈妈胃口好转 144
准妈妈美味营养餐 145

本周胎教重点 146
音乐胎教：《月光奏鸣曲》 146
运动胎教：放松身体的孕中期体操 146
故事胎教：《挑媳妇》 147
故事胎教：《农夫与蛇》 147
语言胎教：《蜗牛与黄鹂鸟》 148
语言胎教：《笑》 149
名画欣赏：《来自圣母的祝福》 149
语言胎教：《海上》 149

15周 胎盘完全形成 150

准妈妈和胎儿的变化 150
准妈妈的变化 150
胎儿的变化 150

必知的孕期生活指导　151
怎样在工作时保持舒适　151
正确选择孕妇装　151
孕期要美，也要有原则　152

需要关注的健康问题　153
减轻腰痛的方法　153
如何看懂化验单　153

科学的饮食营养　155
全面补充营养　155
准妈妈要拒绝偏食　155
准妈妈美味营养餐　156

本周胎教重点　157
音乐胎教：古典胎教音乐参考曲目　157
运动胎教：山立式健身操　157
故事胎教：《叶公好龙》　158
故事胎教：《刻舟求剑》　158
语言胎教：儿歌两首　159
名画欣赏：《蛙声十里出山泉》　159
趣味胎教：画青蛙　159

16周 全面开始开展胎教　160

准妈妈和胎儿的变化　160
准妈妈的变化　160
胎儿的变化　160

必知的孕期生活指导　161
羊水检查　161
适当控制体重　161
有必要做唐氏综合征产前筛选检查　161
准妈妈的皮肤问题　161

需要关注的健康问题　162
小腿抽搐　162
准妈妈要呵护好脚　162

科学的饮食营养　163
补充锌　163
准妈妈美味营养餐　163

本周胎教重点　164
音乐胎教：聆听《微风吹拂的方式》　164
运动胎教：放松身体的孕中期体操　164
故事胎教：《愚公移山》　165

语言胎教：《你是人间四月天》　166
知识胎教：星星的故事　166
手工胎教：折一只千纸鹤精灵　167
趣味胎教：猜一猜谜语　168

17周 生成褐色皮下脂肪　169

准妈妈和胎儿的变化　169
准妈妈的变化　169
胎儿的变化　169

必知的孕期生活指导　170
掌握正确的姿势与动作　170
子宫底高　170

需要关注的健康问题　170
孕期抑郁症不容忽视　170
孕期发热了怎么办　171

科学的饮食营养　172
补充钙　172
抗辐射食物　172
准妈妈美味营养餐　172

本周胎教重点　173
音乐胎教：《安妮的仙境》　173
故事胎教：《十二生肖》　174
语言胎教：《深笑》　175
语言胎教：《金色花》　175
手工胎教：狗头　176

18周 心脏跳动更加活跃 177

准妈妈和胎儿的变化 177
准妈妈的变化 177
胎儿的变化 177

必知的孕期生活指导 178
孕期也可以享受"性福" 178
准妈妈此时期易患痔疮 179

需要关注的健康问题 179
缓解孕期不适的按摩 179
预防孕期患妊娠高血压综合征 179

科学的饮食营养 181
补充铁 181
准妈妈美味营养餐 181

本周胎教重点 182
运动胎教：下蹲练习 182
故事胎教：《拇指姑娘》 183
语言胎教：《雨巷》 184
手工胎教：折纸百合花 185

19周 表情越来越丰富 186

准妈妈和胎儿的变化 186
准妈妈的变化 186
胎儿的变化 186

必知的孕期生活指导 187
什么是胎动 187
不一定是胎宝宝胖了 187

需要关注的健康问题 188
准妈妈白带增多 188
准妈妈腿部抽筋怎么办 188

科学的饮食营养 189
补充维生素A 189
准妈妈美味营养餐 189

本周胎教重点 190
音乐胎教：《春之声圆舞曲》 190
运动胎教：缓解腰腿疼痛 190

故事胎教：《拔萝卜》 191
趣味胎教：手影游戏《小兔子》 192
知识胎教：认识数字1和2 193
手工胎教：小熊 193

20周 胎儿的感觉器官发育 194

准妈妈和胎儿的变化 194
准妈妈的变化 194
胎儿的变化 194

必知的孕期生活指导 195
腰部线条完全消失 195
孕期适当运动 195

需要关注的健康问题 195
肩膀酸痛 195
预防阴道炎 195

科学的饮食营养 196
补充蛋白质 196
准妈妈美味营养餐 196

本周胎教重点 197
运动胎教：缓解腰背酸痛 197
故事胎教：《渔夫和金鱼》 198
趣味胎教：涂色游戏——小牛 200
知识胎教：奇怪的小动物 201

21周 胎儿的消化器官开始发育　202

准妈妈和胎儿的变化　202
准妈妈的变化　202
胎儿的变化　202
必知的孕期生活指导　203
控制好体重　203
计算体重的标准　203
水肿也可能导致体重增加　203
需要关注的健康问题　203
孕期失眠怎么办　203
孕中期出现宫缩怎么办　203
科学的饮食营养　204
血糖高可以这样吃　204
准妈妈美味营养餐　204
本周胎教重点　205
运动胎教：跪式呼吸运动　205
故事胎教：《孔融让梨》　206
语言胎教：诗歌《寻梦者》　206
知识胎教：了解动植物百科　207

22周 胎儿骨骼完全形成　208

准妈妈和胎儿的变化　208
准妈妈的变化　208
胎儿的变化　208
必知的孕期生活指导　209
准妈妈此时容易引起贫血　209
要学会正确补铁　209
需要关注的健康问题　209
胎儿过小怎么办　209
孕期胃灼热怎么办　209
科学的饮食营养　210
补充复合维生素　210
准妈妈美味营养餐　210
本周胎教重点　211
语言胎教：聆听《吉檀迦利》　211
故事胎教：《穿靴子的猫》　211
语言胎教：《致我的宝贝》　213
知识胎教：自然的奥秘　213
手工胎教：手工捏纸　214

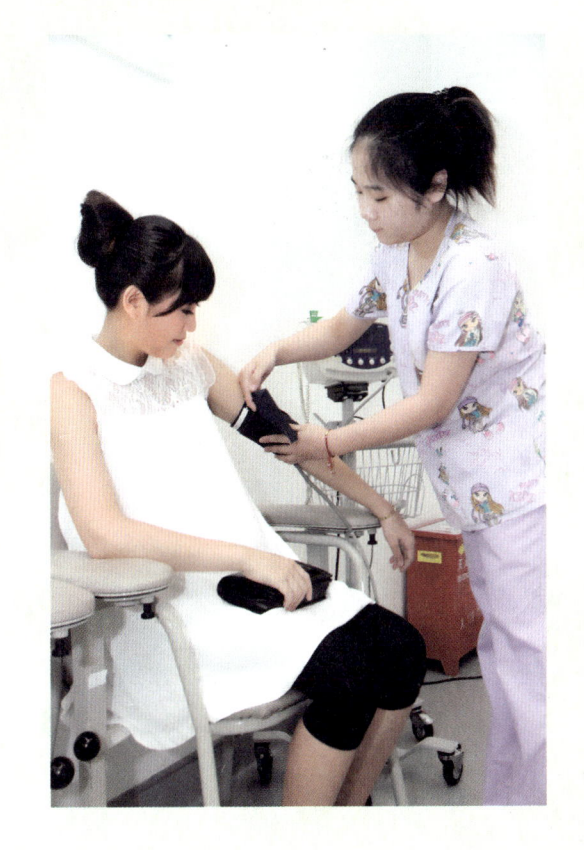

23周 胎儿越来越像新生儿　215

准妈妈和胎儿的变化　215
准妈妈的变化　215
胎儿的变化　215
必知的孕期生活指导　216
准妈妈情绪波动很大　216
快乐出行安全守则　216
需要关注的健康问题　216
胎动不舒服怎么办　216
胀气　216
科学的饮食营养　217
饮食需节制　217
准妈妈美味营养餐　217
本周胎教重点　218
情绪胎教：展开想象的翅膀　218
故事胎教：《丑小鸭》　218
名画欣赏：《小园丁》　220
语言胎教：一起来唱《数鸭子》　221
趣味胎教：七巧板　222

24周 胎儿对音乐更加敏感　223

准妈妈和胎儿的变化　223
准妈妈的变化　223
胎儿的变化　223

必知的孕期生活指导　224
准妈妈经常熬夜坏处多　224
胎动的自行检查　224

需要关注的健康问题　224
准妈妈如何预防便秘　224
准妈妈要小心患妊娠期糖尿病　225

科学的饮食营养　226
通过食物补充维生素　226
准妈妈美味营养餐　226

本周胎教重点　227
音乐胎教：《音乐之声》　227
运动胎教：缓解腰痛、脚痛操　227
抚摸胎教：抚摸宝贝　228
故事胎教：《白雪公主》　229

25周 胎儿皮肤开始红润　231

准妈妈和胎儿的变化　231
准妈妈的变化　231
胎儿的变化　231

必知的孕期生活指导　232
开始记录胎动　232
在家怎样做胎心监测　232

需要关注的健康问题　232
怎样减轻静脉曲张　232
脐带绕颈并不可怕　232

科学的饮食营养　233
吃东西要有节制　233
准妈妈美味营养餐　234

本周胎教重点　235
音乐胎教：《月光边境》　235
运动胎教：有助于顺产的孕妇操　235
故事胎教：《司马光砸缸》　236
语言胎教：《咕咚》　237
手工胎教：金鱼　237

26周 胎儿的肺泡开始起作用　238

准妈妈和胎儿的变化　238
准妈妈的变化　238
胎儿的变化　238

必知的孕期生活指导　239
准妈妈出现眼干症状　239
减少对皮肤的刺激　239

需要关注的健康问题　239
胎位不正怎么办　239
妊娠水肿怎么办　240

科学的饮食营养　241
均衡膳食营养　241
准妈妈美味营养餐　241

本周胎教重点　243
运动胎教：动动手指来做操　243
抚摸胎教：准爸爸爱的表达　243
故事胎教：《小红帽》　244
语言胎教：绕口令　246
趣味胎教：脑筋急转弯连连看　247
手工胎教：飞碟　247

27周 胎动越来越强烈　248

准妈妈和胎儿的变化　248
准妈妈的变化　248
胎儿的变化　248

必知的孕期生活指导　249
尽量舒缓不适症状　249
要控制体重，加强运动　249

需要关注的健康问题　249
准妈妈血压上升　249

科学的饮食营养　250
补充膳食纤维　250
准妈妈美味营养餐　250

本周胎教重点　251
运动胎教：矫正骨盆运动　251
知识胎教：理解《三字经》　251

语言胎教：哼唱儿歌《哆来咪》　252
趣味胎教：画鸭子　253

28周 胎儿大脑迅速发育　254

准妈妈和胎儿的变化　254
准妈妈的变化　254
胎儿的变化　254

必知的孕期生活指导　255
分娩姿势提前练习　255
注意围产期保健　255

需要关注的健康问题　255
看腹型，知健康　255
外阴瘙痒怎么办　256

科学的饮食营养　256
为胎儿补脑　256
准妈妈美味营养餐　257

本周胎教重点　258
运动胎教：缓解腿部疲劳　258
手工胎教：方向盘　258
故事胎教：《灰姑娘的故事》　259
知识胎教：认识数字3和4　260
趣味胎教：对对联　261

第三章 Di san zhang
孕晚期
胜利就在眼前，幸福分娩进行时

29周 能够看到子宫外的亮光 264

准妈妈和胎儿的变化 264
准妈妈的变化 264
胎儿的变化 264

必知的孕期生活指导 265
孕晚期怎样穿衣服 265
选择好分娩的医院 265
综合性医院和妇幼保健院的优劣 265

需要关注的健康问题 266
孕晚期尿频、尿失禁 266
出现心慌气短怎么办 266

科学的饮食营养 266
少食多餐 266
准妈妈美味营养餐 267

本周胎教重点 268
故事胎教：《豌豆上的公主》 268
音乐胎教：哼唱一首儿歌 269
名画欣赏：《星月夜》 269
趣味胎教：开怀笑一笑 270

30周 胎儿的生殖器更加明显 271

准妈妈和胎儿的变化 271
准妈妈的变化 271
胎儿的变化 271

必知的孕期生活指导 272
准妈妈体重进入快速增长期 272
准妈妈出现呼吸急促 272

需要关注的健康问题 272
呼吸不顺畅 272
手指发麻 272

科学的饮食营养 272
补充钙质 272
准妈妈美味营养餐 273

本周胎教重点 274
故事胎教：《小毛驴》 274
运动胎教：髋部练习 274
语言胎教：读一读民间童谣 276
知识胎教：认识太阳 276

31周 肺和消化器官基本形式 277

准妈妈和胎儿的变化 277
准妈妈的变化 277
胎儿的变化 277

必知的孕期生活指导 278
睡眠时间安排 278
什么时候开始停止工作 278

需要关注的健康问题 278
胎动是否正常 278
什么样的睡姿最舒服 278

科学的饮食营养 279
开始补充DHA 279
准妈妈美味营养餐 279

本周胎教重点 280
故事胎教：《青蛙王子》 280
知识胎教：认识数字5和6 281
语言胎教：《春天来了》 282
名画欣赏：《有香有色》 282
手工胎教：捏螃蟹 283

32周 胎儿的活动变得迟缓 284

准妈妈和胎儿的变化 284
准妈妈的变化 284
胎儿的变化 284

必知的孕期生活指导　285
　准妈妈腹内多余空间变小　285
　提前预定月嫂　285
　准爸爸按摩显身手　285
需要关注的健康问题　286
　预防早产　286
　耻骨疼痛　287
科学的饮食营养　287
　维生素E预防早产　287
　准妈妈美味营养餐　287
本周胎教重点　289
　对话胎教：《美好的一天》　289
　音乐胎教：《远航》　289
　故事胎教：《爱学人的猴子》　290
　语言胎教：给爱恩斯　291
　知识胎教：练习写字　292

33周 胎儿迅速发育　293

准妈妈和胎儿的变化　293
　准妈妈的变化　293
　胎儿的变化　293
必知的孕期生活指导　294
　准妈妈日常生活需注意　295

需要关注的健康问题　295
　为母乳喂养做准备　295
　孕晚期异常要警惕　296
科学的饮食营养　297
　补充营养　297
　准妈妈美味营养餐　297
本周胎教重点　298
　故事胎教：《团结有力量》　298
　音乐胎教：和胎儿一起唱　298
　手工胎教：为胎儿制作爱心小手套　299

34周 胎儿头部开始朝向子宫　300

准妈妈和胎儿的变化　300
　准妈妈的变化　300
　胎儿的变化　300
必知的孕期生活指导　301
　保存脐带血有用吗　301
　劳逸结合做健康准妈妈　301
需要关注的健康问题　302
　孕晚期心理调适　302
　孕晚期患了痔疮怎么办　303
科学的饮食营养　303
　治疗便秘的食物　303
　准妈妈美味营养餐　304

本周胎教重点 305
音乐胎教：《小狗圆舞曲》 305
音乐胎教：《喜洋洋》 305
故事胎教：《井底之蛙》 306

35周 胎儿头部开始朝向子宫 307

准妈妈和胎儿的变化 307
准妈妈的变化 307
胎儿的变化 307

必知的孕期生活指导 308
胎儿入盆是怎么回事 308
有助于顺产的运动 308

需要关注的健康问题 308
如何识别真假宫缩 308
呼吸困难 309

科学的饮食营养 309
为分娩储备能量 309
准妈妈美味营养餐 309

本周胎教重点 310
音乐胎教：《人间天上》 310
运动胎教：怀孕9个月的助产运动 311
故事胎教：《一鸣惊人》 312
语言胎教：《爱的奉献》 313
名画欣赏：《西斯廷圣母》 313

36周 胎儿器官发育成熟 314

准妈妈和胎儿的变化 314
准妈妈的变化 314
胎儿的变化 314

必知的孕期生活指导 315
了解分娩前的征兆 315
临产信号 315

需要关注的健康问题 316
准妈妈出现腹部下坠感 316
正确对待分娩痛 316

科学的饮食营养 317
营养餐单 317
准妈妈美味营养餐 317

本周胎教重点 318
适合做胎教音乐的世界名曲 318
故事胎教：《凿壁偷光》 320
语言胎教：《木兰辞》 321
名画欣赏：洗澡 321

37周 胎儿形成免疫能力 322

准妈妈和胎儿的变化 322
准妈妈的变化 322
胎儿的变化 322

必知的孕期生活指导 323
准备好待产包 323
拉美兹分娩镇痛法 325

需要关注的健康问题 325
真假分娩症状巧分辨 325
肚子变小胎动增多是不是临产征兆 326

科学的饮食营养 326
补锌有助于顺产 326
准妈妈美味营养餐 326

本周胎教重点 327
音乐胎教：《土耳其进行曲》 327
运动胎教：骨盆运动 327
语言胎教：唱一首儿歌 329
故事胎教：《铁杵磨针》 329

38周 孕期最后的定期检查　330

准妈妈和胎儿的变化　330
准妈妈的变化　330
胎儿的变化　330

必知的孕期生活指导　331
合理安排产假　331
剖宫产好还是自然分娩好　331

需要关注的健康问题　332
足月能否提前剖宫产　332
分娩前的焦虑　332

科学的饮食营养　332
增加产力小偏方　332
准妈妈美味营养餐　332

本周胎教重点　333
深呼吸训练　333
运动胎教：矫正骨盆运动　334
故事胎教：《七只小羊》　335
手工胎教：折纸鹤　336

39周 胎儿肠道充满胎便　337

准妈妈和胎儿的变化　337
准妈妈的变化　337
胎儿的变化　337

必知的孕期生活指导　338
关节韧带变得松弛　338
出现有规律的宫缩　338
分娩前的知识准备　338

需要关注的健康问题　339
分娩前需要做的检查　339
分娩前的应急准备　339

科学的饮食营养　340
哪些食物适合临产的准妈妈　340
准妈妈美味营养餐　340

本周胎教重点　341
情绪胎教：轻松面对分娩　341
故事胎教：《一诺千金》　342
运动胎教：动动手指来做操　343

40周 开始分娩　344

准妈妈和胎儿的变化　344
准妈妈的变化　344
胎儿的变化　344

必知的孕期生活指导　345
准妈妈开始真正的阵痛　345
临产　345

需要关注的健康问题　347
缓解阵痛的姿势　347
分娩前可以来回走动　347

科学的饮食营养　348
补充蛋白质　348
准妈妈美味营养餐　348

本周胎教重点　349
情绪胎教：分娩是一种幸福的痛　349
运动胎教：散步　350
故事胎教：《聪明的小绵羊》　350
名画欣赏：《亲吻》　351
语言胎教：《思念》　351

第一章

Di yi zhang

孕早期：

经过不懈的努力
终于怀孕了

我怀孕了
LOVE

01周 受孕是胎教的第一步

现在身体正处在月经期，但是这个时候也可以进行胎教，例如阅读一些诗集、故事，听一些音乐等，以最佳的状态迎接排卵期的到来，给未来的胎儿一个良好的生存环境，达到优生的目的。

准妈妈和胎儿的变化

准妈妈的变化

第一周 **{身体看不出任何变化}**

这时的你，身体没有发生任何变化，子宫有如鸡蛋般大小。随着月经结束，子宫内膜开始变厚，并同时准备排卵。排卵发生在月经周期的中间，一个成熟的卵子携带着你的基因信息，从卵巢中排出，开始朝着子宫出发。

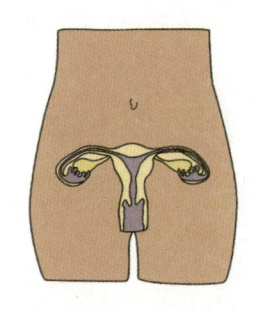

胎儿的变化

第二周 **{成熟的卵子在等待精子}**

此时你的"孩子"还只能以精子和卵子的"前体"状态，分别存在于你和你的配偶体内。成熟的卵子在输卵管里等待精子。

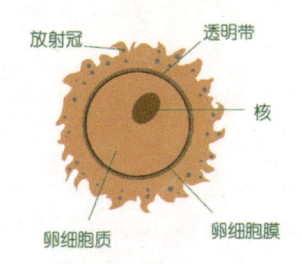

（图示：放射冠、透明带、核、卵细胞质、卵细胞膜；尾、体、颈、顶体、头、细胞膜）

必知的孕期生活指导

最佳受孕季节

每年的7月上旬到9月上旬为最佳受孕季节。此时早孕反应正值秋季，避开了盛夏对食欲的影响，而且夏末秋初水果和蔬菜品种丰富、新鲜可口，此时可有计划地补充营养，调理饮食，为母子提供充足的营养。冬季大气中二氧化硫、总悬浮颗粒浓度最高，出生缺陷率约为0.78%；夏秋季浓度最低，出生缺陷率在0.5%~0.58%。7~8月份受孕，可使怀孕早期避开寒冷的冬季，第二年的初春当风疹、流感等病毒来临时，妊娠已达中期，胎儿已平安地度过了致畸的敏感期。春暖花开时，胎儿已渐趋成熟，宝宝正好在风和日丽、气候适宜的春末夏初时节出生，对宝宝的护理比较容易，洗澡不容易受凉，还能到室外呼吸新鲜空气，沐浴温暖的阳光。

最佳受孕时机

女性每月有6天时间为受孕最佳时机，即排卵前5天及排卵当日。上午7~12时，人体的各器官功能状态呈上升趋势；13~14时，是白天里人体功能最低时刻；下午5时再度上升，晚11时后又急剧下降。一般来说，晚9~10时是同房受孕的最佳时刻。而且此时同房后，女性长时间平躺睡眠有助于精子游动，能增加精子与卵子接触、相遇的机会。

控制体重

准备要宝宝了，但你了解自己的体重吗？如果你的体重低于或高于标准体重的15%~20%，你就需要加大运动控制体重了！

标准体重计算

我国常用的标准体重计算公式为，男性：标准体重（千克数）=身高（厘米数）-105；女性：标准体重（千克数）=身高（厘米数）-107.5。若实测体重占标准体重的百分数上下10%为正常范围，大于10%~20%为过重；大于20%为肥胖；小于10%~20%为消瘦；小于20%为明显消瘦。比如你身高160厘米，那么你的标准体重为：160-107.5=52.5千克。若你的体重大于58千克就是过重了，小于47千克就偏瘦，要适当补充营养增重。

适度运动

生命在于运动。孕前锻炼不但可以消耗多余的脂肪，恢复适当的体重，防止孕期并发症的发生，而且对增强准妈妈的体质也有重要影响。适度的运动不但能够促进准妈妈体内激素的合理调配，确保受孕时体内激素的平衡，也能使受精卵顺利着床。运动还能增强准妈妈身体的免疫力，防止孕期细菌的侵袭，避免流产、早产的发生。如果能一直坚持下去，准妈妈的全身肌肉会更加有力，特别是骨盆肌，对减轻日后分娩时的难度和痛苦非常有效。怀孕前要以舒缓的运动为主，慢跑、散步、游泳、瑜伽都是不错的选择。准爸爸可以每天陪着准妈妈中速步行30分钟，每周游泳1~2次，或每周做2~3次瑜伽等，准妈妈在锻炼身体的同时，也能保持心情愉悦，提高受孕的概率。

不要过度节食

体重超标的准妈妈也许会采取节食的方式减肥，这是不可取的。节食对身体危害极大，因为不能摄入维持身体正常运行的各种营养物质，如蛋白质、糖类等，会影响身体的免疫，而且节食过度会引起内分泌功能失调，导致生殖功能紊乱，严重的会影响排卵，致使不孕的发生。因此最好采用少食多餐的方法，细嚼慢咽，加上合理的锻炼，在适当调整体重的同时为胎儿储备充足的营养基础。

合理调整饮食

过胖或过瘦都是体内营养不均衡，缺乏锻炼造成的，一定要把控制体重作为计划中不可或缺的一项任务，无论过胖或过瘦都应积极进行调整，力争达到正常状态。过瘦的女性，应注意增加优质蛋白质和脂肪食物的摄取，多吃鸡、鸭、鱼、肉类、蛋类和大豆制品，增加自己的营养。

需要关注的健康问题

孕前必须治疗的疾病

在计划妊娠之初，一定要去正规医院做一次全面身体检查，身患下列疾病最好治愈后再怀孕。日常如果有不适症状也要及时就医，及时治疗，以免影响妊娠。

肝炎

乙型肝炎病毒携带者在妊娠期间不会受到乙型肝炎病毒的影响，但分娩或哺乳时很可能使新生儿受到感染，因此，在分娩后应立即给宝宝接种免疫球蛋白和疫苗，或舍弃母乳喂养。对于慢性肝炎患者，如病情轻微，肝功能正常，病人年轻，体质又好，经过适当的治疗，可以妊娠。但在妊娠后应坚持高蛋白饮食并充分休息，加强孕期监护，必要时也需要住院观察。

原发性高血压病

原发性高血压病是一种具有遗传倾向的疾病，计划妊娠的女性，尤其是家族有高血压病史者，一定不要忘了测试血压。原发性高血压病会给准妈妈和胎儿带来危险，原发性高血压病患者并非不能妊娠，但极易患妊娠高血压综合征，而且多是重症。

通过体检发现原发性高血压病的人，需请专家进行全面检查并给予适当治疗，以决定能否妊娠，在医生的全面评估和允许下，才可以妊娠。

妊娠前虽有高血压，但程度轻、病程短的女性，要注意生活起居，充分摄取高蛋白饮食，控制盐分的摄入。避免过度疲劳、睡眠不足、精神紧张，争取在妊娠前使血压恢复正常，而且年龄不要太大才好。如果必须用降压药，必须使用适于准妈妈的安全药物。

心脏病

凡有呼吸困难、易疲劳、心慌、心悸症状的女性应检查心脏，确诊为心脏病的女性应在妊娠前进行治疗。

妊娠期女性全身的血容量比未孕期高，心脏负担也明显加重。而分娩是一种强体力劳动，心脏负担十分重，孕前心脏功能越差，孕后发生问题的概率就越大。心脏病严重的女性怀孕后，很有可能引起早产或死产，情况严重时甚至会造成准妈妈死亡。因此，患严重心脏病的女性不宜怀孕。

在心脏病中，心脏瓣膜病、心内膜炎、心脏畸形等病，如果症状不严重，日常生活没有障碍，可以妊娠。但这类女性的妊娠危险高于健康女性，如果想怀孕的话一定要选择有心脏病专业医生的医院，做全面检查，认真评估心脏状况，有必要的应接受医生的生活指导。

糖尿病

糖尿病是有可能给妊娠带来致命性灾难的疾病之一。身患糖尿病的准妈妈患上高血压疾病的概率比普通人高4倍，而且胎儿有可能生长过大，给分娩带来困难。糖尿病准妈妈的流产、死产，以及出现畸形儿的概率都比较高，不过只要在妊娠前接受适当的治疗，妊娠期间严格遵守医生的指示，也可以顺利分娩，不必过分紧张。

患有糖尿病的女性首先要进行各种检查，确定是否可以计划受孕。妊娠以后，准妈妈要进行血糖自我监测，严格将血糖控制在正常范围内，同时要定期到医院做产前检查，密切观察胎儿的生长发育情况。如果发现准妈妈病情加重或胎儿异常，应酌情考虑终止妊娠。

肾脏病

患肾脏病的人如果怀孕，肯定要患妊娠高血压综合征，随着症状的加重，有的人会出现流产或早产，还有的人则必须进行人工引产。根据肾脏病的程度和症状不同，是否可以妊娠、分娩请与专业医生商量，并应在未取得医生许可之前进行避孕。

在肾脏病治好以后，也应有一段观察期，在得到医生的同意后再怀孕。怀孕后应定期检查，尤其到怀孕最后几周，要每周去医院重点检查尿常规、血压、肾脏功能和胎儿状况。若肾功能下降，则要终止妊娠。

贫血

在妊娠前如果发现患有贫血，首先要查明原因，确认是哪种原因引起的贫血，以便进行积极地调理。在饮食中摄取足够的铁元素和蛋白质，或服用铁剂，待贫血症状基本被治愈后方可怀孕。

梅毒

隐匿性梅毒患者本身对患病全然不知，但梅毒仅次于艾滋病是对人体伤害最大的性病。它蚕食机体，危害健康，不仅可以传染给配偶，而且可造成流产、早产、死胎、新生儿患先天梅毒等。计划怀孕的女性要早期发现，早期治疗，痊愈后再决定何时怀孕。

结核病

如有持续低热、容易疲劳、咳嗽、咳痰等症状，应及时就诊。结核病的治疗要在使用抗生素等疗法的同时摄取充足的营养，安静休息，生活要有规律。重症者要进行手术，治愈后可以妊娠、分娩。

孕前禁忌这些药品

准备怀孕的女性在怀孕前可能会生病，生了病以后，应根据情况合理用药。有些药物对治病有利，对怀孕却极为不利。夫妻双方在孕前服药，会影响将来胎儿的生长发育吗？有研究表明，许多药物会影响精子与卵子的质量，或者导致胎儿畸形。"忽略用药问题"必须引起准爸爸、准妈妈的重视。

西药

抗生素类：如四环素类药，可致骨骼发育障碍，牙齿变黄，先天性损失白内障等。链霉素及卡那霉素，可致先天性耳聋，并损害肾脏；氯霉素可抑制骨髓造血功能，新生儿肺出血；红霉素能引起肝损害，磺胺（特别是长效磺胺）可导致新生儿黄疸。

解热镇痛药：阿司匹林或对乙酰苯胺乙醚，可致骨骼畸形，神经系统或肾脏畸形。

镇静药：甲丙氨酯可导致发育迟缓、先天性心脏病；地西泮片可造成发育迟缓；巴比妥可致指（趾）短小，鼻孔通联；氯丙嗪会造成视网膜病变。

激素：雌激素会造成上肢短缺（海豹样），女婴阴道腺病，男婴女性化、男婴尿道下裂；可的松可致无脑儿、唇腭裂、低体重畸形；甲状腺素可导致胎儿畸形。

抗肿瘤药：环磷酰胺可导致四肢短缺、外耳缺损、腭裂；一硫嘌呤可导致脑腔积液、脑膜膨出、唇裂、腭裂。

维生素及其他：大量的维生素A、B族维生素、维生素C会致畸；马来酸氯苯那敏或苯海拉明能造成肢体缺损。

中药

中药成分复杂，对于生殖细胞的影响不容易被察觉，而许多人始终认为中药性温，补身无害，甚至随便去药房抓药使用，这都是极其危险的做法。准妈妈应该慎重服用的中药有：麝香、斑蝥、水蛭、䗪虫、商陆、巴豆、牵牛、三棱等，可致畸胎、死胎及流产。

科学的饮食营养

我们这里所说的怀孕第一周，是指末次月经开始后的第一周。此时的备孕女性，正处在月经期间。虽然第一周精子和卵子还只能以"前体"的状态存在于"爸爸""妈妈"体内，但这一周也要遵循营养全面、合理搭配的饮食原则。备孕女性应当增加糖类和蛋白质的摄入量，糖类每天150克以上，蛋白质每日不少于40克。另外，要确保无机盐、钙质和维生素的供给。

摄取适量叶酸

不只是女性，人人都需要更多的叶酸，这种维生素能降低心脏病、脑卒中、癌症、糖尿病等疾病的发病率，还能减少宝宝患有像脊柱裂等神经管出生缺陷的风险。神经管出生缺陷是指当围绕中枢神经系统的神经管不能完全闭合时，发生的一种严重的先天疾病。

准备怀孕的女性应该每天补充0.4毫克叶酸，即400微克，至少应从孕前3个月到怀孕最初3个月一直吃叶酸。医生建议曾经生过神经管畸形宝宝的女性应服用剂量更高的叶酸补充剂，即每天5毫克。如果你或你丈夫，或是你们的直系亲属有神经管畸形，你也应该每天服5毫克叶酸。

此外，最好多吃富含叶酸的食物，如深绿色蔬菜（菠菜、甘蓝、豌豆苗、油菜等）、柑橘类水果、坚果、全麦食品、糙米、强化面包和麦片等。

补充维生素

虽然均衡的膳食基本能满足身体的营养需求，但一些专家认为，即使是饮食最健康的人，可能也需要一些额外帮助。不过要记住，维生素补充剂只是为了强化身体，并不能替代健康饮食。另外，一些非处方的补充剂可能会包含大剂量维生素和无机盐，而对发育中的胎儿有害，所以，明智的做法是早在怀孕前就选择专为准妈妈配置的药丸，或含大约100%日常推荐量的补充剂，其中不会含有过大剂量的维生素或无机盐。

以下食物不妨多吃

研究发现，精子的生存需要优质蛋白质、钙和锌等无机盐以及一些微量元素，精氨酸及多种维生素等。如果偏食，饮食中缺少这些营养素，精子的生成会受到影响，或许会产生一些"低质"精子。受孕之前半年内夫妻双方就需要做好饮食上的准备，净化自身的内环境，要多吃含叶酸、锌、钙的食物。多吃瘦肉、蛋类、鱼虾、动物肝脏、豆类及豆制品、海产品、新鲜蔬菜、时令水果等。男性多吃鳝鱼、泥鳅、鸽子、牡蛎、麻雀、韭菜等食物。

为了产生优质的精子和卵子并一朝结合成受精卵，以下的食品不妨多吃：

●食物名称	●功　效
海带	对放射性物质有特别的亲和力，其胶质能促使体内的放射性物质随粪便排出，从而减少积累和减少诱发人体机能异常的物质
春韭	又称起阳草，富含挥发油、硫化物、蛋白质、纤维素等营养素。春韭温中益脾、壮阳固精，其精纤维可帮助吸烟饮酒者排除体内的毒素（准妈妈慎用韭菜）
海鱼	含多种不饱和脂肪酸，能阻断人体对香烟的反应，并能增强身体的免疫力，海鱼更是补脑佳品
豆芽	贵在"发芽"，无论黄豆、绿豆，豆芽中所含多种维生素能够消除身体内的致畸物质，并且能促进性激素的生成
鲜果、鲜菜汁	能解除体内堆积的毒素和废物，使血液呈碱性，把积累在细胞中的毒素溶解并由排泄系统排出体外

孕前不能吃的食物有什么

辛辣食物

辣椒、胡椒、花椒等调味品刺激性较大，计划怀孕或已经怀孕的女性食用大量这类食品后，同样会出现消化功能的障碍。因此，建议尽可能避免摄入此类食品。

鸡精

鸡精的成分是谷氨酸钠，进食过多会影响锌的吸收，不利于胎儿神经系统的发育。

人参、桂圆

中医认为准妈妈多数阴血偏虚，食用人参会引起气盛阴耗，加重早孕反应、水肿和高血压症状等；桂圆辛温助阳，准妈妈食用后易动血动胎。孕前也尽量少食用，以免在不知道怀孕的情况下造成伤害。

腌制食品

这类食品虽然美味，但内含亚硝酸盐、苯并芘等，对身体很不利。

含咖啡因的食品

准备怀孕的女性不要过多饮用含咖啡因食品，咖啡因作为一种能够影响女性生理变化的物质可以在一定程度上改变女性体内雌激素、孕激素的比例，从而间接抑制受精卵在子宫内的着床和发育。

各种"污染"食品

应尽量选用新鲜天然食品,避免食用含添加剂、色素、防腐剂的食品。水果要洗净后食用,以免农药残留。

烤牛羊肉

应尽量减少吃烤肉的次数和数量。因为烤牛羊肉在熏烤的过程中,炭火的呛烟中含有多种致癌物质,烤肉时肉的营养也随之被破坏,而且未烤熟的肉还容易携带弓形虫,因此不适合待孕夫妇食用。

每周胎教重点

做好胎教准备

准备胎教用品

等待是一种折磨,但是可以通过胎教的准备工作调整准妈妈和准爸爸的心态。
◎一张高质量的音乐光盘。◎几本介绍怀孕知识的书籍。◎学会几首欢快的童谣。

准备一本胎教日记

送给宝宝最珍贵的礼物——胎教日记。

准备一本胎教日记,这将是用10个月的时间给宝宝的诞生准备的一份最珍贵的礼物。这本饱含准妈妈和准爸爸的爱和关怀的日记,将是宝宝一生的珍藏。

提前进行优孕准备

准妈妈健康的身体才是胎儿健康发育最大的后勤保障。

适当的运动,简单的舞蹈,一些音乐舒缓的手语舞,在大自然中散步都非常有用,这段时间还应当保持适当的运动。

在孕早期,随着胎儿的到来,可能会带给准妈妈不适感。这种不适感会影响到准妈妈的心情,所以准妈妈需要学习静心呼吸法,可以帮助准妈妈保持平和、愉快的心情。

看一本书

准妈妈可以购买一些绘本来阅读。细腻幽默的文字,搭上清新自然的插图的胎教绘本,最能诠释母子间深情的爱意。准妈妈可以通过自然的风景、可爱的动物、星星、云彩等向胎儿传递母爱。

看漂亮宝宝的照片

怀孕时应该多看漂亮、可爱的宝宝照片。看到这些照片,想象一下自己宝宝的样子,是一件非常幸福的事情。

故事胎教

《捞月亮》

从前，有只小猴子在井边玩，他看到井里有个月亮。小猴子叫起来："糟啦，糟啦！月亮掉在井里啦！"

大猴子听见了，跑过来一看，跟着叫起来："糟啦，糟啦！月亮掉在井里啦！"

老猴子听见了，跑过来一看，也跟着叫起来："糟啦、糟啦！月亮掉在井里啦！"

附近的猴子也听见了，全都跑过来看。大家一起叫起来："糟啦，糟啦！月亮掉在井里啦！咱们快把它捞上来吧！"

于是，猴子们爬上了井旁边的大树。老猴子倒挂在树上，拉住大猴子的脚；大猴子也倒挂着，拉住另一只猴子的脚。猴子们就这样一只接一只，一直挂到井里头，小猴子挂在最下边。

小猴子伸手去捞月亮，可手刚碰到水，月亮就不见了。

老猴子一抬头，看见月亮还在天上，他喘着气，说："不用捞了，不用捞了，月亮好好地挂在天上呢！"

小贴士

宝贝，故事中的小猴子天真、可爱、好奇心强。它不知道水中的月亮只是天上月亮的倒影，于是决定捞月亮。我亲爱的宝贝，你知道吗？在这个世界上，有无限的知识等着你去学习呢！妈妈希望你能像小猴子一样天真、可爱，能用自己的行动去验证对与错，妈妈真盼着你能健康快乐！

02周 抓住排卵期受孕的机会

现在身体正处在排卵期，丈夫和妻子要放松心态，在最好的精神状态下同房，同房的次数稍微频繁一些，最好是隔一天一次，同房后女性不要立即去排尿，在床上平躺休息就可以了。

准妈妈和胎儿的变化

准妈妈的变化

第二周 {已经进入排卵期}

进入第二周后期，根据测量基础体温会发现你已经进入排卵期，成熟的卵子从卵巢中出来，在输卵管中停留12～24小时，等待精子的到来。你可以与丈夫共同调整身体健康状态，在最佳时间完成你们的使命。

胎儿的变化

第二周 {形成受精卵}

卵子在输卵管中的寿命为12～36个小时，在这期间，有3亿个精子努力要成为那个找到并进入卵子的幸运儿。实际上，能到达卵子的精子大约只有几百个，而最终只有一个精子能冲破重重障碍，与卵子结合，形成受精卵。

必知的孕期生活指导

计算排卵期

女性的排卵日期一般在下次月经来潮前的14天左右。下次月经来潮的第一天算起，倒数14天或减去14天就是排卵日，排卵日及其前5天和后4天加在一起称为排卵期。例如，你的月经周期为28天，本次月经来潮的第一天在12月2日，那么下次月经来潮是在12月30日（12月2日加28天），再从12月30日减去14天，则12月16日就是排卵日。排卵日及其前5天和后4天，也就是12月11~20日为排卵期。

小贴士

准妈妈要做好在排卵日与准爸爸同房的计划，在本次同房之前的1~2周要禁欲。

性生活要和谐

性生活处理不当，不但影响生活质量，严重者还可能导致不孕不育。夫妻性生活频率过高，就会导致精液量减少和精子密度降低，使精子活动率和生存率显著下降，如果精子并没有完全发育成熟，与卵子相会的"后劲"就会大大减弱，受孕的概率自然降低。对于能够产生特异性免疫反应的女性，如果频繁地接触丈夫的精液，容易激发体内产生抗精子抗体，使精子黏附堆积或行动受阻，必然不能和卵子结合，导致女性免疫性不孕。但如果性生活次数过少，精子在体内滞留过久，会自然衰老、死亡，活动能力下降，而且异常精子数量增多，精子质量也下降，也不利于受孕。另外，精子在附睾储备到一定数量后，会被自身的巨噬细胞吞噬，并不能无限增加精液中的精子数量。所以正常的性生活表现为每周2~4次，有规律性，而且要在双方愉悦的情况下进行。

轻松受孕小秘诀

在享受性爱的同时，准爸爸掌握适当的诀窍，就能如愿以偿地获得一个健康快乐的小宝贝！

传承传统体位

现在生活追求变式，连最私密的性爱也不例外。其实在讲究刺激享受的同时，秉承传统的男上女下的姿势，对怀上健康的宝宝更有利。科学证明，做爱时男上女下的姿势对受孕最为有利。

这种姿势使阴茎插入最深，因此能使精子比较接近子宫颈。如果要加强效果，女性可以用枕头把臀部抬高，使子宫颈可以最大限度地接触精子。

子宫后位如何更容易受孕

子宫后位的女性要加大受孕机会，可以使用特殊的做爱体位。

1.性生活时妻子臀下垫适当厚度的枕头，使臀部垫高，让射入的精液向阴道后穹隆处集中，性生活过后并继续抬高臀部卧床20~30分钟，同时射精后妻子在30分钟内不要排尿，以免精液外流，让宫颈口与精液充分接触，从而增加精子进入子宫腔的概率。

2.纠正子宫后倾坚持每天侧卧、俯卧、跪起2~3次，每次30分钟，让子宫有一次前倾前屈的机会。在月经期每天也应俯卧一次，因为这个时候子宫稍软，有利帮助前倾。如果子宫后位较严重，应常做跪姿的膝胸卧位，即跪时与地平垂直，腰要向下塌，而不可向上弓，每次15分钟左右。

3.同房最好采取丈夫后位妻子跪式的姿势进行性生活，也有利于射入阴道的精液在穹隆处储留。

保持爱的愉悦

受孕时的心理状态与优生有着密切关系。当人体处于良好的精神状态时，精力、体力、智力、性功能都处于高潮，精子和卵子的质量也高。做爱时没有忧郁和烦恼，夫妻双方精神愉快、心情舒畅，此时受精，易于着床受孕，胎儿的素质也好。同时，做丈夫的要重视妻子的感受并使妻子达到性高潮，这对于得到一个健康聪明的宝宝至关重要。

做爱后不宜马上洗澡

做爱后，准妈妈可能会想马上洗澡，如果想提高怀孕概率，还是在床上抬高双腿多躺一会儿，不但可以防止精液外流，还可以借助地球引力的力量帮助精子游动，提高受孕概率。

需要关注的健康问题

警惕高危妊娠

女性的年龄小于18岁或者大于35岁怀孕就属于高危妊娠。高危妊娠在妊娠期内会存在一些对母亲和胎儿都不利的因素。高危妊娠增加了孕产期母婴的死亡率，因此有这种情况的准妈妈要充分重视产前检查，密切配合医生做好孕期的每一项检查，为宝宝顺利出生提供保障。

受孕与遗传

智商

从遗传学的角度上讲，人体的每一个特征都与遗传有密切关系，如相貌、形体、性格、动作姿势、声音等方面，子女都可能与父母有相似之处。智力的遗传更是相当复杂，它并非只是一个遗传单元，因此可能会从父母那里继承智力的方方面面。许多基因的共同参与决定了智力，因此单个基因对智力的特定贡献显得非常渺小。虽然单个基因对智力产生的影响很小，但是产生的累积效应是巨大的。一般来说，智力受遗传的影响是十分明显的，有人认为智力的遗传因素约占60%。父母的智力高，孩子的智力往往也高；父母智力平常，孩子智力也一般；父母智力有缺陷，孩子有可能智力发育不全。这种遗传因素还表现在血缘关系上，父母同是本地人，孩子平均智商为102；而隔省结婚的父母所生的孩子智商达109；如果父母是表亲，孩子的智商一般不高，甚至会很低。但是不可否认，智力虽然受遗传影响，而后天的环境对智力也有极大的影响。后天教育、训练以及营养等起决定作用。音乐世家对孩子自幼便有熏陶作用，但将一个音乐世家的子弟放到一个完全没有音乐的环境中去，那么这孩子也难成音乐家。

身高

身高属于多基因遗传，而且决定身高的因素35%来自爸爸，35%来自妈妈，其余30%则与营养和运动有关。假若父母双方个头不高，那只剩30%的后天身高因素，决定了力求长高个的尝试不会有明显效果。

鼻子

一般来说，高而宽的大鼻子呈显性遗传。双亲中有一个是鼻梁挺直的，遗传给孩子的可能性就很大。另外，鼻子的遗传基因会一直持续到成人阶段。小时候呈矮鼻梁的孩子，长到成人时期，还有变成为高鼻梁的可能。

青春痘

这个让少男少女耿耿于怀的容颜症，也与遗传有关。父母双方若患过青春痘，子女的患病率将比无家族史者高出20倍。

肥胖

体型也属于多基因遗传。据统计，父母均瘦，孩子也多为瘦型，仅有7%会胖；父母之一肥胖，孩子有40%肥胖；父母都肥胖，孩子有80%肥胖。肥胖的人往往有家族史，但环境因素对体型的影响也很大，出生后的生活条件、营养情况、运动情况、工作性质等因素均对体型有影响。

科学的饮食营养

为确保未来胎儿的正常发育，准妈妈应该调整自己的饮食习惯：每天清晨空腹喝一杯温开水或矿泉水，可以起到清除肠胃毒素的作用，对改善器官功能，防止一些疾病的发生都有很大好处。备孕女性一定要吃早餐，而且要保证早餐的质量。最好有50克面包或粥作为主食，1个鸡蛋，250毫升牛奶或豆浆，少量蔬菜，做到营养丰富均衡。

继续补充叶酸

在本周周末，排卵期就会开始。卵巢是女性的重要生殖器官，它可以储存卵细胞、生成卵子。成熟女性，大约每个月有1个卵细胞发育成熟的卵子，并释放出来，准备与精子受精，称之为排卵。在这个月的前半期，有近20个卵子在充满液体的囊（卵泡）内开始成熟，其中一个卵泡长得比其他的都快，它成熟、破裂、释放出它的卵子，其他的卵泡及其内的卵子就要萎缩并死亡了。由于每个人身体状况不同，月经周期会略有差异。但是不管这个周期有多少天，排卵都正好发生在周期结束前的14天。一般在卵子排出后15～18小时受精效果最好。

决定胎儿性别的性染色体分为X染色体和Y染色体两种，女性产生的卵原细胞经减数分裂后成熟的卵子只含有X染色体，而男性产生的精原细胞经减数分裂后成熟的精子有的含有X染色体，有的含有Y染色体。如果卵子与含Y染色体的精子结合，胎儿就是男孩；如果卵子与含X染色体的精子结合，胎儿就是女孩。胎儿的神经系统发育从受孕开始。

为保证胎儿神经系统的正常发育，要多吃富含叶酸的食物，如樱桃、桃子、李子、杏等新鲜水果都含有丰富的叶酸，不妨根据自己的喜好酌情选用，也可以补充叶酸片剂。

本周起至第一个月末，在饮食方面要保证热能的充足供给，最好在每天供给正常人需要的6 300千焦的基础上，再加上1 200千焦，以供给性生活的消耗，同时为受孕积蓄一部分能量。

合理安排早餐

合理的早餐营养结构中三大产热营养素蛋白质、脂肪、糖类的产热值的比例应该在12∶25～30∶60。由此看来，糖类在其中所占的比例是最大的。

谷类食物是糖类的主要来源。谷物含有丰富的糖类、蛋白质及B族维生素，同时也提供一定量的无机盐。谷物中脂肪含量低，占2%左右。不同的谷物分别有各自不同的营养特点，大米、小米、玉米、燕麦、地瓜等食品的合理搭配可以保证基本的营养和热能供应。

远离这些有毒物质

远离烟酒和其他有毒物质，如农药、麻醉药、铅、汞、镉等；远离电磁污染，煮饭时用电磁炉要保持一定的距离。尽量少用电脑、微波炉等，因为它们能产生电磁场，对待孕和未来的胎儿均有危害；避免饮浓茶、浓咖啡及碳酸型饮料。此外，在切生肉后一定要将手洗干净，以免有细菌进入体内；炒菜、吃涮羊肉时一定要把肉炒熟涮透，以防生肉中的弓形体原虫进入体内。

每周胎教重点

音乐胎教

莫扎特G大调弦乐小夜曲

莫扎特共写过13首小夜曲，这首可以算是他小夜曲中最著名的一首。莫扎特在这首小夜曲中采用了民间音乐的因素，具有轻松活泼的特点。它既包含了清新、生动、活泼的情绪，又具有宽广、纯朴的抒情性，表现了对美好、光明、正义以及人的尊严的追求。

准妈妈在本周可以选听这首乐曲，让心情随着轻快的节奏逐渐开朗起来。

音乐胎教

聆听班得瑞的《安妮的仙境》

流水、雀鸟之声，从自然而来的气息沁人心脾。准妈妈聆听班得瑞的《安妮的仙境》，能起到镇静情绪、松弛身心的作用，给人一种置身大自然的感觉，倾听这些来自大自然的声音，能让准妈妈的大脑和心情都很放松，焦躁和烦恼渐渐消失，安心和舒适的感觉随之而来。在这种安逸、平静的状态下，智慧之门慢慢打开……

歌声穿过黑夜，向你轻轻飞去。
在这静谧的林间，等待我的爱人。
皎洁月光洒满大地，
树梢也在悄悄耳语。
此刻，没人来打扰我们，
亲爱的，抛开你的顾虑，
让我的歌声感动你。
来吧，亲爱的！
我的歌声，带来幸福爱情。
你是否听见夜莺在歌唱，
它用那甜蜜的歌声，
诉说你我的爱情。
它用那银铃般的声音，
感动温柔的心房。
这歌声也会使你感动吗？
来吧，亲爱的！
我们一起分享这幸福爱情。

运动胎教

增强身体活力健身操

颈部热身运动

脆弱的颈椎在运动中非常容易受伤，所以颈部的热身尤为重要。头部牵引着颈部肌肉转动是这套动作的重点。

1 腰背挺直，头部尽量向前侧低，感觉颈部后侧肌肉受到拉伸。

2 头部向右侧低，尽量靠近肩膀，感觉左侧颈部肌肉受到拉伸。

3 肩部放松，头部尽量向后仰。

4 头部向左侧低，尽量靠近肩膀，感觉右侧颈部肌肉受到拉伸。

经典胎教全书

肩部热身运动

肩部热身运动可以消除肩部的紧张感，经常开车或者伏案工作的练习者可以适当延长肩部热身的时间。

1 屈肘，指尖搭在肩膀上，双肘同时向前、向后绕环练习。

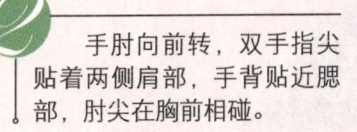

2 手肘向前转，双手指尖贴着两侧肩部，手背贴近腮部，肘尖在胸前相碰。

3 手肘上提，双手置于头部后侧，尽量下压手臂，上臂贴近耳部，手背于颈后相触，背部保持挺直姿势，双腿伸直，收紧腹部。

故事胎教

《乌鸦喝水》

一只乌鸦口渴了，到处找水喝。忽然，乌鸦在草丛里发现了一个瓶子，瓶子里居然还有一些水。乌鸦高兴极了，赶忙去喝水。可是瓶子里的水太少了，瓶口又小，乌鸦把嘴伸进瓶口，可是怎么也喝不着水。怎么办呢？

这时候，乌鸦看见旁边有许多小石子，便想出办法来。乌鸦把小石子一个一个地放进瓶子里，瓶子里的水位渐渐升高了，于是，乌鸦毫不费力地喝到了水。

小贴士

这真是一只非常聪明的乌鸦呀！它知道把小石子放在瓶子里，就能使水位上升的道理。我的宝贝，知识就是力量，人只有具备一定的知识，才会拥有充满智慧的头脑，才能更好地生存下去。爸爸妈妈希望你将来能够勤奋好学，遇事多动脑筋，成为一个充满智慧的人，那样的话，你会生活得更顺利、更幸福！

故事胎教

《拇指姑娘》

从前有一个妇人，她很想要一个小巧又可爱的孩子。她便去请教女巫，女巫说非常容易，便给她一粒麦粒，让她种在花盆里。当这个花朵绽开时，拇指姑娘便出生了，她生活得非常幸福。可是有一天，一只丑陋的癞蛤蟆把她抱走了，让她当小癞蛤蟆的妻子。水里的鱼儿很同情小小的拇指姑娘，便把荷叶的一根茎咬断。拇指姑娘顺着荷叶飘到了外国，被一只金龟子带到一棵树上，却因为其他金龟子说她丑被金龟子抛弃在了一片森林中。清晨，拇指姑娘以露珠为饮料，以花蜜为食物，生活还算过得去。夏天和秋天过去了，寒冷又漫长的冬天来临了，拇指姑娘来到了田鼠家生活。过了几天，田鼠说："我们这儿最富有的先生——鼹鼠就要来了，如果你和它结婚，就有享不尽的荣华富贵。"第二天，鼹鼠穿着黑天鹅的绒毛大衣来了，因为它是一个瞎子，看不清拇指姑娘的容貌，田鼠便请拇指姑娘唱了一首歌，鼹鼠很快就爱上了她。不过，鼹鼠并没有表现出来，因为它很谨慎。过了几天，鼹鼠正式提婚了。秋天来到了，鼹鼠让拇指姑娘缝嫁衣。其实，拇指姑娘并不喜欢鼹鼠，因为鼹鼠不喜欢阳光和鲜花，而且对它们很反感。拇指姑娘曾经在地道救过一只燕子，现在，燕子要飞去另外一个国家，它便问拇指姑娘："你愿意和我一起到另外一个国家去吗？"拇指姑娘爽快地答应了。燕子背着拇指姑娘飞呀飞，飞到了另外一个国度，把拇指姑娘放到了一朵最美丽的花上，这朵花的上面有一个和拇指姑娘一样大的美男子，他就是所有花朵的王。他们俩结婚了，拇指姑娘便成了这儿的王后。

小贴士

宝贝，你来到这个世界，或许不能选择你的爸爸妈妈，也不能选择出身卑微或是生来富有，但是你可以拥有一颗善良的心，和永远向往光明、积极向上的心态。也许你发觉了自己的微不足道，或是感受到生活环境的艰苦，但这些都不能阻挡你向着光明前进的信念，尽自己最大的努力关心别人。妈妈相信，总有一天，你会像拇指姑娘一样，过上幸福的生活。

语言胎教

古诗中的母亲

《游子吟》
(唐) 孟郊

慈母手中线,游子身上衣。
临行密密缝,意恐迟迟归。
谁言寸草心,报得三春晖。

《步虚》
(唐) 司空图

阿母亲教学步虚,
三元长遣下蓬壶。
云韶韵俗停瑶瑟,
鸾鹤飞低拂宝炉。

《墨萱图》
(元) 王冕

灿灿萱草花,罗生北堂下。
南风吹其心,摇摇为谁吐?
慈母倚门情,游子行路苦。
甘旨日以疏,音问日以阻。
举头望云林,愧听慧鸟语。

《岁末到家》
(清) 蒋士铨

爱子心无尽,归家喜及辰。
寒衣针线密,家信墨痕新。
见面怜清瘦,呼儿问苦辛。
低徊愧人子,不敢叹风尘。

《送张参明经举兼向泾州觐省》
(唐) 孟浩然

十五彩衣年,承欢慈母前。
孝廉因岁贡,怀橘向秦川。
四座推文举,中郎许仲宣。
泛舟江上别,谁不仰神仙。

03周 受精卵进行细胞分裂

这时候精子以最快的速度与卵子相遇，但是上亿的精子中只有一个精子是能达到输卵管，当受精卵进入子宫，受精卵开始进行细胞分裂，受精卵会在受精的4天左右到达子宫。

准妈妈和胎儿的变化

准妈妈的变化

{很难察觉到受精已完成}

第三周

进入母体后的上亿个精子中，只有200多个精子能顺利到达输卵管，它们赢得了与卵子相遇的机会。其中只有1个精子能与卵子结合，完成受精，但准妈妈很难觉察到受精的事。此时的受精卵是一个肌肉质小圆盘，被一层厚厚的营养胚叶细胞包裹并保护着。

胎儿的变化

{受精卵进行细胞分裂}

第三周

受精卵进入子宫，受精卵开始细胞分裂。受精卵在受精4~5天后到达子宫，但它并不能马上着床于子宫壁上，而是在子宫内游荡3天，充分做好着床前的准备。当受精卵在子宫内准备着床时，子宫壁为了迎接受精卵的到来，会变得像靠垫一样，柔软而厚实。

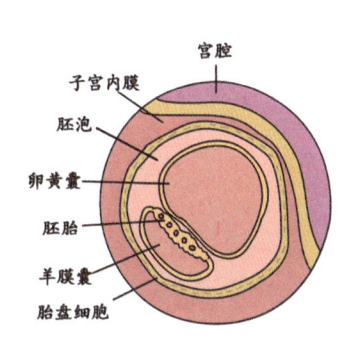

宫腔
子宫内膜
胚泡
卵黄囊
胚胎
羊膜囊
胎盘细胞

37

必知的孕期生活指导

远离噪声和振动

噪声与振动会让准妈妈增加流产的机会，更有甚者还可能会引起胎儿低体重、新生儿生命力低下、听力受损害、听觉发育差等。如果有超过100分贝以上的强噪声，就会对胎儿的影响更大。

防辐射服的选用

怎样选择面料

目前市面上制作防辐射服的面料主要有三种，即不锈钢纤维和碳素纤维。从防辐射的角度来讲，前者优于后者。所以，准妈妈在购买时要注意面料的区分。

洗涤方法

为了减少对防辐射效果的影响，建议尽量少洗或者不洗为宜。在洗涤的过程中水温不能超过90℃，可使用中性的洗涤剂（不可漂白或使用带有漂白成分的洗涤剂）轻揉手洗。洗后不要拧干，要直接悬挂晾干。熨烫时要用中温或参考衣服上的标记。

样式的选择

一般较为常用的是背心款，但通常情况下根据不同人群和季节的需要也有短裙款、吊带款、肚兜款等选择。

如何辨别真伪

首先是用手摸，如果手感较硬，一般质量就不可靠。其次，正规厂家生产的防辐射服都会随产品配有一小块单独的面料，如果将这块面料用火烧过，能看到一层密密的金属网的便是真的使用不锈钢纤维纺织的。此外，还可以用防辐射服将手机包住，包裹的厚度与严密度就像将手机装在衣服口袋中为宜，如果手机没有信号，就可以证明防辐射服的品质不错。

需要关注的健康问题

威胁胎儿的药物

关于这个问题如今已经引起了人们的高度关注，但是大多数人也只是限于知道"某些药物对胎儿不利，有导致畸形儿和流产的可能；若是孕期出现某种疾病，只能到医生那里去问个究竟等"。为了加深准妈妈对这方面的深刻认识，我们特别在本周孕早期反应日益严重的情况下，较详尽地列出了对胎儿存在致畸威胁的药物，以供准妈妈参考。

名称	危害
部分抗生素类药物	四环素可导致胎儿畸形、牙齿变黄、长骨发育不全和先天性白内障。氯霉素可导致胎儿骨骼功能抑制和新生儿肺出血、灰婴综合征、骨髓抑制（白细胞减少或再生障碍性贫血）。链霉素和卡那霉素可导致肾脏受损和先天性耳聋。磺胺类药物可导致新生儿核黄疸和高胆红素血症。利福平可导致四肢畸形、无脑儿、脑积水
镇静药	氯氮会引起死胎、四肢畸形及发育迟缓，地西泮导致腭裂和唇裂，氯丙嗪会导致新生儿抑制和视网膜病变

降血糖药	格列本脲、甲苯磺丁脲、氯磺丙脲等药物在妊娠期间会导致流产、死胎和诸如先天性心脏病、唇腭裂、骨骼畸形、血小板下降等多发性畸形。建议有这方面需要的女性孕期可在医生的指导下使用胰岛素，远离降糖药物	抗肿瘤类药物	这类药物，如白消安、氯甲蝶呤、环磷酰胺等具有很大的生物毒性，对准妈妈本身的伤害就很大，对胎儿的危害就更大了，导致多发性畸形的危险相当高。建议患有恶性肿瘤或需要使用抗癌药物的女性，最好不要怀孕，以免产生严重后果
维生素	维生素对于人体来说虽然是必需的，也是人们熟悉的，但是准妈妈服用过量会导致胎儿畸形。因而，孕期在维生素的服用量上一定要掌握好	抗凝血药物	像双香豆素等，有可能导致胎儿小头畸形
抗癫痫药	这类药会引发胎儿早产、身体和智力发育迟缓及多发性畸形。这类药物包括苯巴比妥、丙戊酸钠、苯妥英钠等	泻药与中成药	泻药在孕期建议禁止服用，有可能引起反射性宫缩，导致流产。中成药也并不是像很多人认为的那样安全，比如具有镇吐功效的中药半夏，在动物实验中就有导致胎儿畸形的情况发生
抗疟药	奎宁诱发胎儿流产、视力缺陷、胚胎耳聋、脑积水、肾损伤、四肢及心脏畸形等		
抗甲状腺药	卡比马唑、丙硫氧嘧啶、甲巯咪唑会引起先天性甲状腺功能不全、甲状腺肿大，以及呆小病和死胎等。此外，使用放射性碘剂也会使胎儿甲状腺功能低下		
部分抗生素类药物	黄体酮、睾酮之类的激素可使女婴男性化。最为常见的性激素己烯雌酚可使女婴男性化、男婴女性化、性器官发育异常。肾上腺皮质激素有可能致使胎儿发生多发性畸形		
部分镇吐类药物	异丙嗪、氯丙嗪、美克洛嗪、三氟拉嗪等，可导致先天性心脏病。提醒饱受孕吐折磨的准妈妈一定要谨慎，即便是中药也存在隐患		
解热镇痛类药物	这类药物包括安乃近、阿司匹林、感冒通、非那西丁等，以及含有此类成分的复方制剂。这类药可导致胎儿脑积水、畸形足、软骨发育不全、先天性心脏病，影响胎儿的神经系统和肾脏发育，以及出生后的智商和注意力较同龄人低等后果		

预防孕期流感

避免去拥挤的地方

准妈妈应尽量避开拥挤热闹的公共场所，尤其是在每年流感的高发季节，外出时记得戴上口罩。

注意口腔卫生

注意口腔和双手的卫生，常洗手和用淡盐水漱口。保持所处环境良好的空气流通、环境卫生等，如有必要，需要定期消毒。

保持良好的生活习惯

保持良好的作息与饮食习惯，不要过度劳累，多吃新鲜的果蔬。

加强锻炼

适当的户外活动可提高准妈妈的机体免疫力与适应季节变化的能力。

科学的饮食营养

补充锌元素

在准妈妈与丈夫享受完鱼水之欢后的24小时，精子和卵子会结合在一起形成受精卵，受精卵有0.2毫米大小，重1.505微克。受精卵经过3~4天的运动到达子宫腔，在这个过程中由一个细胞分裂成多个细胞，并成为一个总体积不变的实心细胞团，称为桑胚体。受精卵已经进入子宫开始发育。准妈妈在补充叶酸的同时，应加强微量元素的摄取，微量元素锌、铜等参与了中枢神经系统的发育。可以适当吃一些香蕉、动物内脏、坚果类食品，都富含锌元素。

摄入盐要适量

人为了维持身体内环境的稳定，吃进去的钠与排出来的钠是相等的。当肾脏发生病变功能减退时，可使排钠减少，失去水电解质的平衡，引起血钾升高，导致心脏功能受损。如果准妈妈多吃盐，就会加重水肿且使血压升高，甚至引起心力衰竭等疾病。但是如果长期低盐或者不能从食物中摄取足够的钠时，就会使人食欲缺乏、疲乏无力、精神萎靡，严重时发生血压下降，甚至引起昏迷。研究表明，正常准妈妈每日的摄盐量以7~10克为宜。

准妈妈美味营养餐

★ 番茄豆腐

- **材料准备**：番茄1个，蛋豆腐1盒，葱花适量，盐1小匙。
- **做法**：
  1. 将番茄洗净，切薄片，取4片备用。
  2. 将铝箔纸折成与蛋豆腐（长、宽、高）一样，固定好，分别在四边各放入1片番茄片，再将蛋豆腐放入铝箔纸中。
  3. 将盐、葱花撒在蛋豆腐上，入烤箱烤到蛋豆腐熟透，番茄片入味后即可。

★ 特色温拌面

- **材料准备**：银面条、黄瓜丝、熟肉丝、香菜各适量，酱油、香醋、芝麻酱、盐各适量。
- **做法**：
  1. 将芝麻酱加入少许盐和开水调稀。把香菜切成细末。把酱油、香醋调成调味汁。
  2. 面条煮熟放凉装盘，加入黄瓜丝、熟肉丝、香菜末，浇入芝麻酱和调味汁。

每周胎教重点

美学胎教
美从现在开始

形体美学

形体美学主要指准妈妈本人的气质。准妈妈穿着合体的孕妇装，洁净的头发和素雅的妆容，会使整个人精神焕发。怀孕会使女人平添更多的风韵，胎儿在母体内受到美的感染，从而获得初步的审美观。

大自然美学

准妈妈应多到大自然中去饱览美丽的景色，这样可以促进胎儿大脑细胞和神经的发育。

阿尔让特伊大桥／（法）克劳德·莫奈

美文欣赏《美好的一天》

《美好的一天》出自波兰著名诗人切·米沃什之笔。"多美好的一天啊！"诗歌开头的一句话，引起了人们美好的想象和回忆。在一个早晨，暖和温情的阳光照在花园里，花园里的花朵还没有完全开放，还在充满生机的枝头孕育着春天的气象，蜂鸟从花园中飞起，传递着春的气息。在这样的早晨，诗人在自己靠近海边的花园劳作，那是一种平凡而美丽的生活，让人体会到了那平凡的幸福。

《美好的一天》
切·米沃什

多美好的一天啊！
花园里干活儿，
晨雾已消散，
蜂鸟飞上忍冬的花瓣。
世界上没有任何东西我想占为己有，
也没有任何人值得我深深地怨；
那身受的种种的不幸我早已忘却，
依然故我的思想也纵使我难堪，
不再考虑身上的创痛，
我挺起身来，
前面是蓝色的大海，
点点白帆。

运动胎教
散步

散步是很适宜准妈妈的一项运动，它温和安全，还能增进健康。需要注意的是要选择合适的地方散步。对准妈妈来说，散步是锻炼心脏血管的最佳方式之一，因为这可以让准妈妈保持健康，且不会给膝盖和脚踝带来伤害。

很多准妈妈喜欢在热闹的街上散步，觉得这里很热闹，但这些地方机动车辆和人都很密集，排出的尾气中含有大量的一氧化碳、铅、氮和硫的氧化物。一氧化碳与人体红细胞中的血红蛋白牢固结合，会引起全身不适、肌肉酸软及头晕目眩等；尾气中的铅被吸收到准妈妈血液后，会通过胎盘屏障进入胎儿体内，影响大脑发育。在距离地面3～5米的空气中，还有肉眼看不到的粉尘颗粒，里面含有有毒元素及物质，会影响造血和泌尿功能。因此，准妈妈不宜去闹区散步，最好在空气好的公园中散步。

故事胎教

《掉在井里的狐狸和公山羊》

一只狐狸不小心掉进了井里,井太深了,无论它怎样拼命挣扎也没办法爬上去,于是,只好待在那里。

一只公山羊觉得口渴了,来到这口井边,看见狐狸在井下,便问它井水好不好喝。狐狸觉得机会来了,心中暗喜,极力赞美井水好喝,说这水清甜爽口,好喝极了,并劝山羊赶快下来,与它一起痛饮。

公山羊相信了狐狸的话,不假思索地跳了下去,当它"咕咚咕咚"痛饮完后,才发现自己也出不去了。于是,不得不与狐狸一起商量出去的办法。狐狸早有准备,它狡猾地说:"我有一个方法,你用前脚扒在井墙上,再把角竖直了,我踩着你的后背跳上井去,再拉你上来,我们就都得救了。"公山羊同意了狐狸的提议。狐狸踩着公山羊的后脚,跳到公山羊的背上,然后再用力一跳,跳出了井口。

狐狸上去以后,便不顾公山羊独自逃走了。公山羊指责狐狸不信守诺言,狐狸回过头,对公山羊说:"喂,朋友,你的头脑如果像你的胡须那样完美,你就不至于在没看清出口之前就盲目地跳下去了。"

小贴士

故事中的公山羊虽然很善良,但是它轻易相信了坏人的话,以至于最终落入了不幸。宝贝,这个世界上有好人也有坏人,我们只能凭借自己的智慧做出正确的判断,聪明的人应该事先考虑清楚事情的结果,然后才去做。希望我的宝贝能做个聪明的人,不被坏人所欺骗,才能更好地保护自己。

语言胎教
《三只熊》

《三只熊》

三只熊 住在一起，熊爸爸、熊妈妈、熊宝宝，

熊爸爸胖胖的，熊妈妈很苗条，

熊宝宝很可爱，一天天长大了。

步骤一、熊爸爸 双手竖起拇指向前推。

步骤二、胖胖的 双手竖起拇指向前做波浪式推进。

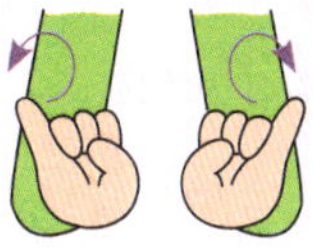

步骤三、熊妈妈 双手竖起示指向上移动。

步骤四、很苗条 双手竖起示指做波浪状向下移动。

步骤五、熊宝宝 双手竖起小指向外画圈。

步骤六、很可爱 双手竖起小指在脸上做可爱状。

在怀孕初期，准妈妈和其家人要使用文明、礼貌的语言，为胎儿言传身教，不要认为刚刚怀孕，胎儿什么都不懂，这是错误的观念。为胎儿营造一个好的语言环境，是全家人应尽的责任，尤其是准妈妈一定要对自己的言行负责。

准妈妈独处的时候，可以用温和、富有感情的语言和胎儿进行"交流"，比如准妈妈可以这样说："宝宝，你现在真的已经在妈妈的肚子里了吗？我好兴奋、好幸福啊，我一定会用百分百的爱去呵护你、照顾你，所以你一定要健健康康地成长哦。"

04周 胎儿的神经管形成

这时候月经特别准的准妈妈可能会发现月经没有按时来，细心的准妈妈还会发现自己的体温有所升高，如果这个时候买来早早孕试纸测试，会测试出弱阳性，即一深、一浅的横线。

准妈妈和胎儿的变化

准妈妈的变化

第四周 {月经没有如期到来}

平时细心的女性，这时就会意识到自己已经怀孕。如果出现月经该来而没来，基础体温连续14天处于高温期，那就很可能已经怀孕。不能确定是否怀孕时，可以购买早孕试纸进行测试，或者到医院的妇产科做检查。

胎儿的变化

第四周 {神经管开始发育}

受精卵进入子宫，受精卵开始细胞分裂。受精卵在受精4~5天后到达子宫，但它并不能马上着床于子宫壁上，而是在子宫内游荡3天，充分做好着床前的准备。当受精卵在子宫内准备着床时，子宫壁为了迎接受精卵的到来，会变得像靠垫一样，柔软而厚实。

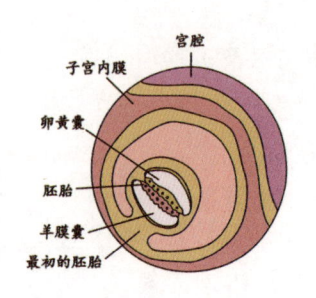

必知的孕期生活指导

怀孕的征兆有哪些

疲倦

你不再有足够的精力应付习以为常的活动。典型的表现就是下班后或在上班的时候，你最想做的事就是睡觉。当怀孕12周后，精神将开始恢复。

出现感冒症状

怀孕的征兆因人而异，很多女性会出现类似于感冒的症状，怀孕时体温会高于平时体温，同时会像感冒一样全身乏力，自觉发冷……这种情况在怀孕初期会一直持续。这对计划怀孕的女性来说一定要谨慎，不能随意用药，一定要去医院检查是否怀孕了。

月经没来

这是最明显的征兆，但有些与怀孕无关的原因也会导致月经不规律，比如紧张、疾病、体重较大的波动。

阴道微量出血

胚胎着床时会造成轻微出血，多数女性常常会误以为是月经来了。

情绪不稳

怀孕早期大量的孕激素使准妈妈的情绪变化大，有时会情不自禁地流泪。

恶心和呕吐

有的人在刚怀孕的时候就感到恶心，大多数会在怀孕6～7周时才感到恶心。这种现象被称为"早孕反应"，在一天的任何时间都会发生，常发生在早晨起床后，有恶心、泛酸、食欲缺乏等现象。或是轻微作呕，或是一整天都干呕或呕吐。早孕反应会在怀孕12～14周自行消失。

盆腔和腹腔不适

下腹到盆腔都感到不舒服，但如果准妈妈只是一侧剧痛，就应该在产检时请医生仔细检查。腹部可能会出现微胀不舒服感。

乳房触痛和尿频

乳房感到刺痛或刺麻的感觉，乳晕加深，乳房变得非常敏感，通常会在几周后消失。在怀孕的前几周，准妈妈会特别频繁地想排尿，这是因为激素改变造成的。

如何检测是否怀孕

早孕试纸

早孕试纸测验是最常见的验孕方法，主要是检测尿中绒毛膜促性腺激素（HCG）的含量，当HCG（绒毛膜促性腺激素）的含量达到一定的诊断标准时，早孕试纸显示阳性结果两条线，即可确定怀孕。早孕试纸使用方便也很快捷，按照说明书使用即可。很多女性都会选择早孕试纸来进行最初的验孕检测。

小贴士

女性的排卵期一般在下次月经来潮前的14天左右，假设此时受精成功了，那么受精卵要产生绒毛膜促性腺激素最快需要六七天。所以，若受精成功，在性生活后的10多天（月经前一周）即可测试。一般在月经期过后10天左右检测比较准确，怀孕时间越久，两条线就越明显。

医院检验

大型医院尿检的收费不高，是经济实惠的测定怀孕的方法。或者也可以抽取静脉血进行血HCG浓度的检查。如果想要在第一时间知道自己是否怀孕；或是多次尿检均为阴性，但高度怀疑已怀孕；或是医生怀疑有宫外孕的可能他，可以进行此项检查，结果准确可靠。

小贴士

准妈妈去医院验孕之前可以吃饭，喝水。但若同时做血糖、肝功能系列的检查就需要空腹了。

超声检查

在怀孕7周以上，利用超声检查能确认胎囊状态，如果超声检查中发现子宫体积变大，同时子宫内壁变厚，就能确认怀孕了。超声检查能检测准妈妈是正常怀孕还是宫外孕。所以即使早孕试纸显示已怀孕了，建议准妈妈也要在怀孕35天时去医院接受超声检查。医学研究认为超声检查是安全的，因此，准妈妈不必对孕期超声检查产生恐惧心理。一般情况下，准妈妈在孕期一般至少会进行3次或更多次数的超声检查。

	超声检查的意义
1	确定怀孕状态是否正常和推算预产期
2	确定胚胎个数
3	排除异位妊娠，如宫外孕

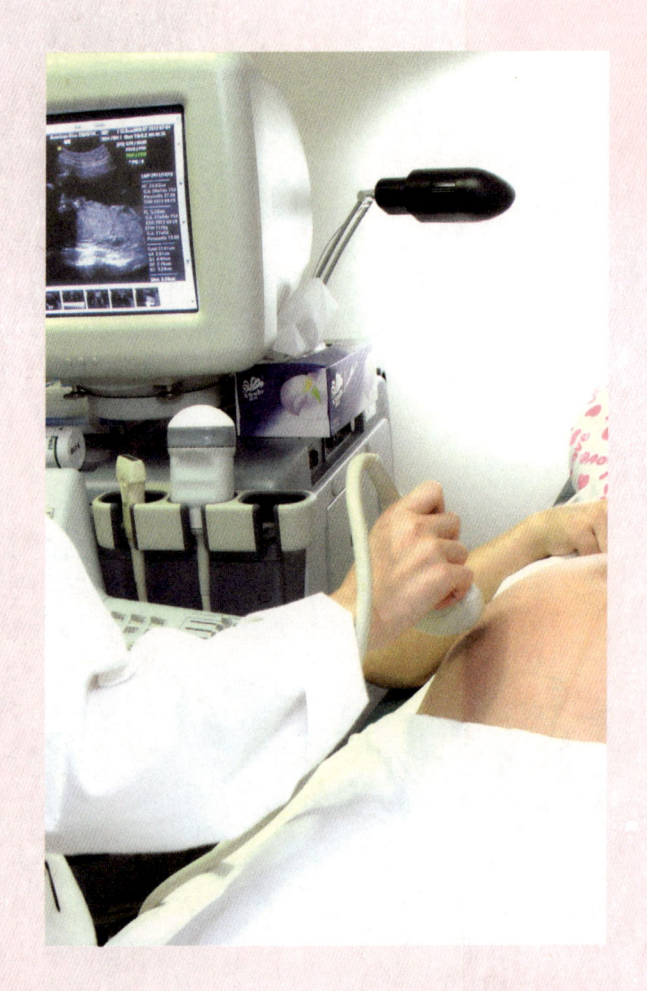

需要关注的健康问题

如何提高免疫力

合理饮食

准妈妈要有意识地补充各种维生素和微量元素，通过饮食提高免疫力。多从食物中补充铁、锌、维生素A和维生素C等微量元素。充足的蛋白质、适量的维生素和一些微量元素具有免疫调节功能。

睡眠

人在睡眠时，体内会产生一种被称为胞壁酸的睡眠因子，可促使白细胞增多、巨噬细胞活跃、肝脏功能增强，从而将侵入体内的细菌性病毒消灭。孕期需要比平常更多的睡眠时间，每天保证8～10小时的睡眠。最好在晚上9点多入睡，睡前饮一杯热牛奶，睡前4～6小时内避免情绪兴奋。中午再睡1～2小时。

进行户外活动

每天上午10～11点，下午1～3点，室外气温较高，空气较好，准妈妈应在此间出来活动30～60分钟。不要到人员密集、空气不易流通的环境中，避免病毒侵扰，以减少感染的机会。

多喝水，多吃蔬果

多喝水能加快体内循环，有助于将病毒从身上带走。蔬果含有多种维生素，尤其是维生素E、维生素C能助免疫。多吃富含维生素的水果和蔬菜，如黄瓜、芹菜、番茄、白菜、西瓜、苹果、梨、香蕉等。

怀孕后做了不该做的事怎么办

怀孕了服用了感冒药怎么办

怀孕时要特别注意药物的服用，不过，不必为不知道已经怀孕而服用的1～2次感冒药或胃药感到担心。虽然部分感冒药确实含有诱发畸形的成分，但是1～2次的服用量不足以影响胎儿。

即便服用胃药、安眠药、止痛药等药物，只要不是经常性服用，不会导致严重后果。但是，尽量避免神经安定剂等刺激神经系统的药物，如果怀孕时服用这些药物，就要向医生咨询。

服用了避孕药怎么办

在停止服用避孕药后立即受孕时，大部分准妈妈会担心受精卵会不会出现异常。避孕药中的激素成分往往在服用后会很快在体内分解并被排出体外，所以残留在体内的激素剂量不会影响胎儿，但最好去医院检查，听医生建议。

怀孕了拍了X射线怎么办

X射线是导致先天性畸形的主要原因之一，但是胸部X光透视中使用的放射线，诱发畸形的概率只有万分之一，所以不用担心。

牙科中使用的X射线也不会影响胎儿。但是计划怀孕或怀孕中的女性应当尽量防止受到放射线的照射。

孕期感冒了怎么办

及时检查

如果准妈妈在采取上述措施后，体温并没有下降，或者感冒还没有好转，持续发热达到3天以上者，就不应该再采取保守治疗，则应该去医院积极治疗。

当病情痊愈后要对胎儿和准妈妈进行全面的检查，确诊胎儿是否正常。如果发现胎儿或羊水有异常，应及时终止妊娠。

积极采取降温措施

如出现发热，体温达38℃以上，可用温湿毛巾擦浴或用30%的乙醇擦拭颈部、两侧腋窝，反复擦拭20～30分钟后测量体温，直到体温降至38℃以下。并注意卧床休息，多饮水，严重时要到医院就诊，在医生指导下用药，切记不可盲目用退热剂之类的药物。

依靠免疫力

轻度感冒仅有鼻塞、轻微头痛症状的患者一般不需用药，应多喝开水，充分休息，依靠自身免疫力对抗病毒。

● 预防感冒	
避免去拥挤的地方	尤其是在流感的高发季节，外出时记得戴口罩
注意口腔卫生	注意口腔和双手卫生，常洗手和用淡盐水漱口
保持良好的生活习惯	保持良好的作息与饮食习惯，不要过度劳累
加强锻炼	适当的户外活动可提高准妈妈的机体免疫力

小贴士

孕早期一些准妈妈会感觉恶心、呕吐，有时候甚至由于严重的脱水而需要输液。一些准妈妈会少量流血，但即使是正常的流血也会给准妈妈带来很大的恐惧感。当然，并不是每个准妈妈的孕早期都那么的难过。随着怀孕的日子慢慢过去，人体绒毛膜促性腺激素的水平会在第十周时达到最高峰，然后在第十四周前下降，同时这些症状也会最终消失。

科学的饮食营养

补充蛋白质

进入怀孕第四周，准妈妈不需要太多的进补，只需要遵循以往的饮食规律和饮食习惯。但是不要挑食，每天要保证营养均衡。这个时候，准妈妈也不需要每天吃很多食物，因为这时候胎儿还无法吸收营养，过多的进补会使准妈妈迅速增胖，反而会给准妈妈和胎儿带来不好的影响。在这个时期，准妈妈需要继续补充叶酸和蛋白质，胎儿神经管发育的关键时期在怀孕初期第十七天至第三十天。此时，如果叶酸摄入不足，可能引起胎儿神经系统发育异常。补充一定量的叶酸可以防止胎儿神经管畸形等。每天还应摄取蛋白质60～80克，优质蛋白质40～60克，以保证受精卵的正常发育。

准妈妈营养标准参考指标

由于胎儿脑细胞发育过程在很多方面是不可逆的，在怀孕期间保证母体营养以使胎儿脑正常发育显得尤为重要。准妈妈不但要满足自身的营养需求，而且还要负担起胎儿迅速生长的营养需要，因此准妈妈更需要提高营养意识。

准妈妈每日热量需求

孕前	每日需要摄取9 000千焦
孕早期	每日需要摄取9 400千焦
孕中、晚期	每日需要摄取10 450千焦

准妈妈蛋白质需求量和来源

作用	蛋白质是胎儿生长发育所必需的营养素
需求量	正常育龄女性每天需要摄取55～70克
来源	肉类、鱼类、蛋类、奶类、谷类食品

准妈妈微量元素矿物质需求指标

钙	胎儿生长离不开钙。准妈妈每日至少要摄取1.5克，同时注意补充维生素D。牛奶、肉类、豆类、海产品富含钙
铁	准妈妈要定时检查血常规。一旦发现贫血，就要及时补铁。肉、鱼、禽类富含铁。也可服用一些补铁剂，用量可以遵循医嘱

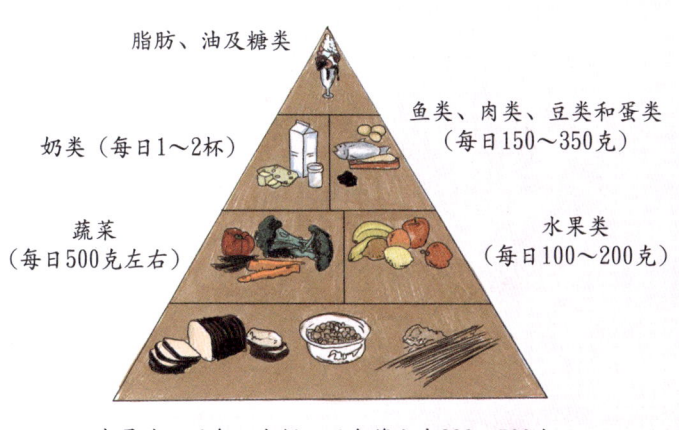

准妈妈脂肪需求量和来源

作用	胎儿各组织器官的形成和完善都离不开脂肪
需求量	孕期女性每天应在膳食中间，补充20～30克脂肪
来源	肉类、乳制品、坚果类和食用油等

准妈妈孕期体重增加参考指标

1	准妈妈整个孕期体重增加13千克左右，经产妇略低
2	怀孕13周前无明显变化，以后平均每周增加350克，不应超过500克，但存在个体差异

脂肪、油及糖类

奶类（每日1～2杯）　　鱼类、肉类、豆类和蛋类（每日150～350克）

蔬菜（每日500克左右）　　水果类（每日100～200克）

大量吃：面包、米饭、面条等主食200～500克

备注：1两=50克

准妈妈美味营养餐

★ 香椿蛋炒饭

- **材料准备**：米饭250克，鸡蛋两个，香椿芽125克，瘦猪肉丝75克，料酒、盐、植物油各适量。
- **做法**：
  1. 把香椿芽洗净切末；瘦猪肉丝加盐、料酒上浆；鸡蛋磕入碗内，加盐搅匀。
  2. 锅内倒入油，等油烧热后，再放入肉丝炒熟备用。
  3. 锅留底油，把油烧热，倒入鸡蛋液、香椿末，用大火翻炒至熟，最后倒入米饭、肉丝炒匀，淋入料酒即可起锅。

★ 参枣米饭

- **材料准备**：糯米250克，党参10克，大枣20克，冰糖适量。

- **做法**：

1. 将党参、大枣泡发，加水煮30分钟。捞出党参、大枣，汤中加入冰糖搅匀，就成了甜参枣汁。
2. 把糯米淘洗干净，加适量水蒸熟后倒扣在盘中，摆上党参、大枣，倒入甜参枣汁即可。

★ 银耳鹌鹑大枣汤

- **材料准备**：银耳1个，鹌鹑蛋8个，大枣6个，冰糖、水各适量。

- **做法**：

1. 将银耳泡发，除去杂蒂，放入碗中加水上锅蒸熟透。
2. 将鹌鹑蛋煮熟剥皮。
3. 砂锅中放入冰糖和水，煮开后，放入银耳、鹌鹑蛋即可。

★ 排骨莲子芡实汤

- **材料准备**：排骨500克，莲子40克，芡实、百合各30克，蜜枣4个，盐适量。

- **做法**：

1. 将莲子、芡实、百合、蜜枣洗净。
2. 将排骨洗净，并放入开水锅中煮5分钟，再取出过凉水。
3. 用清水煲滚，放入排骨、莲子、芡实、蜜枣煲两小时，加入百合煲30分钟，下盐调味即可。

每周胎教重点

写胎教日记

可以随心所欲地记录

准妈妈可以用自己喜欢的形式写，不必拘泥于各种形式，今天发生了什么事情就写什么事情。

	时间	生活行动	胎教内容
上午	6:30	起床，早上好	情绪胎教、语言胎教
		摸摸肚子，然后刷牙、洗脸、做早餐	音乐胎教
	7:30	吃早饭，美美地吃一顿营养早餐储备能量	营养胎教
	8:00	开始音乐胎教，准爸爸吃过早餐，和胎儿说再见，准爸爸上班去了	音乐胎教、情绪胎教
	10:00	和胎儿说说话	语言胎教
	11:00	午餐时间	营养胎教
下午	12:00	午睡	联想胎教
	15:00	来点下午茶	营养胎教
	17:00	休息、准备晚饭	音乐胎教、运动胎教
晚上	18:00	吃晚饭，饭菜真香，吃得好饱	营养胎教
	18:30	做家务，活动筋骨	运动胎教
	19:00	散步	环境胎教、运动胎教
	19:30	看书，听音乐	阅读胎教、音乐胎教
	21:00	夫妻一起和胎儿玩一玩	语言胎教、阅读胎教、抚摸胎教
	22:00	睡觉	联想胎教、休息

可以参照笔记本的形式

准妈妈可以列个表格，根据自己每天的实际情况写上自己每天会发生的事情。如下表：

音乐胎教

卡布里的月光

《卡布里的月光》是一首沉静的轻音乐，是由瑞士的班得瑞乐团创作的。这支乐曲演绎出意大利的卡布里岛笼罩在迷人的月光下的景致。

班得瑞乐团成功地将新世纪风格结合大自然音效，扩展了音乐深度，构成了现今最具现场感的大自然音乐。班得瑞的演奏与卡布里岛的月光有机地结合，就构成了整首乐曲的灵魂和精华。准爸爸和准妈妈可以在宁静的夜晚一同欣赏，相信它为你们带来的绝不仅仅是好听。

音乐胎教

《紫丁香》

准妈妈可以边欣赏柴可夫斯基的名曲《紫丁香》，边欣赏荷兰绘画大师梵·高的油画作品《紫丁香》。温情柔美的旋律与眼前花团锦簇的紫丁香融为一体，花香呼之欲出，相信准妈妈一定会陶醉在这浓浓的温情中，内心享乐无比。

音乐胎教

《雨的印记》

《雨的印记》这首钢琴曲出自韩国最擅长描绘爱情的音乐家李闰珉（Yiruma）之手，创作这首乐曲的时候，是在一个满天星星的夜晚，忽然间一场雨，让李闰珉有感而发地写下这首曲子。钢琴在李闰珉的指下奏出了那大珠小珠落玉盘的声音，像是在倾诉，这声音是那么亲切，钢琴的每次敲击就像雨滴一样落在心中，那样轻柔，却又那么清晰。每次聆听，仿佛真的在窗边，感受屋檐滴落雨滴的感觉，也仿佛在等待着那美好时刻的到来。

音乐胎教

《森林中的一夜》

《森林中的一夜》是班得瑞乐团《日光海岸》专辑中的主打乐曲，乐曲的开头所营造的氛围就很容易使人想起森林，想起森林中看似寂静的夜晚。

假如你是森林里的主人，你将看到、听到更多的内容，那明月、那满是星星的天空、那枝丫相互交织的树林，以及晚归的小鸟们翅膀划过夜晚的声音……这一刻，就在这怡人的动与静中，心灵觅得了安逸的憩所。亲爱的准妈妈，此刻请安静地躺下来，仔细聆听这天籁的声音……

小贴士

胎教不是准妈妈一个人的事情，准爸爸也应该充分发挥作用。在孕期的第一个月里，准爸爸应该跟准妈妈一起准备孕期所需的用品，多关心准妈妈，让准妈妈保持平和、稳定、愉快的心态，这对胎儿的发育尤为重要。

意念胎教

插上想象的翅膀

准爸爸和准妈妈可以在胎教中运用意念胎教，在胎儿的潜意识里播下健康的知识，准爸爸和准妈妈这种美好的设想可以使胎儿健康发育。

爱心是进行意念胎教的前提

因为爱在意念胎教中起重要的作用。准妈妈在进行意念胎教的时候，首先要对胎儿充满爱心。胎儿在爱的环境中，才会产生安全感，积极地配合。

怎样进行意念胎教

如果准妈妈想要让胎儿知道玫瑰是什么样子的，就可以轻轻地闭上眼睛，现在脑中想象一下胎儿的形象，然后在脑中想象玫瑰花的颜色、形状，同时说："这就是玫瑰花。"

小贴士

运用意念走神是一种常见的现象，这时准妈妈不要急躁，更不要强迫自己集中注意力。一发觉自己走神了，就先对胎儿讲一声"对不起，妈妈开小差了，宝宝不要学妈妈，要学会集中注意力"。

故事胎教

《三个和尚》

从前有一座山，山上有座小庙，庙里有个小和尚。他每天挑水、念经、敲木鱼，给案桌上观音菩萨的净水瓶添水，夜里不让老鼠来偷东西，生活过得安稳自在。

不久，庙里来了个高和尚。他一到庙里，就把半缸水喝光了。小和尚叫他去挑水，高和尚心想一个人去挑水太吃亏了，便要小和尚和他一起去抬水，两个人只能抬一只水桶，而且水桶必须放在扁担的中央，两人才心安理得。这样总算还有水喝。

后来，庙里又来了个胖和尚。他也想喝水，但缸里没水。小和尚和高和尚叫他自己去挑，胖和尚挑来一担水，立刻独自喝光了。从此谁也不挑水，三个和尚就没水喝了。

大家各念各的经，各敲各的木鱼，观音菩萨面前的净水瓶没人添水，花草也枯萎了，夜里老鼠出来偷东西，谁也不管，结果老鼠猖獗，打翻了烛台，燃起了大火。三个和尚这才一起奋力救火，大火被扑灭了，他们也觉醒了。

从此三个和尚齐心协力，水自然就更多了。

小贴士

宝贝，这是一个既简单又有趣的小故事，故事中为什么一个小和尚有水喝，两个和尚抬水喝，而三个和尚没水喝呢？因为每个和尚都很自私，他们都不想付出得比别人多，宁可大家都没水喝，也不肯去挑水。但是一场大火使他们觉醒了，他们终于肯团结起来，互相合作，这样自然就都有水喝了。我的宝贝，我们每个人都生活在集体中，不能只考虑自己的得失，而忽略了集体的力量。只有集体中的每个成员都发挥自己的能量，才能使整个集体强大起来。

05周 胎儿大脑和脊椎形成

现在准妈妈的体温仍处在37℃左右，有些会出现类似感冒的症状，乳房也持续胀痛，没有避孕的女性千万不要以为感冒了随便吃药，先去药店买来早早孕试纸测试一下，这有可能是怀孕了。

准妈妈和胎儿的变化

准妈妈的变化

第五周 {出现类似感冒症状}

月经没有按时来，可以去药店购买早孕试纸，以便证实自己是否怀孕。一旦证实了，要马上去医院检查。有些敏感的女性会出现类似感冒的症状。如果有这种症状，同时月经还没有来，就要去医院检查，不要随便吃感冒药。

胎儿的变化

第五周 {像种子发芽一样伸展开来}

像植物发芽一样伸展开来，神经管两侧出现突起的体节，体节将会发展成为脊椎、肋骨和肌肉。

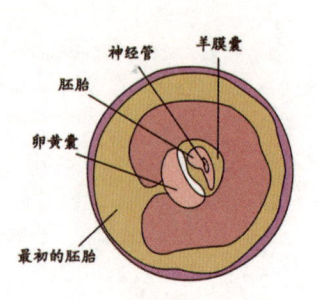

必知的孕期生活指导

情绪上有所转变

这时期准妈妈的心理是复杂的，一方面对生命的到来感到喜悦和幸福；另一方面对生活上的转变而产生忧虑。这些复杂的情绪起伏，会在这时期表现出来，例如易怒、对丈夫不满、对丈夫的依赖感变强等，准妈妈需要花一些时间才能调适好自己的情绪。这是很正常的生理导致的心理反应，不必觉得对宝宝有所愧疚。

早孕反应早知道

恶心

不要让自己的胃空着，空腹会让恶心和呕吐更严重。因此，要随身准备一些饼干或新鲜水果。将一日三餐改为少食多餐。

避免吃高脂肪的食物，因为它们难以消化；避免吃油腻、辛辣、酸味和油炸的食物，这些食物会刺激准妈妈已经变得脆弱的消化系统。

小口喝水。尽管喝水对预防脱水非常重要，但也不要一口气猛喝，把胃涨满。

起床后不要空腹服用孕期维生素片，可以试着在吃东西时服用维生素，也可以在晚上入睡前服用。

试试含姜的食物。研究显示，姜能够让胃感到舒服一些。把生姜切碎，用热水冲泡，给自己做一杯姜茶。注意不要在入睡前服用姜水。

疲劳

无论如何疲倦，都不要想到以咖啡、浓茶、可乐、糖果、甜腻的蛋糕来振奋精神。丈夫此时要特别理解和照顾准妈妈，包括身体上和精神上。现在准妈妈正经历着不受控制的疲倦。准妈妈应该尽量多休息，坐着的时候可以抬高脚的位置。晚上早点睡觉，每天进行适当的散步也可以缓解疲劳。

推算预产期的方法

推算法

这个方法适合月经规律的女性。从末次月经开始向后计算40周，这段时间就是预产期。末次月经月份减3或加9（月份小于3时），天数加7。例如末次月经为2010年3月10日，月数加9，日数加7，预产期为2010年12月17日。用农历计算，则月份减3或加9，天数加15。若月经周期为25天，预产期为在原有天数上相应减5；若月经周期为40天，则预产期为在原有天数上加10。

小贴士

最后一次月经来潮是2013年8月7日；预产期月份＝8－3＝5（即2013年5月）；预产期日期＝7＋7＝14（14日）即预产期为2014年5月14日。

从孕吐开始的时间推算

孕吐反应一般出现在怀孕后第六周末，就是末次月经后42天，由此向后推算至280天即为预产期。

超声检查

月经不规律或者忘记末次月经的女性可以去医院咨询专业医师来计算预产期。一般医院可通过超声检查推算出预产期，医生做超声时测得胎头双顶径、头围及股骨长度即可估算出胎龄，并推算出预产期（此方法大多作为医生超声检查诊断应用）。

胎动日期计算

如果已经记不清末次月经日期，可以依据胎动日期来进行推算。一般胎动开始于怀孕后的18～20周。计算方法为：初产妇是胎动日加20周；经产妇是胎动日加22周。

怀孕了，这些事情不能做

开车

孕2月是胎盘不稳定期，很容易发生流产。准妈妈一定要注意。出门时尽量避开交通高峰时段，使出行更便利。如果准妈妈是有车一族，在这一阶段还是把准爸爸当"免费司机"吧！

禁止性生活

从孕2月开始到妊娠12周以前，准妈妈一定要避免性生活。这时期胚胎和胎盘正处在形成时期，胎盘尚未发育完善，是流产的高发期。如果此时受性活动的刺激，易引起子宫收缩，加上精液中含有的前列腺素，更容易对准妈妈的产道形成刺激，使子宫发生强烈收缩。准妈妈要避免性生活，特别是有习惯性流产史者，更应绝对禁止。

避免冷水刺激

准妈妈在洗衣、淘米、洗菜时不要将手直接浸入冷水中，寒冷刺激有诱发流产的危险。如果厨房没有厨宝，最好准备几副胶皮手套。

避免观看刺激性节目

不要观看恐怖电影或者带有大量暴力场面的电视剧，准妈妈心理及精神上的压力和刺激会影响到胎儿的发育。孕2月又是胎儿发育的关键时期，所以准妈妈一定要避免过度的精神刺激。

避开辐射强的物品

少用微波炉

微波炉会给准妈妈带来危害，尤其是在孕早期，有可能会导致胚胎的畸形。即使质量好的微波炉在门缝周围也有少量的电磁辐射，准妈妈一定要注意避开家中的微波炉，最好不要用。

安全使用复印机

准妈妈使用复印机时，身体距离机器60厘米为安全距离。市面上较新型的复印机把有辐射的部分装在底盘上，这种复印机的辐射对身体危害较小。

少用电脑

电脑周围会有高频电磁场产生，孕早期长期使用电脑可影响胚胎发育，增加流产的危险性。另外，长时间坐在电脑前，将会影响准妈妈心血管、神经系统的功能，盆底肌和肛提肌也会因劳损而影响自然分娩。

最好不用电吹风

电吹风辐射量非常大，准妈妈最好不要用。可以用其他的干发方法，如尽量将头发擦干，再用干毛巾将头发包起来，这样能使头发加速变干，防止受凉。

避免使用电磁炉

准妈妈最好避免使用电磁炉。如需要用，开启后立即离开两米远，同时使用电磁炉专用的锅具，减少电磁外泄，或使用能盖住整个炉面的大锅，能阻隔电磁波发出的能量。用完后须及时切断电源。

不可不知的产假大事件

在正常情况下，整个孕期要求做产检9～13次，整个孕期分为3个阶段，即是孕早期（1～12周）、孕中期（13～28周）、孕晚期（29～40周）。通常情况下，怀孕12周的时候就应该到医院建卡，进行首次全面检查。孕中期的检查频率为每4周1次。孕晚期为每两周1次，在36周以后胎儿变化大，容易出现异常，就应该每周1次，直至分娩。

5～8周：超声检查

此时通过超声检查，大致能看到胚囊在子宫内的位置，若仍未看到，则要怀疑是否有宫外孕的可能。准妈妈若无阴道出血的情况，仅需看看胚囊着床的位置。若有阴道出血时，要考虑先兆性流产的可能。另外，在孕期5～8周，通过超声检查还可以看到胚胎数目，以确定准妈妈是否孕育了双胞胎。

9～11周：绒毛膜采样

9～11周做绒毛膜采样，若准妈妈家族本身有遗传性疾病，可在这个时间段做"绒毛膜采样"。此项检查具有侵入性，可能会造成准妈妈流产以及胎儿受伤，做之前要仔细听从医生的建议。

12周：第一次产检

准妈妈在孕12周左右进行第一次产检，即NT（胎儿颈部半透明膜，为唐氏综合征产前筛选检查第一项）检查。此时已经进入相对稳定的阶段，要去社区医院给准妈妈办理"准妈妈健康手册"。日后医生为每位准妈妈做各项产检时，也会依据手册内记载的检查项目分别进行并做记录。

16～18周：第二次产检

从第二次产检开始，准妈妈每次必须做基本的例行检查，包括称体重、量血压、问诊、查子宫大小及听胎儿心音。

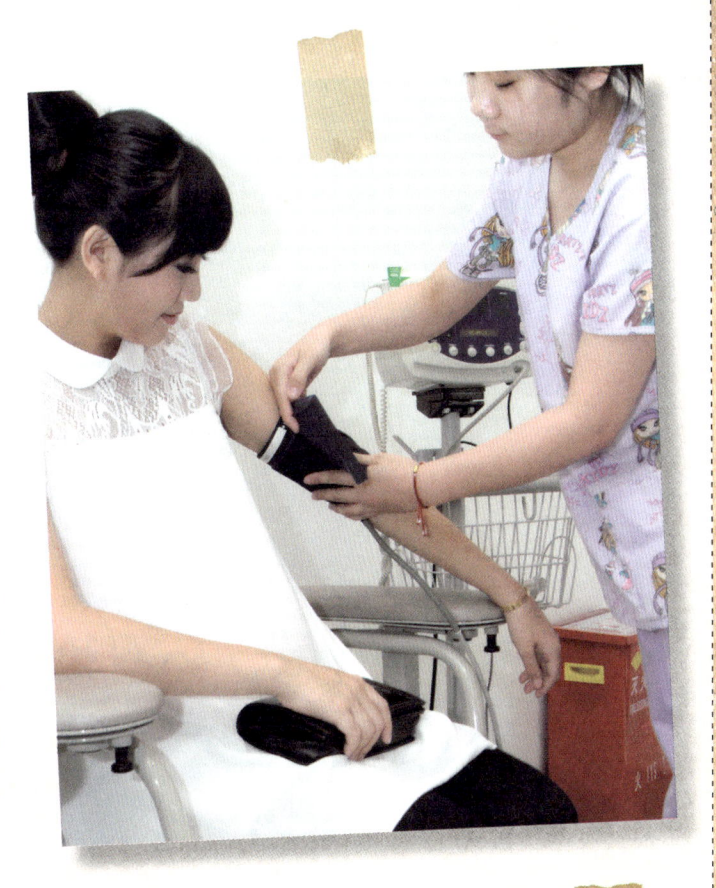

16～20周：第三次产检

这个时候需要做唐氏综合征产前筛选检查，这项检查需要抽取准妈妈的血清，检测母体血清中甲型胎儿蛋白（AFP）和绒毛膜促性腺激素的浓度，结合准妈妈预产期、年龄和采血时的孕周，计算换唐氏综合征的概率。

22～26周：第四次产检

这个时候应该做四维检查，四维彩超能直观、立体显人体器官的三维结构并动态、实时地观察立体结构，减少了疾病的漏诊，提高了诊疗质量。

24～28周：第五次产检

大部分妊娠糖尿病和妊娠胆汁淤积症的筛检，是在孕期24周做的。医生会抽取准妈妈的血液样本进行筛查试验。如检查出患有妊娠糖尿病，在治疗上，要采取饮食及注射胰岛素来控制，千万不可使用口服的降血糖药物来治疗，以免影响胎儿。

如果胆汁酸升高，那就是妊娠胆汁淤积症，需监护用药直到产后，有的甚至要提前终止妊娠，中期以后较容易出现贫血、缺钙，所以要多食用含钙、铁的食物。

29～32周：第六次产检

在孕期28周以后，准妈妈的产检是每两周检查1次。医生要陆续为准妈妈检查是否有水肿现象。由于大部分的子痫前症，会在孕期28周以后发生，所以，准妈妈在怀孕后期，针对血压、蛋白尿、尿糖所做的检查非常重要。

33～35周：第七次产检

到了孕期34周时，建议准妈妈做一次详细的多普勒检查，以评估胎儿当时的体重及发育状况，并预估胎儿至足月分娩时的重量。一旦发现胎儿体重不足，准妈妈就应多补充一些营养物质。

36周：第八次产检

为分娩事宜做准备。从36周开始，准妈妈愈来愈接近分娩日期，此时所做的产检，以每周检查1次为原则，并持续监视胎儿的状态。此阶段的准妈妈，可开始准备一些入院用的东西，以免分娩当天太过匆忙，变得手忙脚乱。

38～42周：第九次产检

从38周开始，胎位开始固定，胎头已经下来，并卡在骨盆腔内，此时准妈妈应有随时分娩的心理准备。

在未分娩前，仍应坚持每周检查一次，让医生进行胎心监护、多普勒检查，了解羊水以及胎儿在子宫内的状况。

时间	检查项目
12周以内	建立保健手册、常规保健检查、血常规、尿常规、遗传咨询、TORCH感染筛查、乙肝三对、肝功、肾功、血型全套（ABO血型、Rh血型）、梅毒、艾滋、丙肝筛查
16～20周	唐氏综合征产前筛选检查
22～26周	四维彩超（了解胎儿畸形）、染色体检查（依据医生建议）
24～28周	糖尿病筛查
29～36周	复查肝功、甘胆酸（皮肤瘙痒者必须进行）、甲状腺功能、抗A或抗B效价、胎儿电子监护、心电图
34周后	每次检查可做胎心监护
36周后	多普勒检查、脐血流S/D比值测定、胎盘功能检查、胎儿生物物理评分

需要关注的健康问题

了解腹痛是怎么回事

怀孕初期的病症腹痛与怀孕引起的腹部不适难以区别。因此，如果准妈妈出现比较严重且持续的腹痛，就需要及时去医院诊治了。

宫外孕：大多一侧腹痛且伴有出血

当腹痛加重的同时还伴有出血症状时，有可能是发生了宫外孕。受精卵着床于输卵管上形成子宫外孕时，如果持续怀孕，有可能导致输卵管的破裂，而且流出的血液会积蓄在腹中。这时，准妈妈会感觉到下腹痛或不舒服。输卵管破裂时，虽出血不多，但是腹部会突然感觉剧痛。

子宫肌瘤或卵巢囊肿：绞痛、腹部膨大

子宫肌瘤可能在怀孕期间长大，会导致准妈妈肌瘤扭转或变性坏死，直接影响胎儿发育。因子宫肌瘤而产生的腹痛来得比较突然，痛点一般也固定，属于肌瘤局部疼痛。出现腹部不适、绞痛、腹部异常膨大等时可能是卵巢囊肿。如果症状比较严重，并且持续时间比较长，同时伴有出血的话一定要尽早就诊。

先兆流产：下腹疼痛或剧痛伴有流血

少量出血，伴随着下腹部的疼痛，准妈妈需要留意，可能流产的前兆。

阑尾炎：腹部有压痛、恶心、呕吐

盲肠的位置会随着怀孕周数增加而向上推挤，疼痛的位置也随之改变。阑尾炎初期一般会出现下腹部压痛、恶心、呕吐、腹部肌肉紧绷等。

小贴士

一般生理性下腹刺痛不是很严重，发作时间也很短暂，且没有流血症状。主要是因为怀孕后子宫变大，子宫韧带受到牵扯导致的，一般不会影响日常生活。如果担心宫外孕或先兆流产建议做超声检查。

偶尔会出现胀气

准妈妈有时候会有胀气的感觉，这是因为由于怀孕时子宫增大会压迫大部分的消化系统，因此消化道内会产生气体与之抗衡。减轻胀气的方法有以下几种：

少食多餐。少食多餐更有利于消化，大部分准妈妈对每天吃五六餐感到更舒服细嚼慢咽。当准妈妈吃饭很快的时候，很容易咽下很多气体。吞下的气体越多，肠胃蠕动就越缓慢。因此准妈妈吃饭要细嚼慢咽。

避免吃含气的食物。许多食物或者饮料会在消化道里产生气体，例如西蓝花、菜花、豆类，以及碳酸饮料等。因此准妈妈要避免吃太多这些食物。

科学的饮食营养

补充维生素B₁

维生素B₁（硫胺素）缺乏，可使准妈妈全身无力，体重减轻，食欲缺乏。在孕期，身体组织对维生素B₁（硫胺素）的需要量增加，易引起缺乏症。每日应补充维生素B₁（硫胺素）约1.5毫克。维生素B₂（核黄素）缺乏时，由于体内物质代谢发生障碍，会出现口角炎、舌炎、皮炎、角膜炎等病症。准妈妈每日需要维生素B₂（核黄素）1.6毫克。动物性食物中含维生素B₂（核黄素）较多，首先是内脏，其次是奶类和蛋类；鱼、蔬菜中含量较少。

选择易消化的食物

准妈妈可以选择外形吸引感官的、口感清爽、富有营养的食物，如番茄、黄瓜、橙子、彩色柿子椒、鲜香菇、新鲜平菇、苹果等，它们色彩鲜艳，营养丰富，可诱发食欲。

选择的食物要易消化、易吸收，同时能减轻呕吐，如烤面包、饼干、大米或小米粥及营养煲粥。口感干的食品能减轻恶心、呕吐症状，粥能补充因恶心、呕吐失去的水分。

食物要对味，烹调要多样化，并尽量减少营养素的损失。

准妈妈美味营养餐

★ 奶油扒双珍

- **材料准备**：菜花、西蓝花各400克，粟米、胡萝卜块各15克，盐、糖各3克，牛油25克，鲜奶40克，蒜蓉4克。
- **做法**：
  1. 将粟米、胡萝卜切块洗净；菜花、西蓝花掰成小朵，沥干水分，放入蒜蓉在锅中爆香，取出后放入盘中备用。
  2. 牛油用小火炒至微黄色，再慢慢加入鲜奶、粟米、胡萝卜块及盐、糖拌匀，淋在菜花上即可。

★ 黄焖鸭肝

- **材料准备**：鸭肝200克，鲜木耳10克，葱6克，姜片、盐各5克，料酒、水淀粉、食用油、香油各适量。
- **做法**：
  1. 锅内加水，待水开时下入鸭肝，用中火稍煮一会儿，倒出冲洗干净。将鸭肝切片，鲜木耳洗净切片，葱切段。
  2. 在锅内倒入适量食用油，炝锅并倒入鸭肝、木耳、葱、姜片和水，用中火焖至快熟时，放入盐、料酒，再用水淀粉勾芡，出锅前淋上香油即可。

每周胎教重点

微笑是最好的胎教

愉悦的情绪可促使大脑皮层兴奋，使血压、脉搏、呼吸、消化液的分泌均处于平稳、协调的状态，这样有利于准妈妈的身心健康，改善胎盘供血量，促进胎儿健康发育。

微笑也是一种你给予宝宝的胎教方式。准妈妈每天都要开心一点，经常露出你会心的微笑。虽然胎儿看不见妈妈的微笑表情，但它可以感受到妈妈的喜怒哀乐。所以准妈妈不妨多多微笑。爱笑的妈妈生下来的宝宝也会爱笑的。

音乐胎教

《秋日私语》

《秋日私语》是由法国的保罗·塞内维尔和奥立佛·图森作曲，他们是法国达芬唱片公司的两个负责人，也是著名作曲家。理查德·克莱德曼是这首曲子的原演奏者。《秋日私语》描述了秋天里的童话，秋天里的温馨烂漫，或许是一个下午，或许是一片红叶，在每个音符里，静静品着秋天里的一杯下午茶。

这是一首感情丰沛的乐曲，音乐表情夸张但又不流于表面，而是十分扎实地表现除了完全的真情实意。准妈妈听这首曲子时，可以想象自己和爱人走在一条铺满落叶的小路，两边是参天的大树，树叶已经变得金黄，将是多么惬意幸福的事情！

音乐胎教

《爱之梦》

现在的胎儿虽然只是胚胎，他的听觉器官要等到4个月时才会发育，因此，准妈妈现在听音乐只是为了让心情更加舒畅。只要准妈妈有空，随时都可以打开音响，倾听优美的旋律。

这首《爱之梦》是由匈牙利钢琴家李斯特所作，这首名曲表达的主旋律是：爱吧，能爱多久就爱多久！准妈妈在听《爱之梦》时可以随着音乐的旋律一同哼唱。可以根据自己的喜好调节音量，注意声音不要过大，完全可以自己决定听的次数。

《爱之梦》为三部曲式，在最开始就呈现出怡静柔美的主题，充满了梦幻般的意境。中段流动的琵琶音，像爱的表白，充满了幸福的味道。最后乐曲在宁静、幸福的气氛中，依依不舍地结束。

名画欣赏

《蒙娜丽莎的微笑》

蒙娜丽莎的微笑被称为世界上最美丽的微笑，每一次看到《微笑的蒙娜丽莎》这幅画时，总会有一种很亲切、很舒服的感觉。蒙娜丽莎那微微上扬的嘴角，端庄的仪容，溢满了美的眼眸，让人感受到微笑的力量很神奇。

故事胎教

《下金蛋的鸡》

有一对贫穷的夫妇，依靠自己家的一块田地维持生活，每年收的粮食只能勉强过活。值得欣慰的是他们家还养了一只母鸡，每天可以下一枚鸡蛋。

有一天，农夫早上起来发现这只母鸡下了一枚金蛋，他马上到镇子里把金蛋卖掉，换回了很多钱。不费吹灰之力就得到了这么多钱，农夫十分高兴。

从那天起，这只母鸡每天下一枚金蛋，夫妇俩很快发了大财，买下了肥沃的土地，盖起了漂亮的大房子，还请了很多仆人，日子过得舒服极了。

但他们非常贪心，对这一切并不满足。有一天他们躺在床上，妻子说："既然母鸡每天都能下一枚金蛋，那它肚子里肯定有很多金蛋，也许就是个金库……"丈夫紧接着说："对啊，我们把母鸡杀了，从肚子里把所有的金蛋都拿出来吧！"

于是他爬了起来，取了把刀杀了那只母鸡，却发现鸡肚子里并没有金蛋，和普通母鸡没有什么区别。

小贴士

从前夫妻俩很穷，后来他们有了金蛋，每天能够获得一枚金蛋，可是这对夫妻仍然不满足，他们想获得更多的金蛋，于是杀了鸡，却什么都没得到。亲爱的宝贝，你知道吗？一个人要懂得满足，贪得无厌的人是没有好下场的。妈妈希望你将来能成为一个知足常乐的人，只有懂得珍惜的人，才能体会到拥有快乐。

语言胎教

《荷塘月色》

请准妈妈带着一颗纯净的心给胎儿阅读文章吧！用饱含深情的语言，用温柔美妙的声音让胎儿聆听妈妈的声音。

《荷塘月色》（节选）
朱自清

曲曲折折的荷塘上面，弥望的是田田的叶子。叶子出水很高，像亭亭的舞女的裙。层层的叶子中间，零星地点缀着些白花，有袅娜地开着的，有羞涩地打着朵儿的；正如一粒粒的明珠，又如碧天里的星星，又如刚出浴的美人。微风过处，送来缕缕清香，仿佛远处高楼上渺茫的歌声似的。这时候叶子与花也有一丝的颤动，像闪电般，霎时传过荷塘的那边去了。叶子本是肩并肩密密地挨着，这便宛然有了一道凝碧的波痕。叶子底下是脉脉的流水，遮住了，不能见一些颜色；而叶子却更见风致了。

月光如流水一般，静静地泻在这一片叶子和花上。薄薄的青雾浮起在荷塘里。叶子和花仿佛在牛乳中洗过一样；又像笼着轻纱的梦。虽然是满月，天上却有一层淡淡的云，所以不能朗照；但我以为这恰是到了好处——酣眠固不可少，小睡也别有风味的。月光是隔了树照过来的，高处丛生的灌木，落下参差的斑驳的黑影，峭楞楞如鬼一般；弯弯的杨柳的稀疏的倩影，却又像是画在荷叶上。塘中的月色并不均匀；但光与影有着和谐的旋律，如梵婀玲上奏着的名曲。

荷塘的四面，远远近近，高高低低都是树，而杨柳最多。这些树将一片荷塘重重围住；只在小路一旁，漏着几段空隙，像是特为月光留下的。树色一例是阴阴的，乍看像一团烟雾；但杨柳的丰姿，便在烟雾里也辨得出。树梢上隐隐约约的是一带远山，只有些大意罢了。树缝里也漏着一两点路灯光，没精打采的，是渴睡人的眼。这时候最热闹的，要数树上的蝉声与水里的蛙声；但热闹是它们的，我什么也没有。

忽然想起采莲的事情来了。采莲是江南的旧俗，似乎很早就有，而六朝时为盛；从诗歌里可以约略知道。采莲的是少年的女子，她们是荡着小船，唱着艳歌去的。采莲人不用说很多，还有看采莲的人。那是一个热闹的季节，也是一个风流的季节。梁元帝《采莲赋》里说得好：

于是妖童媛女，荡舟心许；鹢首徐回，兼传羽杯；櫂将移而藻挂，船欲动而萍开。尔其纤腰束素，迁延顾步；夏始春余，叶嫩花初，恐沾裳而浅笑，畏倾船而敛裾。

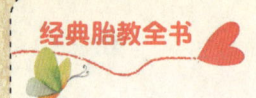

06周 胚胎开始逐渐呈现雏形

这时候有些敏感的准妈妈已经开始有早孕反应了，例如乳房持续胀痛、尿频、呕吐等，虽然准妈妈身体不适，但是仍要坚持进行胎教，例如听一听音乐胎教，没有孕吐反应的准妈妈可以读一读胎教故事等。

准妈妈和胎儿的变化

准妈妈的变化

第六周

{子宫逐渐增大}

这个时期，由于激素刺激乳腺，会感到乳房胀痛，乳头突出会更加明显，还会出现乳晕加深。

胎儿的变化

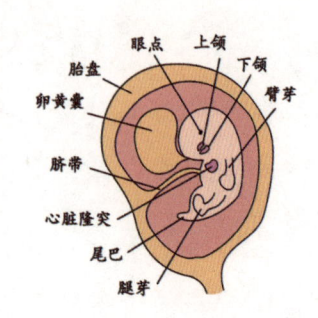

第六周

{胎儿逐渐呈现雏形}

从怀孕第六周开始，胎儿逐渐呈现雏形。虽然后面还拖着小尾巴，但此时四肢已开始像植物发芽一样长出来，能看到明显的突起。跟腿部相比，手臂的发育较快，此时两只手和双臂很像耙子。

必知的孕期生活指导

体重增加

整个孕期体重增长正常情况下应该是12.5千克左右，孕早期（怀孕最初3个月）体重只会增加0.9～2.3千克，孕中期大约增重6千克，孕晚期约增重5千克。孕早期就要注意控制体重，准妈妈体重增加过多会造成许多危险的并发症，如妊娠高血压综合征、先兆子痫、妊娠糖尿病、肾盂肾炎、血栓症、过期妊娠和胎儿过大及难产等。当然剖宫产的概率也会相对增高，而手术及麻醉的困难度、麻醉后的并发症及手术后伤口的复原等都是问题，尤其是妊娠高血压综合征、妊娠糖尿病在分娩前后都易引起心脏衰竭。

体重增长过快的准妈妈应适当锻炼身体，晚饭适当减量，并减少主食，增加蔬菜和水果的摄入量，因为瓜果中热量相对少并含有多种维生素，瓜果中的纤维素还能缓解或消除便秘现象，还可以减少身体吸收热量。

告诉周围的人自己怀孕了

到了妊娠5～6周的时候，作为准妈妈有必要告诉周围的人自己已经怀孕这一情况，这个时候准妈妈的早孕反应即将开始，孕早期的护胎也不容忽视。尤其是工作着的准妈妈，告诉单位的领导和同事也是很有必要的，这样便于领导的工作安排，也便于同事对自己的理解与照顾。准妈妈若要很好地保护自己的权益，就要很好地来处理怀孕后与同事及工作的关系，在这件事情上掌握主动权是比较关键的。建议职场准妈妈在这件事上该注意以下几点问题：

选一个合适的岗位

如今的大多数女性，都面临着职业和生育相矛盾的冲突。准妈妈往往选择在年龄适合、工作相对平稳的时期怀孕生子，这已经被很多职业女性纳入了人生规划。既然工作、生活都不能耽误，那么只能从容面对，主动地调整好自己的心态、时间和工作安排。比如在这个特别的时期，可以与领导协商，可否调到出差和加班比较少的部门，以保证孕期的正常作息。

主动告诉领导

在女性的职业生涯中，涉及怀孕生孩子的问题，很多公司或单位也都因为这个原因排斥女员工，有些女性也因为诸多担心不敢轻易告知单位，其实这种担心和做法并不理智。如果你能及时地告之，这样可以给领导充足的时间来调整、安排工作。

在这个问题上还要做到心中有数，比如到公司的人事部门了解产假的相关事宜，了解产假期间工资如何变化，以及与生育相关的一些福利等等。

告诉周围的同事自己已经怀孕了

这是很有必要的，同事之间，特别是要好的同事之间都会对特殊时期的你给予照顾和关爱。比如拿较重的东西、复印等事情，往往就会有人代劳，还有如果你的办公位处在电脑比较集中的地方，也可以与位置较理想的同事掉换位置，爱抽烟的同事也会比较理解地躲到别处去吞云吐雾，偶尔不舒服或必要的体检不能来上班的时候，同事也可以代劳，帮你处理一些事务等等。

做好工作的交接

这一时期要特别注意做工作记录，将工作中的明细列清楚，这样接手你工作的同事就会很快地将你的工作接过去，这样，如果你有什么特殊情况需要尽快离岗，接手的人也不至于一头雾水，你也可以安心地办自己的事情。

需要关注的健康问题

引起自然流产的原因

遗传因素

由于染色体的数目或结构异常，导致胚胎发育不良。自然流产，尤其是怀孕起初的12周内的流产，遗传因素可占60%～70%，其中流产儿染色体异常占50%～60%。夫妇一方或双方有染色体异常的约占10%。

外界因素

准妈妈受到如含汞、铅、镉等有害物质或有毒环境的影响，受到外界的物理因素，比如高温、噪声的干扰和影响，也会导致流产。

一般来说，怀孕早期发生流产，大多是出于胎儿染色体异常所致。老化生殖细胞的染色体异常更为常见。孕中期流产的原因与子宫因素如子宫形态异常，或子宫颈薄弱过早扩张等有关，准妈妈感染或胎儿染色体异常也可在孕中期流产，免疫异常因素也可能发生流产。

生殖器官疾病

子宫畸形如双角子宫、纵隔子宫、子宫发育不良。盆腔肿瘤，尤其是黏膜下肌瘤等均可影响胎儿的成长发育而导致流产。子宫内口松弛或宫颈深度裂伤都引起胎膜早破而发生晚期流产。

胚胎发育不全

孕卵异常是早期流产的主要原因，如果流产发生在妊娠0～8周，约有80%是由于精子和卵子有某种缺陷，以致使胚胎发育到一定程度而终止，因此，这种流产的排出物中，见不到原始的胚胎组织。

胎盘发育不良

胎儿在母体内成长发育，主要通过胎盘将母体的营养物质和氧输送到胎儿，如果胎盘发育不良或出现疾病，胎儿得不到营养物质和氧而停止生长引起流产。

准妈妈全身性疾病

如果准妈妈患有流感、伤寒、肺炎等急性传染病，细菌毒素或病毒通过胎盘进入胎儿体内，就会使胎儿中毒死亡。高热可能促进子宫收缩而引起流产。准妈妈患有重度贫血、心力衰竭、慢性肾炎和高血压等慢性病，可能导致胎盘梗死及子宫内缺氧而使胎儿残疾，甚至流产。准妈妈营养不良，特别是维生素缺乏，也可引发流产。

母儿血型不合

如果准妈妈过去曾接受过输血，或在妊娠过程中产生和血型不合的致凝因子，会使胎儿的体内细胞发生凝集和溶血，从而导致流产。

内分泌功能失调

受精卵在孕激素作用下，才能在子宫壁上着床，成长发育成胎儿。当体内孕激素分泌不足时，使子宫蜕膜发育不良，从而影响受精卵的发育，容易引起流产。如果前列腺素增多，会引起子宫肌肉的频繁收缩，也会导致流产。甲状腺功能降低，会使细胞氧化能力障碍，进而影响胚胎的成长发育继而导致流产。

外伤

准妈妈的腹部受到外力的撞击、挤压，以及准妈妈跌倒或参加重体力劳动、剧烈体育运动，腹部手术如阑尾炎或卵巢囊肿手术均会引起子宫收缩而发生流产。

情绪急骤变化

准妈妈的情绪受到重大刺激，如过度悲伤、惊吓、恐惧，以及情绪过分激动，会引起准妈妈体内环境失调，促使子宫收缩引起流产。

怎样避免早期流产

约有10%的妈妈会经历流产

孕早期流产的原因，基本上是因为胎儿的染色体异常。尽管这被认为是偶然出现的，但现在还没有预防的方法。怀孕12周后的流产，便有准妈妈方面的原因了。有的准妈妈是因为受心理方面的打击，有的是因为过度劳累。此外子宫内膜息肉、子宫肌瘤等病症也容易导致流产。

总之，当出现流血现象，或是下腹部出现剧痛时，不要犹豫，要及时去医院。

引起流产的主要原因

遗传因素	由于染色体的数目或结构异常，从而导致胚胎发育不良
外界不良因素	大量吸烟、饮酒、接触化学性毒物、严重的噪声和震动、情绪异常激动、高温环境等，会导致胎盘和胎儿损伤，造成流产
疾病因素	女方患有急慢性疾病，比如贫血、高血压、心脏病、子宫畸形、盆腔肿瘤、宫腔内口松弛疾病

避免早期流产的注意事项

节制性生活	在孕早期，胎盘的附着尚不牢靠，宫缩非常容易导致流产，所以孕早期应谨慎性生活
防止外伤	准妈妈出门最好穿平底鞋；孕早期尽量不要外出旅游；避免振动的工作环境；做家务时避免危险性动作，如登高
摄取均衡的营养	远离烟酒，远离易造成流产的食物，不吃辛辣的食品，尽量少食多餐，避免肠胃不适
保持良好的情绪	不良的情绪是导致流产的重要原因之一。让准妈妈保持良好的心情和精神状态，准爸爸要多一份体谅，多一份关怀和呵护
摄取均衡的营养	病毒感染引起的高热会引起子宫收缩导致流产，准妈妈要避免人多的地方，保持环境卫生，远离病毒感染

小贴士

流产后第三次月经来后，就可以了，比这稍早些也没有关系。具体根据个人情况而定。

科学的饮食营养

补充人体必需的营养

孕早期是妊娠反应最强烈的一个时期，常伴有呕吐、头晕、懒散等症状。所以这个时期的饮食是以口味清淡为主，多喝汤、粥，以减轻妊娠反应。怀孕第二个月所需营养，除了注意补充叶酸和蛋白质，还要注意钙和维生素D的补充。

补充糖类和脂肪

怀孕两个月，如果实在不愿意吃脂肪类食物，就不必勉强自己，人体可以动用自身储备的脂肪。此外，豆类食品、蛋类、奶类也可以少量补充脂肪。含淀粉丰富的食品不妨多吃一些，以提供必需的能量。

补充蛋白质

每天的供给量以80克左右为宜。怀孕两个月内，对于蛋白质的摄入，不必刻意追求一定的数量，但要注意保证质量。今天想吃就多吃一点儿，明天不想吃就少吃一点儿，顺其自然就好。

继续补充叶酸

叶酸是胎儿神经发育的关键营养素，孕2月是胎儿脑神经发育的关键时期，脑细胞增殖迅速，最易受到致畸因素的影响。如果在此关键期补充叶酸，可使胎儿患神经管的危险性减小。人体内叶酸总量在5～6毫升，但人体不能合成叶酸，只能从食物中摄取，加以消化吸收。准妈妈每天补充400～800微克叶酸才能满足胎儿生长需求和自身需要。菜花、油菜、菠菜、番茄、蘑菇、豆制品、坚果中都含有丰富的叶酸。

要少食多餐

为了防止恶心、呕吐，要少食多餐，少吃油腻和不易消化的食物，多吃稀饭、豆浆等清淡食物。还可以在起床和临睡前吃少量面包、饼干或其他点心。每周都可以痛痛快快地大吃2～3次鱼，但是三文鱼、金枪鱼、北极贝等海鲜，准妈妈原则上是可以吃的，但是因为生鲜食物较难保鲜，过程中可能受到污染，所以建议少吃为妙。因此准妈妈最好的选择是海鱼，另外，准妈妈还可以多吃核桃、黑木耳等，这些健脑食品有助于胎儿神经系统发育。

准妈妈美味营养餐

红烧肉

- **材料准备**：带皮猪肉350克，植物油35克，酱油、盐各适量，料酒28克，糖15克，大料少许，葱、姜各20克。
- **做法**：
1. 将葱切段，姜拍破；将带皮猪肉洗净，切块。将切好的肉用酱油稍腌入味，再用油炸至肉皮呈棕红色捞出。
2. 肉放入锅中，加水、葱、姜、大料、酱油、盐、料酒、糖。大火烧开，小火焖至肉熟烂，呈深红色时即可。

生姜炖牛肚

- **材料准备**：熟牛肚600克，生姜30克，陈皮、草果各6克，砂仁、料酒12克，盐3克，香油5克。
- **做法**：
  1. 在锅内放入清汤，下入陈皮、草果煮10分钟。
  2. 生姜、牛肚切成条，下入沸水锅中焯透捞出。
  3. 陈皮汤中下入砂仁、生姜、牛肚炖20分钟，加料酒、盐，出锅盛入汤碗，淋入香油即可。

本周胎教重点

美学胎教

画一幅动物简笔画

准妈妈画简笔画也是美学胎教的一部分。准妈妈可以用水彩笔画一幅动物简笔画，大脑对色彩的反应相对来说更加强烈一些，胎儿也能受到良好的刺激。

动物简笔画，就是用简单的线条画出动物主要的外形特征，要画得"简"，画得像。必须删掉细节，突出主要特征，把复杂的形象简单化。动物简笔画非常容易掌握。

步骤1：首先画出椭圆形的脸。

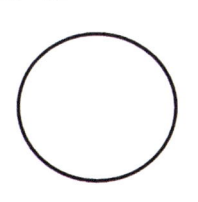

步骤2：画出兔子长长的耳朵和鼻子。

步骤3：画出兔子的眼睛。

步骤4：画上胡须，完成。

音乐胎教

《斯卡波罗集市》

《斯卡波罗集市》是一首旋律优美的经典英文歌曲，曾作为第四十届奥斯卡获奖影片《毕业生》的插曲，曲调凄美婉转，给人以心灵深处的触动。《斯卡波罗集市》原是一首古老的英国民歌，其起源可一直追溯到中世纪，原唱歌手为保罗·西蒙和加芬克尔。莎拉·布莱曼翻唱过该歌曲，收录于2000年出版发行的专辑《La Luna》中。

《斯卡波罗集市》表现的是一位在前线作战的士兵对恋人的思念，士兵请求去斯卡波罗市镇的人捎去给姑娘的问候。在每一段歌词的第一句后，插入了一句看似毫不相干的唱词："那里有欧芹、鼠尾草、迷迭草和百里香。"正是这句歌词的反复出现，使歌曲的怀旧气氛更加浓郁，使人对该镇自然纯朴的美丽风光充满了无限的向往。

运动胎教

手臂、骨盆倾斜与环绕运动

1 左臂上举
双脚分开站立，脚尖微微向外，将重心平均置于双脚上。要确定臀部和腹部已经收紧，然后，左手臂高举过头顶。

2 落臂下蹲
弯曲左手臂，用右手托住左臂。当放下手臂的时候，弯曲膝盖。同时，当手臂向上举时，伸直膝盖。恢复原来的姿势，左手臂的运动重复进行4次。接着，换右手臂再重复做4次。

3 收缩臀部
双脚张开直立，与髋部同宽，膝盖微微弯曲，臀部收缩，腹部与骨盆肌肉向内收。

4 骨盆摇摆
骨盆微微向前倾，轻微地拱起背部，然后收紧骨盆与腹部。持续摇摆的动作，重复4次。

5 绕圈运动
现在，臀部做大幅度的绕圈运动，由左向前、向右，再向后，一个方向要重复两次，要确定是在运动臀部，而不是膝盖。接着，换一个方向进行绕圈运动。

故事胎教

《龟兔赛跑》

有一天，兔子碰见乌龟，笑眯眯地说："乌龟，咱们来赛跑吧！"

乌龟知道兔子在拿它开玩笑，瞪着一双小眼睛，不理也不睬。

兔子知道乌龟不敢跟它赛跑，乐得摆着耳朵直蹦跳，还编了一支山歌笑话它：乌龟、乌龟爬爬，一早出门采花，乌龟、乌龟走走，傍晚还在门口。

乌龟听了很生气，说："兔子，你别得意，咱们现在就来赛跑。"

兔子一听，差点笑破了肚皮："乌龟，你真敢跟我赛跑？那好，咱们从这儿跑起，看谁先跑到山脚下的那棵大树。"预备！一、二、三、开跑！"兔子撒开腿就跑，一会儿工夫就跑得很远了。

兔子回头一看，乌龟才爬了一小段路呢！心想：乌龟敢跟我赛跑，真是天大的笑话！我呀，在这儿睡上一大觉，让它爬到这儿，不，让它爬到前面去吧，我三蹦两跳就追上它了。于是，兔子把身子往地上一歪，合上眼皮，真的睡着了。

再说乌龟，爬得也真慢，可是它一个劲儿地爬呀、爬呀，等它爬到兔子身边时，已经累坏了。兔子还在睡觉，乌龟也想休息一会儿，可是它知道兔子跑得比它快，只有坚持爬下去才有可能赢。于是，它不停地往前爬呀爬，离大树越来越近了，只差几十步了，十几步了，几步了，终于到了！

兔子呢？它还在睡觉呢！兔子醒来后往后一看，咦？乌龟怎么不见了？再往前一看，哎呀，不得了了！乌龟已经爬到大树底下了。这下兔子可急了，急忙赶上去可已经晚了，乌龟已经赢了。

小贴士

宝贝，这是个很老很老的故事，但它说明了一个非常实用的道理："谦虚使人进步，骄傲使人落后。"宝贝，兔子虽然天生就擅长赛跑，有着先天的优势，可是它太骄傲了，过于轻视对手，导致了最终的失败。乌龟虽然天生就不擅长赛跑，可是它并没有放弃和对手的竞争，它用顽强的毅力和坚持不懈的精神，最终赢得了比赛。所以，宝贝，也许你在某些方面不如别人，但是千万不能轻言放弃，只要肯付出努力，持之以恒地坚持下去，一定可以获得成功。

语言胎教

《面朝大海，春暖花开》

《面朝大海，春暖花开》是海子的抒情名篇，写于1989年1月13日。这首诗歌以朴素明朗而又隽永清新的语言，拟想了尘世新鲜可爱、充满生机活力的幸福生活，表达了诗人真诚善良的祈愿，愿每一个陌生人在尘世中获得幸福。"告诉他们我的幸福"，"告诉"意味着沟通，和人们交流、讨论关于幸福的感受和体验，我们所能感受到的"幸福"，往往是一瞬间，如同闪电一般的短暂；而就在"幸福"的那个瞬间，那种感受如同闪电直击心灵，带来巨大的冲击。

《面朝大海，春暖花开》
海子

从明天起，做一个幸福的人，
喂马、劈柴、周游世界。
从明天起，关心粮食和蔬菜，
我有一所房子，面朝大海，春暖花开。
从明天起，和每一个亲人通信，
告诉他们我的幸福。
那幸福的闪电告诉我的，
我将告诉每一个人。
给每一条河每一座山取一个温暖的名字，
陌生人，我也为你祝福。
愿你有一个灿烂的前程，
愿你有情人终成眷属，
愿你在尘世获得幸福，
我只愿面朝大海，春暖花开。

语言胎教

《终南山》

这首诗主旨为咏叹终南山的宏伟壮观。首联通过夸张的艺术手法描写远景，表现出了山的高远。颔联写近景，描绘出云气变幻，移步变形，极富神韵。颈联进一步描写出山的南北辽阔和千岩万壑的千形万态。尾联诗人为了走到山的尽头，想投宿山中人家。"隔水"二字点明了作者"远望"的位置。诗中描写的景色、人物，静若淑女，动如脱兔，意境清新，宛如一幅美丽的山水画。

《终南山》
王维

太乙近天都，连山到海隅。
白云回望合，青霭入看无。
分野中峰变，阴晴众壑殊。
欲投人处宿，隔水问樵夫。

> 语言胎教

《小星星》

准妈妈可以给胎儿哼唱经典儿歌《小星星》。这首歌曲曲调优美，可以使准妈妈的心情舒畅。在哼唱时可以和胎儿一起跳一支舞，建议准爸爸也在旁边打节拍。

小星星

一闪 一闪 亮晶晶，满天 都是 小星星，
高高 挂在 天空 中，好像 宝石 放光明，
一闪 一闪 亮晶晶，满天 都是 小星星。

> 名画欣赏

毕加索《梦》

1927年，47岁的毕加索与长着一头金发、体态丰美的17岁少女初次相遇，从此，这位少女便一直成为毕加索绘画和雕刻的模特儿。又过了17年，64岁的毕加索在给她的生日贺信中说："对我来说，今天是你17岁生日，虽然你已度过了两倍的岁月，在这个世界上，与你相遇才是我生命的开始。"《梦》这幅画作于1932年，可以说是毕加索对精神与肉体的爱的最佳体现。

作者介绍

巴勃罗·鲁伊斯·毕加索：西班牙画家、雕塑家。法国共产党党员。是现代艺术的创始人，西方现代派绘画的主要代表。他是西班牙人，自幼有非凡的艺术才能，他的父亲是个美术教师，又曾在美术学院接受过比较严格的绘画训练，具有坚实的造型能力。

作品赏析

《梦》是与《镜前的少女》同一年完成的，就平面分解特点来看两者有异曲同工之妙。但《梦》要简洁得多，只用线条轮廓勾画女性人体。并置于一块红色背景前，女人肢体没有作更大分析，只稍作夸张划分，色彩也极其单纯。

07周 胎儿心脏形成

现在多数准妈妈都已经有孕吐反应了，且身体疲劳，如果准妈妈这时候非常难受，就早早休息，心情好也是一种特别好的胎教。如果准妈妈这时候没有孕吐反应，可以在睡前做一些音乐胎教、名画欣赏等。

准妈妈和胎儿的变化

准妈妈的变化

第七周 {出现早孕反应}

这个时候，多数准妈妈会出现恶心呕吐，即"早孕反应"，并有疲劳感，总是有些困倦，心跳加快，新陈代谢率也有所增高。

胎儿的变化

第七周 {开始迅速成长}

突起的鼻子已经在一张一合地运动，能很清楚地看到小黑点一样的眼睛和鼻孔。胎儿的身体也发生了变化，头部将移动到脊椎上面，而且尾巴也逐渐缩短。手臂和腿部明显变长、变宽，所以容易区分手臂和腿部，还能分辨出手和肩膀。

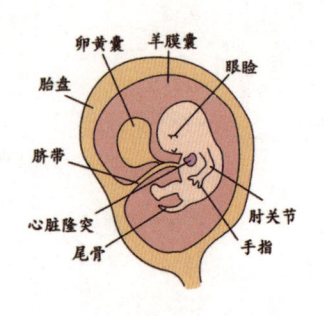

必知的孕期生活指导

准妈妈很容易尿频

怀孕5周后，随着子宫的增大而挤压膀胱，很容易导致频尿，有时还会伴随排尿不畅。这种现象将一直持续4个月，直到子宫移位到膀胱的上面。尿频虽然本身并不是什么严重的问题，但是排尿时如果出现疼痛，就应该当心是否患有膀胱炎。为了防止膀胱炎，平时要注意卫生，不要憋尿。

尽量让自己平静下来

这个时期准妈妈的情绪波动很大，但需要注意的是，怀孕6～10周是胚胎腭部发育的关键时期，如果准妈妈的情绪过分不安，会影响胚胎的发育并导致腭裂或唇裂。因此，现在一定要保持心情愉快，可以适当地听听轻音乐，进行音乐胎教。当准妈妈感到烦躁或焦虑时，要有意识地花一些时间让自己平静，告诉自己"不要着急，不要生气，宝宝正在看着呢！"准妈妈的积极、平和的情绪可以传递给胎儿，这将为孩子今后可以积极面对人生打下良好的基础。在各种胎教方法中，音乐胎教有其特殊的作用。胎儿经常接受优美健康的音乐，可以改善胎盘的供血状况，使胎儿更健康地成长。

如何改善早孕反应

由于"早孕反应"是怀孕期间的暂时性生理现象，并不是疾病，因此准妈妈不需要过分紧张或焦虑，只要掌握以下的基本原则，就可以改善"早孕反应"所造成的不适。

从日常生活中加以调整

保持室内空气流通，新鲜的空气可减少恶心的感觉。另外，准妈妈要远离厨房的油烟味，妊娠期最好让别人代劳煮饭做菜。远离较为呛鼻的气味，例如烟味、油漆味、鱼腥味等。穿着宽松的衣物，有助于纾解腹部的压力。睡觉时可将枕头垫高，减少发生食物反流的情形。早晨起床时不要突然起身，应该缓慢地下床。

从饮食上加以调整

平常饮食要注意"少量多餐"，每2～3个小时就进食一次，选择富含碳水化合物（例如苏打饼干）、蛋白质的食物为佳，避免吃油炸、油腻、辛辣、具有特殊或强烈味道的食物或是不好消化的食物。在睡前可以吃一些食物（例如苏打饼干、面包），或喝一杯温牛奶，这样第二天起床才不会因为空腹而产生恶心的情形。起床后可以先在床上吃点东西（例如苏打饼干），然后再下床。如果准妈妈对姜的味道不反感，则可食用姜汤，以改善恶心、呕吐的情形。准妈妈饮水要分次饮用，比较不会出现想要呕吐的状况。

精神疗法

保持心情愉快，可安排一些轻松的活动，分散对于身体不适的注意力。此外，还要避免熬夜及过度紧张。此时，准爸爸更应该温柔体贴，一方面照顾好准妈妈的饮食起居，尽量创造舒服温馨的家庭氛围；另一方面要耐心和准妈妈交流，帮助缓解紧张情绪，一同走过"早孕反应"期。

75

止吐药的使用

准妈妈在经由饮食与日常生活作息的调整之后，若仍然出现明显的"早孕反应"现象，则可与保健医师进行沟通，考虑是否需要服用止吐的药物。一般来说，"早孕反应"是孕期的正常生理现象，并不是疾病，应该避免使用药物治疗，而从饮食、生活作息加以调整，保持心情的舒畅，才是最正确的处理方式。也可以在医生的指导下服用维生素B_6和铁剂，可减缓恶心的感觉。

关注胎儿心跳

6～8周时，通过超声波可以检查胚胎数，查看是否宫外孕，可看到胎儿心跳、卵黄囊。如果你还没有到医院检查确认自己已经怀孕，那就应该赶快去了，以便医生能尽快确定你的怀孕周数，并安排好你的产检时间。通常系统的产前检查应该从怀孕12～13周开始。但各地医院的规定可能略有差异，最好提前询问你打算产检的医院的具体规定。

需要关注的健康问题

为什么会出现先兆流产

一般在受孕后的前3个月内发生的胎停育都属于先兆流产，是大自然正常的优胜劣汰。

胚胎的正常发育，需要肥厚的子宫内膜及各种营养的支持，因此准妈妈的内分泌状况就起着关键的作用。如果母体内分泌失调，就会使胚胎所需要的营养不均衡而发生流产。中医认为肾为先天之本，藏精系胞，为生殖之本，肾气虚，冲任不固，胎失所系，就可以造成先兆流产和习惯性流产。

此外，准妈妈的情绪对胚胎的影响也很大，当母体过度悲伤、过度紧张、情绪不稳定等都会影响胚胎的正常发育。

● 先兆流产的症状	
出血	最早的信号就是阴道出血
腰酸、下坠	子宫收缩引起的症状
早孕反应突然消失	是胎儿停止发育的信号

什么情况下需要保胎

保胎必须是在胚胎存活的情况下才能进行。在怀孕的最初3个月内，确实存在着流产的风险，但好的胚胎一般不会流产。

1.当发现阴道出血时，首先应该到医院确定出血的原因，排除宫外孕和宫颈疾病的可能性，只有确定是宫内先兆流产时才有保胎的必要。

2.必须有胚胎存活的指征。比如尿妊娠试验阳性，血绒毛膜促性腺激素阳性，腹疼减轻，阴道流血减少或停止，早期超声检查有胎芽发育及胎心反射等，可以进行保胎。

小贴士

胚胎早期发育的时候，需要3个重要的激素水平，分别是雌激素、孕激素、绒毛膜促性腺激素，如果母体自身的内源性激素不够，就满足不了胚胎的需要，就会造成胚胎的停育。

科学的饮食营养

补充钙质

胎儿的骨骼和牙齿在2个月时就开始钙化了，到8个月时突然加速。所以，胎儿需要大量的钙质。孕早期的准妈妈每天需要800毫克的钙，喝牛奶是最简便的补钙方法。100毫升牛奶中就含有100毫升的钙，最好每天喝250～500毫升奶。在一天24小时中，血钙水平会变动，半夜2～3点钟是最低的。所以，准妈妈临睡前要记得喝一次奶，以保证夜间血钙稳定，预防抽筋。

鸡蛋、豆腐含钙丰富，口感又软又嫩；鱼肉、虾皮、虾肉等含钙丰富；鲜奶、酸奶、奶酪等奶制品含钙丰富，易于吸收；西蓝花、荠菜等深绿有叶蔬菜含钙很多；大豆、菜豆等豆类可以同时补充钙和蛋白质；海带、木耳、紫菜等含钙量远高于一般食品。

在外就餐怎样吃才健康

注意安全卫生

应选择干净整洁的餐馆就餐。用餐时，应注意食物的保鲜状况。对于有包装的食品，要注意看保质期限，选择有食品检验认证的食品。

选择烹饪方式

油炸食物不仅热量及油脂含量高，还含有有害物质，准妈妈要少食用。应多选择蒸、煮、炖等方式烹制出来的食物。

把握"三低"原则

即食物要"低盐、低油、低糖"。在餐馆里点餐，应选择口味较清爽的菜品，或告诉厨师给自己点的菜少放盐、油。

自带营养餐

身在职场、离家又较远的准妈妈，中午可选择自己带饭，这样既合胃口又干净卫生。最好当天早上现做。这样才更有利于营养。在带饭时，可选择菜、饭分开装，而不要把所有的菜都放在米饭上。

小贴士

在喝饮品时，应避免选择含咖啡因或酒精的饮料，可选择牛奶、豆浆、矿泉水、纯果汁等。

准妈妈美味营养餐

★ 香菇烧鲫鱼

- **材料准备**：鲫鱼2条，砂仁3克，生姜、葱段料酒、盐、植物油各适量。
- **做法**：
1. 把鲫鱼洗净，鱼腹中塞入砂仁。
2. 锅置火上，下油烧热，放入生姜、葱段煸香，放入鲫鱼略煎；烹入料酒，加清水大火烧开，改中火烧至汤色乳白。加入盐即可。

金盏虾仁

- **材料准备**：馄饨皮数张，虾500克，鸡蛋1个，香菇、白果、西蓝花、胡萝卜、黄瓜各少许，高汤少许，盐、水淀粉各适量。

- **做法**：

1. 将香菇、西蓝花、胡萝卜、黄瓜切丁待用。把馄饨皮沾油摆在模具中，烤至金黄色出炉。将虾仁用淀粉勾芡，盖上保鲜膜入冰箱冷藏。
2. 最后放虾仁，收汁起锅，装入烤好的金盏里。

本周胎教重点

做好胎教计划，安排好工作和休息

大多数准妈妈在这周已经知道自己怀孕了，而大多数准妈妈在孕期需要上班，如何合理地安排好工作和休息，是孕期重要的事情。准妈妈可以根据怀孕时期胎儿发育的不同生理特点和自己的特长和愿望，对胎儿进行循序渐进的胎教。

现代社会职场竞争激烈，大多数准妈妈即使怀孕了也需要继续工作，但是切记不要勉强自己做不能做的事情，知道怀孕以后要第一时间告诉单位领导和同事，向他们寻求帮助。

这一周胎儿处于不稳定的状态，比较容易发生流产，所以准妈妈需要合理安排好工作和休息。不要勉强自己搬重物，要懂得向同事寻求帮助；孕早期会出现恶心、呕吐等妊娠反应，准妈妈要放松精神，不要给自己太大的压力；要注意补充水分，少吃多餐，适当吃点水果。

怀孕后，准妈妈的子宫会逐渐增大，会给日常生活带来许多不便，比如躺下睡觉时会觉得累，这时准妈妈可抱着长形的抱枕选择侧卧，就会比较舒服。当仰卧睡觉时，可以将枕头垫在头侧或腰侧，身体稍稍倾斜，就可以使准妈妈舒服很多。睡觉前，进行伸展运动或稍加按摩，能缓解准妈妈身体的紧张和疲劳。

音乐胎教

《天鹅》

推荐准妈妈欣赏法国作曲家圣桑的《天鹅》，这首曲子选自他的《动物狂欢节》。这首《天鹅》是整套组曲中最受欢迎和流传最广的一首乐曲，表现天鹅本身固有的美和人们对它的美学评价。因此，它的主要旋律几乎没有什么装饰，但这样的轻描淡写比华美的辞藻更适合于天鹅本身。

乐曲一开始，钢琴以清澈的和弦清晰而简洁地奏出犹如水波荡漾的引子，在此背景下，大提琴奏出旋律优美的主题，描绘了天鹅以高贵优雅的神情安详浮游的情景，不自觉间把听者带入一种纯洁崇高的境界。

运动胎教

踏步运动

1 向前踏步
与"骨盆倾斜与环绕运动"的站立姿势相同。向前踏4步，最后1步时，双手在头部上方拍掌，即一——二——三——拍掌。改变方向再做1次。

2 原地踏步
原地踏步8下，双手用力地摆动于两侧。重复同样的过程两次。

3 左右侧弯
双脚与髋部同宽直立，膝盖保持柔软，骨盆收缩，腹部与骨盆肌向内收。双手置于髋部，向左侧侧弯。

4 手臂侧弯
手臂向外伸，并轻松地弯曲右手臂，置于左侧腋窝之下。回到中心，向前伸展手臂，与肩膀同宽。在弯曲的时候呼气，当身体回到中心点的时候吸气。重复1次，侧弯至另一边，然后再回到中心点。每一侧要重复做4次。

名画欣赏

《缠毛线》

这段时间准妈妈的心情会因为孕激素的影响时好时坏，所以这个时候可以通过欣赏一些名画来平静心情。推荐一幅世界名画《缠毛线》。

《缠毛线》是英国画家弗雷德里克·莱顿的作品。弗雷德里克·莱顿是19世纪末英国最有声望的学院派画家。画家描绘了缠毛线的母女两人，年轻的母亲坐在凳子上，姿态优美地绕着毛线，小女孩则全神专注地配合着母亲，扭动着身体。整个画面安静、祥和，让观赏者感到温馨与安宁。

79

故事胎教

《狼和小羊》

从前，有只狼来到小溪边，看见一只小羊在喝水。

狼非常想吃小羊，就打起了坏主意，故意找碴儿对小羊说："你把我喝的水弄脏了！你安的什么心？"小羊吃了一惊，温和地说道："我怎么会把您喝的水弄脏呢？您站在上游，水是从您那儿流到我这儿来的，并不是从我这儿流到您那儿去的呀！"

狼气坏了，又对小羊说："就算这样吧，你总是个坏家伙！我听说，去年你在背地里说我的坏话！"可怜的小羊喊道："啊，亲爱的狼先生，那是不可能的，去年我还没有生下来呢！"

狼失去了耐心，不想再与小羊争辩了，它龇着牙，逼近小羊，大声嚷道："你这个小坏蛋！说我坏话的不是你就是你爸爸，反正都一样。"说着一下子扑过去吃掉了小羊。

小贴士

亲爱的宝贝，故事中的狼往往代表着现实生活中的坏人，坏人不仅凶残还很虚伪，他们做坏事还要找冠冕堂皇的借口，借口不成便很快露出凶残的本相。所以，宝贝在成长的过程中，要学会识别坏人的本领，不能相信他们的花言巧语，要想办法聪明地应对坏人，既能很好地保护自己，又能使坏人遭到应得的报应。

语言胎教

《动物儿歌》

制作一些彩色动物卡片，拿着卡片，一边抚摸着腹部一边告诉胎儿动物的名字，然后再给胎儿模仿动物的叫声。可以给胎儿唱一些有关小动物的儿歌，如：

小蜻蜓

河面上，蜻蜓飞，
小小蜻蜓爱点水，
我问蜻蜓在干啥？
"我在这里生宝宝"。

小青蛙

小青蛙，学游泳，
头儿高抬两腿蹬，
蝉儿唱歌把它夸，
荷叶为它把伞撑。

大奶牛

大奶牛呀真叫棒，
走起路来晃呀晃，
吃进青草变出奶，
娃娃喝了长得壮。

08周 手臂和腿部开始细分

这时候准妈妈不要担心孕吐或者吃得少会影响胎儿，现在胎儿还吸收不到准妈妈太多的营养，胎儿现在处在脑部形成期，准妈妈可以每天吃两个核桃。

准妈妈和胎儿的变化

准妈妈的变化

第八周

{情绪波动很大}

孕2月准妈妈情绪波动很大。孕6～10周是胚胎腭部发育的关键时期，如果准妈妈的情绪过分不安，会影响胚胎的发育并导致腭裂或唇裂。在怀孕3个月之内，准妈妈要坚持补充含有叶酸和微量元素的食物。

胎儿的变化

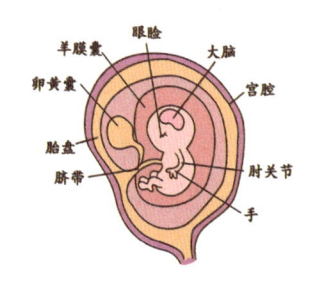

第八周

{手指脚趾已经成形状}

胎儿的双手放在腹部上面，向外弯曲双膝，姿势就像在游泳。此时已经完全可以区分手臂和腿，而且长度也有很大变化，手指和脚趾也成形了。胎儿的皮肤薄而透明，能清晰地看到血管。

必知的孕期生活指导

准妈妈要学会控制情绪

孕8周，强烈的早孕反应会继续扰乱准妈妈的心绪，非常烦躁易怒。对于这种不稳定的情绪，准妈妈应该积极主动地多想一些愉快的事情，多听一些健康向上的音乐，让自己从紧张情绪中放松下来，保持心情舒畅，保持心理平衡，从而减轻妊娠的不良反应和烦躁心理。

运用想象常常可以舒缓准妈妈的情绪，例如心理学上就有一种放松的方法是通过引导词的作用让人想象森林、海洋、海岛，从而引导人们通过想象放松心情，准妈妈也可以利用这种方法。找一张自己最喜欢的风景照片，想象自己置身其中的感觉，以达到舒缓情绪的作用。

日常生活中的动作姿势规范

移动重物

准妈妈在移动重物时，要量力而行，要注意不要将肚子顶在重物上，尽量使用身体的侧面挨着物体。另外也不要使腰部用力过大，避免抻到。除非是紧急状况，不建议准妈妈独自移动重物，避免危险发生。

上下楼梯

妊娠期，准妈妈上下楼梯时，要看清楼梯，一步一步地慢慢地上下，整个脚掌都必须踩在楼梯上，不可只用脚尖踩楼梯，也不要猫腰或过于挺胸腆肚，只须伸直背就行。妊娠后期，隆起的肚子遮住了视线，上下楼梯时，更要注意千万别踏偏或踏空，踩稳了再走，如有扶手，一定要扶着走。

站姿

对身体有利的站姿

1	走路的时候眼睛不要看地面，视线应该呈斜上45°
2	下巴放松，脖子伸直
3	嘴巴闭合，用鼻子呼吸
4	走路时扭动骨盆，感觉一下自己的双脚是直接长在胸部下面的，有了这样的感觉之后，走路的时候就能够自然扭腰
5	肩膀下沉，不要弓背，手臂前后摆动
6	散步的时候，脚上一定得穿休闲的运动鞋，这样可以减轻和膝盖的负担

对身体不利的站姿

1	如果视线一直向下，可能导致出现双下巴
2	这样会导致颈部血液循环不顺利，导致出现皱纹或是斑点
3	走路时只是从大腿根部开始活动，即使很大幅度地走路，骨盆也得不到锻炼
4	走路的时候完全没有使用背部的肌肉，因此肩膀就会往里面窝，背也挺不直，出现驼背现象
5	即使不是高跟鞋，矮跟或是凉鞋不可以，这样的鞋子都不合适长距离的步行，会引起脚或是膝盖的疼痛

坐姿

对身体有利的坐姿

1	如果是直接坐在地板上的话，一般不采用容易导致背部和骨盆出现歪斜的横向姿势，建议盘腿坐
2	坚持伸脖子，下巴不要用力，肩膀下沉
3	背部挺直，用腹肌的力量支持腹部，尽量使内脏都处在正确的位置
4	保持骶骨和地面垂直，保持骨盆左右对称，不要出现歪斜

对身体不利的坐姿

1	横向坐，这样的姿势下，背部骨骼和骨盆都处于歪斜状态，时间一长的话就可能形成习惯
2	随意坐，臀部前倾，腿成内八字状，这样的姿势会使子宫和股关节受到压迫。如果不懂得利用腹肌，在站力的时候，腹部就会往前突出。这会导致骨盆向前倾，子宫也会下垂

需要关注的健康问题

警惕葡萄胎

为绒毛基质微血管消失，从而绒毛基质积液，形成大小不一的泡，形似葡萄，故称为葡萄胎。临床诊断葡萄胎都是指完全性葡萄胎而言。在自然流产的组织中发现40%病人有一定的水泡样变性，但不诊断为葡萄胎。

下面介绍几个可能造成葡萄胎的原因：

1.停经以后阴道流血一般在停经8～12周出现，部分患者在阴道流血之前可能会出现阵发性下腹痛。

2.子宫异常增大、变软，约有1/3完全性葡萄胎患者子宫大于停经月份，并伴有血清HcG（人绒毛膜促性腺激素）水平异常升高。

3.妊娠呕吐较正常早孕发生早，症状重，持续时间长。

4.卵巢黄素化囊肿常为双侧，如果发生扭转或破裂，会出现急性腹痛，葡萄胎清除后可自行消退。

5.腹痛，葡萄胎成长迅速使子宫过度扩张所致，表现为下腹阵痛。若发生黄素囊肿扭转或破裂，会出现急性腹痛。

6.甲状腺功能亢进，约7%的患者会出现轻度甲状腺功能亢进的表现。

远离病毒

流行病学证明，女性在怀孕前后，如果感染了病毒，不但自身致病，还可能使胎儿畸形或者染上先天性疾病，故应对一些常见病毒感染予以重视。遗传因素、物理因素、化学因素及生物因素都可能导致胎儿先天性发育异常。就生物因素看，主要是病毒感染。准妈妈在妊娠过程中，特别是怀孕12周以内感染了这些病原体，胎儿发生畸形的可能性要比正常准妈妈高得多。

病毒为什么有这么大的危害呢？因为病原体通过各种途径如呼吸道黏膜、口腔、生殖道及破损皮肤进入血液，造成病毒血症，并通过血液侵害到胎盘及胎儿，形成宫内感染，会影响胎儿的正常发育，导致胎儿畸形。具体讲就是：

风疹病毒

准妈妈孕早期感染风疹，会致胎儿心血管异常、先天性耳聋、先天性白内障、小头畸形、智力障碍等，以及出生后迟发性损害，如糖尿病、中枢神经系统异常等。

乙型肝炎

准妈妈患乙型肝炎后，会通过胎盘传给胎儿，宝宝出生后会造成婴儿急性肝炎，如长期带病毒以后可发展为慢性肝炎。因此，患乙型肝炎的女性，或是在慢性肝炎活动期的女性，均不宜受孕。

巨细胞病毒

准妈妈感染后常会导致早产、流产或胎死宫内，出生后的宝宝有黄疸、肝脾肿大、血小板减少性紫癜、肺炎，并常伴有中枢神经系统损害。部分患儿会有小头畸形、行动困难、智力低下等现象。有些受巨细胞病毒感染的胎儿，出生时没异常表现，但出生后数月或数年后发生中枢神经系统损害，如智力低下和耳聋等。

水痘

准妈妈感染水痘后，其病毒可通过胎盘传给胎儿，损害胎儿运动神经，引起先天性白内障、肌肉萎缩等。如在孕早期感染应终止妊娠。

弓形体原虫病

它是由弓形体原虫侵入体内而引起的传染病。动物中以猫最易患此病，人与猫密切接触，极易受到传染。妊娠后会使弓形体原虫通过胎盘进入胎儿体内，准妈妈感染后，大多会造成流产、死胎或早产。

单纯疱疹病毒

单纯疱疹病毒，有两个血清型——Ⅰ型（HSV—1）和Ⅱ型（HSV—2）。Ⅰ型（HSV—1）主要引起生殖器以外皮肤黏膜及器官感染。此型病毒较少感染胎儿；Ⅱ型（HSV—2）主要引起生殖器及腰以下皮肤疱疹，常可由性交而传染，此型病毒多会感染胎儿，致胎儿小头症、智力障碍、脑内钙化、白内障、心脏畸形、视网膜形成异常。

科学的饮食营养

这样吃可以补充营养

多吃能预防贫血的食物

孕2月对准妈妈来说，最容易缺乏的营养素就是铁。但怀孕早期还不宜服用铁剂。如果怀孕早期服用补铁营养品，反而容易加重恶心和呕吐症状，所以应该尽量通过食物摄取铁元素。富含铁元素的食品有猪肝、鸡肝、牛肝、鱼类、贝类、豆类等。

多吃开胃的食物

准妈妈的孕吐反应有轻有重，如果孕吐得很厉害，就会影响食欲，也就直接减少了供给胎儿的营养，所以，首先要打开准妈妈的胃口，吃些开胃的食物。

多吃鱼

鱼肉含有丰富优质蛋白质，还含有两种不饱和脂肪酸，DHA（二十二碳六烯酸）和EPA（二十碳五烯酸）。这两种不饱和脂肪酸对大脑的发育非常有好处。

这两种物质在鱼油中含量要高于鱼肉，而鱼油又相对集中在鱼头内。所以，准妈妈适量吃鱼头，有益于胎儿大脑分区发育。

多吃富含膳食纤维的食物

膳食纤维主要存在于蔬果类、豆类、全谷类和菌类等食物中，但准妈妈也不能食用过多，以免引起肠胀气。每日蔬菜、水果与谷、豆类食物的比例应该是5：6。

富含膳食纤维的食物	
玉米	玉米膳食纤维含量很高，能刺激胃肠蠕动
黄豆	黄豆富含丰富的膳食纤维，有利于胎儿的发育，并促进准妈妈的新陈代谢。同时，丰富优质的膳食纤维能通肠利便，利于改善准妈妈便秘
芋头	准妈妈常吃芋头，可促进肠胃蠕动，帮助母体吸收和消化蛋白质等营养物质，还能清除血管壁上的脂肪沉淀物，对孕期便秘有很好的预防作用

小贴士

准妈妈适当进食一些小零食可以安抚准妈妈的情绪，对母体和胎儿的健康都有好处。尽量挑一些携带和食用都方便的食物，比如全麦面包、核桃仁等，还可以带些新鲜水果。

适量补充蛋白质

因妊娠反应，许多准妈妈会很倦怠，懒得活动，再加上吃得比较精细，极容易引起便秘。一旦发生便秘，准妈妈切记不要使用泻药，而应采取饮食调理。

本周如果准妈妈实在不愿意吃脂肪类的食物，也不必勉强自己，人体可以动用自身储备的脂肪提供给胎儿。此外，豆类食品、蛋类、奶类也可以少量补充脂肪。

准妈妈每天的蛋白质供给量以80克为宜。怀孕8周内，对于蛋白质的摄入，不必刻意追求数量，顺其自然就好。

这些受争议的食物真的不能吃吗

从宣布怀孕开始，身边的亲戚、朋友和同事甚至是陌生人都会给出一些建议，说这些不能吃，那些要忌食。究竟这些建议有多少是对的，多少是错的呢？那么这些受争议的食物到底能不能吃呢？

咖啡因

有多少女性因为孕期要戒掉咖啡而对怀孕产生了恐惧感？事实上，适量的咖啡（每天不超过200毫克）都没有问题。

适合的咖啡与胎儿先天缺陷或是怀孕并发症并没有关系。一杯咖啡里含有的咖啡因量大概就是200毫克。一罐可乐内咖啡因含量为35～55毫克，绿茶内的咖啡因含量大约为25毫克一块巧克力的咖啡因含量大约为35毫克。准妈妈在孕期每天喝适量的咖啡吧（不超过一杯）没有问题。

熟食

熟食制品在包装之前，这些食物涉及潜在的李斯特菌污染。如果将其重新加热那就比较安全了。当然，熟食制品也存在着含有亚硝酸盐这方面的担心。有些类型的癌症已经证实了与亚硝酸盐相关，所以准妈妈要尽量少吃，吃时也尽量重新加热。

海鲜

在怀孕期间，要想吃海鲜的话一定要注意吃不受污染的海鲜，最好是选择食用不受汞污染的池塘养殖的鱼类。对于准妈妈来说，如果经常大量食用含汞量高的海鱼类，这些有害物质就会通过胎盘进入胎儿体内，对胎儿的脑神经、肝、肾等多种器官造成损害。当然，不管海鲜有无污染，准妈妈还是吃熟透的海鲜。

寿司

大多数的准妈妈被告知在怀孕期间寿司是一种禁忌的食物,其实胎儿先天性缺陷与寿司的摄入无关。正如我们上面所提到的,像生肉一样,所有生鱼片都可能含有细菌或寄生虫,但煮熟了的或素寿司都是安全的。专家建议准妈妈避免食用汞含量高的鱼类制成的寿司。

螃蟹

螃蟹中含蛋白质、脂肪、碳水化合物、磷、铁和各种维生素等多种营养成分,有散瘀血的功能,对身体有很好的滋补作用。螃蟹不但味美,而且营养丰富,是一种高蛋白的补品,所以准妈妈可以吃,需要注意的是,螃蟹性寒,尽量少吃。

兔肉

一直以来都流传准妈妈不能吃兔肉,认为吃了兔肉产下的孩子会有兔唇。这一说法流传范围极广,流传年代也颇为久远。其实准妈妈是可以吃兔肉的。从医学观念讲,兔肉营养价值高、易消化,含有高达24%的全价蛋白、丰富的B族维生素复合物,以及铁、磷、钾等,所以准妈妈是可以食用兔肉的。红烧兔肉、清炒兔肉都是不错的准妈妈餐。

蜂蜜

有一则很有意思的谣言:"胎儿消化不了蜂蜜,所以准妈妈不应该食用蜂蜜。"事实上胎儿并不能消化任何东西,而是准妈妈在消化东西。胎儿只是简单地通过胎盘的过滤从准妈妈食用的食物里吸收营养。所以准妈妈完全无须担心因食用蜂蜜而对胎儿造成任何危害。

准妈妈美味营养餐

★ 菠菜鸡煲

- **材料准备**：鸡1/2只，菠菜100克，冬菇4朵，葱、姜、冬笋、蚝油、酱油、白糖、盐、料酒、植物油各适量。
- **做法**：
1. 鸡洗净，剁成小块；菠菜洗净，用沸水焯一下，切段；冬菇洗净，切成块；冬笋切成片。
2. 锅中放油烧热后，用葱、姜爆香，加入鸡块、冬菇及蚝油翻炒片刻。
3. 放料酒、盐、白糖、酱油及冬笋，不停翻炒，炒至鸡熟烂。
4. 将菠菜放在砂锅中铺底，把炒熟的鸡块倒入即可。

★ 香蕉薯泥

- **材料准备**：香蕉、地瓜各50克，玉米粒10克，蜂蜜1小匙。
- **做法**：
1. 香蕉去皮，用汤匙捣碎；地瓜洗净，去皮，放入电锅中蒸至熟软，取出压成泥状，放凉备用。
2. 将香蕉泥、地瓜泥与玉米粒混合，淋上蜂蜜即可。

★ 黄瓜拌猪肝

- **材料准备**：猪肝300克，黄瓜100克，虾米、香菜、酱油、醋、香油各5克。
- **做法**：
1. 黄瓜洗净，切成片。猪肝切小片，放开水中烫一下，捞出凉凉沥水。香菜洗干净切成段。
2. 黄瓜摆在盘内垫底，放入猪肝、虾米、酱油、醋、香油，撒上香菜段拌匀即可。

本周胎教重点

情绪胎教
练练书法

准妈妈可以去书店买一本钢笔或者毛笔字的书法临摹字帖，每天练上一页或两页，这样慢慢地积累下来，既可以培养自己认真细致的态度，培养出高雅乐观的情趣，也可以为胎儿提供一种良好的生长环境。

练习书法不像参与其他活动那样需要定时定量，它的时间易于调配，在忙闲中取得平衡，是一种"闲人的忙事，忙人的闲事"。工作的准妈妈，在忙余提笔写字，自能悠游其间，获得心灵的调剂；而较有闲暇的准妈妈，如果能提笔练字，必能由于练习书法而充实生活。

音乐胎教
《蓝色多瑙河》

《蓝色多瑙河》的全称是"美丽的蓝色的多瑙河旁圆舞曲"。曲名取自诗人卡尔·贝克一首诗的各段最后一行的重复句："你多愁善感，你年轻，美丽，温顺好心肠，犹如矿中的金子闪闪发光，真情就在那儿苏醒，在多瑙河旁，美丽的蓝色的多瑙河旁。香甜的鲜花吐芳，抚慰我心中的阴影和创伤。不毛的灌木丛中花儿依然开放，夜莺歌喉啭，在多瑙河旁，美丽的蓝色的多瑙河旁。"

运动胎教
缓解颈部疲劳

1 颈部运动

准妈妈先慢慢地向右旋转颈部，并向右侧看，再向左侧旋转，朝左侧方看，然后抬头看上方，再慢慢地低下头。另外，从右向左旋转颈部，再从左向右旋转。颈部运动能防止肌肉硬化，同时能放松紧张的颈部肌肉。

2 后背伸展运动

准妈妈舒适地坐在地板上，双手在胸前交叉，向前伸直双臂。挺直后背，向上举起双臂。吸气，并用力向上推双臂，在慢慢呼气的同时，缓慢地放下双臂。此运动能强化后背肌肉，还能放松紧张的肩部肌肉。

故事胎教

《贪心的樵夫》

一天，一个贫穷的樵夫不小心把斧头掉到水里去了，他着急地大哭起来。

哭声惊动了老神仙，老神仙拿出一把金斧头和一把银斧头，问哪一把斧头是他的。樵夫摇摇头说："我的斧头不是这样的。"最后老神仙拿出一把铁斧头，樵夫说："这把就是我丢的斧头。"老神仙见樵夫这么诚实，便把金斧头和银斧头都送给了他。

一个贪心的樵夫听说了这件事，便把准备好的铁斧头扔进水里，坐在水边放声大哭。

老神仙出现了，同样拿出一把金斧头和一把银斧头，问哪一把是他的。贪心的樵夫毫不犹豫地说："我丢的就是这两把斧头。"说着，拿着金斧头和银斧头掉头便走。

贪心的樵夫边走边做美梦，结果一不小心掉进了水里，淹死了。

语言胎教

朗诵泰戈尔的《太阳颂》

太阳颂（节选）

泰戈尔

啊，太阳，我的朋友，
舒展你光的金莲，
举起铮亮的巨钺，
劈开饱盈泪水的苦难的乌黑云团！
我知你端坐在莲花中央，
披散的发丝金光闪闪催醒万特的梵音，
飞自你怀抱的燃烧的琴弦。

今生今世第一个黎明，
你曾吻遍我纯洁的额际。
你的热吻点燃的光流，
在我心海翻涌着灿烂的波涛。
永不平静的火焰在我的歌里腾跃呼啸。

印着吻痕的我的碧血，
在韵律的洪水里旋舞。
如痴似狂的乐音，
融合着炽热的情愫飘向四方。
你的吻也引起心灵无端的啼器、
莫名的忧伤。
谨向你熊熊的祭火中，
我追寻的真理的形象顶礼。

远古的诗人，
昏眠的海滨你吹响驱散黑暗的苇笛是我的一颗心，
从笛孔袅袅流逸
……

09周 胚胎长出手指和脚趾

现在准妈妈仍然要注意休息，在休息的时候可以听一听胎教音乐，缓解紧张的情绪，这时候准妈妈的情绪非常重要，因为准妈妈的情绪不好会影响胎儿，使胎儿发生唇腭裂的概率增加。

准妈妈和胎儿的变化

准妈妈的变化

{乳房明显变大}

第九周

从怀孕第九周开始乳房会明显变大，有时还会伴随疼痛，偶尔能摸到肿块。这也是怀孕时激素导致的结果，所以不用过于担心。随着子宫的增长，准妈妈会感觉到整个身体都在发生变化。下腹部和肋部开始出现疼痛，双腿麻木，同时又紧绷得发痛，腰部也会逐渐酸痛。

胎儿的变化

{尾巴开始消失}

第九周

胎儿的尾巴开始消失，背部挺直。手臂逐渐变长，同时形成了手臂关节，所以可以随意弯曲，而且形成了手指和指纹。腿部开始区分为大腿、小腿和脚，同时形成脚趾。

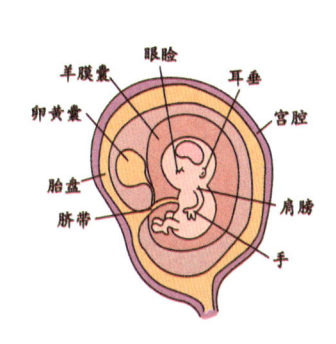

必知的孕期生活指导

需要建立围产保健手册

及时建档很重要

建档一般是在怀孕3个月前后进行，建档的同时要做第一次产检。医院要求准妈妈建立个人病历，主要是为了能够更加全面地了解准妈妈的身体状况以及胎儿的发育情况，以便更好地应对孕期的一切状况，并为以后的生产做好准备。

在建立准妈妈保健手册（卡）时，应进行一次包括血常规、尿常规、肝功能、肾功能、超声、体格检查等项目的全面身体检查。有病史的准妈妈还要加查心电图等项目。准妈妈在办理好准妈妈保健手册（卡）后，可到选定的医院建立病例档案。

建档需要带的证件

一般来说，建档需要带上身份证，参加医疗保险的需要带上社保卡，有的医院还要求带上准生证以及社区出具的一些证明。不同医院的要求不尽相同，建档之前最好打电话咨询清楚，避免因遗漏证件而来回奔波。

早孕反应会持续多久

这种反应持续的时间有长有短。一般地讲，妊娠反应多在停经40天左右出现，到怀孕3个月（12周）时就逐渐消失。当然，这些反应因人而异，有的人可能一点反应没有，有的人可能一直反应到怀孕五六个月甚至到分娩。

不要过分在意睡姿

虽然这个阶段是肚里的宝宝成长发育非常关键的时期，但是因为他还小，可以受到妈妈盆腔的保护，所以外力或是准妈妈自身的压力并不会对宝宝造成伤害。因此准妈妈尽可以选择让自己舒服的体位，无论是仰卧还是侧卧。

选择什么交通工具上班

怀孕进入第九周，肚子还不凸显，准妈妈出门的次数或许还比较多。外出坐车的时候，一定要系好安全带，虽然这可能你感到不舒服。调查显示，不系安全带的准妈妈撞车时的受伤比率比系安全带的准妈妈高1.6倍。安全带的使用方法也有所不同，要学会使用方法，以免勒到肚中胎儿。

若准妈妈的加离单位不远，那真是太幸运了，毫无疑问步行上班是首选哦。这不仅能让你呼吸到新鲜的空气，而且还能预防静脉曲张和痔疮的发生，并且有利于顺利分娩。当然，每次步行上班的时间不宜过长，一般每次不超过30分钟为宜，而且行走时速度不能太快，以免绊倒或摔跤。准妈妈上班时穿的鞋子，一定要轻便合脚，选择软帮的低跟鞋，以减少脚部压力。

需要关注的健康问题

警惕高危妊娠综合征

高危妊娠是指患有高血压、肾炎、贫血等病的准妈妈，由于子宫血流量减少，一般准妈妈可以进行的一般性运动对她们来说就可能给胎儿带来危险。因此，如果准妈妈要进行运动，就必须事先检查身体。

高危妊娠对准妈妈及胎儿有较高危险性，可能导致难产或危及母婴，称高危妊娠。具有高危妊娠因素的准妈妈，称为高危准妈妈。准妈妈患有各种急慢性疾病和妊娠并发症，以及不良的环境、社会因素等，均可导致胎儿死亡、胎儿宫内成长迟缓、先天畸形、早产、新生儿疾病等，构成较高的危险性，从而增加了围产期的发病率和死亡率。凡列入高危妊娠范围内的准妈妈，就应接受重点监护，尽量降低围产期发病率及死亡率。

每位怀孕的准妈妈均应定期到医院检查，配合高危妊娠的筛选，进行系统孕期管理，做到早预防、早发现、早治疗，及时有效地控制高危因素的发展，防止各种危险情况出现。以保证准妈妈及胎儿顺利地渡过妊娠期与分娩期。

可能会引起高危妊娠综合征的疾病

以下疾病不仅影响准妈妈的健康，而且也影响胎儿的成长发育。

贫血

怀孕前如患有贫血，怀孕后可能会因妊娠反应而影响营养的吸收，加上胎儿生长额外的需要而使贫血加重。重度贫血可致胎儿宫内发育迟缓、出现早产或死胎，可使准妈妈发生贫血性心脏病、心力衰竭、产后出血、产后感染等。贫血直接影响准妈妈的健康，更不利于胎儿的成长。因此，计划怀孕的女性，应在贫血得到治疗并已彻底纠正后再怀孕。怀孕后还要定期检查，继续注意防治。

心脏病

正常准妈妈在怀孕后期，由于身体负荷的加重会感到心力不支，所以原有心脏病的准妈妈随着怀孕时间的增加会出现心功能不全，从而导致很严重的后果。

因此，患有心脏病的女性应在怀孕前慎重考虑，请教医生是否能够承受怀孕。在得到医生允许后，要比正常准妈妈更注意休息，避免过度劳累，并在医生的正确指导下度过整个孕期。

肾脏病

肾脏疾病非常不利于怀孕，患有这种疾病的女性一旦怀孕，通常易较早合并妊娠高血压综合征，会导致胎儿流产、早产等；同时，不利于胎儿发育，更可能危及准妈妈本身，导致肾衰竭和尿毒症。患有此病的女性，怀孕前一定要积极治疗，在未经过医生的确认之前，不可贸然怀孕。

糖尿病

那些原来就有潜在糖尿病倾向的女性，怀孕后可出现孕期糖尿病。无论是原有糖尿病的女性，还是怀孕后出现糖尿病的准妈妈，都可能并发妊娠高血压综合征。如不能很好地控制症状，可导致胎儿流产、早产，甚至出现死胎，或有分娩巨大儿的可能。

因此，这类女性应在怀孕前向内分泌科医生咨询，采用合理的饮食疗法及相应的药物治疗，在医生的监护下怀孕与分娩。在现代医学的支持下，糖尿病的准妈妈也会拥有一个健康的宝宝。

科学的饮食营养

这些食物可以多吃一些

麦片

麦片不仅可以让准妈妈保持一上午都精力充沛,而且还能降低体内胆固醇的水平。不要选择那些口味香甜、精加工过的麦片,最好是天然的,没有任何糖类或其他添加成分在里面。

牛奶

怀孕的时候,准妈妈需要从食物中吸取的钙大约比平时多1倍。多数食物的含钙量都很有限,因此孕期喝更多的牛奶就成了准妈妈聪明的选择。

坚果

坚果所含的脂肪对于胎儿脑部的发育是很重要的,准妈妈适量吃些坚果绝对有好处。但坚果的热量比较高,因此每天应将摄入量控制在30克左右,不宜多吃。

瘦肉

孕期准妈妈的血液总量会增加,以保证能够通过血液供给胎儿足够的营养,因此孕期对于铁的需要就会成倍地增加。通过饮食补充足够的铁就变得尤为重要。瘦肉中的铁是供给这一需求的主要来源之一,也是最易于被人体吸收的。

豆制品

对于那些坚持素食的准妈妈,豆制品是一种再好不过的健康食品了。它可以为准妈妈提供很多孕期所需的营养,例如蛋白质。

柑橘

柑橘类的水果里90%都是水分,但其中仍然富含维生素C、叶酸和大量的纤维,能帮助准妈妈保持体力。

小贴士

坚果类食品油性比较大,而准妈妈的消化功能在孕期相对有所减弱,过量食用很容易引起消化不良。

喝孕妇奶粉

为什么要喝孕妇奶粉

孕早期,只要准妈妈能够做到膳食平衡、营养全面,日常饮食就可以满足自身和胎儿对营养的需求。但日常生活中存在很多客观因素,如因为早孕反应而厌食或饮食不规律,肠胃吸收消化功能弱,经常在外就餐等情况,准妈妈很难做到营养均衡,因此需要额外补充营养,喝富含DHA(二十二碳六烯酸)、维生素和矿物质的孕妇奶粉作为补充还是可以的。

什么时候开始喝孕妇奶粉

孕前:在准备怀孕的前3个月就可以开始喝孕妇奶粉,每天喝一杯(约250毫升),以保证各类营养素的储备在孕早期达到理想水平。

孕早期:孕早期,胎儿还很小,发育也很缓慢,准妈妈本身所需要的营养与怀孕前基本相同,同时早孕反应困扰着准妈妈,准妈妈可能喝不下孕妇奶粉,此阶段不喝孕妇奶粉也是可以的。

孕中期和孕晚期:孕中期和孕晚期,早孕反应已经减退,准妈妈的胃口大开,胎儿的发育也进入快速阶段,所需要的营养大大增加,因此准妈妈要坚持每天喝孕妇奶粉,以补充营养。

如何挑选孕妇奶粉

从声音判别优劣:虽然奶粉装在袋中看不见,但可以用手捏住包装摇动,听听是否会发出"沙沙"的声音,并声音清晰的奶粉为质量较好的奶粉。

查看奶粉的色泽:优质的孕妇奶粉颜色一般为乳白色或乳黄色,颗粒均匀一致,产品中无可见杂质,无结块现象。把奶粉放入杯中用温开水冲调,如果是优质奶粉,静置几分钟后,水与奶粉就会溶在一起,没有沉淀。

有无异常气味和味道:优质的奶粉具有奶香味和轻微的植物油味,无异味,并且甜度适中。

查看包装:正规厂家的奶粉包装完整无损、平滑整齐、图案清晰,印刷质量高;清楚地标有商标、生产厂名、生产日期、生产批号、净含量、营养成分表、执行标准、适用对象、食用方法等。

减少盐的摄入量

从现在开始,准妈妈需要减少盐量,因为盐中含有大量的钠。在孕期,如果体内的钠含量过高,血液中的钠和水会由于渗透压的改变,渗入到组织间隙中形成水肿。因此,多吃盐会加重水肿并且使血压升高,甚至引起心力衰竭等疾病。但是长期低盐也会有副作用,正常的情况下准妈妈每日的摄盐量以5～6克为宜。

如果呕吐的同时伴有头晕、头痛或先兆流产症状,不妨卧床休息,并及时请教医生;也可以尝试以下食谱:姜汁牛奶、虾仁蒸鲫鱼、草莓绿豆粥、香蕉薯泥等。

不宜吃的食物

长时间熬制的骨头汤

动物骨骼中所含的钙质,不论多高的温度也不能溶化,过久烹煮反而会破坏骨头中的蛋白质。骨头上的肉熬久后,肉中的脂肪会析出,增加汤的脂肪含量。

小贴士

这个月,准妈妈的外形不会有明显改变,体重的增加也不易察觉,有些准妈妈因为食欲缺乏和孕吐体重非但没有增加,反而出现了下降的趋势。只要体重没有大幅度的变化,说明这是正常的。但是如果准妈妈的体重突然发生剧烈的变化,比如一周内下降或增加了5千克,那就一定要立刻告诉医生,因为这意味着身体可能存在某些潜在问题。

生鱼片

有的准妈妈经常食用生鱼片来补充营养。其实准妈妈最好是少食或者不食用像生鱼片之类的鱼、肉类食品。因为这类食品所含的营养不易吸收,且未经过烹饪,细菌也不易被杀死,对胎儿和准妈妈都不利。

辛辣有刺激性的食物

有的准妈妈喜欢吃非常辛辣的食物,觉得这样可以开胃,其实这样不好。辛辣刺激性食物经消化吸收后,可从胎盘进入胎儿的血液循环中,妨碍胎儿的生长发育,或直接损害某些器官,如肺、支气管等,从而导致胎儿畸形或者患病。

准妈妈美味营养餐

★ 猪肝粥

- **材料准备**：大米200克，猪肝100克，干贝25克，盐、葱花、姜丝、料酒、香油各适量。
- **做法**：

1. 将猪肝洗净，切片；干贝洗净，用温水泡发后换少许清水，加入少许料酒蒸一下或用微波炉加热一下，撕碎备用。
2. 将水烧开后放入大米，待粥快煮好时放入姜丝、干贝和猪肝同煮，猪肝熟时熄火，再放入盐拌匀，食用前加入少许香油和葱花即可。

★ 香菜萝卜

- **材料准备**：香菜100克，白萝卜200克，植物油、盐各适量。
- **做法**：

1. 白萝卜洗净，去皮，切成片。
2. 香菜洗净，切成小段。
3. 锅倒油烧热，下入白萝卜片煸炒片刻，炒透后加适量盐，小火烧至烂熟时，再放入香菜即可。

★ 牛肉萝卜汤

- **材料准备**：牛肉150克，白萝卜200克，香菜末10克，姜末1小匙，小苏打、淀粉各少许，香油、盐各适量。
- **做法**：

1. 将牛肉洗净，切成薄片，放入碗中，加小苏打、少许盐，姜末和淀粉拌均匀，使之入味儿；白萝卜洗净，切成薄片。
2. 用大火将水烧开，放入白萝卜片煮开，煮至白萝卜透明后下牛肉片搅散再开锅即关火，加盐、香油调味儿，撒入香菜末即可。

🐎 本周胎教重点

音乐胎教

《A大调单簧管协奏曲》

这是莫扎特所谱写的最后一首协奏曲，也是唯一的单簧管协奏曲。它是为当时举世无双的单簧管高手史达德勒而写的。当时这种新乐器尚未成为管弦乐队的编制内乐器，莫扎特凭着自己的先见之明，尽量利用其最低音附近的音域，以此与高音域对比而产生巧妙的效果。

A大调与g小调一样，一向是适合莫扎特音乐特质的调性，莫扎特借此在这首协奏曲中营造出生机勃勃的气氛，再将这种气氛糅进平静澄澈的创作情境里，显得优美无比。

运动胎教

脸部按摩操

女性怀孕后，由于生理上的变化，面部会出现皮肤粗糙、松弛、黑斑和皱纹等现象。为了让准妈妈的脸部更加干净清爽，可以尝试下面的按摩方法。

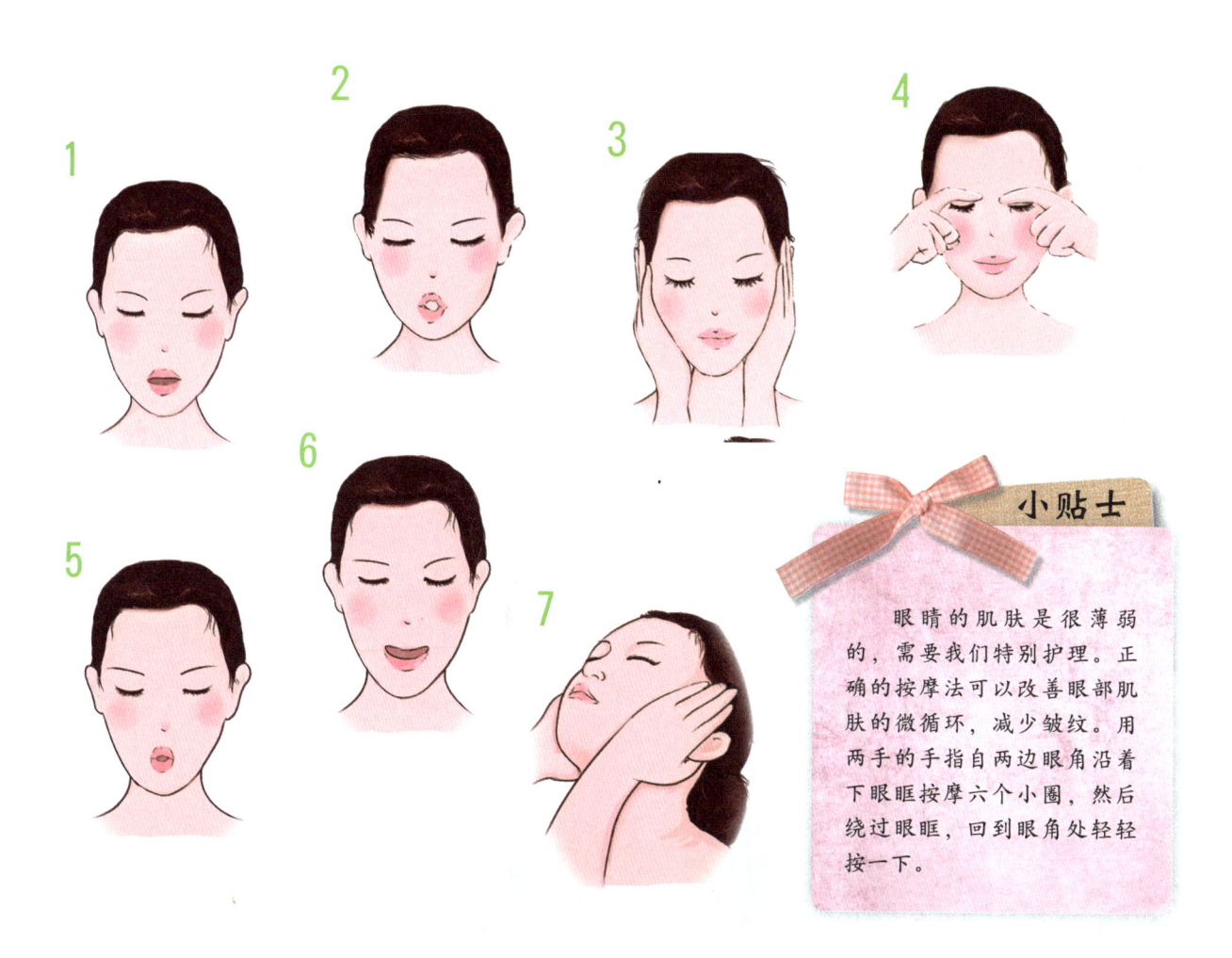

小贴士

眼睛的肌肤是很薄弱的，需要我们特别护理。正确的按摩法可以改善眼部肌肤的微循环，减少皱纹。用两手的手指自两边眼角沿着下眼眶按摩六个小圈，然后绕过眼眶，回到眼角处轻轻按一下。

故事胎教

《马蹄上的钉子》

从前，一个商人在集市上卖货，他的生意很红火，很快卖完了所有的货，钱箱被装得满满的。他想天黑前赶回家，便把钱箱捆在了马背上，骑着马出发了。

中午时分，他来到一个镇上休息了一会儿。当他想继续赶路时，马童牵出马来对他说："老爷，马后腿的蹄铁上需要加颗钉子。""由它去吧！"商人回答说，"这块蹄铁肯定能撑到走完这段路，我要急着赶路呢"！

下午的时候，他又停下来叫人喂马，马童对他说："老爷，马后腿上的一块蹄铁掉了，要不要我把它带到铁匠那里去呢？""由它去吧！"商人回答说，"这马一定能坚持走完剩下的路，我时间紧着呢！"

他骑着马继续往前走，但没多久马就开始一步一瘸的了，再过一会儿就开始踉踉跄跄，最后它终于跌倒在地，折断了腿。商人只好扔下他的马，解下钱箱扛在背上，步行回家。等赶回家时已是午夜时分，只听他嘀咕着："都是那颗该死的钉子把我给害惨了。"

小贴士

这个故事中的商人，忽略了马蹄上缺失的一枚钉子，他认为这是"小事"，结果却使他到家的时间更加延后，还失去了自己的马。宝贝，这个故事告诉我们，一枚钉子虽小，却可以引发很大的后果，所以，妈妈希望你以后做事情，一定要注重身边的细节，因为有时候，我们忽略了小的细节，往往会因此损失更多。

语言胎教

《开始》

做母亲是怎样的感觉？是期盼？是幸福？还是有些激动或者莫名的紧张和不安？也许你已经习惯了做一个好女儿，却没有想到今天自己也成了母亲，那复杂的情绪一时难以言表。

朱自清

"我是从哪儿来的，你，在哪儿把我捡起来的？"孩子问他的妈妈说。

她把孩子紧紧地搂在胸前，半哭半笑地答道——

你曾被当作我的心愿藏在我心里，我的宝贝。

你曾存在于我孩童时代玩的泥娃娃身上，每天早晨，我用泥土塑造我的神像，那时我反复地塑了又捏碎了的就是你。

你曾和我们的家庭的守护神一同受到祀奉，我崇拜家神时也就崇拜了你。

你曾活在我所有的希望和爱情里，活在我的生命里，我母亲的生命里。

在主宰着我们家庭的不死的精灵的膝上，你已经被抚育了好多代了。

在我做女孩子的时候，我的心的花瓣儿张开，你就像一股花香似的散发出来。你的软软的温柔，在我青春的肢体上开花了，像太阳出来之前的天空的一片曙光。

上天的第一宠儿，晨曦的孪生兄弟，你从世界的生命的溪流浮泛而下，终于停泊在我的心头。当我凝视你的脸蛋儿的时候，神秘之感淹没了我；你这属于一切人的，竟成了我的。为了怕失掉你，我把你紧紧地搂在胸前。是什么魔术把这世界的宝贝吸引到我这双纤小手臂里来的呢？

语言胎教

《登鹳雀楼》

《登鹳雀楼》是一首登高望远诗。诗人的寥寥数语，就已经将壮阔浩瀚、气魄雄浑的景色描绘出来，并且寓寄了深厚的哲理。诗的两联都用了对仗，给人一种气势充沛，浩大无边的感觉。而"欲穷千里目，更上一层楼"，被作为追求理想境界的座右铭，流芳千古。

《登鹳雀楼》
王之涣

白日依山尽，
黄河入海流。
欲穷千里目，
更上一层楼。

语言胎教

《卖报歌》

做完足底按摩准妈妈是不是感觉身体舒服多了，这时候，就开始哼唱《卖报歌》吧！这会让你的心情更加舒畅。

啦啦啦！啦啦啦！
我是卖报的小行家，
不等天明去等派报，
一面走，一面叫，
今天的新闻真正好，
七个铜板就买两份报。

啦啦啦！啦啦啦！
我是卖报的小行家，
大风大雨里满街跑，
走不好，滑一跤，
满身的泥水惹人笑，
饥饿寒冷只有我知道。

啦啦啦！啦啦啦！
我是卖报的小行家，
耐饥耐寒地满街跑，
吃不饱，睡不好，
痛苦的生活向谁告，
总有一天光明会来到。

名画欣赏

《向日葵》

被誉为梵·高化身的《向日葵》，仅由绚丽的黄色色系组合而成。画面上朵朵葵花夸张的形体和激情四射的色彩，使人头晕目眩。黄色的花瓣就像太阳放射出耀眼的光芒，画家用奔放不羁、大胆泼辣的笔触，使画中的每一朵向日葵都获得了强烈的生命力，这正是作者梵·高本人内心情感的写照，是他精神力量的外露。

梵·高以《向日葵》中的各种花姿来表达自我，有时甚至将自己比拟为向日葵。梵·高写给弟弟西奥的信中多次谈到《向日葵》系列作品，其中说明有12株和14株向日葵的两种构图。他以12株来表示基督十二门徒，14株则是加上了作者本人和弟弟西奥两人，一共14人。

名画欣赏

《金色的秋天》

推荐准妈妈欣赏俄国著名风景画家列维坦的名作《金色的秋天》。列维坦被称为"色彩抒情诗人",他的画是俄罗斯大自然的象征,画家用自己的色彩勾勒出了俄罗斯独特的风光。

列维坦的这幅《金色的秋天》创作于1895年,画面充满了阳光,湛蓝的天空,仿佛活生生的会呼吸似的,天空飘浮着灰白色的云,阳光穿过云朵照耀在同样蓝的发亮的小溪上,田野正在由绿变黄,树叶已全部变成金黄色,清晰可见的笔触宣泄着画家心中涌动的激情、湛蓝的天空。画家运用潇洒稳健的笔触和色块,高度概括地描绘了俄罗斯金黄色秋天的自然景象。这幅画是一首秋天的颂歌,观赏者看后顿觉心旷神怡,一扫心中的灰暗。

趣味胎教

《童言无忌》

《到底有多远》

去年夏天,我们一家人开车去佛罗里达州的迪斯尼乐园玩,出发前,我告诉孩子,旅程很长,谁也不许问"还有多远"、"什么时候到"之类的问题。旅程刚开始,果然没有人提问题。到了第三天晚上9点钟,5岁的小女儿苔丝叹了一口气,说:"等我们到达,我会不会已经6岁了?"

《给妈妈点歌》

那天我在宿舍听广播,听到一个很小的女孩给她的妈妈点歌,她说妈妈很辛苦,星期天也不能休息,要到书店买好多习题集给她做,于是她就想为妈妈点一首歌。主持人一听,感动地说:"多懂事的孩子啊!请问你想为妈妈点什么歌?"小女孩用稚气的声音说:"我想点辛晓琪的《女人何苦为难女人》。"

《爸爸五岁了》

"小珍,你能说出爸爸今年多大了吗?"幼儿园的老师问。"爸爸今年五岁了。"小珍回答道。老师笑了:"小珍,难道你爸爸和你一样大?"

"是的,我爸爸亲口对我说过,他是从我出生那天开始当爸爸的。"

《听妈妈的话》

母亲节快到了,我问妈妈想要什么礼物?

妈妈说:"只要你乖乖的,听妈妈的话就好了,妈妈不要什么礼物。"

既然如此,我想等我生日的时候,我也不要什么礼物,只要妈妈听我的话就好了!

《我想要一只狗》

安娜的妈妈又怀孕了,她问安娜:"你希望妈妈再给你带来个弟弟呢,还是妹妹?"安娜想了想说:"我只想要一只小狗。"

《星星会闪耀》

一位乘客带着女儿坐在飞机上,空中小姐问这个可爱的小女孩说:"为什么飞机飞这么高,都不会撞到星星呢?"小女孩回答:"因为星星会'闪'啊!"

《从哪里来的》

有个小男孩问他的妈妈:"妈妈,我到底是从哪里来的?"妈妈觉得这个问题不好回答,但应该趁此机会教育小孩,就一本正经地以猫狗为例,支吾地谈及生殖的过程。儿子听完后,一头雾水地说:"怎么会这样?我的同桌说他是从山西来的!"

10周 全面进入胎儿期

现代社会,多数怀孕女性还要继续上班,受早孕反应影响,准妈妈的身心疲惫,这时候准爸爸要担负起收拾屋子和安慰妻子的重任,不要让准妈妈觉得很委屈。

准妈妈和胎儿的变化

准妈妈的变化

第十周

{分泌物增多}

乳房进一步肿胀,腰围也增大了。乳头乳晕色素加深,有时感觉腹痛,同时阴道有乳白色的分泌物流出。准妈妈可能会发现在腹部有一条深色的妊娠纹。此时可以进行染色体检查。

胎儿的变化

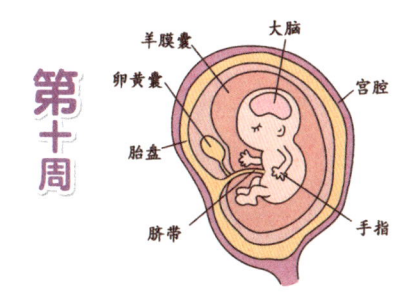

第十周

（图示:羊膜囊、大脑、卵黄囊、宫腔、胎盘、脐带、手指）

{胎儿生殖器官开始形成}

此时胎儿全面进入胎儿期。在接下来的时间里,胎儿会不断地进行细胞分裂,逐渐拥有人的形状。进入胎儿期以后,怀孕初期先天性畸形的发生概率会降低。此时,胎儿生殖器官开始形成。

必知的孕期生活指导

选择合适的内衣

怀孕后，乳房开始增大，乳头也逐渐增大，准妈妈常感到乳头发胀，应使用胸罩来保护乳房。理想的胸罩的"罩"必须深一点儿，既能托住乳房，又不把乳房压扁。胸罩应该选纯棉或真丝制品，不要用化纤制品。

怀孕初期

怀孕初期可以用以前的胸罩，怀孕中晚期就要用尺码加大的胸罩，为乳房的迅速发育留有空间，所以，最好每隔1个月左右测量一次。例如，孕前胸围是75厘米，使用A罩杯胸罩，知道怀孕时可能就接近B罩杯。

怀孕中期以后

从怀孕14周起，要选用不压迫乳房的大号胸罩，并选用肩带宽的，以便有效拉起乳房。选择全罩杯包容性好的款式，最好有侧提，可以将乳房向内侧上方托起，防止外溢和下垂。准妈妈的胸罩必须要容易清洗，并耐穿、舒适，面料最好以吸汗、透气佳的纯棉为宜。

挑选一双合适的鞋

高跟鞋、容易脱落的凉鞋等都不适合准妈妈。后跟太低的鞋子也不好，震动会直接传到脚上。随着怀孕时间的增加，脚心受力加重，会形成扁平足状态，这是造成脚部疲劳、肌肉疼痛、抽筋等的原因。可以用2～3厘米厚的软鞋垫在脚心部位作为支撑，这样就不容易疲劳。到了怀孕晚期，脚部水肿，要穿稍大一码的鞋子。

选择鞋子时应注意以下几点

1	脚背部分能与鞋子紧密结合
2	有能牢牢支撑身体的宽大的后跟
3	鞋后跟的高度在2～3厘米
4	鞋底上带有防滑纹
5	能正确保持脚底的弓形部位

小贴士

很多准妈妈都是为图个方便爱穿着大号的拖鞋。其实大多的拖鞋不防滑，算是不安全的鞋子，一不小心的滑倒便可能导致遗憾！

看似卫生却不卫生

用看似洁白干净的纸包裹食品

这样做的危害是有些白纸在生产的过程中加入了漂白剂，食品与漂白剂接触后发生的一系列化学反应会产生有害物质，这些物质很容易污染食品。

用毛巾擦拭餐具

我们平时用来饮用、洗涤的自来水都是经过严格净化处理的，冲洗过的水果或餐具不会被水污染，而毛巾上面却是容易滋生细菌的地方，所以洗过的水果和餐具不建议用毛巾擦干。

将水果腐烂的地方挖掉一样吃

这一点已经引起了很多人的重视，吃腐烂的水果有导致人体细胞突变而致癌的危险。这里提醒准妈妈即便再昂贵的水果，只要有腐烂的地方，无论坏了多少，整个水果都不能再吃了。再者，水果储存到这种程度已无营养可言，吃了不但等于没吃，里面大量繁殖的细菌和微生物反而会对人体造成威胁。

需要关注的健康问题

担心胎儿畸形怎么办

形成畸形儿的原因

目前,40%左右的畸形儿已经找到致畸的原因,其中25%左右与染色体和遗传基因的异常有关。准妈妈在怀孕中感染梅毒或麻疹病毒并传给胎儿,或者准妈妈患有糖尿病、癫痫病、酒精中毒等疾病时,形成畸形儿的概率也很高。准妈妈在怀孕初期滥用药物、接受放射线治疗、酗酒和吸烟等也会导致胎儿的畸形。

定期检查可有效预防畸形儿

怀孕前的健康检查和怀孕中的定期检查是确保胎儿健康状态的必要环节。

绒毛穿刺检查用来确诊胎儿是否有染色体异常、神经管缺陷,以及某些能在羊水中反映出来的遗传性代谢疾病。穿刺时用穿刺针穿过准妈妈的腹壁刺入宫腔吸出少量绒毛进行检查。一般在孕16~22周行羊水穿刺更合适。

● 排畸检查时间表	
10~13周	绒毛穿刺检查
15~20周	羊膜腔穿刺检查
20~24周	超声检查

怎样做绒毛膜取样检查

绒毛膜取样检查是一种从准妈妈子宫采取少许胎盘组织进行的检查。首先超声检查确定胎盘位置和胎儿胎龄,然后根据确定的胎盘位置,选择取样的方法。一种是通过阴道、子宫颈插入一根柔韧的细导管到正发育的胎盘(经宫颈的方法),另一种是经过腹部插入一根细针到胎盘(经腹部的方法),取得少量的绒毛组织以供分析。

准妈妈若家族本身有遗传性疾病,可在孕期9~11周做"绒毛膜采样"。由于此项检查具有侵入性,常会造成准妈妈流产及胎儿受伤,因此,目前做这方面检查的人不多。

由于准妈妈在12周前最易发生流产,若在此时身体有不适现象,如下腹痛或阴道出血等,为了保住胎儿,最好多卧床休息,这是准妈妈"最好的安胎药"。如果准妈妈阴道有出血情形、胎儿有流产迹象、子宫颈功能不全等状况,建议在怀孕过程中,避免和丈夫过性生活,以免造成流产。

不过,准妈妈如未出现上述症状,只要不采取特殊体位进行性生活,就不会伤害到自己和胎儿。所以,除了在怀孕初期(12周之前)及后期(36周以后)不宜享受鱼水之欢外,在孕期其他时期还是可以适当过性生活的,不过丈夫最好全程戴上安全套,以免精液内的前列腺素刺激子宫收缩而导致流产或早产。

● 哪些准妈妈需要做绒毛膜取样检查	
1	年龄大于35岁的准妈妈,想尽早知道胎儿是否有染色体异常
2	生过畸形儿的女性再次怀孕
3	家族中有遗传病的准妈妈

绒毛膜取样检查的影响

绒毛膜取样检查是一项创伤性检查。如果操作正确,绒毛膜取样检查是安全的。有0.6%~2.9%的准妈妈在绒毛膜取样后,可能发生子宫痉挛、阴道少许流血。这些症状持续时间短,对怀孕无不良影响。

绒毛膜取样检查不会影响胎儿发育

临床上提取的绒毛细胞来自胚束外层。束内形成胎体,而绒毛细胞随妊娠月份的增长逐渐退化,所以早期取绒毛诊断胎儿发育没有影响。

科学的饮食营养

补充矿物质和维生素

孕早期正是胎儿脑及神经系统迅速分化的时期，因此准妈妈要更加注意补充多种维生素，尤其是维生素B_2、维生素B_6，应多吃水果和蔬菜。矿物质需要量极少，但非常重要，它是胎儿各器官形成和发育所必不可少的，缺少任何一种都会影响胎儿的正常发育，严重缺乏的还可能造成胎儿畸形，因此应该适时适量地进行补充。为了补充足够的钙质，应多进食牛奶及奶制品，不喜欢喝牛奶的准妈妈可以喝酸奶、吃奶酪或喝不含乳糖的奶粉。呕吐严重者应多食蔬菜、水果等碱性食物，以防止酸中毒的发生。

脂肪酸和优智DHA

这个时期，准妈妈会感到孕吐减轻，也有了胃口。买一些和往常不一样的蔬菜和水果，来拓宽准妈妈的营养来源。这期间最重要的营养包括维生素D、脂肪酸、优智DHA（二十二碳六烯酸），这些对胎儿的大脑和眼睛的发育很重要。鱼类是这些营养最好的来源。

维生素E

维生素E具有保胎作用，一般成年女性的维生素E的需求量是8毫克，孕期则需要10毫克左右。维生素E广泛存在于杏仁、核桃、豆制品、芝麻、瓜子、金枪鱼、虾中，准妈妈不妨多食用。

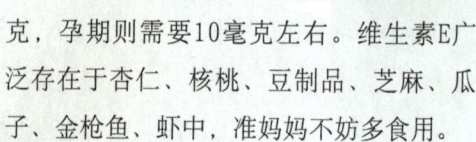

蛋白质

准妈妈都可以尝试一下，牛蹄筋、海参、贝类等海产品含蛋白质丰富，做出来清淡可口，也很适宜现在的准妈妈食用。

叶酸

孕3月仍然是胎儿脑发育的重点阶段，所以要继续补充叶酸，来降低胎儿神经管缺陷的发生率，可以补充叶酸片或制剂，直到12周结束。

准妈妈美味营养餐

★ 虾皮烩萝卜

- **材料准备**：白萝卜300克，虾皮50克，水发粉丝100克，植物油、鸡汤、盐、香菜末各适量。
- **做法**：
1. 将白萝卜洗净，切成丝；水发粉丝切成段。
2. 锅中热油，放入虾皮煎炒至虾皮油亮，发出香味时放入白萝卜丝翻炒，再加入鸡汤和粉丝，汤汁烧开后加盐，撒上香菜末即可出锅。

★ 煎鳕鱼

- **材料准备**：鳕鱼400克，青柠檬汁适量，鸡蛋清1个，淀粉植物油、适量。
- **做法**：

1. 将鳕鱼洗净，切块。
2. 鳕鱼内加入盐腌制片刻，挤入少许青柠檬汁。
3. 将备好的鳕鱼块裹上蛋清和淀粉。
4. 锅内放油烧热后，放入鳕鱼煎至金黄色，装盘时点缀青柠片即可。

★ 木耳香葱炒河虾

- **材料准备**：小河虾150克，干木耳50克，香葱2棵，盐1小匙，香油少许，植物油2大匙。
- **做法**：

1. 小河虾用清水洗干净，除去泥沙杂质，用沸水焯熟，捞出控水。木耳用清水泡发，去蒂洗净。
2. 炒锅烧热，加植物油，六成热时放入葱段爆香，再加入小河虾、木耳翻炒，加入盐翻炒入味，出锅前淋香油即可。

本周胎教重点

不要让音乐变成噪声

一般的音乐胎教，具体的方法是这样的：在即将到来孕中期给胎儿播放音乐，每次5~12分钟；6个月后，每次20分钟，一天1~2次。听音乐时，准妈妈要全神贯注，集中精力地感受音乐的美妙。

很多准妈妈学了一半，把什么都掌握到了，但忽略了一个重要的问题——距离没有掌握好。一些粗心的准妈妈把耳麦、音响直接靠近自己的腹部，"声音隔肚皮"会对胎儿的听力系统造成较为严重的损伤。一般而言，播放器或者音响的位置至少在距离自己一米远的地方，声音不能太大，控制在65~75分贝间，扬声器也不要直接对着腹部，否则，再美妙的音乐，对于胎儿来说，也会变成噪声了。

音乐胎教

胎教名曲推荐

此时期的胎儿虽然听觉器官还没有成熟，但是已经有知觉了。他可以从羊水的震荡中听到妈妈的心跳和声音。准妈妈可以选择更多的胎教音乐和胎儿一起欣赏。

● 中国乐曲

钢琴名曲	《牧童短笛》
古典音乐	《春江花月夜》、《高山流水》、《梅花三弄》、《阳春白雪》
校园歌曲	《同桌的你》、《外婆的澎湖湾》、《蜗牛与黄鹂鸟》、《乡间小路》
儿童歌曲	《两只老虎》、《小燕子》《种太阳》、《让我们荡起双桨》

● 外国乐曲

贝多芬	《G大调小步曲》、《月光》
柴可夫斯基	《小天鹅舞曲》、《糖果仙子》
肖邦	《小狗圆舞曲》、《g小调夜曲》
舒伯特	《鳟鱼》《美丽的磨坊少女》
约翰·施特劳斯	《蓝色多瑙河》、《维也纳森林的故事》

音乐胎教

《天鹅湖》

准妈妈可以在听《天鹅湖》的同时，展开丰富的想象力，想象着有关天鹅高贵、圣洁的形象以及美丽动人的传说。

芭蕾舞剧《天鹅湖》，自1877年在莫斯科首演以来，已有100多年历史，至今在世界各国仍然受到广大观众喜爱，成了芭蕾舞的代名词。

《天鹅湖》的故事取材于德国中世纪的民间童话，由俄国作曲家柴可夫斯基谱乐。讲的是美丽的公主奥杰塔在森林湖畔嬉戏，一只本是怪鸟变成的魔王罗特巴尔特，施展魔法将公主奥杰塔变成了一只天鹅。王子齐格弗里德的成年之日，母后要为王子举行选妃舞会，王子闷闷不乐，忽见一群白天鹅掠过天空，王子随即持弓尾随来到湖畔，正要向一只头戴皇冠的白天鹅举弓射击，奥杰塔缓缓地站起掸理着羽翼向王子哀诉委曲。接着，在小提琴与大提琴交替重奏的抒情乐曲中，奥杰塔与王子跳起了大段慢板的双人舞，王子对公主深表同情并产生了爱情。王子向公主起誓，要以纯真的爱情战胜魔法，让公主恢复人形。

在选妃的舞会上，各国来宾相继跳起了各国民族舞蹈。魔王为了破坏王子与奥杰塔的誓约，将自己的女儿变成黑天鹅，假冒公主闯进宫来，以妖媚的舞蹈诱惑王子，两人跳起了著名的黑天鹅双人舞。魔王以为王子已经中计，一阵狞笑。霎时间天昏地暗，奥杰塔绝望地从窗外天空飞过，王子方知受骗，不顾一切与魔王展开了殊死的搏斗。最终，纯真的爱情战胜了邪恶，魔王被诛，公主和所有变成白天鹅的姑娘都恢复了人形，与王子欢欣起舞，迎着晨曦庆幸新生。

小贴士

在《天鹅湖》里，剧本可以说是举足轻重的。本来有两个差别很大的《天鹅湖》版本。但通常它们会被混合着上演。它们的不同在于对结局的处理。在第一个版本里，王子被幻象所惑，结局是悲剧式的。但在著名的圣彼得堡版本里尽管结尾音乐是那么悲悲愁愁的，最后的结局却是大团圆。

情绪胎教

远离孕期抑郁症

孕期抑郁症小测验

准妈妈不良的情绪会增加胎儿在发育过程中的危险，因此准妈妈要及时发现自己是否有抑郁倾向，学会管理自己的情绪。

●是与否	●具体表现
☐	每天大部分时间对所有或大多数平时感兴趣的活动失去了兴趣
☐	体重显著下降或增加（正常体重的5%），食欲显著降低或增加
☐	每天失眠或睡眠过多，白天昏昏欲睡
☐	每天精神亢奋或萎靡不振
☐	每天感到疲劳，缺乏精力
☐	每天感到自己没有价值，或自责
☐	每天注意力和思考能力下降，作决定时犹豫不决
☐	脾气变得暴躁，经常发脾气
☐	有反复自杀的意念或企图
☐	认为永远不可能再有属于自己的私人时间
☐	和朋友、邻居都很淡漠，无交往
☐	害怕离开家或独自在家

如果准妈妈在连续两周内表现出上述症状中4种及4种以上，则说明可能已经患上孕期抑郁症，如果其中一种或两种情况在近期特别严重，则必须引起高度重视，及时就医。

缓解抑郁情绪小妙招

情绪不好的时候不要吃太多的肉类和甜食，因为这些酸性食物会使准妈妈更加烦躁。

●方法	●具体做法
告诫法	想象着胎儿正在看着自己，告诉自己不要生气，凡事没有完美
转移法	离开使自己感到不开心的环境
协调法	每天和丈夫在宁静的环境中散散步，说说夫妻间的恩爱往事
呼吸法	当心情烦躁时深呼吸，放松全身，微闭双目，用鼻子慢慢吸气，以5秒钟为标准，再用10秒钟通过嘴慢慢呼气，反复呼吸3分钟，放松心情
美容法	经常改变自己的形象，换一个发型，穿上自己喜欢的衣服，保持良好的心境

寻求贴心支持与帮助

1.保证每天和准爸爸的亲昵交流时间，获得丈夫的关爱。

2.向亲人和朋友表达自己的情绪，将不良情绪及时宣泄出去。

3.适度地上网，阅读育儿书籍，观看积极向上的电视节目，与其他准妈妈交流怀孕心得，分享怀孕的喜悦。向有过生产经验的同事、朋友咨询经验。

4.将自己置身于积极、阳光的人群中，获得乐观向上的心态，抵御抑郁情绪。

故事胎教

《狐狸请客》

从前有一只狐狸，十分狡猾。

有一天，狐狸邀请仙鹤到家中吃晚饭，然而，狐狸并没有真心真意地准备什么饭菜来款待客人，仅仅用豆子做了一点汤，又故意把汤盛在一个很平很平的盘子中。仙鹤的嘴又细又长，每喝一口汤，汤便从它的长嘴中流出来，怎么也吃不到。仙鹤十分气恼，觉得自己被戏弄了，狐狸却十分开心。

第二天，仙鹤决定报复一下狐狸，于是回请狐狸吃晚饭。它同样做了一些狐狸爱喝的汤，并把汤盛在一只长颈小口的瓶子里。晚餐开始了，仙鹤很容易地把头颈伸进去，悠闲地品尝着美味，而狐狸却一口都尝不到，害得它口水直流。

狐狸受到了仙鹤的报复，鼻子都气歪了。但由于自己戏弄仙鹤在先，没办法，只好灰溜溜地回家去了。

小贴士

这是个有趣的小故事，这个故事告诉我们两个道理：一是狐狸对待朋友缺乏诚意、恶有恶报；二是仙鹤很聪明，懂得以其人之道，还治其人之身。我的宝贝，我们做人不可以像狐狸那样虚情假意，一定要真心真意地对待朋友，把好东西留给朋友，因为，朋友是你一生中最大的财富。

语言胎教

爱的教育（节选）

《爱的教育》

你当着你弟弟老师的面对你母亲不尊重，以后再也不要这样了，恩里科。再也不要发生这样的事情了！你对你母亲说的那句不恭敬的话像刀子一样扎在我的心上。

我想起几年前你生病的时候，你的母亲整整一夜守在你的小床边，一边查看你的呼吸，一边伤心落泪，牙齿直打战，她以为要失去你了。当时我真担心她要发疯了。一想到这些，我就对你产生一种厌恶感。

你这是对你母亲的伤害！你的母亲为了让你少受一个小时的痛苦，宁可牺牲一年的欢乐！为了你，她不在乎去乞讨！为了挽救你的生命，她不惜去死！恩里科呀，你要好好记住我说的这些话。想象一下吧，你这一生一定会经历许多可怕的事情，但在所有可怕的事情中最可怕的就是失去你的母亲。

我的恩里科,等你长大了,强壮了,历尽种种艰辛之后,你会千百次回想起你的母亲,迫切地渴望再次听到你母亲的声音,再次看到她张开双臂,你会期待着像一个孤立无助的孩子一样哭着投入你母亲的怀抱。

……

再也不要从你的嘴里进出一句伤害你母亲的话。如果再从你的嘴里溜出一句这样的话,但愿你不是因为害怕你的父亲,而是受良心的驱使,扑到你母亲脚下,乞求她以一个原谅的吻抹去你额头上那忘恩负义的印记。

孩子呀,我爱你,你是我的希望,可我宁愿失去你,也不愿看到你对你的母亲忘恩负义。去吧,这段时间不要再跟我亲热,因为我无法真心跟你亲热。

语言胎教

唱儿歌

《堆雪人》

天上雪花飘,我把雪来扫。
堆个大雪人,头戴小红帽。
安上嘴和眼,雪人对我笑。

《红气球、绿气球》

红气球、绿气球,长长尾巴圆圆头,
好像只只花蝌蚪,跟着个个小朋友。
小朋友,一松手,蝌蚪就向天上走。

名画欣赏

《农民的婚礼》

一看到这幅名画的名字——《农民的婚礼》,准妈妈是不是马上就感觉到心里暖暖的,回想起自己的婚礼,那种甜蜜而又幸福的感觉必定油然而生。看看彼得·勃鲁盖尔的这幅《农民的婚礼》,再次感受一下农民结婚时那种喜筵的热闹场面。

准妈妈可以先回忆一下自己的婚礼宴会上那种热闹、喜庆的场面,尽可能地将感觉充分地调动起来,再来欣赏这幅画,感受一下婚礼的气氛。

对于婚礼来说,新娘和新郎是主角。在这幅画中,墙上的一席绿色帘布我们发现了这场婚宴的主角——新娘。新娘满意地坐在一个纸糊的花冠下方,头上也戴了"宝冠"。即使坐在后排,也让人们一眼辨认出她的特殊身份。新娘幸福地闭着眼睛,双手交叠在一起,似乎脱离了喧闹的环境,独自陶醉在对婚姻的冥想和期待里。红扑扑的脸蛋儿并不漂亮,可是自有幸福的笑容挂在嘴角上。

11周 胎儿迅速成长

这个时期，准妈妈不需要补充太多的营养品、高脂肪、高热量的食物，因为此时胎儿还不能吸收这些营养，准妈妈正常吃饭就可以了。

准妈妈和胎儿的变化

准妈妈的变化

第十一周

{基础代谢增加}

身体的外形逐渐出现变化，还能感觉到子宫的增大，大多数准妈妈会出现腹部刺痛感。这个时期准妈妈的基础代谢比怀孕前增加25%左右，因此应该摄取充分的蛋白质和热量。

胎儿的变化

第十二周

{大致区分出五官}

此时的胎儿虽小，但成长迅速。从脊髓伸展的脊椎神经特别发达，能清晰地看到脊柱轮廓，而且头部占全身长度的一半左右。额头向前突出，头部变长，已形成了下颌。同时，脸部还能大致区分出眼睛、鼻子和嘴巴。

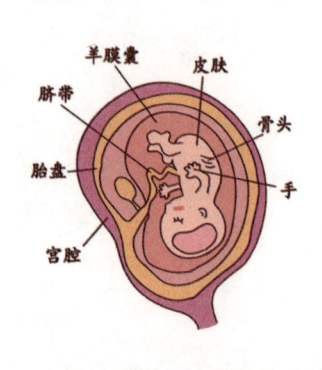

必知的孕期生活指导

预防妊娠纹从现在开始

随着胎儿的成长、羊水的增加，准妈妈的子宫也会逐渐地膨大。当腹部在快速膨隆的情形下，超过肚皮肌肤的伸张度，就会导致皮下组织所富含的纤维组织及胶原蛋白纤维因扩张而断裂，产生妊娠纹。虽说妊娠纹的发生与体质有关，不见得每个准妈妈都会有妊娠纹，而妊娠纹的严重程度也会因人而异。但妊娠纹产生是不可逆的，所以预防妊娠纹要从孕早期开始。

控制体重

营养的摄入只要能满足胎儿的营养就可以，营养过多会导致胎儿发育太快，使腹部弹性纤维断裂，产生妊娠纹。怀孕期间的体重增加控制在12千克的范围内，就会有效防止和减轻妊娠纹。

小贴士

在怀孕期间准妈妈要避免摄取过多的甜食及油炸食品，应摄取均衡的营养，改善皮肤的肤质，帮助皮肤增强弹性。

使用去妊娠纹产品

有条件的准妈妈可以购买适合自己的去妊娠纹霜。从怀孕初期到产后1个月，每天早晚取适量抗妊娠纹霜涂于腹部、髋部、大腿根部和乳房部位，并用手做圆形按摩，使乳液完全被皮肤吸收，可减少皮肤的张力，增加皮肤表层和真皮层的弹性。也可以使用含维生素E的橄榄油进行皮肤按摩。

适度按摩

从怀孕3个月开始到生完后的3个月内坚持按摩，可以有效预防妊娠纹生成或淡化已形成的细纹。

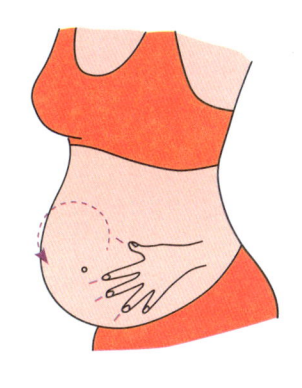

身体部位	按摩方法
背部	双手由脊椎的中心往两侧10次
大腿	以膝盖为起点，由后侧往上推向髋部10次。按摩时，手指的力度不要太重，以免伤及腹中的宝贝
腹部	以肚脐为起点，以顺时针方向不断地画圈按摩，画圈时应由小至大向外扩散，直至均匀地涂满整个肚皮为止
乳房	涂抹乳房时，可以乳沟作为起点，以指腹由下至上、由内至外轻轻画圈按摩，直至贴近下巴的脖子为止
臀部	将双手放在臀部下方，用手腕的力量由下往上、由内至外轻轻按摩即可

怀孕也可以适当做家务

准妈妈在妊娠期间坚持适宜的家务劳动，对母子健康都有益。适度的家务劳动能增强准妈妈体质，提高免疫功能，有效地防止多种疾病的发生。

尽量不用手直接浸入冷水中，因为有可能受寒引起宫缩，而引发流产。早孕反应较重时，不要到厨房里去，因油烟和其他气味可加重恶心、呕吐。厨房最好安装抽油烟机，因油烟对准妈妈尤为不利，可危害腹中胎儿。

从事一般的擦、抹家具，扫地、拖地等劳作是可以的，但不能登高，不能搬抬笨重家具，更不可以蹲着压迫肚子。

同样不要使用冷水，不宜用洗衣粉，更不可用搓板顶着腹部，以免胎儿受压。晾晒衣服时不要向上伸腰，晾衣绳可放置得低一些。

出去购物对准妈妈有许多好处，比如可以使准妈妈心胸开阔，也可以锻炼身体，因为购物走路，相当于散步。但也要注意，不宜行走过多，速度不宜快，不要穿高跟鞋，购物不宜过多，不能太重，一般不超过5千克为宜。避免在人流高峰时间去挤公共汽车，不宜到人群过于拥挤的市场去。另外在寒潮、大风等天气时不宜外出。特别是在流感和其他传染病流行时，更不要到人群密集的地方去。

总之，准妈妈不能什么也不做，而是要做适宜的家务，但需对危险因素加以避免，这样就能保证准妈妈的孕期生活健康而有意义。

准妈妈要有正确的姿势

怀孕后，如果姿势不当，不但会造成自身伤害，对胎儿的健康也会产生不良影响。准妈妈要减少繁重的体力劳动，如果要做家务活或上班，尽可能坐着进行，因为女性正常姿势主要靠韧带支持，怀孕期间，腹部重量日增，单靠韧带支持不够，还要靠部分肌肉的帮助，坐下可缓和韧带与肌肉所受的压力，减少准妈妈常患的腰背痛。准妈妈坐时最好选择有靠背的椅子，坐下来身体挺直地靠在椅背上。这样一方面可以避免身体弯曲而增加腹部的压力，另一方面可把身体的重力转移到椅背，从而得到充分的休息。端坐时，不妨用小椅子来垫脚，两腿适当地分开，以免压迫腹部。站立时要保持身体直立，这样可尽力收缩前方的腹壁肌肉，使骨盆前缘上举，不致倾斜过甚而导致背痛。

需要关注的健康问题

过敏的症状与危害

从医学角度讲，有过敏性体质的人胃肠功能较差，肠壁的通透性较高，容易将食物中未被消化分解的蛋白质直接吸收进入体内，于是这些异体蛋白就成为一种抗原物质，刺激人体产生抗体，当抗体物质——过敏性物质再次进入人体时就会发生过敏。

食物过敏最常见的临床表现为出现皮肤症状，并可见呼吸道症状和消化道症状。如皮肤瘙痒、湿疹、荨麻疹、头晕、恶心、呕吐、腹泻，甚至少数人还会发生过敏性休克。

据美国学者研究发现，约有50%的食物对人体有致敏作用，只不过有隐性和显性之分。有过敏体质的准妈妈可能会对某些食物产生过敏，这些过敏食物经过消化吸收后，可从胎盘进入胎儿血液循环中，妨碍胎儿的成长发育，或直接损害某些器官，如肺、支气管等，从而导致胎儿畸形或罹患疾病。

会引起准妈妈过敏的食物

可能引起准妈妈过敏的食物范围很广，鱼、肉、蛋、奶、菜、果、面、油、酒、醋、酱等都可能引起过敏。但一般来说，常见的也是最易引起过敏的物质主要是蛋白质，包括牛奶、花生、虾、螃蟹、豆类、坚果、海产品等。

目前，食物过敏尚无有效根治办法，但生活中加以注意是可以防止的，也并不是所有准妈妈都会过敏，这些可能引起准妈妈过敏的食物，只是针对少部分有过敏体质的准妈妈而言的。

1	发生过过敏现象的食物，在怀孕期间应禁止食用
2	不要吃过去从未吃过的食物，或霉变食物
3	在食用某些食物后如发生全身瘙痒、出荨麻疹或心慌、气喘，或腹痛、腹泻等现象，应考虑到食物过敏，立即停止食用这种食物
4	不吃易过敏的食物，如海产鱼、虾、蟹、贝壳类食物及辛辣刺激性食物
5	食用高蛋白类食物，如动物肉、肝、肾、蛋类、奶类、鱼类应烧熟煮透

科学的饮食营养

加强钙的补充

早孕反应严重的准妈妈，现在尤其要注意加强钙和维生素D的补充，每天钙的补充量应在800毫克左右。多吃牛奶，因为它富含钙质，可以使尿液中的钠排泄增多，降低血容量以消除水肿，还可以防治妊娠高血压，并有益于胎儿骨骼的发育。多喝水，这可以"洗涤"身体，并能软化大便和促进消化道内食物蠕动，对妊娠有益。开水、水果和蔬菜汁，可以适量饮用。

酸食这样吃

喜吃酸食的准妈妈，最好选择既有酸味又营养丰富的番茄、樱桃、杨梅、石榴、海棠、橘子、酸枣、葡萄、青苹果等新鲜水果，这样既能改善胃肠道不适症状，也可增进食欲，增加营养。有利于胎儿的生长，一举多得。另外，对于酸酸的山楂，虽然其富含维生素C，但是无论是鲜果还是干片，准妈妈都不能多吃。因为山楂或山楂片有刺激子宫收缩的成分，有可能引发流产和早产，尤其是妊娠3个月以内的准妈妈，既往有流产、早产史的准妈妈更不可贪食山楂。还要记住不要吃腌制的酸菜或者醋制品，因为这类食品不仅营养丧失殆尽，而且还容易致癌，因此要少吃或不吃。

营养师推荐的食材搭配

好的膳食追求的是营养平衡，没有哪一种单一的食物能够提供全面的营养。因此准妈妈的膳食要进行合理的搭配，不但要提供给食用者足够的热量和所需的各种营养素，还要保持各种营养素之间的合理比例和多样化的食物来源，以提高各种营养素的吸收和利用，达到合理营养的目的。

方案1：猪肉＋鸡蛋＝维生素A

猪肉富含蛋白质，和富含维生素A、维生素C的食材搭配组合，能有效提高人体免疫力。维生素A多存在于乳制品、鸡蛋、动物内脏、鱼类中，而黄花菜、菠菜都是富含维生素C的食物。

115

方案2：鸡蛋＋虾仁＝钙

和鸡蛋相似的是，虾仁、鲜贝、蟹肉这几种海鲜食物都富含蛋白质和多种微量元素，而其钙含量远远高于鸡蛋，二者同食不但营养全面，口感更是极其鲜美，故非常适合准妈妈食用。

方案3：鲫鱼＋蘑菇＝钙、蛋白质

鲫鱼营养丰富，蘑菇滋补清肠，搭配同食，可理气开胃、止泻化痰、利水消肿、清热解毒，对身体健康十分有益。准妈妈比较容易缺钙，鲫鱼加蘑菇的搭配方案非常适合。但鲫鱼鱼刺较多，食用时要特别小心。

方案4：红薯＋牛奶＝钙质

红薯煮熟后，部分淀粉发生变化，比生食时增加40%左右的膳食纤维，加上富含钙质的牛奶同食，效果更佳。

方案5：鸡肉＋金针菇＝赖氨酸、锌

金针菇含有较全的人体必需氨基酸成分，并富含锌质。鸡肉的优质蛋白质能强壮身体，而金针菇具加速营养素吸收利用的作用，二者搭配同食，有相得益彰的效果。

方案6：莴苣＋牛肉＝B族维生素

莴苣是营养丰富的蔬菜，能刺激消化，增进食欲，有助于宝宝的睡眠。牛肉含有丰富的蛋白质，氨基酸组成比猪肉更接近人体需要。莴苣与含B族维生素的牛肉同食，效果最佳。

方案7：牛肉＋萝卜＝多种维生素

萝卜富含多种维生素，能有效提高免疫力，如维生素C能刺激体内制造干扰素，用来破坏病毒以减少与白细胞的结合，保持白细胞的数目；维生素E能增加抗体，清除滤过病毒、细菌和癌细胞。而牛肉富含的蛋白质也是构成白细胞和抗体的主要成分，且萝卜中的淀粉酶能分解牛肉中的脂肪，使之得到充分的吸收，二者同食，营养价值更高。

方案8：莲藕＋糯米＝碳水化合物

莲子可滋阴除烦，糯米可补中益气、健脾养胃，与莲藕同食，可益气养血、补益五脏，对准妈妈的身体健康极为有益。此外，莲藕还宜与酸梅、百合、鳝鱼、猪肉同食，对人体有益。

方案9：韭菜＋豆芽＝维生素C

韭菜、豆芽都富含膳食纤维，可促进消化、排解便秘，二者搭配同食更可加速体内脂肪的代谢。此外，韭菜还与鸡蛋、豆干、豆腐、蘑菇、鲫鱼、肉类相宜，适宜与这些食材搭配食用，对准妈妈身体有益。

方案10：虾＋鸡蛋＝DHA、卵黄素

虾和鸡蛋皆是很好的蛋白质来源，并富含对宝宝成长非常关键的氨基酸、DHA（二十二碳六烯酸）等营养物质，搭配同食，更增美味和营养。

方案11：金针菇＋西蓝花＝维生素C

西蓝花的维生素C含量极为丰富，可提高机体免疫力，增强肝脏解毒能力，预防疾病，与金针菇搭配同食，不仅能促进发育，还可益智补脑。

除此之外，金针菇还宜与豆腐、鸡肉、猪肚同食，可防病健身。

准妈妈美味营养餐

★ 猪肝粥

- **材料准备：** 大米200克，猪肝100克，干贝25克，盐、葱花、姜丝、料酒、香油各适量。
- **做法：**
  1. 将猪肝洗净，切片；干贝洗净，用温水泡发后换少许清水，加入少许料酒蒸一下或用微波炉加热一下，撕碎备用。
  2. 将水烧开后放入大米，待粥快煮好时放入姜丝、干贝和猪肝同煮，猪肝熟时熄火，再放入盐拌匀，食用前加入少许香油和葱花即可。

★ 咖喱牛肉土豆丝

- **材料准备：** 牛肉400克，土豆150克,植物油、团粉、酱油、料酒、盐、咖喱粉各适量。
- **做法：**
  1. 将牛肉自横断面切成丝，将团粉、酱油、料酒调汁浸泡牛肉丝。土豆洗净去皮，切成丝。
  2. 将油热好，先干炒葱、姜，再将牛肉丝下锅干炒后，将土豆丝放入，再加入酱油、盐及咖喱粉，用旺火炒几下即可。

鸡肉鲜汤烧小白菜

- 材料准备：鸡肉500克，小白菜250克，牛奶80毫升，植物油、葱花、料酒、鸡汤、盐、水淀粉各适量。
- 做法：
1. 将小白菜洗净去根，切成10厘米长的段，用沸水焯透，捞出用凉水过凉，沥干。
2. 油锅烧热，下葱花，烹料酒，加入鸡汤和盐，放入鸡肉和小白菜。
3. 大火烧沸后，加入鸡汤、牛奶，用水淀粉勾芡，盛入盘内即可。

本周胎教重点

故事胎教

《掩耳盗铃》

从前，有一个人很愚蠢又很自私，他还有一个爱占便宜的坏毛病。

有一次，他看中了一家大门上挂的铃铛。这只铃铛外表十分好看，声音也很响亮。他想："怎样才能把铃铛弄到手呢？"他知道，只要用手去碰这个铃铛，就会发出"丁零丁零"的响声。有了响声，就会被人发现，那就得不到铃铛了。该怎么办呢？

他突然想出了一个办法。他认为，铃铛一响，耳朵就会听见了，如果把自己的耳朵掩住，不是就听不见了吗？于是，他自作聪明地采用这个方法去偷铃铛。

他一手掩住耳朵，一手去摘这只铃铛。谁知他刚碰到铃铛，铃铛响了，这家主人发现后，就把他抓住了。因为别人的耳朵并没有被掩住，仍然能够听到铃铛的响声。

小贴士

宝贝，这是一则古老的成语故事。故事中偷铃铛的人十分愚蠢，他不仅偷盗，而且还自己欺骗自己，把明明是掩盖不住的事实，妄想要掩盖住。我的宝贝，现实中有些人就是这样，他明明知道自己的行为是不对的，却还要去做，做了以后当然也不想让别人知道，于是便不断地伪装，直到事情最终败露的一天，他再怎么后悔也来不及了。

语言胎教

儿歌《数鸭子》

用平和且愉快的情绪保证胎儿健康成长。焦虑的情绪会引起血液中有害物质增多，影响胎儿的神经发育，准妈妈要调整自己的情绪。学习儿歌是不错的转换情绪的方式，《数鸭子》是一首非常欢快的儿童歌曲，准妈妈记得要常常给宝宝哼唱，准妈妈的歌声是胎儿最爱听的音乐。

《数鸭子》

门前大桥下游过一群鸭
快来快来数一数
二四六七八
嘎嘎嘎嘎
真呀真多鸭
数不清到底多少鸭
数不清到底多少鸭
赶鸭老爷爷胡子白花花
唱呀唱着家乡戏
还会说笑话
小孩小孩
快快上学校
别考个鸭蛋抱回家

语言胎教

儿歌《拍手歌》

有的准妈妈面部也会出现褐色的斑块，不必担心，这些都是怀孕的特征。随着分娩的结束，斑块会逐渐变淡或消失。唱数字歌，让胎儿初步领略一下数字的魅力吧！

《拍手歌》

你拍一，我拍一，一个小孩穿花衣。
你拍二，我拍二，两个小孩梳小辫。
你拍三，我拍三，三个小孩吃饼干。
你拍四，我拍四，四个小孩写大字。
你拍五，我拍五，五个小孩敲大鼓。
你拍六，我拍六，六个小孩吃石榴。
你拍七，我拍七，七个小孩坐飞机。
你拍八，我拍八，八个小孩吹喇叭。
你拍九，我拍九，九个小孩交朋友。
你拍十，我拍十，十个小孩站得直。

语言胎教

古诗《回乡偶书》

这是一首久客异乡，返回故里的感怀诗。当诗人回到熟悉而又陌生的故乡时，心情难于平静，诗人以"老大"之称，暗寓乡情无限。最后两句从儿童的角度写自己，非常富有生活情趣。诗中语言朴实无华，感情真挚。全诗在有问无答中作结，是老少皆知的名作。

《回乡偶书》

贺知章（唐）

少小离家老大回，
乡音无改鬓毛衰。
儿童相见不相识，
笑问客从何处来。

猜谜语

题目

1. 一物真奇怪，肚下长口袋，跑得不快跳得快。
2. 不走光跳，吵吵闹闹，吃虫吃粮，功大过小。
3. 凸眼睛，阔嘴巴，好像一朵大红花。
4. 远看是颗星，近看像灯笼，到底是什么，原来是只虫。
5. 白天总睡觉，晚上忙不停，打猎一辈子，只在屋里行。
6. 沙漠一只船，船上载大山。
7. 小小一条龙，胡须硬似棕，活着没有血，死了满身红。
8. 小姑娘，穿红袄，专吃蚜虫本领高。
9. 身披花棉袄，唱歌呱呱叫，田里捉害虫，丰收立功劳。
10. 前有毒夹，后有尾巴，全身二十一节，中药铺要它。
11. 叫马不像马，长个宽嘴巴，天天下河塘，从不捉鱼虾。
12. 身穿黑缎袍，尾巴像剪刀，冬天向南去，春天回来早。

选项

A.袋鼠☐　B.考拉☐　C.袋狼☐
A.燕子☐　B.麻雀☐　C.青蛙☐
A.牛☐　B.金鱼☐　C.马☐
A.蜜蜂☐　B.苍蝇☐　C.萤火虫☐
A.猫头鹰☐　B.猫☐　C.狗☐
A.马☐　B.骡子☐　C.骆驼☐
A.虾☐　B.螃蟹☐　C.海螺☐
A.蜻蜓☐　B.螳螂☐　C.七星瓢虫☐
A.蟾蜍☐　B.青蛙☐　C.燕子☐
A.蜘蛛☐　B.蝎子☐　C.蜈蚣☐
A.角马☐　B.河马☐　C.斑马☐
A.喜鹊☐　B.燕子☐　C.乌鸦☐

答案

1. A（袋鼠）
2. B（麻雀）
3. B（金鱼）
4. C（萤火虫）
5. B（猫）
6. C（骆驼）
7. A（虾）
8. C（七星瓢虫）
9. B（青蛙）
10. B（蝎子）
11. B（河马）
12. B（燕子）

12周 胎儿长大两倍左右

有些准妈妈的早孕反应在这周消失了，准妈妈现在可以在业余时间做胎教，适当运动对准妈妈自己和胎儿都有一定的好处。

准妈妈和胎儿的变化

准妈妈的变化

第十二周

{偶尔会出现晕眩症状}

随着子宫上移到腹部，膀胱的压迫会减轻，但是支撑子宫的韧带会收缩，因此容易导致腰痛。此时，由于提供给大脑的血液不足而引起的暂时缺血，准妈妈容易出现晕眩症状。

胎儿的变化

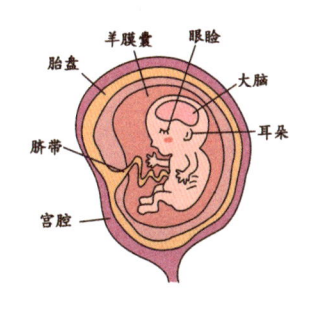

第十二周

{手指脚趾已经成形状}

怀孕10～12周，胎儿会迅速成长，身体会长大两倍左右，而其脸部结构已基本形成。虽然没有生成新的器官，但是巩固了几周前初长成的身体器官。胎儿的肌肉已非常发达，可以在羊水中自由地活动。手指和脚趾开始分叉，也长出手指甲。

必知的孕期生活指导

化妆品对胎儿的危害

增白霜

增白及祛斑类除色素化妆品中，一般都含有无机汞盐（氯化汞或碘化汞）和氢醌等有毒的化学药品，它们很容易被正常皮肤吸收，并且可以积聚，经常接触汞，染色体畸变率升高。汞可与核蛋白结合引起染色体畸变，还可以通过抑制超氧化物歧化酶的作用让细胞内自由基形成增多，导致DNA（脱氧核糖核酸）分子损伤。更可怕的是，这些有毒物质可经母体胎盘转运给胎儿，导致胎儿蛋白质分子变性和失活，使细胞生长和胚胎发育速度减慢，导致胚胎异常。

唇彩

唇彩多含有油脂、蜡黄、颜料等。油脂为羊毛脂，是一种天然的动物脂肪，是从漂洗羊毛的废液中提炼回收的。它能渗入人体皮肤，具有较强的黏合性，可以吸附空气中飞扬的尘埃，各种金属分子、细菌和病毒，经过口腔进入体内，一旦抵抗力下降就会染病。其中有毒、有害物质以及细菌和病毒还能通过胎盘对胎儿造成威胁。此外，唇彩中的颜料目前国内外多采用一种叫作酸性涨红的红色粉末，其本身就是对人体有害的一种色素，有些研究发现，它能损害遗传物质——DHA（二十二碳六烯酸），最终导致胎儿畸形。

指甲油

指甲油中含有硝化纤维、丙酮、乙酯、丁酯、苯二甲酸、增塑剂等。这些化学物质对人体有一定的毒性作用。如果准妈妈用染有指甲油的双手去接触食物，很可能会将指甲油中的有毒化学物质吃进肚子，这些有害物质进入准妈妈体内之后，可影响胎儿的健康。并且指甲也是判断病的一个标准，如果指甲油掩盖了指甲颜色，就不能提供给医生准确的诊病信息，这会影响一些疾病和治疗，所以准妈妈最好不要涂指甲油。

染发剂

据国外医学家调查，染发剂不仅可以使准妈妈患皮肤癌，还可能导致胎儿畸形。所以准妈妈不宜使用染发剂。据有关资料报道，染发剂对胎儿有致畸、致癌作用。有些准妈妈对化妆品会产生严重的过敏反应，头面部出现皮疹、发痒，眼睑甚至整个颜面部肿胀无法睁眼。

冷烫精

据法国医学专家多年研究，女性怀孕后，头发变得非常脆弱，而且非常容易脱发。此时，如果用化学冷烫精烫发，更会加剧头发脱落。此外，化学冷烫精还会影响女性体内胎儿的正常发育，少数女性还会对此产生过敏反应，因此准妈妈不宜使用化学冷烫精。

洗澡要注意什么

不同情况下的洗浴方法

水肿的时候：使用浴液洗浴，促进新陈代谢，缓解水肿症状。泡脚也可缓解水肿。

感觉冷的时候：交替使用温水和稍凉的水洗浴，促进新陈代谢，消除发冷的感觉。

腰痛的时候：臀部及以下身体泡在水中，促进腹部、臀部的血液流通，改善腰痛症状。

沐浴用品要温和无刺激

沐浴用品的选择，应该遵循中性、无刺激性、无浓烈香味、具保湿性质的原则，以免伤害准妈妈敏感的肌肤。不要使用香味太过浓烈的沐浴用品，因为其不但刺激性较强，闻起来也会不舒服，容易造成头晕；另外，浴室内也不要放置芳香剂，因为对准妈妈及胎儿都有刺激性，只需将浴室打扫干净、没有异味即可。

洗澡水的温度不能太高

据临床测定，准妈妈体温较正常上升2℃时，就会使胎儿的脑细胞发育停滞；如果上升3℃，则有杀死脑细胞的可能。而且因此形成的脑细胞损害，多为不可逆的永久性的损害，胎儿出生后可出现智力障碍，甚至可造成胎儿畸形，如小眼球、唇裂、外耳畸形等，所以准妈妈洗澡时，水温一定不能太高，应掌握在38℃以下，并最好不要坐浴，避免热水浸没腹部。

时间不要太久

在浴室内沐浴，准妈妈容易出现头昏、眼花、乏力、胸闷等症状。这是由于浴室内的空气逐渐减少，温度又较高，氧气供应相对不足所致。加之热水的刺激，会引起全身体表的毛细血管扩张，使准妈妈脑部的供血不足，严重者还可使胎儿神经系统的发育受到不良影响。因此，准妈妈在进行热水浴时，每次的时间应控制在20分钟以内为佳。

清洗肚脐要特别注意

准妈妈在平常洗澡时可先用棉花棒蘸些婴儿油或乳液清理肚脐的污垢，待污垢软化后再轻柔洗净，通常无法一次清除干净，这时不要太过勉强，以免因为用力过度而伤害肚脐周围的皮肤，造成破皮出血，反而容易引起感染，对准妈妈及胎儿造成严重伤害。

注意安全

浴室的安全防滑设备必须完善，可以在浴室地板铺上防滑垫，并定期清洗，以免隐藏太多污垢；墙壁四周要设置稳固的扶手；洗脸槽安装要稳固；浴室内尽量减少杂物，例如，椅子、盆等，以免绊倒；若需放置则靠边集中放好。

准妈妈应注意晒太阳

要经常开窗通风，以保持室内空气新鲜，但应避免大风吹。准妈妈还应经常晒太阳，以便身体对钙、磷等重要元素的吸收和利用。天气好时，可到室外去走动，接触阳光，天气不好时，也可在室内有阳光的地方接受日光照射。冬季每天至少应晒太阳半小时以上。

需要关注的健康问题

出现眩晕症状

怀孕时容易出现晕眩症状。从座位上站起身或突然改变姿势时，会出现晕眩症状，这是由于提供给大脑的血液不足而引起的暂时缺血。此外，进餐间隔时间过长也可能因为血糖下降而导致晕眩。只要不是由贫血引起的晕眩，就不用太担心，但是出现晕眩症状时，身体失去平衡容易跌倒，所以应尽量避免突然移动身体。

胚胎停育

造成胚胎停止发育的原因很多，主要有胚胎或胎儿的染色体核型异常、早孕期准妈妈病毒感染、接触放射性物质、患有严重糖尿病或甲状腺功能亢进、精神紧张等。

胎儿停止发育多数是由于胚胎的先天缺陷所致，可能是其染色体或基因出了问题，这种问题可能来自准爸爸，也可能来自准妈妈。

造成胚胎发育异常的原因也有遗传因素、有无感染、是否接触放射性物质、是否接触有毒的化学制剂、是否吃了孕期禁忌的药物、过度受刺激等。

除了要注意调控情绪、放松精神、减缓生活节奏、及时休息以及加强户外活动，多呼吸新鲜空气之外，在饮食上特别强调：

首先，三餐要有规律，定时、定量，切忌暴饮暴食；饮食上强调种类多样化，避免单调重复，注意控制食物的色、香、味、形，做到干稀搭配、粗细搭配。

其次，多食用开胃食物。在刺激食欲方面，各类调味品作用独到，不妨根据自己的口味选择。

另外，应尽量避免粗纤维食物摄入，以免影响胃排空。还有，三餐前禁用各类甜食或甜饮料，否则将雪上加霜。

科学的饮食营养

补充镁

镁不仅对胎儿肌肉的健康至关重要，而且也有助于骨骼的正常发育。近期研究表明，怀孕最初的3个月摄取的镁的数量关系到新生儿身高、体重和头围大小。在植物油、绿叶蔬菜、坚果、大豆、南瓜、甜瓜、香蕉、草莓、葵花子和全麦食品中都很容易找到镁。另外，镁对准妈妈的子宫肌肉恢复也很有好处。镁的摄入还可预防妊娠抽搐、早产等并发症。

胎儿发育的整个过程都需要维生素A，它尤其能保证胎儿皮肤、胃肠道和肺部的健康。怀孕最初的3个月，胎儿自己还不能储存维生素A，因此准妈妈一定要供应充足。甘薯、南瓜、菠菜、杧果中都含有大量的维生素A。

开胃调理原则

由于准妈妈的妊娠反应在9~12周仍然会出现，除孕吐、恶心外，胃部情况也不佳，同时，还会感到胸闷。所以还要在健脾开胃、增进食欲方面多下些功夫。

小贴士

有些准妈妈，特别爱喝果汁，认为多喝果汁可增加营养，不会发胖，生出的宝宝皮肤会细腻白嫩，甚至以果汁代替水。其实这是不正确的。鲜榨果汁不但会促使体重迅速增加，还不利于身体。而果汁饮料含有防腐剂、色素和香精，这些成分对人体有害无益，所以准妈妈应慎重选择，尽量不喝或少喝这些饮料。

准妈妈美味营养餐

★ 糖醋黄鱼

- **材料准备：** 新鲜黄鱼1条，青豆30克，胡萝卜18克，鲜笋、水淀粉、酱油、白糖、醋、料酒、葱各适量。
- **做法：**
1. 将胡萝卜、鲜笋洗净，切成小丁，与青豆一起放入沸水中烫。葱切末。
2. 黄鱼去鳞、内脏及鳃，用清水洗净，改花刀腌渍；锅中放油，炸至呈金黄色时捞出。
3. 加入酱油、白糖、醋、料酒，用水淀粉勾芡，把汁浇在鱼身上撒上葱花即可。

★ 瓜丝炒肉丝

- **材料准备：** 西瓜皮400克，瘦猪肉150克，红辣椒1个，水淀粉、花生油、姜、盐、料酒、白糖各适量。
- **做法：**
1. 将瘦猪肉切成细丝，然后放入水淀粉内拌匀。辣椒去蒂和籽，洗净切成细丝；将葱、姜洗净，切成细丝。
2. 将西瓜外皮削去，片成薄片，再切成细丝，放入小盆内。撒上少许盐拌匀，腌10分钟后将瓜片丝挤去水分。油烧热，放入肉丝、瓜丝、姜丝、辣椒丝及料酒、白糖迅速翻炒至熟即可。

★ 南海金莲

- **材料准备：** 豆腐500克，凉薯50克，水发冬菇、冬笋各150克，盐、水淀粉、白糖、酱油、料酒各适量，清汤少许。
- **做法：**
1. 凉薯、冬笋、水发冬菇洗净切粒。
2. 放入切好的冬菇、冬笋及凉薯粒翻炒，烹料酒，加酱油、盐、白糖及清汤少许，烧入味，加水淀粉勾芡，起锅装盘。
3. 豆腐去皮，抓成泥状，加盐调匀。炒好的冬菇、冬笋、凉薯放入豆腐中间，做好后上笼蒸熟即可。

125

本周胎教重点

情绪胎教

聆听大自然的呼吸

准妈妈的情绪波动没有前几周大了，身体也逐渐适应了怀孕状态，可以抓住这个时机让胎儿多接触大自然的声音和味道，做一下芳香胎教。芳香能给人一种良好的刺激，使人心情松弛、情绪高涨，增强听觉与嗅觉及思维的灵敏度，进一步提高智商。准妈妈可以在大自然中，一边散步一边进行芳香胎教。

芳香胎教无处不在，每当你闻到香味，大吸一口气，把这种嗅觉快乐带给胎儿，这就是芳香胎教啦！但是某些香味太浓郁甚至有微毒的花香，并不适宜用来进行芳香胎教，比如夹竹桃、水仙等。

情绪胎教

关于四叶草的传说

传说中的四叶草是夏娃从天国伊甸园带到大地上，花语是幸福。四叶草的花期是5～7月，果期8～9月，一般只有三片小叶子，叶形呈心形状，叶心较深色的部分亦是心形。最为有趣的是，在十万株苜蓿草中，你可能只会发现一株是四叶草。它的每片叶子都有着不同的意义。

第一片叶子代表真爱；第二片叶子代表健康；第三片叶子代表名誉；第四片叶子代表财富。

音乐胎教

《花之圆舞曲》

《花之圆舞曲》是柴可夫斯基芭蕾舞剧代表作品之一《胡桃夹子》中最为著名的一曲。

圣诞节，玛丽得到一只胡桃夹子。夜晚，她梦见这胡桃夹子变成了一位王子，领着她的一群玩具同老鼠兵作战，后来又把她带到果酱山，受到糖果仙子的欢迎。

《花之圆舞曲》选自舞剧第二幕中糖果仙子与众仙女群舞时的音乐。竖琴华丽流畅的序奏之后，圆号以重奏形式奏出圆舞曲主题，旋律如歌，表现出糖果仙子与仙女们轻盈婀娜的舞姿，整首乐曲抒情而优美。

音乐胎教

《春野》

继《仙境》、《寂静山林》之后，《春野》是班得瑞乐团最具原创力的作品。细腻的钢琴，配上优美的横笛，是用来诠释春天最好的组合。

推开清晨的窗，掌心贴上一层凉凉的霜，风钻过白色窗帘撩弄你才苏醒的脸，你深吸一口青草的芳香，向你邂逅的黄莺说早。天空透明得发亮，对着草地上的露珠顾影自怜，你求之不得能有一件白云那样的衣裳，好让你同这春野，在阳光下闪闪发亮。

故事胎教

《画蛇添足》

古时候，楚国有一家人，祭完祖宗之后，准备将祭祀用的一壶酒赏给下人喝。但是人多酒少，这壶酒如果大家都喝是不够的，若是只让一个人喝，就能喝个痛快。那么，这壶酒到底给谁喝呢？

这时有人建议：每个人在地上画一条蛇，谁画得又快又好，就把这壶酒给他喝。大家都认为这个办法好，于是，便纷纷在地上画起蛇来。

有个人画得很快，最先画好了，他就端起酒壶要喝酒。但是他回头看看其他人都还没有画好呢。于是他心想："他们画得可真慢。"于是，他想继续显示一下自己的本领，便左手提着酒壶，右手拿了一根树枝，给蛇画起脚来，还扬扬得意地说："你们画得好慢啊！我再给蛇画几只脚也不算晚呢！"

正在他一边画着脚，一边说话的时候，另外一个人也画好了。那个人马上把酒壶从他手里夺过去，说："你见过蛇吗？蛇是没有脚的，你为什么要给它添上脚呢？所以第一个画好蛇的人不是你，而是我了！"

那个人说罢就仰起头来，咕咚咕咚把酒喝下去了。

小贴士

蛇本来没有脚，先画成蛇的人，却将蛇添了脚，结果不成为蛇。宝贝，这个故事启示我们：凡事应适可而止，如节外生枝，多此一举，反而坏事。所以，宝贝以后做什么事，只要做得恰到好处，就已经把事情处理圆满了。

> 语言胎教

《再别康桥》

《再别康桥》是徐志摩写的一首优美的抒情诗,宛如一曲优美动听的音乐。1928年秋,作者再次到英国访问,旧地重游,勃发了诗兴,将自己的生活体验化作缕缕情思,融汇在所抒写的康桥美丽的景色里,也驰骋在诗人的想象之中。

《再别康桥》(节选)

徐志摩

轻轻的我走了,
正如我轻轻的来;
我轻轻地招手,
作别西天的云彩。
那河畔的金柳,
是夕阳中的新娘,
波光里的艳影,
在我的心头荡漾。
软泥上的青荇,
油油的在水底招摇;
在康河的柔波里,
我甘心做一条水草!
那榆阴下的一潭,
不是清泉,是天上虹;
揉碎在浮藻间,
沉淀着彩虹似的梦。
寻梦?撑一支长篙,
向青草更青处漫溯,
满载一船星辉,
在星辉斑斓里放歌。
但我不能放歌,
悄悄是别离的笙箫;

夏虫也为我沉默,
沉默是今晚的康桥!
悄悄的我走了,
正如我悄悄的来;
我挥一挥衣袖,
不带走一片云彩。

> 语言胎教

《致大海》

推荐准妈妈给胎儿朗诵舒婷的《致大海》。舒婷,中国著名女诗人。舒婷和同代诗人顾城、梁小斌等以迥异于前人的诗风,在中国诗坛上掀起了一股"朦胧诗"大潮。《致大海》是朦胧诗潮中的优秀作品。

《致大海》(节选)

舒婷

大海的日出,
引起了多少英雄由衷的赞叹。
大海的夕阳,
招惹多少诗人温柔的怀想。
多少支在峭壁上唱出的歌儿,
还由海风日夜,
日夜地呢喃。
多少行在沙滩上留下的足迹,
多少次向天边扬起的风帆,
都被海涛秘密,
秘密地埋葬。
有过咒骂,有过悲伤,
有过赞美,有过荣光。
……

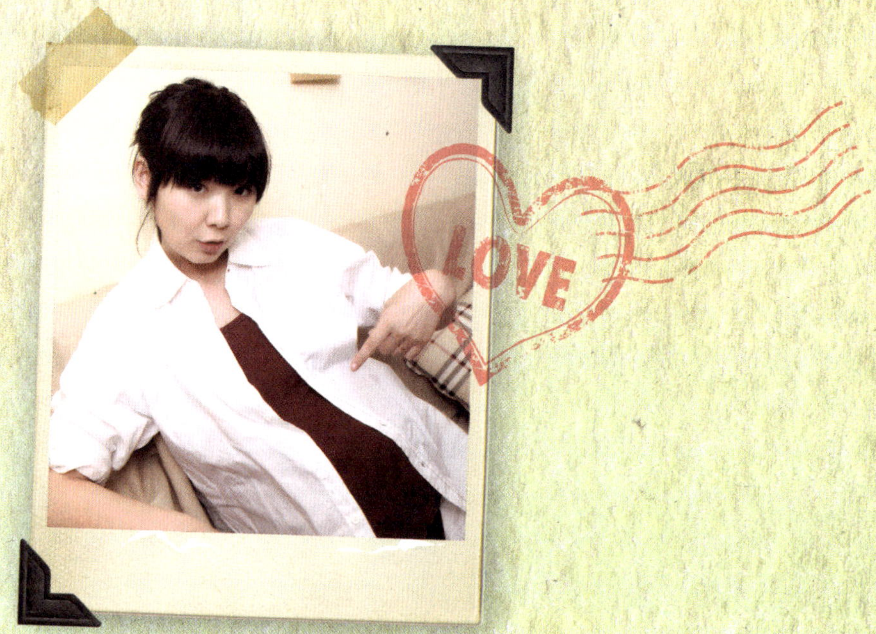
LOVE

13周 具备完整的脸部形态

此时的胎儿具备完整的面部形态了，鼻子完全成型，并能支撑头部运动。现在胎儿的脸看上去更像成人了，这时如果用手轻轻在腹部碰触，胎儿就会蠕动起来，但准妈妈仍然感觉不到胎儿的动作。

准妈妈和胎儿的变化

准妈妈的变化

第十三周

{身体开始出现赘肉}

进入孕13周，腹部虽没有明显的变化，但是臀部、腰部和大腿上已经有明显的赘肉，而且平时的衣服都不合身了。由于乳腺的发达，孕中期还能触摸到肿块，甚至还伴随着疼痛。

胎儿的变化

第十三周

{具备完整的脸部形态}

从头部到臀部长60～79毫米。此时的胎儿具备完整的脸部形态了，鼻子完全成形，并能支撑头部运动。如果触摸到胎儿的手，胎儿的手就会握拳，碰到双脚，脚就能缩回去。

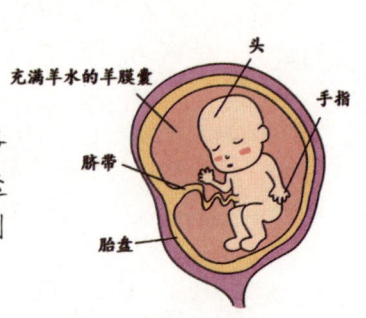

必知的孕期生活指导

什么样的睡姿最合适

孕期各阶段睡姿

准妈妈睡眠的姿势与母子健康关系十分密切，但也不要因为"准妈妈应该采取左侧卧位睡眠"，而降低了睡眠质量。其实准妈妈注意一些睡姿细节，保证好睡眠就够了。

时间	适宜睡姿
孕早期	早期准妈妈的睡眠姿势可随意，采取舒适的体位即可，如仰卧位、侧卧位
孕中期	此时期应注意保护腹部。若准妈妈羊水过多或双胎妊娠，采取侧卧位睡姿较为舒适。若准妈妈感觉腿沉重，可采取仰卧位，用松软的枕头稍抬高腿
孕晚期	此时期最好采取左侧卧位。下腔静脉位于腹腔脊椎的右侧，若右侧卧，子宫会压迫下腔静脉，血管受到牵拉，从而影响胎儿的正常血液供应

睡姿经验谈

1. 当躺下休息时，要尽可能采取左侧卧位。这样可减少增大的子宫对腹主动脉、下腔静脉和输尿管的压迫，增加子宫胎盘血流的灌注量和肾血流量，减轻或预防妊娠高血压综合征的发生。

2. 如果醒来时发现自己没有采取左侧卧位，就改成左侧卧位；如果感到不舒服，就采取能让自己舒服的体位。

3. 感到舒服的睡眠姿势是最好的姿势，不要因为不能保持左侧卧位而烦恼。每个人都有自我保护能力，准妈妈也一样。如果仰卧位压迫了动脉，回心血量减少导致血供不足，准妈妈会在睡眠中改变体位，或醒过来。

4. 使用一些辅助睡眠的用品，如侧卧睡垫和靠垫。孕晚期准妈妈的腰部会承受较大的压力，所以需要特别的保护。舒适靠垫和睡垫，可以贴合准妈妈腰部的曲线，而且可以按摩腰部，减轻腰部压力，缓解腰部不适。

5. 不要长时间站立、行走或静坐；坐着时，不要靠在向后倾斜的沙发背或椅背上，最好是坐直身体。长时间站立和行走，会影响下腔静脉和腹主动脉血供，坐直身体可减少腹主动脉受到的压力。

黑色素沉淀

在怀孕12周后会出现黑色素沉淀。因为怀孕后雌激素和黄体素大量上升，会使黑色素细胞活化，因而造成黑色素细胞沉淀，大部分会出现在乳头、外阴部、腋下、腹股沟、大腿上方内侧，以及耻骨到肚脐中央会出现腹中线。

而除了这些身体部位出现的黑色素沉淀，有些准妈妈也会在脸颊上出现不规则的棕色斑块，也就是俗称的孕斑，孕斑主要是因为准妈妈体内孕激素、黄体酯酮或黑色素刺激激素浓度上升所造成；此外，原本就存在的痣、雀斑、胎记等颜色也可能加深，大概每两个准妈妈中就有一个人有孕斑的困扰，常晒太阳的准妈妈，孕斑的情况会更为明显。

妊娠纹

怀孕13周后会出现妊娠纹。因为12周前，子宫尚在骨盆中，自然感觉不出肚子的扩大；12周后，子宫就会开始迅速扩张，而随着子宫的扩张、胎儿的增大，准妈妈的腹部皮肤也会产生延展，此时，皮肤里的弹性纤维和结缔组织层会被撑断，被撑断的痕迹就是"妊娠纹"。妊娠纹以膨隆最为明显的腹部为主，其次是大腿内侧、臀部两侧也都是常见的地方。

刚开始生成妊娠纹时，会呈现紫红色不规则的条状，随着结缔组织的修复会转成为银白色的斑纹。

需要关注的健康问题

注意口腔卫生

准妈妈如果有口腔疾病，不仅容易引发并发症，而且还会影响胎儿发育，为了准妈妈和胎儿的健康，请准妈妈注意口腔护理。

使用软毛牙刷

很多准妈妈不会对刷牙这样的小事重视。有些准妈妈抱怨道："刷牙的时候稍微一用力就会出血。而如果不用力，牙齿上便会残留牙石或软垢。"其实这种情况并不难解决，准妈妈只要用软毛的牙刷以及温水即可，在对牙刷的选择上，准妈妈要挑选那些刷毛软且刷头小的产品。

保持口腔卫生

1.早晚必须各刷一次牙。餐后及时用漱口水漱口。刷牙可根据自己的情况来选择牙膏，如果有龋齿，要选用含氟或含锶的牙膏；齿龈出血、水肿者，宜选用能消炎止血的药物牙膏；若是由于吃酸性零食过多而引起牙齿过敏，可以嚼含川椒粒，或选用脱敏牙膏。

2.在孕期经常去口腔科进行检查，彻底洗牙。如果有龋齿、牙龈炎、牙周炎，应及早进行治疗。

3.如果患有口腔炎、口角炎，应多摄取维生素B_2；牙龈出血，多吃富含维生素C的食物。

4.当需要拔牙时，时间一定选择在怀孕的3个月以后、7个月以前的时间进行。因为在怀孕的最初3个月拔牙，容易诱发流产并加重孕吐；而在怀孕7个月后，因身体笨重不便与医生配合，而且有引发早产的可能。不是治疗上必需，一定不要拍牙齿X光片。必须拍时，应在腹部围上"铅橡皮围裙"，以防放射线危害准妈妈和胎儿。

5.平时可做上下叩齿动作。这样不仅能增强牙齿的坚固性，同时可增加口腔唾液分泌量，其中的溶菌酶具有杀菌、洁齿作用。

不要使用药物

准妈妈如果牙齿出现病症，要避免的药物有镇静剂、止痛药、抗生素，尤其是四环霉素，它会导致胎儿的牙齿生长发黄。无论使用何种药物，都必须听从医生的建议。

做好口腔检查

准妈妈除了要做常规的血常规检查、尿常规检查、肝肾功能检查、超声波检查外，最好还要进行口腔检查。当准妈妈进入妊娠期的时候，很容易发生口腔疾病。所以当准妈妈发生口腔疾病时，不仅容易引起并发症，而且还会影响胎儿的正常发育。另外，为了保护胎儿的发育，准妈妈还不能用药，这会加大口腔疾病给准妈妈带来的痛苦。为了自己和宝宝的健康，请注意口腔护理。

警惕贫血

随着胎儿的生长，所需要的营养也越来越多，容易导致准妈妈贫血。即使准妈妈在怀孕前已经检测没有贫血，到怀孕期也会有贫血症状的出现。为什么会造成这种情况呢？孕期缺乏铁、蛋白质、维生素B_{12}、叶酸等都可造成贫血，而以缺铁性贫血最为常见。孕产期女性的总需铁量约为900毫克，而食物中的铁仅能吸收10%，一般人每日从膳食中摄取的铁尚能基本维持收支平衡，但对准妈妈来说，因胎儿生长发育和自身贮备的需要，需铁量必然增多。每日食物中的需铁量应为30～40毫克，一般饮食不可能达到此量。于是，准妈妈体内贮备的铁被动用，若未能及时补充，或者入不敷出，就会出现贫血。

定期检查

在孕期里应定期检查血红蛋白、红细胞计数，有贫血症状及时发现。

服用维生素C

维生素C能够促进铁元素的吸收，多吃含维生素C的蔬菜、水果，或者补充维生素片也是必不可少的。

饮食调理

多吃含铁丰富的食物，并保证维生素B_{12}、叶酸的摄入。在准妈妈日常菜单中，多加入一些动物的肝、肉类、蛋类、豆类及豆制品、牛奶、绿叶蔬菜、水果等。补充铁元素。对于中度或重度贫血患者，光靠饮食调节是不够的。可在医生的指导下服用一些铁剂。

	● 贫血的自我检测	
1	有头晕的情况，尤其是坐着突然站起来的时候，两眼发黑，或是眼冒金星	贫血虽然可以用一些简单的方法来帮助判断，但最好的办法是去医院查个血常规，看一下血红蛋白数量
2	经常感觉疲劳，即使活动不多也会感觉浑身乏力	
3	偶尔会感觉头晕	
4	脸色苍白	
5	指甲变薄，而且容易折断	
6	呼吸困难	
7	心悸	
8	胸口疼痛	

科学的饮食营养

补充锌

孕13周准妈妈需要增加锌的摄入量，缺锌会造成准妈妈味觉、嗅觉异常，食欲减退，消化和吸收功能不良，免疫力降低。富含锌的食物有生蚝、牡蛎、动物肝脏、口蘑、芝麻、赤贝等，尤其在生蚝中含量最丰富。14周左右，胎儿的甲状腺开始起作用，如母体摄入碘不足，新生儿出生后甲状腺功能低下。

拒绝这些不良的饮食习惯

吃得过饱

这个月，准妈妈的妊娠反应减小，食欲增加。但需注意：再营养、再可口的食物也不能一次吃得过多、过饱，否则会增加准妈妈胃肠道、肝脏及肾脏的负担，也给胎儿带来不良影响。

喝水过多

怀孕后准妈妈会比孕前摄取更多的水。但是，准妈妈喝水也是有限度的。若喝水过多，就容易引起或加重水肿。一般而言，准妈妈每天喝1～1.5升水为宜，不应超过两升，具体饮水量则要根据不同的季节、地理位置及准妈妈的饮食等情况酌情增减。

节食

有些年轻的准妈妈害怕孕期发胖影响形体美观，或者担心胎儿太胖，生育困难，于是就节制饮食。这样的做法是十分有害的。女性怀孕后，新陈代谢变得旺盛，与妊娠有关的组织和器官也会发生增重变化。准妈妈需要的营养较孕前大大增加。先天的营养对胎儿生命力至关重要。

准妈妈美味营养餐

★ 小鸡炖蘑菇

- **材料准备**：鸡肉400克，水发蘑菇200克，粉条100克，植物油、葱段、姜片、花椒、大料、桂皮、料酒、老抽、白糖、盐各适量。

- **做法**：
  1. 将鸡肉洗净切块，用开水焯一下，取出备用。水发蘑菇、粉条分别泡发。
  2. 锅中倒油烧热，放鸡肉块略炒，再加入葱段、姜片、花椒、大料、桂皮炒出香味，加入料酒、老抽、白糖、盐翻炒，炒至鸡肉上色。
  3. 加入开水，大火烧开。加入泡发的蘑菇，中火炖40分钟。待鸡肉快好时加入泡好的粉条再炖10分钟即可。

红烧豆腐

- **材料准备**：豆腐300克，葱、姜共20克，水淀粉、酱油、花椒、盐各适量。
- **做法**：
  1. 将豆腐切成小块，放入油锅内炸至金黄色。
  2. 葱切段，姜切丝。
  3. 锅内倒油烧热，放入葱段、姜丝炝锅，再加入酱油、盐，把豆腐倒入锅内炖20分钟，用水淀粉勾芡，出锅盛盘。

虾皮紫菜蛋汤

- **材料准备**：紫菜10克，鸡蛋1个，虾皮、香菜、花生油、盐、葱花、姜末、香油各适量。
- **做法**：
  1. 将虾皮洗净，紫菜用清水洗净，撕成小块，鸡蛋磕入碗内打散，香菜择洗干净，切成小段。
  2. 将炒锅置火上，放油烧热，下入姜末略炸，放入虾皮略炒一下。
  3. 添水200克，烧沸后，淋入鸡蛋液，放入紫菜、香菜、盐、葱花即可。

本周胎教重点

抚摸胎教

怎样进行抚摸胎教

对胎儿进行按摩时，准妈妈仰躺在床上，全身尽量放松，在腹部松弛的情况下，来回抚摸胎儿，具体做法是：用一个手指轻轻按一下再抬起。开始时，有的胎儿能立即做出反应，有的则要过一阵，甚至几天后再做时才有反应。如果此时胎儿不高兴，他会用力挣脱或蹬腿反对，碰到这种情况，就应马上停止。过几天，胎儿对母亲的手法习惯了，母亲手一按压抚摸，胎儿就会主动迎去。到6～7个月，母亲已能分辨出胎儿的头和脊，这时就可以轻轻推着胎儿在子宫中"散步"了，胎儿如果"发脾气"，用力顿足，或者"撒娇"，身体来回扭动时，母亲可以用爱抚的动作来安慰胎儿，而胎儿过一会儿也会以轻柔的蠕动来感谢母亲的关心。这时，还应配合轻松的乐曲。此外，还可以给7个月以后的胎儿光刺激。用手电贴紧肚皮一闪一灭的照射，透过肚皮和子宫壁的微弱光亮，可使胎儿获得一点光亮，促使他眼球转动，并促进视觉神经的发展。生命的亲昵，也包括丈夫在内。做丈夫的可以用手轻抚妻子的腹部，同宝宝细语，并告诉宝宝这是父亲在抚摸。丈夫要同妻子交换感受，这样能使父亲更早地与未见面的小宝宝建立联系，加深全家人的感情。

序号	抚摸胎教的注意事项
1	抚摸胎教应有规律性，每天两次，坚持在固定的时间进行，这样胎儿才能心领神会地在此时间里做出反应
2	抚摸胎儿之前，准妈妈应排空尿液
3	抚摸胎儿时，准妈妈避免情绪不佳，应保持稳定、轻松、愉快、平和的心态
4	进行抚摸胎教时，室内环境要舒适，空气新鲜，温度适宜
5	进行抚摸胎教时，如能配合对话胎教和音乐胎教等方法，效果会更佳
6	一般在孕早期以及临近预产期不宜进行抚摸胎教

音乐胎教

《莫扎特A大调单簧管五重奏》

现在是胎儿大脑发育的第一个黄金期。莫扎特的音乐因为节奏符合人类脑波，因此，最适合作为胎教音乐。这里推荐准妈妈听《莫扎特A大调单簧管五重奏》（第一乐章）这部五重奏的乐曲是莫扎特的代表作之一，充满想象，轻快的感觉仿佛清泉在林间欢唱。

整个乐曲将单簧管如丝般的清新音色与莫扎特开朗的性格，巧妙地融合在一起。第一乐章略带怀旧心情有点惆怅，第二乐章恬静中略带忧伤，第三乐章则完全充满了轻快跳跃的快乐气氛，把莫扎特的阳光，莫扎特的真性情，都融在其中了。

音乐胎教

《听海》

《听海》是一首非常美丽而温馨的胎教纯音乐，安静的音乐能把你快速带入海的世界，感受到那片蔚蓝的声音。在聆听这首音乐的过程中，准妈妈和胎儿都能感受到大海的博大和祥和。

潮涨潮汐，日出日落，随着开篇海浪的声音，轻易地就将听者带到了大海的面前，夜幕降临，伴着温和而潮湿的海风，偶有海鸟的叫声从远处划过，此刻，你和胎儿就像躺在了温柔的海水中，身体随着海浪摇曳，浮挂在嘴角的微笑是那么甜美幸福，你低下头，轻轻抚摸着日渐长大的腹部，想象着胎儿在里面的样子，忍不住轻声对他说："宝贝，你一定要健康地成长，妈妈和爸爸都期待着和你见面的那一天！"

故事胎教

《祖父和孙子》

从前有个很老很老的老人，眼睛花，耳朵也聋，双膝还不住地发抖。每当他坐在餐桌前吃饭时，汤匙也握不稳，常常把菜汤洒在桌布上，汤还会从嘴边流出来。儿子和儿媳都嫌弃他，老人只好躲到灶后的角落里吃饭。他们给他一只瓦盆，把饭菜盛到里面给他吃，而且每顿饭都不给老人吃饱。老人很伤心，常常眼泪汪汪地看着桌子。

有一天，老人的手颤抖得连那只瓦盆都端不稳了，瓦盆掉到地上打碎了。儿媳没完没了地训斥他，老人一声不吭，只是不住地叹气。儿子和儿媳又花了几分钱买来一只木碗给老人吃饭用。

后来有一天，老人的儿子和儿媳正在吃饭，四岁的小孙子把地上的碎木片拾掇到一起。

"你这是干什么呢？"父亲问。

"我要做一只木碗，等我长大了，让爸爸妈妈也用它吃饭。"

听到这话，儿子和儿媳对视了一会儿，最后哭了起来。他们立刻将老人请到桌边，从此让老人和他们一起吃饭，即使老人不小心洒出点什么，他们也不再说什么了。

趣味胎教
数独

数独盘面是个九宫，每一宫又分为九个小格。在这81格中本题已经给出一定的已知数字，利用逻辑和推理，在其他的空格上填入1～9的数字。使1～9每个数字在每一行、每一列和每一宫中都只出现一次。

	7	4	3					
3		6		2	1			
					8	2	3	
	7	3				6	4	9
1				4				5
	4	9	1				6	8
	9	5	2					
			9	1		8		2
				6	3	9		

趣味胎教
简笔画

准妈妈可以随意地填充颜色，只要是自己喜欢的就好。

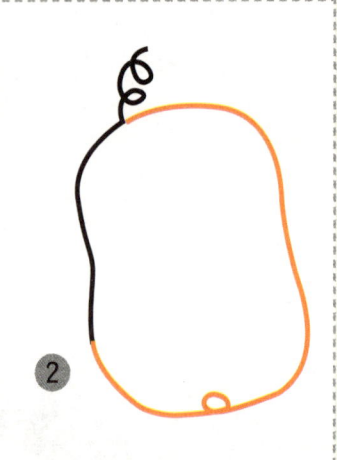

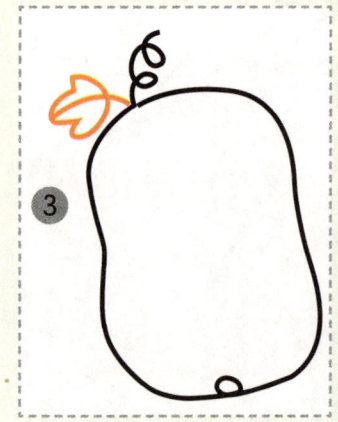

9	2	7	4	3	5	1	6	8
3	8	6	9	2	1	5	4	9
4	5	1	6	9	8	2	3	7
2	7	3	8	5	6	4	9	1
1	6	8	3	4	9	7	2	5
5	4	9	1	7	2	6	8	3
7	9	5	2	8	4	3	1	6
6	3	4	9	1	7	8	5	2
8	1	2	5	6	3	9	7	4

独数答案

14周 可以区分胎儿性别

这个时候，准妈妈会稍稍感觉子宫上移，腹部有一点点凸起，准妈妈在做运动胎教的时候要慢一些，以免挤压到胎儿。

准妈妈和胎儿的变化

准妈妈的变化

第十四周

{早孕反应完全消失}

由于孕激素水平的升高，小肠的平滑肌运动减慢，使准妈妈遭受便秘的痛苦。同时，扩大的子宫也压迫肠道，影响其正常功能。解决便秘的最好方法就是多喝水，多吃含膳食纤维丰富的水果和蔬菜。

胎儿的变化

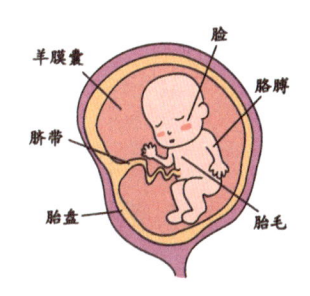

第十四周

{皮肤上长出汗毛}

重约25克，从头部到臀部长80～92毫米。胎儿的脸部继续发育，逐渐形成面颊和鼻梁，耳朵和眼睛已经归位。胎儿的皮肤上开始长出螺旋形汗毛。这些汗毛会决定胎儿将来的肤色，同时也有保护皮肤的作用。

141

必知的孕期生活指导

准妈妈要关爱乳房

准妈妈最好从第十四周开始进行乳房按摩。每天有规律地按摩一次，也可以在洗澡或睡觉前进行2～3分钟的按摩。动作要有节奏，乳房的上下左右都要照顾到。按摩的力度以不感觉疼痛为宜，一旦在按摩时感到腹部抽搐，应立即停止。方法如下：

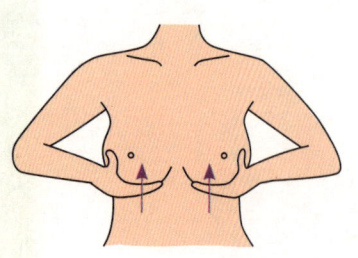

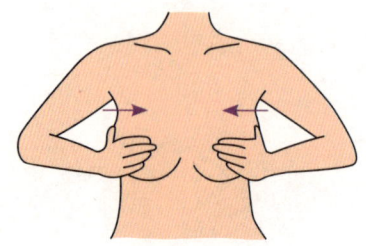

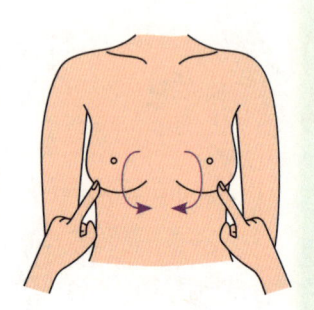

1. 双手托住乳房，用拇指、示指、中指向里按压。

2. 将乳房向外挤压。用手指按住，扭动乳头。

3. 用示指以画圈的方式在乳房四周按摩。

小贴士

陷没乳头的按摩：可以使用乳头吸引器。用一只手托住乳房，另一只手的示指按压乳头两秒钟，之后将乳头向外拉，再进行按摩。

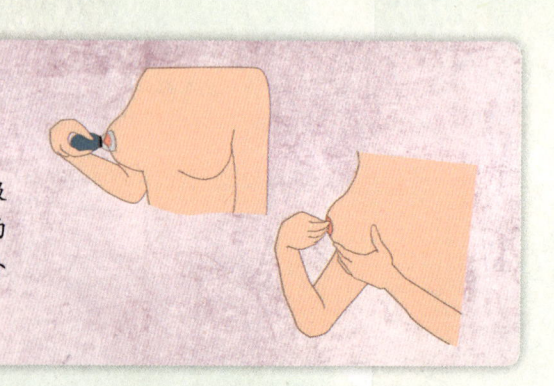

学会放松身体

放松呼吸

健康的呼吸，可以清除准妈妈的紧张情绪，将体内的废气排出。深深吸气，使肺部完全被气体充满，然后慢慢从口中呼出，让气流带着紧张情绪从头顶流向脚趾，流出体外。如此反复深呼吸，让胎儿和准妈妈的压力得以不断释放。

腹部启动。坐好，将双手置于腹部隆起处。吸气时将气吸入肺内，同时腹部慢慢隆起。呼气时相反，腹部趋于平坦。

肩部升降。最大限度地下降或提升双肩，就能达到深呼吸的目的。吸气时肩膀尽量上提，呼气时肩膀下沉放松。要经常有意识地检查双肩是否放松，尤其感到紧张的时候。

凝神静息。找一处安静的房间，避免强光和噪声的干扰。排除一切杂念，思想专注于呼吸。默念一个词与呼吸同步，比如吸气时想"放"，呼气时想"松"。思想集中在重复的词上，当走神时马上收回心绪，专注于默念的词语。反复进行，直到全身彻底放松，与自我和平相处。

仰卧放松法

平躺在地面上，身体舒展开来（必要时在膝下放一个软垫），两腿分开，两脚自然向外，手臂轻轻舒展置于体侧，掌心向上，注意不要将手臂和身体夹紧，闭上眼睛进行以下步骤。

1.吸气，脚尖伸直呼气放松，吸气双脚勾起，呼气放松。

2.吸气，收缩臀部肌肉，紧贴地面直至轻微颤抖，然后呼气放松；吸气，背窝部位向下压，贴紧地面，然后呼气放松；吸气握紧拳头，然后呼气放松；吸气，伸直手掌和手臂，两肩贴近地面，然后呼气放松。

需要关注的健康问题

皮肤瘙痒怎么办

患皮肤瘙痒症的原因

从中医的观点来看，准妈妈皮肤过敏现象，通常都是由于准妈妈容易内热。因为体内多了一个宝宝，身体容易燥热，免疫系统也产生变化。妊娠期准妈妈的皮肤瘙痒是属于湿疹的一种。

防治皮肤瘙痒

皮肤瘙痒是妊娠期较常见的生理现象，不需要特殊治疗，宝宝出世后就会消失。经常洗澡、勤换内衣、避免吃刺激性食物、保证睡眠充足、保证排便通畅，都有助于减轻皮肤瘙痒。每次沐浴的时间不要过长，最好是10～20分钟，因为洗澡时间过长，不仅皮肤表面的角质层易被水软化，导致病毒和细菌的侵入，而且准妈妈容易产生头昏的现象。另外，洗澡频率应根据个人的习惯和季节而定，一般来说3～4天1次，有条件的话，最好是每天1次。

小贴士

皮肤瘙痒时不妨用绿豆煮成汤，煮到绿豆壳稍稍开裂即可熄火，不加任何糖，只喝汤。

经典胎教全书

经常头痛怎么办

怀孕后，体内激素的变化、精神压力以及不断增加的劳累感等，都会造成准妈妈头痛。

在头上敷热毛巾

在头上敷热毛巾可以有效地缓解头痛。到户外晒晒太阳，呼吸一下新鲜空气。按摩一下太阳穴或抹点清凉油，都有助于缓解准妈妈的头痛。

充分放松身心

注意身心充分放松，去除可能的担心和不安的因素，避免身体受凉，也利于减轻头痛。

序号	注意事项
1	部分准妈妈会在怀孕早期出现头晕及轻度头痛，这是一种常见的早孕反应。如果在怀孕6个月后出现日趋加重的头痛，伴呕吐、胸闷，或是有水肿、高血压和蛋白尿，就可能是患上了妊娠高血压综合征，要及时去医院接受治疗
2	疲劳是诱发准妈妈头痛的一个重要诱因，孕期每天最好睡个午觉，每晚保证8小时睡眠，尽量不要太久地做过于精神集中的事，如长时间看电视等

科学的饮食营养

补充多种营养素

序号	注意事项
1	从怀孕14周起为帮助胎儿骨骼发育，准妈妈需要摄取充足的钙，多吃含钙食物，并多晒太阳
2	准妈妈应摄取足够的铁，以满足孕期的需求
3	建议少量补充叶酸及维生素A。维生素A可以帮助细胞分化，对胎儿眼睛、皮肤、牙齿、黏膜的发育起重要作用，但是摄取过量也会导致唇腭裂、先天性心脏病等缺陷。建议多食用深绿色蔬菜、水果等食物

准妈妈胃口好转

此时准妈妈的胃口开始好转，准妈妈本身的生理变化使皮下脂肪的储存量增加、子宫和乳房明显增大，基础代谢也增加了10%~20%，胎儿需要的各种营养素也是逐渐增加，所以准妈妈的饮食应该种类丰富、营养合理。

144

准妈妈美味营养餐

★ 胡萝卜苹果汤

- **材料准备**：苹果80克，胡萝卜50克，洋葱25克，鸡高汤400毫升，盐、橄榄油各适量。
- **做法**：

1. 洋葱切丝，胡萝卜去皮切片，苹果去核切片。
2. 锅中放入橄榄油加热，倒入苹果、胡萝卜、洋葱、盐炒软至香味散出。
3. 倒入鸡高汤煮滚，再以小火炖煮1～2分钟即可食用。

★ 金针菇炖牛肉

- **材料准备**：牛肉200克，金针菇、黑木耳各80克，枣20克，高汤500克，植物油60克，盐、姜片、香油、酱油、淀粉、胡椒粉、小苏打各适量。
- **做法**：

1. 将牛肉切片，与酱油、小苏打、淀粉、清水放入碗内拌匀，加入植物油10克，腌半小时即可。
2. 将锅置于旺火上，放入植物油烧热，放入姜片、腌牛肉片爆炒。
3. 倒入高汤500克，放入金针菇、黑木耳、枣、盐。烧沸后全部倒入炖锅中，用小火炖腌牛肉片至熟透，撒入胡椒粉，淋上香油即可。

★ 蔬菜沙拉

- **材料准备**：卷心菜200克，番茄80克，黄瓜60克，青椒、白皮洋葱各30克，植物油、盐、柠檬汁、蜂蜜各适量。
- **做法**：

1. 把所有材料洗净，卷心菜、番茄切片，青椒、洋葱切成环形片。
2. 把切好的材料拌匀，放在盘子里。把植物油、盐、柠檬汁、蜂蜜混合，搅拌均匀，淋在蔬菜上即可。

本周胎教重点

音乐胎教

《月光奏鸣曲》

　　胎儿的听觉正在发展完善，舒缓的音乐利于宝宝接受音乐的熏陶。推荐妈妈欣赏贝多芬的《月光奏鸣曲》第一乐章。

　　贝多芬的《月光奏鸣曲》之所以被称为"月光"，是由于德国诗人路德维希·莱尔什塔勃（1799～1860）把此曲第一乐章比作"犹如在瑞士卢塞恩湖月光闪耀的湖面上荡漾的小舟一样"。"月光"这个名称使这首钢琴奏鸣曲成为家喻户晓的名曲。此曲写于1801年，是献给贝多芬的第一个恋人朱莉埃塔的。第一乐章，是持续的慢板，2/2拍子，徐缓的旋律中流露出一种淡淡的温柔和思念。

> **小贴士**
>
> 准妈妈在欣赏乐曲时，可以找来关于这首音乐的相关故事来看看。这样可以让准妈妈更好地去体会和理解音乐的含义。

运动胎教

放松身体的孕中期体操

1. 后背拉伸运动

准妈妈坐在地上，伸直双腿，向上弯曲脚踝，然后保持拉脚的姿势。在不屈膝的状态下，向前挺直后背，同时向前伸直手臂。这个动作能放松后背肌肉，消除肌肉紧张感。

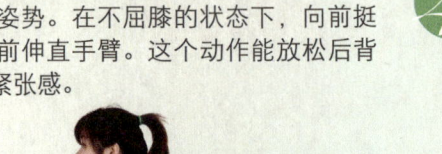

2. 伸展后背运动

准妈妈双臂扶墙壁，并垂直弯曲后背，再用力压肩部和后背。该运动能强化后背肌肉，放松肩部肌肉。

3. 扭转脊椎运动

准妈妈坐在地上，伸直双腿，向上弯曲脚踝，挺直后背，以向后看的方向扭动身体，左右交叉进行，这样能放松侧腰肌肉。

4. 两侧活动骨盆

准妈妈自然站立，双脚分开与肩同宽，并稍微屈膝，先向右侧用力推骨盆，再向左侧用力推骨盆。该运动能强化骨盆与大臀肌。

故事胎教
《挑媳妇》

从前，有个牧羊人急于娶个老婆。他一下子认识了三姐妹，发现个个貌美，哪个也不差。这下他可为难了，一时不知该选哪一个好。

他只好去问母亲，母亲说：请她们三个一块儿来我们家，在她们面前摆些奶饼，看看她们怎么个吃法，年轻人照做了。第一个连皮把奶饼一口吞了下去；第二个想先削皮，但一时匆忙，削去的皮上还留有许多奶酪，就把皮给扔了；第三个去皮时很仔细，切得不多也不少。

牧羊人把这一切都看在眼里，然后告诉了母亲。母亲说："就挑第三个做你的媳妇吧！"牧羊人照办了，从此他俩过着幸福美满的生活。

小贴士

宝贝，这个小故事想说的是：生活中有很多事情都取决于细心和良好的习惯，也许在不经意间就帮了你的大忙。生活中的点点滴滴都是我们不能忽视的，一个小小的动作，一个小小的问候，都能使我们改变许多。所以，我们要注重生活中的每一个细节，养成良好的习惯。

故事胎教
《农夫与蛇》

从前，有一位农夫在寒冷的冬天里看见一条正在冬眠的蛇，误以为蛇冻僵了，就把它捡起来，小心翼翼地揣进怀里，用自己的体温温暖着它。

那蛇受了惊吓，被吵醒了。等到它彻底苏醒过来，便因为自卫的本能，用尖利的毒牙狠狠地咬了农夫一口，使农夫受了致命的创伤。

农夫临死的时候痛悔地说："我欲行善积德，但学识浅薄，结果害了自己，遭到这样的报应。"

小贴士

宝贝，这个故事给那些貌似"善良"的人一个教训。农夫虽然好心"救"了蛇，但他并不了解蛇有冬眠的习性，因此，农夫的救助反而使冬眠中的蛇受到惊吓，反咬农夫一口。这个故事告诉我们，善意不是随便施与的，能够真正了解别人的需求才是王道，帮助了并不需要帮助的人反而会伤到自己。

147

语言胎教
《蜗牛与黄鹂鸟》

《蜗牛与黄鹂鸟》是一首流行于中国台湾地区的叙事性民歌,歌词以叙述者的口吻,讲述了蜗牛在葡萄树刚发芽的时候就背着重重的壳往上爬,而黄鹂鸟在一旁讥笑它的有趣情景。歌曲歌颂了蜗牛坚持不懈的进取精神。《蜗牛与黄鹂鸟》由陈弘文作词,林建昌作曲。准妈妈可以跟着旋律边听边唱,欢快的旋律呈现出大自然的和谐场景。

蜗牛与黄鹂鸟

阿门阿前一棵葡萄树,阿嫩阿嫩绿她刚发芽。

蜗牛背着那重重的壳呀,一步一步地往上爬。

阿树阿上两只黄鹂鸟,阿嘻阿嘻哈哈在笑它。

葡萄成熟还早得很哪,现在上来干什么。

阿黄阿黄鹂儿不要笑,等我爬上它就成熟了。

语言胎教

《笑》

雨声渐渐地住了，窗帘后隐隐地透进清光来。推开窗户一看，呀！凉云散了，树叶上的残滴，映着月儿，好似荧光千点，闪闪烁烁的动着——真没想到苦雨孤灯之后，会有这么一幅清美的图画！

凭窗站了一会儿，微微地觉得凉意侵入。转过身来，忽然眼花缭乱，屋子里的别的东西，都隐在光云里；一片幽辉，只浸着墙上画中的安琪儿——这白衣的安琪儿，抱着花儿，扬着翅儿，向着我微微地笑。

……

这时心下光明澄静，如登仙界，如归故乡。眼前浮现的三个笑容，一时融化在爱的调和里看不分了。

语言胎教

《海上》

谁曾在阴沉微雨的早晨，独自飘浮在岩石下面的一个小船上的，就要感出宇宙的静默凄黯的美。

岩石和海，都被阴雾笼盖得白的，海浪仍旧缓进缓退的，洗那岩石。这小船儿好似海鸥一般，随着拍浮。这浓雾的海上，充满了沉郁，无聊——全世界也似乎和它都没有干涉，只有我管领了这静默凄黯的美。

两只桨平放在船舷上，一条铁索将这小船系在岩边，我一个人坐在上面，倒也丝毫没有惧怕——纵然随水漂了去，父亲还会将我找回来。

……

小贴士

一个人只要热爱自己的祖国，有一颗爱国之心，就什么事情都能解决了。什么苦楚，什么冤屈都受得了。成功之花，人们往往惊慕它现时的明艳，然而当初，它的芽儿却浸透了奋斗的泪泉，洒满了牺牲的血雨。

名画欣赏

《来自圣母的祝福》

从天而降的圣母出现在我们的面前，初看丝毫不觉其动，但是当我们注视圣母的眼睛时，仿佛她正向你走来，她年轻美丽的面孔庄重而又平和，细看那颤动的双唇，仿佛听到圣母的祝福。趴在下方的两个小天使睁着大眼仰望圣母的降临，稚气童心跃然画上。

149

15周 胎盘完全形成

随着早孕反应的消失，准妈妈开始感到精力有所恢复，原来十分疲惫的身体开始有些活力了。准妈妈可以读一读胎教故事，因为这个时候胎儿已经能听到外界的声音了。

准妈妈和胎儿的变化

准妈妈的变化

第十五周

{流产概率降低}

此时流产的概率降低，因此应该保持平和的心态。虽然离预产期还有一段时间，但是乳房内已经开始生成乳汁。分泌乳汁时可在胸部内垫上棉纱，并在洗澡时用温水轻轻地清洗乳头。

胎儿的变化

第十五周

{胎盘已经形成}

到怀孕15周时，终于完成胎盘的形成。胎盘具有保护胎儿并提供营养和氧气的作用。此时羊水的量也开始增多，胎儿在羊水中可以自由自在地活动。随着肌肉的发达，胎儿会握拳，会睁开眼睛，还会皱眉头，有时还能吸吮自己的拇指。

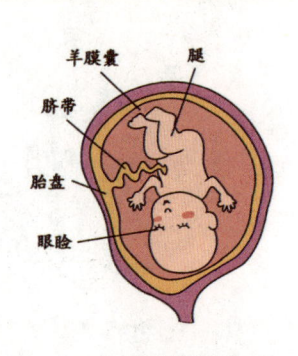

必知的孕期生活指导

怎样在工作时保持舒适

即使准妈妈的工作很少需要站立,属于那种拿起电话就算得上重活的工作的话,怀孕时也要注意照顾好自己。这里有一些小建议:

稍事休息

如果准妈妈一直站着,准妈妈可以把脚抬起来,来回走动走动。肌肉的运动能帮助腿脚中的血液回到心脏,促进血液循环。如果准妈妈一直坐着,那么每隔1小时可以起来站一站、走一走,这样能减轻准妈妈脚部和关节的水肿,也会让准妈妈们感觉到更舒适。站起来的时候,准妈妈可以做一些伸展运动来保护准妈妈的背部。

预防便秘

只要有可能,尽量保证午餐营养的均衡和丰富。注意吃富含纤维的食品,以减轻便秘。

多喝水

在工作的地方准备一个大水杯,并经常将它灌满,因为倒水本身也给准妈妈一个休息走动的机会。

防止鼠标手

准妈妈发生腕管综合征的概率较高,因此准妈妈要采取适当措施,限制需要重复动作的工作,并尽可能使工作环境舒适些。如果准妈妈感觉现在的工作已经造成身体部位的不舒适和疼痛,不要犹豫,申请更换一个更符合人体工程学的键盘、鼠标垫或椅子,以防止重复性劳损。

减少压力

如果准妈妈无法消除工作场所中给自己身体带来不适的因素,那么就试图找到可以缓解的办法,比如伸展身体,做做深呼吸或瑜伽,或者站起来走动一会儿。

正确选择孕妇装

选择舒适得体的孕妇装

进入怀孕期后,准妈妈有时还需要去见客户或约见其他人。这时准妈妈最好穿孕妇装。现在,有很多品牌的准妈妈职业服装,准妈妈穿上既符合职业身份,又不妨碍工作会客,还很方便、舒适,也不会显得身材很臃肿。

准妈妈宜穿什么样的内裤

准妈妈的阴道分泌物增多,宜选择透气性好,吸水性强,触感柔和的纯棉质内裤。有关人士推荐了两种适合准妈妈的内裤,不妨试一试:

1.覆盖式内裤。能够保护准妈妈的腹部,裤腰覆盖肚脐以上部分,有保暖效果;松紧可自行调整,随怀孕的不同阶段体型自由伸缩变化;强有力的弹性伸缩松紧腰围,穿着更舒适;有适宜与多种服装搭配及穿着需要的款式和花色。

2.准妈妈专用生理裤。采用舒适的柔性棉,并具有高弹性,不紧绷;分固定式和下方可开口的活动式两种,便于产前检查、产褥期和生理期等特殊时期穿着。

准妈妈怎么选衣服

准妈妈要注意选择通气性、吸湿性和保温性强的面料。一般纯棉布料及真丝制品的服装是最佳选择。夏天要选择宽松、吸汗的衣服，衣服的质地最好是棉质的，要柔软、透气。冬季气候寒冷，准妈妈的服装应注意保暖性。选购孕妇装的时候主要需要注意的就是面料问题。由于女性怀孕期间身体发生了相应的变化，腹部隆起的同时，胸部、臀部也会相应变大，因此孕妇装一定要以宽松为前提。不过柔软、舒适的纯棉面料也是孕妇装所必需的，这是因为准妈妈的皮肤往往会显得敏感，并且胸部还会有肿胀等现象，质地过硬或者过于粗糙的布料都不适合准妈妈。一些纯毛织物穿着舒适，保温性能好，而且不容易起静电，对皮肤的刺激性小，是首选。胸罩和腰带不宜束缚过紧，以免引发乳腺增生和影响胎宝宝的发育。贴身的衣裤最好以轻软舒适、容易透湿吸干、散发体温为宜。胸衣最好要选择前开式的，这样方便孕期检查和喂奶。一般有暗扣式、拉链式或者左右掩襟式。内裤要选择伸缩性大的，最好选用能把肚子完全遮住的，以防受凉而造成流产或早产。

孕期要美，也要有原则

准妈妈在怀孕期间会有很多烦恼，漂亮衣服穿不了，皮肤会变黑，脸上还会长一些难看的斑，还有讨厌的妊娠纹，简直烦死了。但是为了宝宝，所有的烦恼都要让路。

防晒

准妈妈的肌肤会对光特别敏感，不仅外出要防晒，在家中也要防晒。应尽量选择纯物理防晒（二氧化钛）的产品，SPF15一般不会有油腻感。特别是夏天，出门要戴好帽子或带防晒伞，避免紫外线灼伤敏感的肌肤。

定期按摩

妊娠中后期面部会出现水肿，让爱美的准妈妈觉得有点难堪。没关系，一些轻柔的按摩对减轻面部水肿有很好的效果！具体方法是按摩前先将面部洗净，根据自己皮肤的特性，选择一些植物精华的按摩膏。然后从下至上，顺着面部的纹理轻柔地按摩，或者用手指在面部轻轻地画小圆圈、向上按摩时手指稍微用力，向下画圈时不要太用力，辅助轻弹、轻拍刺激面部皮肤。坚持15分钟，用纸巾将面部的油脂擦净，再用热毛巾敷大约30秒，然后用凉水拍洗脸部即可。每周定期按摩2~3次效果最佳。

基础护理

在基础护理中应尽量选用不含香料、不含酒精、无添加剂或少添加剂的产品，比如纯植物油或纯矿物油的卸妆油、宝宝油、宝宝皂，适合敏感肌肤的洗面奶、洁面粉等，避免接触刺激性强的香皂或各种药用化妆品。最好不要用彩妆，如实在要用，以淡妆为宜。尤其是唇膏，怀孕期间要特别注意。

控痘防斑

激素的分泌量增多会导致皮肤表面色素沉着，约1/3的准妈妈会长这种妊娠斑，没必要太担心，等宝宝出生后会自然淡化、消失的。如果使用祛斑、美白用品还可能"加害"了宝宝。可以用一些精纯的天然精油来减弱妊娠斑，玫瑰、花梨木、柠檬精油以5:3:2的比例调制好，在每天护肤时加两滴即可。

需要关注的健康问题

减轻腰痛的方法

孕中期，腰酸背痛的感觉让准妈妈觉得很烦恼。其实，防止腰痛的方法很简单，只需平时生活中多些细心，注意技巧，腰痛就会离你而去。

挺起腰椎向前走

准妈妈走路时应双眼平视前方，把脊柱挺直，并且身体重心要放在脚跟上，让脚跟至脚尖逐步落地。

准妈妈还可以在家中进行一些矫正姿势的训练。比如，重心放在脚后跟的练习。一定要走得慢一点，预防摔倒。

坐姿、睡姿需调整

准妈妈躺下时若为侧卧位，需把双腿一前一后弯曲起来。已发生腰痛的准妈妈，可采取仰卧、双腿弯曲的睡姿，小腿下垫3～4个枕头，这能使腰部得到最大程度的放松。起床时最好不要由仰卧位直接抬起上身，而应该先侧身，用手帮助支起上身。

坐着时整个臀部放在座位的中心，不要只把一半的臀部放在座位边上。坐下后，轻轻扭动腰部，将身体的重心从脊柱调整到臀部。另外，桌子和椅子的高度应该匹配，当准妈妈挺直背时，桌子应位于肚脐以上、乳房以下。

如何看懂化验单

血常规检查

检查目的

主要是判断准妈妈是否贫血。轻度贫血对准妈妈及分娩的影响不大，重度贫血可引起早产、低体重儿等不良后果。

读懂化验单

白细胞在机体内起着消灭病原体，保持健康的作用，正常值是（4～10）×10⁹/升，超过这个范围说明有感染的可能，但孕期这个数值可以轻度升高。血小板在止血过程中起重要作用，正常值是（100～300）×10¹²/升，如果血小板低于100×10¹²/升，则会影响准妈妈的凝血功能。

尿常规检查

检查目的

主要是判断准妈妈尿液中蛋白、糖及酮体、镜检红细胞和白细胞等指标是否正常。正常情况下，上述指标均为阴性。

读懂化验单

如果蛋白阳性，提示准妈妈有患妊娠高血压综合征、肾脏疾病的可能。

如果糖或酮体阳性，说明有患糖尿病的可能，需进一步检查。

如果发现有红细胞和白细胞，则提示有尿路感染的可能，需引起重视，如伴有尿频、尿急等症状，需及时治疗。

超声波检查

双顶径

头从左到右最长部分，也叫胎头大横径，是指胎儿的头从左到右最长的部分，以这个为基础来推断胎儿的体重和发育状态。

枕额径

胎儿鼻根至枕骨隆突的距离，又称前后径，是指胎儿头从前到后最长的部分，以这个数据来判断胎儿发育情况和孕周。

头围

环头一周的长度，也叫胎头周长，是计测头的一周长度的数值，用于确认胎儿的发育状态。

腹径

又称为腹部前后径。在检查胎儿腹部的发育状况以及推定胎儿体重时，需要测量该数据。

超声波检查报告

超声波诊断 仅供参考					住院号 门诊号 超声波号	
姓名	年龄	性别	病室	床号		
临床诊断				仪器型号 检查方法：		
检查记录（单位:毫米）	宫内见	胎儿	胎头在	上可见	心率	次/分	心律
	双顶径	枕额径	头围	胸径	腹径	腹围	
	FL	HL	心四腔	胃	肠	左肾	右肾
	膀胱	脊柱	前臂	小腿	脐带	唇	
	胎盘位于	壁厚	下缘距内口		羊水指数		
	脐动脉A	B	A/B		RI	PI	
提示							
	检查日期：				检查医师：		

肱骨长

脐带血流比值

股骨长

即大腿的长度，也叫大腿骨长，这是身体中最大的长骨的长度。用于和BPD（胎头大横径）一起来推算胎儿的体重。

羊水指数

做超声波检查时，以准妈妈的脐部为中心，分上、下、左、右4个区域，将各区域的羊水深度相加，就得到羊水指数。孕晚期羊水指数的正常值是8～18厘米。

腹围

即肚子一周的长度，也叫腹部周长，是指胎儿肚子的一周的长度，用于和APTD（躯干前后径）以及TTD（躯干横径）一起来推测胎儿的发育情况。

科学的饮食营养

全面补充营养

孕15周准妈妈及胎儿对营养的需求大大增加，准妈妈可通过喝孕妇奶粉来满足自身和胎儿的营养所需。孕妇奶粉营养全面、质量较好，所以怀孕期间的准妈妈坚持食用有很多好处。

对于那些仍有孕吐的准妈妈来说，并不用刻意让自己多吃什么，与其每天对着鸡鸭鱼肉发愁，不如多选择自己喜欢的食物，以增进食欲。如进食的嗜好有所改变也不必忌讳，吃些酸的食品可能会增进食欲。如果准妈妈的妊娠反应严重影响了正常进食，可在医生建议下适当补充复合维生素片。

准妈妈要拒绝偏食

准妈妈在妊娠期间，由于胎宝宝成长发育和准妈妈自身的需要，必须从饮食中获得足够的营养物质。如果准妈妈偏食，身体所需要的各种营养素得不到及时补充，必然会导致微量元素的缺乏，祸及胎宝宝。

准妈妈不能偏食

有些女性平时偏食、挑食，营养缺乏，怀孕以后，妊娠反应较重，进食量渐少，有的准妈妈偏食鸡、鸭、鱼、肉，有的只吃荤菜，不吃素菜，有的不吃内脏如猪肝等，有的不喝牛奶、不吃鸡蛋等，造成营养单一，愈加缺乏营养，不但不能保证准妈妈自身的营养需要，更不能满足胎宝宝成长发育的需要了。

不少准妈妈由于营养不足，往往导致早产，还会使胎宝宝机体功能低下，或者发育不良、畸形，甚至流产或胎死宫内。有的即使足月生产，宝宝的体重也较同龄儿轻。据对几十名生畸型儿的女性的头发进行微量元素测定，发现她们头发中的锌、铜、铁、锰、钙、硒等微量元素的含量都明显低于同龄健康女性。经调查，这些女性平时多以素食为主，或偏食、挑食。我们要提醒偏食、挑食的准妈妈，为了宝宝的健康，一定要改掉偏食、挑食的不良习惯，合理调整自己的饮食。

准妈妈美味营养餐

★ 鲫鱼炖蛋

- **材料准备**：鲫鱼2条（约500克），鸡蛋1个，植物油3小匙，姜丝5克。
- **做法**：

1. 将鲫鱼去鳞、鳃、内脏，用清水洗干净，在鱼身两侧划几道斜刀花。
2. 煲置火上，放入适量清水，大火烧开，下鲫鱼及1小匙盐，烧1分钟左右，连汤盛入碗内待用。
3. 鸡蛋磕入碗内，加清水、盐搅打均匀，上笼蒸至凝固取出，随即将鲫鱼放上，浇入煮鱼原汤，撒上姜丝，淋上植物油，再放蒸笼里，上火蒸5~10分钟即可。

★ 双红南瓜汤

- **材料准备**：南瓜600克，红枣15个，红糖2匙。
- **做法**：

1. 红枣去核，洗净。南瓜清洗干净去皮，切成块。
2. 将红枣、南瓜一起放入盛水的锅中，煮至南瓜烂熟。
3. 加入红糖，再次煮沸至红糖溶化即可。

★ 拔丝山药

- **材料准备**：黑麦芽糖40克，山药110克，白糖50克，水60克。
- **做法**：

1. 黑麦芽糖、白糖放入锅中，开中火煮沸，将糖煮化。
2. 山药去皮切大块，入油锅中炸熟。
3. 将糖料淋在紫山药上即可。

本周胎教重点

音乐胎教
古典胎教音乐参考曲目

音乐家	曲目
萨替	《第一号琴诺佩第》，此曲速度和缓，以单纯的旋律反复多次，具有缓和情绪的功用，音量适中，具有朦胧之美，相当适合作为胎教音乐
舒伯特	《降E大调慢板》，D.897，这个乐章因为十分柔美动听，所以被后世的人冠上"夜曲"的别称，相当适和作为胎教音乐
贝多芬	《月光奏鸣曲》第一乐章，这个乐章以三连音的动机，犹如水波的荡漾，蕴含着幻想的气息，宁静的感觉，适合胎宝宝聆听
布拉姆斯	《摇篮曲》，由大提琴改编的版本避免了女高音刺激的高音域，改以柔和的中低音域表现，具有和缓情绪的作用，不论是胎宝宝或是刚出生的幼儿都适合聆听
肖邦	《降E大调夜曲》，作品9第二号，这首《降E大调夜曲》是肖邦所有的夜曲中，知名度最高的一首，其甜美动人的音色仿佛水晶灯般的晶莹剔透，令人爱不释手
波普	《小夜曲》，大卫·波普的演奏风格优雅，音色变化极为丰富，这首小夜曲就是极为动人的一首
林姆斯基－高沙可夫	《小夜曲》，这首乐曲充满了高雅的气质，不论旋律或抒情性都可以当作林姆斯基－高沙可夫的代表作
莫扎特	《单簧管五重奏》，在五重奏中，单簧管展现了安详的音色，令人全身舒畅，相当适合胎宝宝与宝宝聆听

运动胎教
山立式健身操

进入孕中期，胎盘稳定，准妈妈可以开始进行适度的孕期健身操。准妈妈练习健身操可以增强体力和骨盆、肌肉的张力，增强身体的平衡感，提高整体肌肉组织的灵活度和柔韧性。同时加快血液循环，更好地控制呼吸。做健身操还可以起到按摩身体内部器官的作用，有益于提高睡眠质量，帮助准妈妈形成舒适、健康的生活状态。

山立式健身操的动作要领：

1.将双脚内侧并拢，收紧小腿肌肉，感觉膝盖向上提，膝盖周围的韧带自然收紧，收紧大腿肌肉，将双臀自然夹紧。

2.双手自然的垂放在身体两侧。脖颈向上伸展，下巴与地面平行，并且稍向内含，这时全身的重量均匀地分布在两个脚掌上，不要感觉脚尖、脚跟或脚外侧缘的某一部位单独受力。

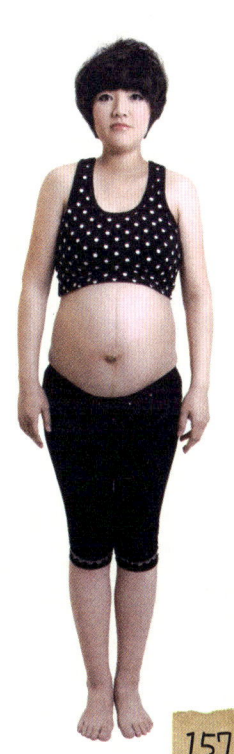

故事胎教
《叶公好龙》

春秋时期，楚国有一个叫叶公的人。叶公经常对别人说："我特别喜欢龙，龙多么神气、多么吉祥啊！"于是当他家装修房子的时候，他就让工匠们在房梁上、柱子上、门窗上、墙壁上到处都雕刻上龙，家里就像龙宫一样，就连叶公自己的衣服上也绣上了龙的图案。

叶公喜欢龙的消息传到了天宫中真龙的耳朵里，真龙想："没想到人间还有一个这样喜欢我的人呢！我得下去看看他。"有一天，龙从天上降下来，来到了叶公的家里。龙把大大的头伸进叶公家的窗户，长长的尾巴拖在地上。叶公听到有声音，就走出卧室来看，这一看可不得了，一只真龙正在那里瞪着自己，叶公顿时吓得脸色苍白，浑身发抖，大叫一声逃走了。

小贴士

叶公虽然表面上喜爱龙，但当龙真的出现在他面前时，他吓得魂不附体。这个故事，用很生动的比喻，辛辣地讽刺了社会上存在的"叶公式"的人物。比喻表面上爱好某种事物，实际上并不真爱好，表里不一，言不由衷。宝贝，我们的任何喜好，都应该发自内心，用心钻研，只有这样我们才能在某个领域越来越出色；如果只做表面文章，那么在遇到困难时就会被吓倒，很难获得成功。

故事胎教
《刻舟求剑》

有一个楚国人出门远行。他在乘船过江的时候，一不小心，把随身带着的剑掉到江中去了。船上的人都大叫："剑掉进水里了！"

这个楚国人并不慌张，他拿出一把小刀在船舷上刻了个记号，然后回头对大家说："这是我的剑掉下去的地方。"

众人疑惑不解地望着那个刀刻的印记。有人催促他说："你刻这个记号有什么用？快下水去找剑呀！"楚国人说："慌什么，我有记号呢。"

船继续前行，又有人催他说："再不下去找剑，这船越走越远，当心找不回来了。"

楚国人依旧自信地说:"不用急,不用急,记号刻在那儿呢。"

直至船行驶到岸边停下后,这个楚国人才顺着他刻有记号的地方下水去找剑。可是,他怎么能找得到呢?掉进江里的剑是不会随着船行走的,而船和船舷上的记号却在不停地前进。等船行至岸边,船舷上的记号与水中剑的位置早已风马牛不相及了。这个楚国人用上述办法去找他的剑,不是太糊涂了吗?

这个楚国人在岸边船下的江水中,白费了好大一阵工夫,结果毫无所获,还招来了众人的讥笑。

语言胎教

儿歌两首

起床歌
小宝宝,起得早,
睁开眼,眯眯笑,
咿呀呀,学说话,
伸伸手,要人抱。

穿衣歌
小胳膊,穿袖子,
穿上衣,扣扣子,
小脚丫,穿裤子,
穿上袜子穿鞋子。

名画欣赏

《蛙声十里出山泉》

《蛙声十里出山泉》中齐白石老人用简略的笔墨在一远山的映衬下,从山涧的乱石中泻出一道急流,六只蝌蚪在急流中摇曳着小尾巴顺流而下,它们不知道已离开了青蛙妈妈,还活泼地戏水玩耍。

人们可以从那稚嫩的蝌蚪联想到画外的蛙妈妈,因为失去蝌蚪,蛙妈妈还在大声鸣叫。虽然画面上不见一只青蛙,却使人隐隐如闻远处的蛙声正和着奔腾的泉水声,演奏出一首悦耳的乐章,连成蛙声一片的效果。

趣味胎教

画青蛙

先画1个圆鸡蛋,再画1个小圆圈,
看好位置再下笔,画出4个小曲线。
加上弯弯两条腿,小小指爪像王冠,
再把眼睛补齐全,一只青蛙就画完。

小贴士

当然了,你也可以在背上加几道淡绿色的水彩,加一张荷叶,如果兴致好,再加几颗露珠……一切全凭你喜欢。

16周 全面开始开展胎教

有些准妈妈在这个时候已经能感觉到轻微的胎动了,准妈妈可以记录胎动的时间和在什么样的状态下他会动。如果发现异常,及时到医院检查。

准妈妈和胎儿的变化

准妈妈的变化

第十六周

{体重迅速增加}

随着食欲的增强,准妈妈的体重会迅速增加。此时,下腹部会明显变大,所以周围的人对其怀孕的事实一目了然。除了腹部外,臀部和全身都会长肉,所以要注意调整体重。一般情况下,怀孕16~20周能感受到第一次胎动。

胎儿的变化

第十六周

{胎儿神经系统开始工作}

胎儿的神经系统开始工作,肌肉对于来自脑的刺激有了反应,因此能够协调运动。现在能够通过超声波扫描分辨出胎儿的性别了。通过羊膜穿刺术取出羊水样本,检测在羊水中胎儿脱落的细胞和分泌的化学成分,可以获得有关胎儿健康的重要信息。

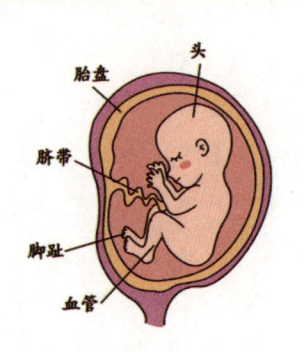

必知的孕期生活指导

羊水检查

本周可以进行羊水检查了。主要对于患有妊娠高血压综合征的高龄准妈妈使用这种方法，通过腹部和子宫采取少量的羊水检查畸形儿的方法，有99%的准确性。

适当控制体重

随着食欲的增强，准妈妈的体重会迅速增加。此时，下腹部会明显变大，所以周围的人对其怀孕的事实一目了然。除了腹部外，臀部和全身都会长肉，所以要注意调整体重。

有必要做唐氏综合征产前筛选检查

在怀孕第十六周，准妈妈十分有必要做唐氏综合征产前筛选检查，以确定胎儿是否患有唐氏综合征。临床上把唐氏综合征又称为先天性痴呆症，是新生儿十分常见的一种染色体疾病。据统计，每750个新生儿中就有一个患有这种病症。

患有唐氏综合征的患儿不仅有严重的智力障碍，而且生活不能自理，还会伴有复杂的心血管疾病，给家庭带来巨大的经济负担与精神压力。从目前医疗发展水平来看，还没有有效的治疗方法。即便如此，准妈妈也不用过度担心，因为唐氏综合征可以通过产前筛查、诊断等方式防止患儿出生。为此，建议每位怀孕第十六周的准妈妈在孕期都要做唐氏综合征产前筛选检查，从根本上防止唐氏综合征的患儿出生。

准妈妈的皮肤问题

怀孕后不仅是准妈妈的身材有变化，就连准妈妈的皮肤也有了改变。

皮肤油腻

由于准妈妈新陈代谢比较缓慢，皮下脂肪大幅增厚，汗腺、皮脂腺分泌增加，全身血液循环量增加，面部油脂分泌旺盛的情况会加重，导致皮肤变得油腻。

准妈妈要保持皮肤的清洁，不要用刺激性太强的护肤品，每天多洗几次脸。饮食上要多摄取含优质的动物蛋白和维生素A、B族维生素和维生素C等食物。

皮肤干燥

有的准妈妈由于孕激素的关系，皮肤失去了以前的柔软感，而且略粗糙，甚至会很干燥，有些地方还会出现脱皮现象。

干性皮肤的准妈妈不要频繁地洗脸，最好用婴儿皂、甘油皂洗脸。沐浴不宜浸泡太久，否则容易造成皮肤脱水。要特别注意饮食营养平衡，多吃些肉类、鱼、蛋，还要增加必要的脂肪酸和维生素，如绿色蔬菜、水果、坚果、谷物、牛奶、鱼油等。

色素沉着，出现色斑

由于准妈妈的黑色素代谢缓慢，面部大多会长黑斑，且孕后不易恢复。妊娠中后期，准妈妈的皮肤变得敏感，对紫外线抵抗力减弱，皮肤容易被晒黑，面孔出现黄褐斑。

这些准妈妈在饮食上要以清淡、营养为主，少吃或不吃刺激性食物。便秘也会使身体内的毒素积累增多，影响健康，使皮肤的颜色暗淡。还要注意睡眠充足，调节好心情。准妈妈可以适量用一点妊娠霜，有些色斑会在产后3个月内消失。准妈妈不要化妆，注意防晒。尽量避免在中午或下午阳光强烈的时候外出，阳光照射会加重色斑，并使色斑在产后也不易褪去。

需要关注的健康问题

小腿抽搐

准妈妈为满足胎儿发育，需要较常人更多的钙。如果饮食中摄取钙不足，血钙浓度低，就容易发生小腿抽筋。多发生于熟睡醒来后，或是在长时间坐着，伸懒腰伸直双腿时。

腿部抽筋的原因

很多准妈妈，在孕期尤其在晚上睡觉时会发生腿部抽筋。这是因为在孕期中体重逐渐增加，双腿负担加重，腿部的肌肉常处于疲劳状态；另外，准妈妈对钙的需要量明显增加。在孕中、晚期，每天钙的需要量增为1 200毫克。当体内缺钙时，肌肉的兴奋性增强，容易发生肌肉痉挛。如果膳食中钙及维生素D含量不足或缺乏日照，会加重钙的缺乏，从而增加了肌肉及神经的兴奋性。夜间血钙水平比日间要低，夜间是小腿抽筋发作的高峰期。

腿部抽筋的治疗

一旦抽筋发生，立即站在地面上蹬直患肢；或是坐着，将患肢蹬在墙上，蹬直；或请身边亲友将患肢伸直。总之，使小腿蹬直、肌肉绷紧，再加上局部按摩小腿肌肉，即可以缓解疼痛甚至使疼痛立即消失。

腿部抽筋的预防

为了避免腿部抽筋，应多吃含钙食物如牛奶、孕妇奶粉、鱼骨。五谷、果蔬、奶类、肉类食物都要吃，并合理搭配。某些食物包含的维生素种类特别多，比如动物肝脏脂肪不多，除不含维生素C和维生素E外，几乎包含了所有的维生素，而且含铁丰富，搭配富含维生素C和维生素E的黄绿蔬菜一起食用，极为理想；维生素A含量高的食物如胡萝卜，与含动物油脂的荤食一起煮熟后吸收更好。

准妈妈要呵护好脚

脚被称为人体的第二心脏，怀孕后负担最重的是心脏，但是脚的负担也不轻。要支持增加10～14.5千克的体重，脊椎前弯、重心改变，怀孕晚期由于松弛素的分泌，颈、肩、腰、背常常酸痛，脚更不堪重负，足底痛时有发生。

怀孕后准妈妈会大量额外地补充水分以补充身体所需，这多少会有液体累积现象，多余的水分会累积在比较薄的组织下方，这就会造成脸的肿胀，而由于地心引力的作用，手、腿、足等部分液体滞留相对严重也会造成肿胀现象。生活中注意以下方面，可以有效减轻肿胀的不适感。

	● 正确做法
1	避免长时间坐着或站立，坐的时候避免交叉双腿，因为这样会阻碍下肢的血液循环
2	尽量避免仰卧睡姿，因为侧睡可以解除沉重的子宫对主要血管所造成的压力
3	准妈妈要穿有助于血液流回心脏的长裤和袜子；要穿宽松、舒适的鞋，前后留有1厘米余地，避免对于血液循环的妨碍。鞋底要注意防滑，最好选择柔软天然材质的软皮或布鞋，可有效减少脚的疲劳
4	准妈妈最好每天用温热水足浴，能缓解准妈妈双脚的肿胀

科学的饮食营养

补充锌

补锌很重要

锌是人体必需的微量元素，参与合成体内蛋白质、脂肪、糖、核酸等物质。如果准妈妈缺锌，会严重影响胎儿在宫内的生长，会波及胎儿的脑、心脏、胰腺、甲状腺等重要器官，使之发育不良。此外，锌可以增加子宫相关酶的活性，促进子宫收缩，帮助胎儿顺利分娩。

如何判断是否缺锌

通过观察指甲可以判断准妈妈是否缺锌，如果指甲上有白斑，说明体内已经缺锌了，白斑越严重，说明缺锌越严重。通过观察指甲白斑只是一个粗略的判断方法，没有白斑并不代表不缺锌，想要得知更准确的结果，准妈妈需要到医院做血锌化验。

饮食补锌最有效

对于大多数准妈妈来说，通过食物补充锌是最有效的，也是最安全的方法。因此，准妈妈在日常饮食中一定要注意补充锌元素。准妈妈可以经常吃一些动物肝脏、肉、蛋、鱼以及粗粮，这些都是含锌比较丰富的食物。另外，核桃、瓜子、花生都是含锌较多的零食，可每天适量食用，这样能起到较好的补锌作用。

准妈妈美味营养餐

★ 芝麻酸奶奶昔

- **材料准备**：黑芝麻6克，酸奶100毫升，牛奶120毫升，蜂蜜适量。
- **做法**：

1. 将黑芝麻、酸奶、牛奶一起放入果汁机中打匀。
2. 调入蜂蜜即可。

★ 核桃炖兔

- **材料准备**：兔肉300克，瘦肉40克，核桃60克，去核红枣8克，盐适量。
- **做法**：

1. 将兔肉斩件，瘦肉切成大粒，放入滚水煮3分钟，捞起备用。
2. 把红枣、核桃、姜放入炖锅内，加入适量滚水，用中火隔水炖3小时，加入盐拌匀即可。

本周胎教重点

音乐胎教
聆听《微风吹拂的方式》

麦田与松柏（荷兰）文森特·威廉·梵·高

《微风吹拂的方式》选自班得瑞第九张专辑《微风山谷》。坐看云起，聆听微风。旋律像微风一般，轻轻拂过寂静的心田，春天的乐章就这样轻盈地流淌着。

制作这张专辑，班得瑞乐团花了三年的时间，埋首于瑞士南方的萨斯菲山谷之中，不仅实地撷取当地的自然原声为素材，并以音乐忠实呈现从白霭冷冽的雪色，舒人胸怀的绿茵，到静观月升的静谧，沐浴温暖日落等不同时空的时节变化。你仿佛在乐曲中乘风而行，跟着地形的起伏而滑行于山谷间各个角落，感受平原的辽阔，山峦的雄伟，赞叹造物者的鬼斧神工。

运动胎教
放松身体的孕中期体操

1. **站立手合十**
   站立，双脚打开比肩略宽，双手在胸前合十，深呼吸。

2. **上身后仰**
   吸气，上身向后仰。

3. **上身前弯**
   呼气，上身向前弯。

4. **屈膝着地**
   吸气，双膝弯屈着地。

5. **屈膝着地**
   呼气，胸口贴地，停留6秒钟，同时做深呼吸。

故事胎教

《愚公移山》

传说在很早以前,在中国冀州的南面、河阳的北面有两座大山,一座叫太行山,一座叫王屋山,山高万丈,面积有350平方千米。

在山的北面,住着一位叫愚公的老汉,快90岁了。他家的大门,正对着这两座大山,出门办事得绕着走,很不方便。于是,愚公下定决心要把这两座大山挖掉。

有一天,他召集了全家老小,对他们说:"这两座大山,挡住了我们的出路,咱们大家一起努力,把它挖掉,开出一条直通豫州的大道,你们看好不好?"大家都很赞同,只有他的妻子提出了疑问。她说:"像太行山、王屋山这么高大的山,挖出来的那些石头、泥土往哪里送呢?"

大家说:"这好办,把泥土、石块扔到渤海边上就行了!再多也不愁没地方堆。"第二天天刚亮,愚公就带领全家老小开始挖山。他的邻居是个寡妇,她有一个七八岁的小儿子,刚刚换完奶牙,也蹦蹦跳跳地前来帮忙。

大家干得很起劲,一年四季很少回家休息。黄河边上住着一个老汉,这人很精明,人们管他叫智叟。他看到愚公他们一年到头,辛辛苦苦地挖山运土不止,觉得很可笑,就去劝告愚公:"你这个人可真傻,这么大岁数了,还能活几天?用尽你的力气,也拔不了山上的几根草,怎么能搬动这么大的山呢?"

愚公深深地叹口气说:"我看你这人自以为聪明,其实是顽固不化,还不如寡妇和小孩呢!不错,我是老了,活不了几年了。可是,我死了还有儿子,儿子又生孙子,孙子又生儿子,子子孙孙,世世代代,一直传下去,是无穷无尽的。可是这两座山却不会再长高了,我们为什么不能把它们挖平呢!"

听了这些话,那个自以为聪明的智叟,再也无话可说了。

山神知道了这件事,害怕愚公一直挖下去,就去向上帝报告。老愚公的精神把上帝感动了,上帝派两个大力神下凡,把两座大山背走,一座放到朔方东边,一座放到雍州南边。从此以后,冀州的南面,汉水的北面,就没有高山阻挡了。

小贴士

这个故事告诉我们:无论遇到什么困难,只要有恒心就可以解决。宝贝,生活中很多小事或许没有愚公移山这么伟大,但同样需要坚持才能办成。爸爸妈妈希望你在今后的生活中锻炼自己,学会坚持,只要坚定信念,不要轻易放弃,也许再继续坚持一下,就会到达成功彼岸。

语言胎教

《你是人间四月天》

——林徽因

我说你是人间的四月天；
笑响点亮了四面风；
轻灵在春的光艳中交舞着变。

你是四月早天里的云烟，
黄昏吹着风的软，
星子在无意中闪，
细雨点洒在花前。

那轻，那娉婷，你是，
鲜妍百花的冠冕你戴着，
你是天真，庄严，你是夜夜的月圆。
雪化后那片鹅黄，你像；
新鲜初放芽的绿，你是；
柔嫩喜悦，水光浮动着你梦期待中白莲。

你是一树一树的花开，
是燕在梁间呢喃，
——你是爱，是暖，
是希望，你是人间的四月天！

知识胎教

星星的故事

每当夜幕降临，空中群星闪耀。这些看似渺小的星星，与我们肉眼所见差别甚大，有着许多不为人知的秘密。其实这些星星的体积非常大，含有气体和固体等各种形态的物质，它们在夜空中发着光。古代的人们把可以看得见的星星分成了十二星座，被称为天文十二星座，我们平常讲的星座则是指占星十二星座。按照十二星座的日期来预计一下，宝宝的出生日期所属的是哪个星座吧。

十二星座日期及符号

魔羯座	水瓶座	双鱼座
12/22-01/19	01/20-02/18	02/19-03/20
白羊座	金牛座	双子座
03/21-04/20	04/21-05/20	05/21-06/21
巨蟹座	狮子座	处女座
06/22-07/22	07/23-08/22	08/23-09/22
天秤座	天蝎座	射手座
09/23-10/23	10/24-11/22	11/23-12/21

手工胎教

折一只千纸鹤精灵

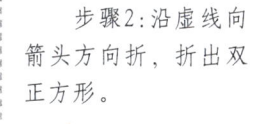

在制作千纸鹤的时候要注意翅膀的比例，不能让翅膀左右摇晃，做到对称均衡。

步骤1：准备一张正方形纸，沿虚线向箭头方向折叠。

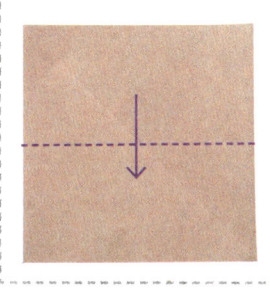

步骤2：沿虚线向箭头方向折，折出双正方形。

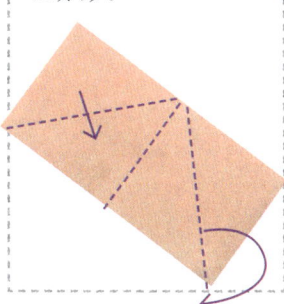

步骤3：沿虚线向箭头方向折。

步骤4：将上端拉出来压实折痕。

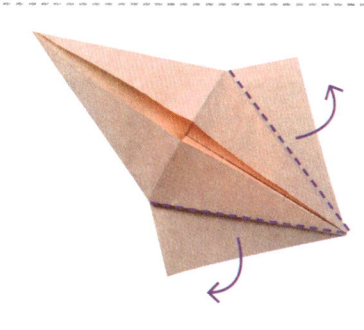

步骤5：背面方法同步骤4。

步骤6：沿虚线向箭头方向往下折。

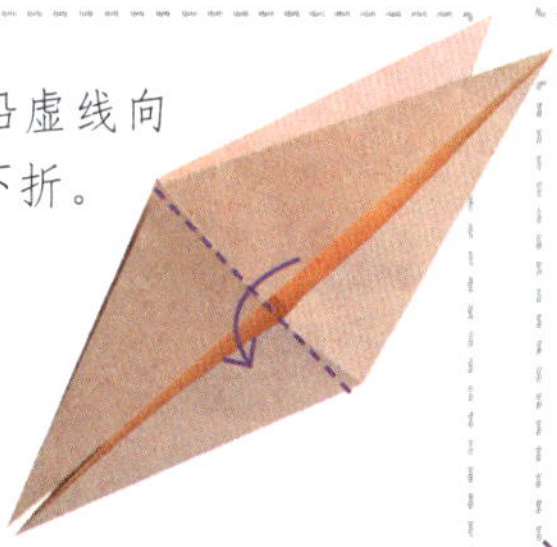

步骤7：将上面两角向箭头方向压折。

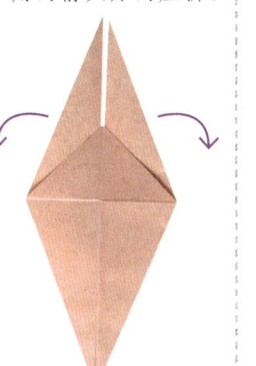

步骤8：沿虚线向箭头方向折，背面也一样。

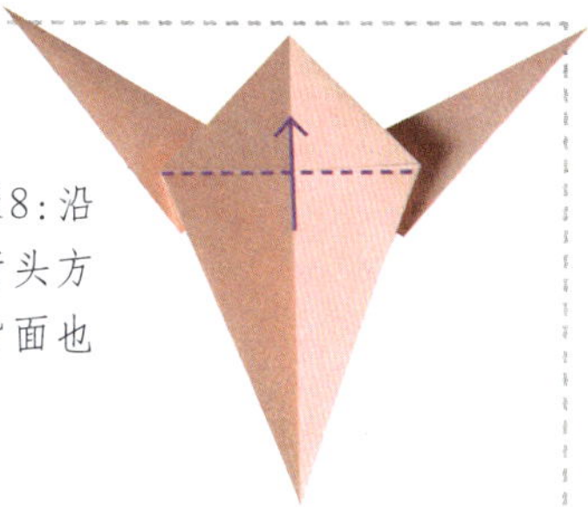

步骤9：沿虚线向箭头方向折。

步骤10：画上眼睛，完成。

167

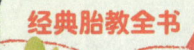

趣味胎教

猜一猜谜语

今天准妈妈和胎儿一起背诵几则谜语童谣吧。不要忘了在脑海中想象谜语中所描绘的动物形象哟。

猜一猜动物

	谜题
1	嘴像小铲子，脚像小扇子，走路左右摆，水上划小船
2	头戴红帽子，身披五彩衣，从来不唱戏，喜欢吊嗓子
3	身披花棉袄，唱歌呱呱叫，田里捉害虫，丰收立功劳
4	小小姑娘黑又黑，秋天走了春天回，带着一把小剪刀，半空里飞呀飞

猜一猜物体

	谜题
1	身体细长，兄弟成双，光爱吃菜，不爱喝汤
2	有时圆又圆，有时弯又弯，有时晚上出来了，有时晚上看不见。有时落在山腰，有时挂在树梢，有时像面圆镜，有时像把镰刀

猜一猜蔬果

	谜题
1	紫色树，开紫花，开过紫花结紫瓜，紫瓜里面装芝麻
2	兄弟几个真和气，天天并肩坐一起，少时喜欢绿衣服，老来都穿黄色衣
3	胖娃娃，滑手脚，红尖嘴儿一身毛，背上浅浅一道沟，肚里鲜红好味道
4	冬天蟠龙卧，夏天枝叶开，龙须往上长，珍珠往下排
5	身穿绿衣裳，肚里水汪汪，生的子儿多，个个黑脸膛
6	小小金坛子，装着金饺子，吃掉金饺子，吐出白珠子

● 一起来看谜底

猜猜一猜动物

1. 小鸭子
2. 公鸡
3. 青蛙
4. 燕子

猜一猜物体

1. 筷子 　2. 月亮

猜一猜蔬果

1. 茄子
2. 香蕉
3. 桃子
4. 葡萄
5. 西瓜
6. 橘子

17周 生成褐色皮下脂肪

准妈妈的胃口开始变好了，因此要稍微控制一下体重了，以免体重增长过多，引起妊娠高血压综合征。准妈妈也要加强锻炼，散步也是一种很好的锻炼方式。

准妈妈和胎儿的变化

准妈妈的变化

第十七周

{体重明显增加}

由于子宫的增大，胃肠会向上移动，所以饭后总会感到胸闷、呼吸困难。开始在臀部、大腿、手臂等身体的各部位都形成皮下脂肪，体重明显增加。该时期的食欲会旺盛，所以需要更加严格的调节。

胎儿的变化

第十七周

{脂肪开始在皮下聚集}

胎儿的头虽然仍较大，但看起来已经开始和身体的其他部分成比例了。他的双眼更大了，但仍紧闭着，睫毛和眼眉长得更长。这时期胎儿迅速成长，脂肪开始在胎儿的皮下聚集，帮助保暖并提供能量。

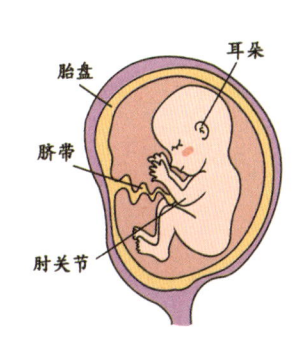

169

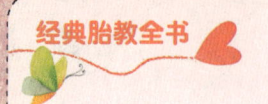

必知的孕期生活指导

掌握正确的姿势与动作

高处取物

准妈妈在高处取物时，要注意不要将双脚的脚尖点地，以防止因站立不稳而摔倒的情况发生。另外也不要过高地抬起手臂，避免抻到。如果是摘取晾晒的衣物，也要注意地面湿滑情况，防止滑倒。

如果在高处的物体过重，还是不建议准妈妈高处取物的。日常生活中的小细节是非常重要的，希望准妈妈们一定倍加小心。

蹲下拿东西

准妈妈将放在地上的东西拿起或将东西放在地下时，不用采取不弯膝盖只弯腰的姿势和动作。要屈膝落腰，完全蹲下，或单腿跪下，把要拿的东西紧紧地靠住身体，伸直双膝拿起。

行走时

准妈妈走路时应双眼平视前方，把脊柱挺直，身体的重心要放在脚后跟上，踏地时应由脚跟至脚尖逐步落地。

子宫底高

子宫底是由耻骨联合处由下向上逐渐升高，到了孕17~20周末，可能会达到耻骨与脐之间。准妈妈自己可以摸出子宫底的位置，子宫底的高度在18厘米左右，可能达到了准妈妈的脐部。一般情况下，孕16周就可以开始测量子宫高度了。子宫高度的增长规律是：孕16~36周，子宫高度每周增长0.8~1.0厘米，平均增长0.9厘米；孕36~40周，每周增长0.4厘米；孕40周后，子宫高度不但不再增长，反而会下降，因为胎头入盆了。

如果连续两次或间隔2~3次测量的在子宫高度警戒区时，则提示异常；子宫高低在低值时，多表示胎宝宝发育迟缓或畸形；子宫高度在高值时，多表示多胎、羊水过多、胎宝宝畸形、巨大儿、臀位、胎头高浮、骨盆狭窄、头盆不称和前置胎盘等情况，应及早去医院治疗。

需要关注的健康问题

孕期抑郁症不容忽视

容易被忽视的孕期抑郁症

对大多数女性来说，怀孕期间是一生中感觉最幸福的时期之一，但是幸福之中也有不和谐之音，有将近10%的女性，在孕期会感觉到程度不同的抑郁。

其实孕期抑郁症与产后抑郁症一样普遍，但往往容易被忽视。这种抑郁症之所以很难察觉，是因为它的很多症状，例如嗜睡、食欲的突然增加或者减少等很容易被各种怀孕反应所掩盖。而且人们都坚信，怀孕对女人来说是一种幸福，所以甚至很多妇科医生都忽视了对孕期抑郁症的诊断和治疗，而简单地把准妈妈的抑郁症状，归结为一时的情绪失调。

如果没有得到充分重视和及时治疗，孕期抑郁症也具有相当的危险性，孕期的抑郁情绪得不到及时调整，就很容易增加产后忧郁症的概率。它还会使准妈妈照料自己和胎宝宝的能力受到影响，并给准妈妈和胎宝宝带来不良后果。

远离孕期抑郁症的方法

尽量使自己放松

在宝宝出生前就把一切事情都打理完是不可能的。准妈妈也许会觉得应该抓紧时间找好产后护理人员，给房间来个大扫除，或在休产假以前把手头做的工作都结束了，其实这其中最重要的一条，那就是善待自己。一旦宝宝出生，准妈妈可能没有时间也没有精力来照顾自己了。所以当准妈妈怀孕的时候，应该试着看看小说；在床上吃可口早餐；去树林里散散步；尽量多做一些会使自己感觉愉快的事情。孕育一个健康可爱宝宝的首要前提就是先照顾好自己。

暂时离开令自己郁闷的环境

消除烦恼的最直接办法就是暂时离开令自己感到郁闷的环境。准妈妈也可以通过能引起自己兴趣的活动，如听音乐、看画册等，使情绪转向欢乐。

排解不良情绪

如果准妈妈感觉到郁闷的情绪久久不能散去，应该及时与准爸爸、亲密的朋友倾诉，或者是咨询医生。明确地告诉他们自己此时的感觉，受到了什么样的困扰。

当准妈妈处在怀孕的非常时期，她需要爱人和朋友的精神支持，而只有当他们明白准妈妈的一切感受时，他们才能给予准妈妈真正需要的安慰和帮助。

孕期发热了怎么办

如果感冒加重，又是妊娠早期就不能拖，否则易延误病情，应尽快到产科就诊，在医生指导下进行治疗。一味地拒绝治疗并不是最佳方法。

因为准妈妈患感冒自身就已带有病毒，会影响到胎儿健康。如果准妈妈发热超过37℃，身体极端不适时，必须慎防肺炎之类的并发症，必要时医生会给准妈妈做特殊检查，如做血常规等，医生会根据其病情用药，选择最为安全、对胎儿影响最小的治疗方法。对于发热超过39℃并且出现久咳不愈等症状时，准妈妈是必须要去医院就诊的，如果不及时就诊，可能会引起腹中胎儿畸形，严重的甚至会造成流产现象。

科学的饮食营养

补充钙

本周准妈妈要把钙供应给胎儿，促进他骨骼的生长，因此一定要吃足够的含钙食品，尤其是乳制品。含钙多的食物包括豆类、乳制品、带骨鱼类、芝麻酱、豆腐和菠菜等。

抗辐射食物

在城市中生活的准妈妈难免要被迫接受各种辐射，那么哪些食物可以帮助准妈妈抵抗辐射呢？

抗辐射关键词一：硒

芝麻、麦芽、黄芪、酵母、蛋类、大红虾、龙虾、虎爪鱼、金枪鱼、大蒜、蘑菇等富含硒，微量元素硒具有抗氧化的作用，它是通过阻断身体过氧化反应而起到抗辐射、延缓衰老的作用。含硒丰富的食物首推芝麻、麦芽和黄芪。

抗辐射关键词二：番茄红素

番茄、红葡萄柚等红色水果，富含一种抗氧化的维生素——番茄红素，以番茄中的含量最高。

抗辐射关键词三：海带胶质、碱性食物

海带是放射性物质的"克星"，海带含有一种称作海带胶质的物质，可促使侵入人体的放射性物质从肠道排出。

抗辐射关键词四：维生素E、维生素C

豆类、橄榄油、葵花子油、油菜、青菜、卷心菜、萝卜、鲜枣、橘子、猕猴桃等，富含维生素E和维生素C，具有抗辐射作用，还能将沉淀于细胞内的毒素溶解掉。

抗辐射关键词五：维生素A、β-胡萝卜素

鱼肝油、动物肝脏、鸡肉、蛋黄、西蓝花、胡萝卜、菠菜等，此类食品富含维生素A和β-胡萝卜素，不但有助于抵抗电脑辐射的危害，还能保护和提高视力。

准妈妈美味营养餐

鸡脯丝瓜面

- **材料准备**：面条300克，鸡脯150克，丝瓜100克，葱头50克，植物油、白糖、盐、淀粉、葱花、料酒、鲜汤各适量。
- **做法**：
  1. 将鸡脯、丝瓜分别洗净，切成小薄片，加糖、盐、淀粉放入碗内。面条用开水煮熟。
  2. 油锅下葱花、料酒炒鸡脯、丝瓜片鲜汤炒熟，加调好的汁再炒片刻，淋在面条上，起锅装入盘内即可。

⭐ 鲜虾鸡蛋羹

- **材料准备**：鸡蛋2个，鲜虾30克，香菜末、上汤、葱丝、姜丝、盐各适量。
- **做法**：
  1. 将鲜虾洗净，煮熟，取虾仁备用。
  2. 鸡蛋打入碗中，加入适量上汤、葱丝、姜丝、盐搅拌均匀。
  3. 将碗放入锅中蒸，待鸡蛋羹快熟时，将虾仁放入鸡蛋羹上，最后撒入香菜末。

⭐ 素火腿

- **材料准备**：油豆腐150克，虾仁5克，酱油、白糖、香油、盐适量。
- **做法**：
  1. 将盐、酱油、白糖及鲜浓汤汁、虾仁、香油等调匀；将油豆腐皮先用冷水浸一下，取出备用。
  2. 将油豆腐加汤汁叠好、卷紧，虾仁也用布包裹卷紧，蒸1小时左右取出凉凉切片即可。

本周胎教重点

音乐胎教

《安妮的仙境》

流水、雀鸟之声，从自然而来的气息沁人心脾。准妈妈聆听班得瑞的《安妮的仙境》，能起到镇静情绪、松弛身心的作用，给人一种置身大自然的感觉，倾听这些来自自然的声音，能让准妈妈的大脑和心情都很放松，焦躁和烦恼渐渐消失，安心和舒适的感觉随之而来。在这种安逸、平静的状态下，智慧之门慢慢打开……

故事胎教

《十二生肖》

在中国的十二生肖里,有兔子、老虎、老鼠……那么,为什么没有猫呢?这里有个故事。

很久以前,有一天,人们说:"我们要选十二种动物作为人的生肖,一年一种动物。"天下的动物有那么多,怎么个选法呢?这样吧,定好一个日子,这一天,动物们来报名,就选先到的十二种动物为十二生肖吧。

猫和老鼠是邻居,又是好朋友,它们都想去报名。猫说:"咱们得一早起来去报名,可是我爱睡懒觉,怎么办呢?"老鼠说:"别着急,别着急,你尽管睡你的大觉,我一醒来,就去叫你,咱们一块儿去。"猫听了很高兴,说:"你真是我的好朋友,谢谢你了。"

到了报名那天早晨,老鼠早就醒来了,可是它光想着自己的事,把好朋友猫的事给忘了,就自己跑去报名了。

结果,老鼠被选上了。猫呢?猫因为睡懒觉,起床太迟了,等它赶到时,十二种动物已被选定了。

猫没有被选上,就生老鼠的气,怪老鼠没有叫它。从这以后,猫见了老鼠就要吃它,老鼠就只好拼命地逃,现在还是这样。

小贴士

宝贝,故事中的猫之所以没有入选十二生肖,是因为它过于懒惰,把自己的事情托付给别人,结果连参加选拔的资格都失去了。就算猫有理由责怪老鼠,但毕竟自己连自己的事情都不当回事,还能指望别人把你的事情当回事吗?所以,猫只能怪自己,因为太懒惰错失良机。宝贝,如果你想做成某件事,那就要认真对待,充分做好准备,尽自己最大的努力去争取。你要永远记住:"机会只会降临到有准备的人身上。"

语言胎教

《深笑》

——林徽因

是谁笑得那样甜，那样深，
那样圆转？一串一串明珠
大小闪着光亮，迸出天真！
清泉底浮动，泛流到水面上，
灿烂，
分散！
是谁笑得好花儿开了一朵？
那样轻盈，不惊起谁。
细香无意中，随着风过，

拂在短墙，丝丝在斜阳前
挂着
留恋。
是谁笑成这百层塔高耸，
让不知名鸟雀来盘旋？是谁
笑成这万千个风铃的转动，
从每一层琉璃的檐边
摇上
云天？

语言胎教

《金色花》

孩子的心是天真烂漫的，在泰戈尔美丽的语言中，我们能体会到孩童那如幻如梦的童心，爱就从这里开始蔓延……

——泰戈尔

假如我变了一朵金色花，为了好玩，长在树的高枝上，笑嘻嘻地在空中摇摆，又在新叶上跳舞，妈妈，你会认识我吗？

你要是叫道："孩子，你在哪里呀？"我暗暗地在那里匿笑，却一声儿不响。

我要悄悄地开放花瓣儿，看着你工作。

当你沐浴后，湿发披在双肩，穿过金色花的林荫，走到做祷告的小院时，你会嗅到这花香，却不知道这香气是从我身上来的。

当你吃过午饭，坐在窗前读《罗摩衍那》，那棵树的阴影落在你的头发与膝上时，我便要将我小小的影子投在你的书页上，正投在你所读的地方。

但是你会猜得出这就是你孩子的小小影子吗？

当你黄昏时拿了灯到牛棚里去，我便要突然地再落到地上来，又成了你的孩子，求你讲故事给我听。

"你到哪里去了，你这坏孩子？"

"我不告诉你，妈妈。"这就是你同我那时候所要说的话了。

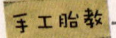

狗头

狗头上的耳朵要对称，高低要一致。

步骤1：准备一张正方形纸，沿虚线向箭头方向折叠。

步骤2：沿虚线向箭头方向折叠。

步骤3：沿虚线向箭头方向折叠。

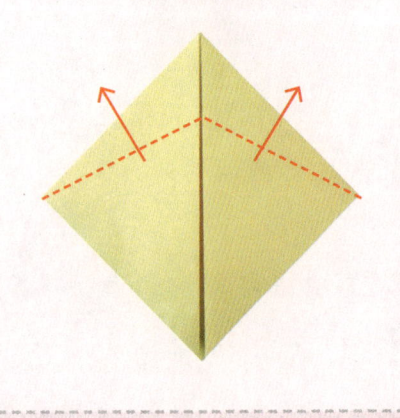

步骤4：沿虚线向箭头方向折叠，再翻转。

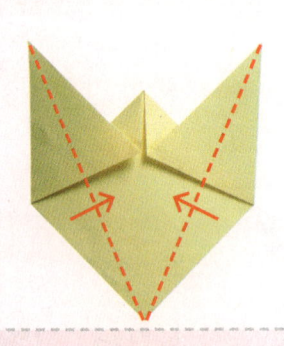

步骤5：沿虚线向箭头方向翻折。

步骤6：画上眼睛、鼻子和嘴，完成。

18周 心脏跳动更加活跃

随着胎儿心脏跳动的活跃，利用听诊器可以听到胎儿的心跳声音，而且利用超声波检查可以查出心脏是否有异常。孕早期的不适反应已经过去，现在准妈妈可能会对自己的胃口感到吃惊。

准妈妈和胎儿的变化

准妈妈的变化

第十八周

{准妈妈会感觉到胎动}

在这一时期，精力逐渐恢复，并发现性欲增强。在怀孕期间，动作温柔的性生活是相当安全的，如果有什么顾虑，可以向医生咨询。准妈妈会感觉到胎动。

胎儿的变化

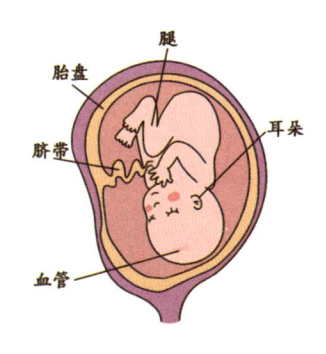

第十八周

{胎儿进入最活跃阶段}

随着心脏跳动的活跃，利用听诊器可以听到胎儿的心跳声音，而且利用超声波检查可以查出心脏是否有异常。这时是胎儿最活跃的阶段，胎儿不时地以脚踢妈妈肚子的方式来表达自己的存在。

177

必知的孕期生活指导

孕期也可以享受"性福"

孕中期可以适度地过性生活

到了孕中期，胎盘已经完全形成，怀孕进入稳定期，所以夫妻性生活不会受到太大的限制。但是，随着子宫的增大，准妈妈腹部会隆起来，因此，应该尽量采用腹部不受压迫的体位。即使是处在稳定期，夫妻间的性生活也不能过于频繁，而且还要尽量避免剧烈的动作。

适合的体位

★ 正确的体位

1 前侧位
↑腿交错着互相抱着。不进行腹部的压迫，结合较浅，可保证准妈妈腹部安全。

2 侧卧位
↑侧卧着，从后面抱住的体位。准妈妈的身体伸展着，不用担心出现压迫腹部的情况发生。

3 前坐位
↑相对坐着的体位。可以依据情况调节的深浅程度，是对于准妈妈来说更舒适的一种体位方式。

★ 错误的体位

1 前坐位
↑后背位结合较深，也容易对腹部产生压迫，要避免这种体位。

2 骑乘位
↑准妈妈在上面的体位，结合较深，会对子宫口产生刺激，要避免这种体位。

3 屈曲位
↑腿放在准爸爸肩上的体位，对腹部产生压迫，要避免这种体位。

性生活安全须知

做好个人卫生

在过性生活的前后，准爸爸和准妈妈要先清洗下身，最好使用安全套来保护，避免受到细菌感染。

不要过于激烈

准爸爸的动作要轻柔，不要过于激烈，并且生殖器不宜插入过深。

选择不受压迫腹部的体位

如果体位让准妈妈感觉疼痛或者腹部有压迫感，千万不要忍耐，应立即换另一个体位。精液中含有使子宫收缩的前列腺素，因此曾经有过剖宫产或早产经历的女性或腹部容易肿胀的女性，在过性生活时最好让丈夫戴上安全套。

如果准妈妈感到腹部肿胀或疼痛，应立即停止休息一会儿。待肿胀感消失后，还可以继续过性生活。准妈妈仰卧做爱时有时会因血压下降而感觉不舒适，此时也要立即停止，并适当地将身体左右倾斜调整，不适感就会慢慢消失。

准妈妈此时期易患痔疮

从怀孕18周开始，大部分准妈妈会受到痔疮的折磨。随着胎儿的成长，直肠受到很大的压迫，因此直肠内的静脉会膨隆，严重时甚至会挤到肛门外，这就是痔疮。出现痔疮时，肛门周围会痒痛，或者坐在椅子上和排便时会出血。可以用冰袋来缓解痒痛，或者在取得医生的同意后接受适当的治疗。

需要关注的健康问题

缓解孕期不适的按摩

缓解头痛的按摩

用双手轻轻按摩头顶和脑后3~5次。用手掌轻按太阳穴，可缓解头痛，松弛神经。

预防小腿抽筋的按摩

先把双手放在大腿的内外侧，一边按压，一边从臀部向脚踝处进行按摩。再将手掌紧贴在小腿上，从跟腱起沿着小腿后侧按摩，直到膝关节以上10厘米处，反复多次，可消除水肿，预防小腿抽筋。

预防患孕期高血压综合征

在怀孕20周以后，如果有血压升高、水肿，准妈妈就应该注意了。血压高的准妈妈，血液流通不畅，会出现头晕、眼花、胸闷及恶心呕吐的症状，而且母体不能顺利向胎盘供给营养，从而导致胎盘功能低下，造成胎儿所需的营养和氧气的不足、发育不全，甚至会出现死胎。

定期检查

定时做产前检查是及早发现妊娠高血压综合征的最好方法。每一次检查，医生都会称体重、测量血压并验尿，还会检查腿部水肿现象。这些是判别妊娠高血压综合征的重要指标，如有异常，医生会及时诊治。

自我检测

定时做产前检查是及早发现妊娠高血压综合征的最好方法。每一次检查，医生都会称体重、测量血压并验尿，还会检查腿部水肿现象。这些是判别妊娠高血压综合征的重要指标，如有异常，医生会及时诊治。

避免过劳

避免过度劳累，保障休息时间，每天的睡眠时间应保证8小时左右，降低妊娠高血压综合征的发生概率。

减少盐分

盐分摄入过多会导致血压升高，影响心脏功能，引发蛋白尿和水肿。因此要严格限制食盐的摄取，每天不要超过7克。

及时就医

如果出现妊娠高血压综合征症状，须用药物治疗，若胎盘功能不全日益严重并接近临产期，医生可能会决定用引产或剖宫产提前结束妊娠。

保证营养

大量摄取优质蛋白质、钙和植物性脂肪，蛋白质不足时会弱化血管，加重病情。同时注意摄取有利于蛋白质吸收的维生素和矿物质。

哪些准妈妈容易患上妊娠高血压综合征

●人群	●表现
肥胖或贫血的准妈妈	妊娠前较胖和妊娠后体重急剧增加的准妈妈，患妊娠高血压的概率是正常女性的3.5倍以上。身体肥胖会加重心脏和肾脏的负担，易导致血压升高。尤其是患有糖尿病的准妈妈，其患上妊娠高血压综合征的概率是健康准妈妈的4倍以上
高龄准妈妈	35岁以后才第一次受孕的准妈妈，随着血管的老化，很容易患上高血压或心脏病
怀双胞胎的准妈妈	怀有双胞胎的准妈妈，各种身体不适会接踵而至。腹部变大，加重对血管的压迫，在这种状况下，准妈妈患上妊娠高血压的危险性就会增加

妊娠高血压综合征的运动操

1 平躺仰卧

仰卧，吸气时双腿并拢。

2 交替抬起双腿

呼气时左腿向斜前方伸出，吸气时收回。呼气同时换右腿。

妊娠高血压综合征的治疗

	● 轻度症状	● 重度症状
血压值	1.最高血压（收缩期）在18.62千帕以上，不到21.28千帕的情况 2.怀孕后最高血压上升3.99千帕以上的人 3.最低血压（扩张期）在11.97千帕以上，不到14.63千帕的情况 4.怀孕后最低血压上升1.99千帕以上的人	最高血压（收缩期）在21.28千帕以上的情况 最低血压（扩张期）在14.63千帕以上的情况
蛋白质尿液	将24小时的尿液（24小时排出的所有尿液）用定量法判定尿蛋白为每升0.2～1克	将24小时的尿液（24小时排出的所有尿液）用定量法判定尿蛋白为每升2～4克
治疗	住院后平静地度过。症状改善后出院，在自己家中用饮食疗法进行治疗，避开剧烈的运动和盐分过多的饮食	直到分娩都在医院中平静地生活。进行控制热量和盐分的饮食疗法。也可以使用血压下降剂进行治疗

科学的饮食营养

补充铁

到了怀孕中后期，准妈妈的血容量增加，红细胞相对不足。另外，母体除了本身对铁的需求之外，还要供给日益成长的胎儿对铁的需要。因此，此时准妈妈应该多吃一些含铁丰富的食物，如奶类、蛋类、瘦肉、豆制品、动物肝脏等，还需要多吃番茄、绿色蔬菜、红枣、柑橘等富有铁质的蔬果。

准妈妈美味营养餐

牛奶炖鸡

- **材料准备**：母鸡1只，鲜奶500克，姜片、盐各适量。
- **做法**：
1. 将母鸡宰杀，去毛、去内脏，洗净切块。
2. 把鸡肉放入滚水余烫，待鸡肉变色后，即可捞出。将余烫好的鸡肉浸泡在冷水后取出，去除鸡皮及鸡油。
3. 将处理好的鸡放入砂锅中，加入适量的清水、姜片及鲜奶煮滚后，转小火炖3小时，加盐调味后即可。

★ 香菇烧茭白

- **材料准备**：香菇、柿子椒各50克，茭白200克，料酒、白糖、盐、植物油、葱姜丝、水淀粉各适量。
- **做法**：
1. 将香菇、茭白、柿子椒择洗干净，均切片。
2. 油锅烧至五成热，先下茭白片、柿子椒片滑炒后盛出。
3. 再起油锅烧热，下葱姜丝炒香，先放入香菇片略炒，再倒入滑炒后的茭白片、柿子椒片炒匀，放入料酒、白糖、盐烧开，以水淀粉勾芡即可。

★ 木耳香葱炒河虾

- **材料准备**：小河虾150克，干木耳50克，香葱2棵，盐1小匙，香油少许，植物油2大匙。
- **做法**：
1. 小河虾用清水洗干净，除去泥沙杂质，用沸水焯熟，捞出控水。木耳用清水泡发，去蒂洗净备用。香葱切段。
2. 炒锅烧热，加植物油，六成热时放入葱段爆香。
3. 再加入小河虾、木耳翻炒，加入盐翻炒入味，出锅前淋香油即可。

本周胎教重点

运动胎教

下蹲练习

1. 站立双手合十
站立，双脚打开比肩宽，深呼吸。

2. 屈膝成马步
吸气、双膝弯曲成马步，双手撑在膝盖处停留6秒钟，深呼吸。

故事胎教

《拇指姑娘》

从前有一个妇人,她很想要一个小巧又可爱的孩子。她便去请教女巫,女巫说非常容易,便给她一粒麦粒,让她种在花盆里。当这个花朵绽开时,拇指姑娘便出生了,她生活得非常幸福。可是有一天,一只丑陋的癞蛤蟆把她抱走了,让她当小癞蛤蟆的妻子。水里的鱼儿很同情小小的拇指姑娘,便把荷叶的一根茎咬断。拇指姑娘顺着荷叶飘到了外国,被一只金龟子带到一棵树上,却因为其他金龟子说她丑被金龟子抛弃在了一片森林中。清晨,拇指姑娘以露珠为饮料,以花蜜为食物,生活还算过得去。夏天和秋天过去了,寒冷又漫长的冬天来临了,拇指姑娘来到了田鼠家生活。过了几天,田鼠说:"我们这儿最富有的先生——鼹鼠就要来了,如果你和他结婚,就有享不尽的荣华富贵。"第二天,鼹鼠穿着黑天鹅的绒毛大衣来了,因为他是一个瞎子,看不清拇指姑娘的容貌,田鼠便请拇指姑娘唱了一首歌,鼹鼠很快就爱上了她。不过,鼹鼠并没有表现出来,因为他很谨慎。过了几天,鼹鼠正式提婚了。秋天来到了,鼹鼠让拇指姑娘缝嫁衣。其实,拇指姑娘并不喜欢鼹鼠,因为鼹鼠不喜欢阳光和鲜花,而且对它们很反感。拇指姑娘曾经在地道救过一只燕子,现在,燕子要飞去另外一个国家,它便问拇指姑娘:"你愿意和我一起到另外一个国家去吗?"拇指姑娘爽快地答应了。燕子背着拇指姑娘飞呀飞,飞到了另外一个国度,把拇指姑娘放到了一朵最美丽的花上,这朵花的上面有一个和拇指姑娘一样大的美男子,他就是所有花朵的王。他们俩结婚了,拇指姑娘便成了这儿的王后。

小贴士

宝贝,你出生来到这个世界,或许你不能选择你的爸爸妈妈,也不能选择出身卑微或是生来富有,但是你可以拥有一颗善良的心,和永远向往光明、积极向上的心态。也许你发觉了自己的微不足道,或是感受到生活环境的艰苦,但这些都不能阻挡你向着光明前进的信念,尽自己最大的努力关心别人。妈妈相信,总有一天,你会像拇指姑娘一样过上幸福的生活。

语言胎教
《雨巷》

为胎儿朗诵戴望舒的《雨巷》，同时配以英国名曲《绿袖子》。优美的曲子配上优美的诗，一定可以给胎儿美的享受。

《绿袖子》是一首英国民谣，在伊丽莎白女王时代就已经广为流传，相传是英皇亨利八世所作。这首民谣的旋律非常古典而优雅，是一首描写爱情里的忧伤的歌曲。

撑着油纸伞，独自
彷徨在悠长、悠长
又寂寥的雨巷
我希望逢着
一个丁香一样的
结着愁怨的姑娘

她是有
丁香一样的颜色
丁香一样的芬芳
丁香一样的忧愁
在雨中哀怨
哀怨又彷徨

她彷徨在这寂寥的雨巷
撑着油纸伞
像我一样
像我一样地
默默彳亍着
冷漠、凄清，又惆怅

她默默地走近
走近，又投出
太息一般的眼光
她飘过

像梦一般地
像梦一般地凄婉迷茫
像梦中飘过
一枝丁香地
我身旁飘过这女郎
她静默地远了、远了
到了颓圮的篱墙
走尽这雨巷

在雨的哀曲里
消了她的颜色
散了她的芬芳
消散了，甚至她的
太息般的眼光
丁香般的惆怅

撑着油纸伞，独自
彷徨在悠长、悠长
又寂寥的雨巷
我希望飘过
一个丁香一样地
结着愁怨的姑娘

手工胎教

折纸百合花

步骤1：准备一张正方形纸，沿虚线向箭头方向折叠。

步骤2：沿虚线向箭头方向折叠，折成双菱形。

步骤3：先折成双菱形，之后下面两角再向上折。

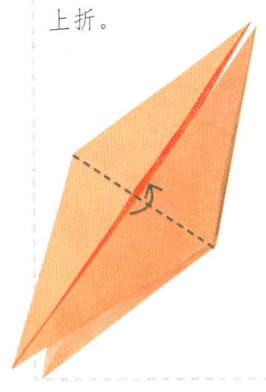

步骤4：两侧沿虚线向中心折。

步骤5：背面也一样，同步骤4。

步骤6：沿虚线向箭头方向折叠。

步骤7：沿虚线向箭头方向折叠。

步骤8：将纸角用圆珠笔向后卷曲成花瓣形。

185

19周 表情越来越丰富

准妈妈可以做一些手工胎教，增强脑部灵活性。当准妈妈开心的时候，胎儿也会感觉到很开心，因此微笑也是很好的胎教。

准妈妈和胎儿的变化

准妈妈的变化

第十九周

{皮肤色素变化加剧}

乳头上会分泌出乳汁。这个时期，皮肤的色素变化会加剧，所以乳头的颜色会加深，偶尔会疼痛。由于流入阴道周围皮肤或肌肉的血液量增加，阴道内白色或淡黄色白带会增多。

胎儿的变化

第十九周

{皮肤开始分泌油脂}

胎儿皮肤的腺体分泌出一种黏稠的、白色的油脂样物质，称为胎儿皮脂，有防水屏障的作用，可防止皮肤在羊水中过度浸泡。

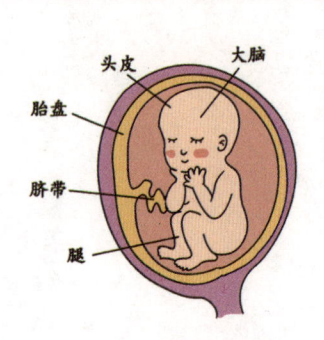

必知的孕期生活指导

什么是胎动

怀孕满4个月后,即从第五个月开始,准妈妈可明显感到胎儿的活动,胎儿在子宫内伸手、踢腿、冲击子宫壁,这就是胎动。胎动的次数并非恒定不变,妊娠28~38周是胎动活跃的时期,以后稍减弱,直至分娩。胎动正常,表示子宫和胎盘功能良好,输送给胎儿的氧气充足,胎儿在子宫内健康成长发育。

	胎动规律和变化	
孕16~20周	胎动运动量	小/动作不激烈
	准妈妈的感觉	比较微弱/不明显
	位置	下腹中央
	孕16~20周是刚刚开始能够感觉胎动的时期。这个时候的胎儿运动量不是很大,动作也不激烈,准妈妈通常觉得这个时候的胎动像鱼在游泳,或是"咕噜咕噜"吐泡泡,跟胀气、肠胃蠕动或饿肚子的感觉有点像,没有经验的准妈妈常常会分不清。此时胎动的位置比较靠近肚脐眼	
孕20~35周	胎动运动量	大/动作最激烈
	准妈妈的感觉	非常明显
	位置	靠近胃部,向两侧扩大
	这个时候的胎儿正处于活泼的时期,而且因为长得还不是很大,子宫内可供活动的空间比较大,所以这是胎儿胎动最激烈的一段时间。准妈妈可以感觉到胎儿拳打脚踢、翻滚等各种大动作,甚至还可以看到肚皮上突出的小手小脚。此时胎儿位置升高,在靠近胃的地方了	
临近分娩	胎动运动量	大/动作不太激烈
	准妈妈的感觉	明显
	位置	遍布整个腹部
	因为临近分娩,胎儿慢慢长大,几乎撑满整个子宫,所以宫内可供活动的空间越来越少,施展不开,而且胎头下降,胎动就会减少一些,没有以前那么频繁。胎动的位置也会随着胎儿的升降而改变	

不一定是胎宝宝胖了

准妈妈要特别注意控制体重

进入孕中期,准妈妈的体重应该每四周增加两千克左右,但是也有体重增加超过3千克的情况。体重的过分增加,会导致难产、胎宝宝发育停止、妊娠糖尿病、孕期高血压等,所以要特别注意控制体重。

准妈妈在此时期食欲会变得很旺盛,因此很容易超重,所以这时应该给自己确定分娩前的目标体重,并每天记录体重。如果一周内的体重增加超过0.5千克,准妈妈就应该注意均衡地摄取所需的营养,同时减少碳水化合物的摄取量来进行体重控制。

准妈妈的理想体重

准妈妈的体重到底是多少才算理想呢?下面为准妈妈提供一个公式,一起来计算一下吧!理想的体重(千克)=身高(厘米)-100。

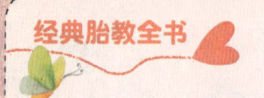

需要关注的健康问题

准妈妈白带增多

由于流入阴道周围皮肤或肌肉的血液量增加，阴道内白色或淡黄色白带会增多。如果分泌物有异味或者带绿色，并且有些黏稠，则表示阴道有可能被感染，所以要注意观察。准妈妈要穿棉料内衣，这样能减少分泌物对皮肤的刺激。

准妈妈腿部抽筋怎么办

怀孕进入第五个月时，腹中的胎儿将开始快速成长。准妈妈也会感受到自己身体上的变化，特别是在下腹部及乳房处。

腿部抽筋的原因

腿部抽筋是因胎儿骨骼发育需要大量的钙、磷，而准妈妈的钙补充不足或血中钙、磷浓度不平衡，从而发生腿部肌肉痉挛。当体内缺钙时，肌肉的兴奋性增强，容易发生肌肉痉挛。此时的准妈妈腿部肌肉的负担要大于其他部位，因此更容易发生肌肉痉挛。如果日常饮食中钙及维生素D含量不足，或缺乏日照，会加重准妈妈身体中钙含量的缺乏。

腿部抽筋的预防

为了避免腿部抽筋，准妈妈应多吃含钙元素的食物，如牛奶、瘦肉、鱼肉等。谷类、果蔬、奶类、肉类食物都要吃，并合理搭配。比如动物肝脏，除不含维生素C和维生素E外，几乎包含了所有的维生素，而且含铁丰富，搭配富含维生素C和维生素E的黄绿蔬菜一起食用，极为理想，维生素A含量高的食物如胡萝卜，与含动物油脂的荤食一起煮熟后吸收更好。

腿部抽筋的治疗

准妈妈发生小腿抽筋时，要按摩小腿肌肉，或慢慢将腿伸直，可使痉挛慢慢缓解。为了防止夜晚小腿抽筋，可在睡前用热水洗脚，也可以立即站在地面上蹬直患肢；或是坐着，将患肢蹬在墙上，蹬直；或请身边亲友将患肢拉直。总之，使小腿蹬直、肌肉绷紧，再加上局部按摩小腿肌肉，即可以缓解疼痛。

	腿部抽筋的注意事项	
1	需注意不要使腿部的肌肉过度疲劳	但需要指出的是，绝不能以小腿抽筋作为需要补钙的指标，因为个体对缺钙的耐受值有所差异，所以有些人在钙缺乏时，并没有小腿抽筋的症状
2	不要穿高跟鞋	
3	饭后2～3小时再上床	
4	平时要多摄入一些含钙及维生素D丰富的食品	
5	适当进行户外活动，接受日光照射	
6	必要时可加服钙剂和维生素D	

科学的饮食营养

补充维生素A

孕19周准妈妈应加强对维生素A的补充。维生素A对维持正常视觉有重要作用，严重缺乏维生素A会导致色盲。不仅如此，维生素A也是正常骨骼发育所必需的，缺乏时会导致成骨与破骨之间的不平衡，并造成神经系统异常。

准妈妈美味营养餐

★ 鲜虾鸡蛋羹

- **材料准备**：鸡蛋2个，鲜虾30克，香菜末、上汤、葱丝、姜丝、盐适量。
- **做法**：
  1. 将鲜虾洗净，煮熟，取虾仁备用。
  2. 鸡蛋打入碗中，加入适量上汤、葱丝、姜丝、盐搅拌均匀。
  3. 将碗放入锅中蒸，待鸡蛋羹快熟时，将虾仁放入鸡蛋羹上，最后撒入香菜末。

★ 白雪映菜花

- **材料准备**：菜花150克，红萝卜15克，鸡蛋3个，花生油、盐、白糖、熟鸡油各适量。
- **做法**：
  1. 菜花切成小朵，鸡蛋去黄留白，红萝卜、青椒切菱形小片；锅中加水，待水开时，加盐少许，下菜花氽烫熟，捞起盛入碟内。
  2. 在锅内倒入适量植物油，锅不能太热，把鸡蛋白打散调制入味、轻轻倒入锅内，淋鸡油铲起，倒在菜花上即可。

本周胎教重点

音乐胎教

《春之声圆舞曲》

春之声圆舞曲，作品410号，是奥地利著名音乐家小约翰·施特劳斯的不朽名作，作于1883年。当时作者已年近六旬，但此曲依然充满活力，处处散发着青春的气息。曲中生动地描绘了大地回春、冰雪消融、一派生机的景象，华丽敏捷的旋律如春天的气息扑面而来，洋溢着青春活力。

伴随着轻快的舞曲，准妈妈是不是也心情大好，忍不住要跳起华尔兹了呢？

小鸟欢乐地唱着，在山谷中清脆地回响。
阳光照耀在草地上，闪耀着七色光芒。
啊，春天身着飘逸的裙装，和我们在一起，
共同沐浴着明媚的阳光，忘掉烦恼与忧愁。
在这晴朗的日子里，我们尽情地奔跑、欢笑、游玩！

运动胎教

缓解腰腿疼痛

1. 仰卧抬腿

把一条腿搭在另一条腿上，然后放下来，重复10次。

2. 交替抬腿

每抬1次高度增加一些，然后换另一条腿，重复10次。

故事胎教

《拔萝卜》

老公公种了个萝卜，他对萝卜说："萝卜、萝卜，快快长吧，长得甜啊；萝卜、萝卜，快快长吧，长得大啊！"萝卜越长越大，大得不得了。

老公公就去拔萝卜。他拉住萝卜的叶子，"嗨哟、嗨哟"拔呀拔，拔不动。老公公喊："老婆婆、老婆婆，快来帮忙拔萝卜！""唉！来了、来了。"

老婆婆拉着老公公，老公公拉着萝卜叶子，一起拔萝卜。"嗨哟、嗨哟"拔呀拔，还是拔不动。老婆婆喊："小姑娘、小姑娘，快来帮忙拔萝卜！""唉！来了、来了。"

小姑娘拉着老婆婆，老婆婆拉着老公公，老公公拉着萝卜叶子，一起拔萝卜。"嗨哟、嗨哟"拔呀拔，还是拔不动。小姑娘喊："小狗儿、小狗儿，快来帮忙拔萝卜！""汪汪汪！来了、来了。"

小狗儿拉着小姑娘，小姑娘拉着老婆婆，老婆婆拉着老公公，老公公拉着萝卜叶子，一起拔萝卜。"嗨哟、嗨哟"拔呀拔，还是拔不动。小狗儿喊："小花猫、小花猫，快来帮忙拔萝卜！""喵喵喵！来了、来了。"

小花猫拉着小狗儿，小狗儿拉着小姑娘，小姑娘拉着老婆婆，老婆婆拉着老公公，老公公拉着萝卜叶子，一起拔萝卜。"嗨哟、嗨哟"拔呀拔，还是拔不动。小花猫喊："小耗子、小耗子，快来帮忙拔萝卜！""吱吱吱！来了、来了。"

小耗子拉着小花猫，小花猫拉着小狗儿，小狗儿拉着小姑娘，小姑娘拉着老婆婆，老婆婆拉着老公公，老公公拉着萝卜叶子，一起拔萝卜。"嗨哟、嗨哟"拔呀拔，大萝卜有点动了，再用力地拔呀拔，大萝卜拔出来啦！他们高高兴兴地把大萝卜抬回家去了。

小贴士

这个故事告诉我们一个简单的道理："团结就是力量！"宝贝，如果你留心，就会发现很多事情只靠一个人的力量是无法完成的，只有懂得与人合作，众人合力才能将事情办成。

191

趣味胎教

手影游戏《小兔子》

准妈妈可做一些手影小游戏，锻炼手指灵活性的同时还可以调节准妈妈的心情。注意兔子的脚一定要分开展示，这样才显得更活泼。

步骤1：在较暗的房间内打开一盏台灯，伸出左手适当向左弯曲。

步骤2：伸出右手贴靠在左手后。

步骤3：将左右手的小指钩在一起。

步骤4：将左右手示指互钩在一起。

步骤5：将左手的环指与中指伸展开。

步骤6：将右手的拇指、无名指和中指如图伸展开，兔子的造型就完成了。

知识胎教

认识数字1和2

准妈妈从这周开始可以增加数学知识的胎教内容了，比如教宝宝学数字，学图形等。每天不要学太多，一次学习两个数字就可以了，在一两周内反复学习这两个数字，强化宝宝的印象。另外，学习时要将数字视觉化，也就是结合实物来进行学习。如教"1"这个数字时，可以说"1像铅笔细又长"等，让"1"这个数字变得具体又形象；在教"2"这个数字时，可以说"2像小鸭水中游"；说的时候还可以做出小鸭游水的动作来强化对实物的认识。

1像铅笔长又长。

2像小鸭水中游。

手工胎教

小熊

步骤1：用褐色橡皮泥搓成圆球。

步骤2：再用褐色橡皮泥搓一个一头稍微粗一些的圆柱形。

步骤3：再将两个搓好的圆球分别捏扁当耳朵。

步骤4：用浅黄色橡皮泥搓成3个圆球并压扁，剪出脸形和耳朵。

步骤5：搓4条长条，按在身体上。再用牙签将头和身体连接起来。

步骤6：用红色和黑色橡皮泥搓成小圆点和长条做眼睛、鼻子、红晕。

20周 胎儿的感觉器官发育

这时候准妈妈会感觉腰痛，可以做一些减轻腰部疼痛的孕妇操，不要久坐电脑前，要不断调整坐姿。

准妈妈和胎儿的变化

准妈妈的变化

第二十周

{准妈妈出现尿频症状}

子宫逐渐地往外挤，所以腹部会越来越大，而且腰部线条会完全消失。由于腹部的压力，肚脐会突出。随着子宫的增大，肺、胃、肾等器官会受到压迫，所以会出现呼吸困难、消化不良、尿频等症状，甚至还会出现尿失禁的情况。

胎儿的变化

第二十周

{具备应有的神经系统}

此时的胎儿完全具备了人体应有的神经系统，神经之间已经互相连接，而且肌肉比较发达，所以胎儿可以随意活动。有时伸懒腰，有时用手抓东西，还能转动身体。本周是胎儿的味觉、嗅觉、听觉、视觉和触觉等感觉器官发育的关键期。

必知的孕期生活指导

腰部线条完全消失

子宫逐渐地往外挤，所以腹部会越来越大，而且腰部线条会完全消失。由于腹部的压力，肚脐会突出。从肚脐开始，沿着生殖器生成的妊娠纹会更加明显。从这时期开始，子宫会每周长1厘米左右，而且会出现下腹部的疼痛。

孕期适当运动

孕期适当的活动，对母体和胎儿双方都有好处。在母体方面，适当的活动和劳动，可使准妈妈身心舒畅，保持良好的心理状态；促进血液循环，增强心肌收缩力。

在胎儿方面，由于胎儿与母体血脉相连、息息相关，因此，准妈妈适当的活动和运动，也增加了对胎儿氧气和营养的供给，促进胎儿大脑和身体的发育。

需要关注的健康问题

肩膀酸痛

由怀孕20周后，准妈妈会感到肩膀酸痛。孕中期后出现的肩膀酸痛多是因为血液循环不佳所造成。怀孕后的血液量会增加，到了怀孕中、晚期，扩大的子宫会压迫静脉，影响血液回流，造成血液循环不佳，末梢循环也会受到明显的影响，再加上活动不便，运动量减少，更可能使血液循环不佳的情况恶化。上班族经常维持同一姿势坐在电脑前，更容易加重肩膀酸痛。

避免肩膀酸痛最好的方法就是"不停地移动"，维持同一姿势不要超过20分钟，比如久坐和久站都不要超过20分钟，若是不能离开座位，也应起身伸伸懒腰、动动肩膀，促进血液循环。

当肩膀酸痛时，也可采用热敷的方式，以不烫伤为原则，一般40℃左右的温度，就可感到高温，将热毛巾敷于酸痛处10～20分钟，也可请家人帮忙按摩，进行简单的揉搓按摩即可，主要目的在于促进血液循环、放松肌肉，不要针对特殊穴位进行按摩，以免引发宫缩。

预防阴道炎

随着阴道分泌物的增多，准妈妈极容易感染上滴虫性阴道炎，不胜其扰。滴虫性阴道炎是一种女性常见的阴道炎症，它是由阴道毛滴虫感染而引起的。滴虫不仅在准妈妈阴道内的皱襞上寄存，还可侵入到尿道，甚至上行到膀胱、肾盂，引起泌尿道的感染。

而且一旦准妈妈患了阴道滴虫病，往往继发其他细菌感染，感染可由阴道上行蔓延到子宫腔，进一步引起宫腔感染。在孕早期感染容易引起流产、胎宝宝发育畸形，孕中期感染可引起绒毛膜发炎，造成胎膜早破、胎盘早剥，同时通过胎盘直接引发胎宝宝感染。

1.准妈妈一定要注意孕期卫生，不去不正规的游泳场所、洗浴场所，尽量去人少的地方。

2.孕期检查要选正规的医院，避免去不正规的医疗单位做器械检查，以免发生间接感染。

3.准爸爸患病，应严禁同房，积极治疗，以免引起滴虫的直接传播。

4.用过的内裤、浴巾及洗浴用盆，应该采取5～10分钟的煮沸消毒。

5.用0.5%～1%的乳酸或醋酸溶液进行阴道冲洗，每天晚上一次；也可在每晚睡前将甲硝唑栓剂塞入阴道，以10天为一疗程。

6.不要自行服药。尚未确认妊娠时发现感染阴道炎后，千万不要自行服药。针对你的情况需要向医生咨询，根据药物的特性和服用时间的长短，由医生进行判断，以免对胎儿造成影响。

科学的饮食营养

补充蛋白质

怀孕20周,为了保证胎儿的健康发育和准妈妈的需要,要合理调配膳食以保证热能和营养素的供给。

准妈妈在保证优质蛋白质的同时,还要确保无机盐和维生素的供给。无机盐、维生素具有建造身体、调节生理功能的作用,一旦缺乏易影响胚胎的分化、细胞的分裂和神经系统的发育。

准妈妈美味营养餐

★ 黄瓜炒猪肝

- **材料准备**:猪肝300克,黄瓜2根,葱末、姜末、蒜末、木耳、植物油、酱油、料酒、水淀粉、盐、白糖、高汤各适量。
- **做法**:
1. 将猪肝洗净,切成薄片。用水淀粉、盐腌制,以八成热的油滑散后捞出待用。
2. 将黄瓜洗净,切成菱形薄片。木耳洗净并撕成小碎块。
3. 将油放入锅内,油烧至七成热时,放入葱末、姜末、蒜末、黄瓜片、木耳翻炒几下,放入猪肝,淋入料酒,再加酱油、盐、白糖、高汤。用水淀粉勾芡,出锅即可。

★ 彩椒炒玉米

- **材料准备**:玉米粒300克,青、红柿子椒各50克,花生油10克,盐2克,白糖3克,水淀粉适量。
- **做法**:
1. 玉米粒沥去多余水分,待用;青、红柿子椒去蒂、去籽、洗净,切成小丁,备用。
2. 炒锅置于火上,放入花生油,烧至七成热时,下玉米粒,翻炒片刻,再放入柿子椒丁,翻炒后加白糖、盐调味。
3. 加少许水淀粉勾芡,盛入盘内即可。

本周胎教重点

运动胎教

缓解腰背酸痛

1. 自然平躺

背躺在地板上,脖子放松,保持脊椎的自然弯曲。

2. 提膝靠上身

背部贴紧地面,脖子放松。呼气时把脖子梗起来,使头部离开地面,同时提膝盖并靠近上身。

3. 收腹抬上体

吸气5拍,慢慢吐气5拍,同时收缩腹部并抬起上体。

4. 收腹提臂

腹部、臀部收紧,身体躯干呈一条直线,静止20秒。

5. 摆动身体

身体中心躯干轻轻地上下移动,抬起、放下,反复做12～15次。做这一步时,明显感觉到腹部的肌肉收紧。

故事胎教

《渔夫和金鱼》

从前有个老头儿和他的老太婆,住在蓝色的大海边,他们住在一所破旧的泥棚里。老头儿撒网打鱼,老太婆纺纱织线。有一次老头儿向大海撒下渔网,拖上来的只是些海藻,然后他再次撒下渔网,却网到一条鱼,这不是一条平常的鱼——是条金鱼。金鱼竟苦苦哀求起来!它跟人一样开口讲话:"放了我吧,老爷爷,把我放回海里去吧,为了赎身,你要什么我都依你。"老头儿吃了一惊,对它说了几句亲切的话:"金鱼,上帝保佑!我不要你的报偿,你游到蓝蓝的大海里去吧。"

老头儿回到老太婆跟前,告诉她这桩天大的奇事。老太婆指着老头儿就骂:"你这傻瓜,哪怕要只木盆也好,我们那只已经破得不成样了。"于是老头儿走向蓝色的大海,老头儿就对金鱼叫唤,金鱼向他游过来问道:"你要什么呀,老爷爷?"老头儿向它行个礼回答:"行行好吧,我的老太婆把我大骂一顿,她要一只新的木盆。"金鱼回答说:"别难受,你们马上会有一只新木盆。"

老头儿回到老太婆那儿,老太婆果然有了一只新木盆。老太婆却骂得更厉害:"你这傻瓜,真是个老糊涂!你只要了只木盆。滚回去,再到金鱼那儿去,向它要座木房子。"

于是老头儿又走向蓝色的大海。老头儿就对金鱼叫唤,金鱼向他游过来问道:"你要什么呀,老爷爷?"老头儿向它行个礼回答:"行行好吧,老太婆把我骂得更厉害,她想要座木房。"金鱼回答说:"别难受,你们马上就会有一座木房。"

老头儿走向自己的泥棚,泥棚已变得无影无踪;他面前是座有敞亮房间的木房,老太婆坐在窗口下,指着丈夫破口大骂:"你这傻瓜,老浑蛋,我不愿再做低贱的庄稼婆,我要做世袭的贵妇人。"

老头儿走向蓝色的大海。老头儿又对金鱼叫唤,金鱼向他游过来问道:"你要什么呀,老爷爷?"老头儿向它行个礼回答:"行行好吧,老太婆的脾气发得更大,她已经不愿意做庄稼婆,她要做个世袭的贵妇人。"金鱼回答说:"别难受,去吧,上帝保佑你。"

老头儿回到老太婆那儿。他的老太婆站在台阶上，穿着名贵的黑貂皮坎肩，头上戴着锦绣的头饰，脚上穿了双红皮靴子。勤劳的奴仆们在她面前站着，她鞭打他们，揪他们的头发。过了一星期，又过了一星期，老太婆胡闹得更厉害，她又打发老头到金鱼那儿去。"给我滚，说我不愿再做贵妇人，我要做自由自在的女皇。"

老头儿走向海边。他又对金鱼叫唤，金鱼向他游过来问道。"你要什么呀，老爷爷？"老头儿向它行个礼回答。"行行好吧，我的老太婆她不愿再做贵妇人，她要做自由自在的女皇。"金鱼回答说："别难受，好吧，老太婆就会做上女皇！"

老头儿回到老太婆那里。怎么，他面前竟是皇家的宫殿，他的老太婆当了女皇。过了一星期，又过了一星期，老太婆胡闹得更加不像话。老太婆对老头儿说："滚回去，去对金鱼行个礼。我不愿再做自由自在的女皇，我要做海上和陆地上的女霸王。"老头儿于是跑到蓝色的海边，老头儿对金鱼叫唤，金鱼向他游过来问道："你要什么呀，老爷爷？"老头儿向它行个礼回答："行行好吧，她已经不愿再做女皇了，她要做海上和陆地上的女霸王。"金鱼一句话也不说，只是尾巴在水里一划，游到深深的大海里去了。老头儿在海边久久地等待回答，可是没有等到，他只得回去见老太婆。但是呈现在眼前的不再是宫殿，却依旧是那间破泥棚，她的老太婆仍然坐在门槛上，她面前摆的还是那只破木盆。

趣味胎教

涂色游戏——小牛

今天，准妈妈用五彩的画笔为胎儿画个可爱的小牛。

步骤1：按照图片样式描画线条。

步骤2：用肉粉色蜡笔将小牛的身体和头部填上。

步骤3：将小牛的脚用黑色蜡笔填好。

步骤4：用黄色蜡笔填上小牛的嘴巴。

步骤5：用褐色蜡笔涂上小牛的犄角。

步骤6：用红色蜡笔填上小牛的前胸，完成。

知识胎教

奇怪的小动物

每一个妈妈都非常地喜爱和关心自己的宝宝。动物妈妈也不例外。这里推荐准妈妈给胎儿讲关于袋鼠和考拉的故事。

袋鼠的生活

刚出生的小袋鼠只有两厘米长，耳目紧闭，后肢被一层透明的胎膜包裹着。袋鼠妈妈仰躺着身子，尾巴从两腿之间伸出来，用舌头从尾巴根部向着育儿袋方向，舔出了一条潮湿的"小路"。小袋鼠虽然又聋又瞎，可它凭着本能，沿着母袋鼠舔出来的"小路"，左右摇晃，直到艰难地爬进母亲育儿袋里。

小袋鼠长到7个月大，才会短暂地从育儿袋里爬出，感受外面的世界。每天清晨，袋鼠妈妈带着孩子沐浴着阳光。小袋鼠异常调皮，在妈妈的腹袋里吃完奶后就钻出来透气儿。育儿袋像橡皮袋似的，极富弹性，能自如地拉开、合拢，小家伙出出进进非常方便。袋鼠妈妈一边低头吃草，一边警觉地观察四周，有时也会慈爱地帮孩子梳理毛发。

小袋鼠扑闪着长睫毛，驱赶苍蝇，温顺地倚在妈妈身上撒娇。

袋鼠岛看似宁静，危险却无处不在。经常，天空中忽然掠过一只楔尾鹰的影子，它展开宽2米的黑色双翼盘旋。与生俱来的危机感，让小袋鼠哧溜一下钻回母亲的"避风港"，只露出亮晶晶的大眼睛，不安地望着外面的世界。

小袋鼠一天天长大，育儿袋再也容纳不下它。它们只好搬到外面生活，但依旧会将头钻到育儿袋里去吃奶，直到三四岁发育成熟后，才离开母亲独自生活……

"懒汉"考拉

考拉学名树袋熊，"考拉"的叫法源于澳洲土著语Koala，意思是"不喝水"，它们仅在生病时和干旱季节喝水，身体所需的水分90%来自所食的桉树叶。成年的考拉每天能吃掉1.5千克桉树叶。

考拉被当地人亲切地称为"懒汉"。考拉每天的睡眠时间在20小时左右。白天，阳光透过密密的树叶暖暖地照下来，洒下一片斑驳的碎影。一只只考拉慵懒地悬挂在低矮的树杈间，摊开四肢微微摇摆，安静地享受阳光轻柔的抚慰。小考拉刚出生只有两厘米多一点，身重仅5克，通体无毛，像一颗粉红色的软糖。在妈妈的帮助下，小家伙藏到母考拉腹部的育儿袋中，靠乳汁生活到6个月大。等小考拉一天天长大，它会爬到母亲背上，直至1岁左右离开妈妈，自己开始采食桉树叶独立生活。

21周 胎儿的消化器官开始发育

准妈妈可以利用胎教来转移身体疼痛,饭后适当做一些运动,以防止准妈妈出现水肿的现象。

准妈妈和胎儿的变化

准妈妈的变化

第二十一周

{容易出现水肿或静脉曲张}

这个时期准妈妈最好避免剧烈运动,尽量抽空多休息。此外,这个时期子宫已经上移20厘米左右,压迫静脉,准妈妈容易出现腿水肿或静脉曲张。

胎儿的变化

第二十一周

{消化器官越来越发达}

此时胎儿的消化器官越来越发达,可以从羊水中吸取水和糖分。随着胎脂的增多,胎儿的身体处于滑润的状态。胎儿舌头上的味蕾已经形成,胎儿会不时地吮吸自己的拇指或摸脸蛋儿。

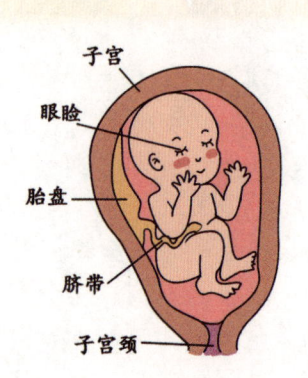

必知的孕期生活指导

控制好体重

进入孕中期，准妈妈的体重应每个月增加2千克，但是也有体重增加超过3千克的情况。体重的过分增加，会导致难产、胎儿发育停止、妊娠糖尿病、孕期高血压等，所以要特别注意控制体重。

计算体重的标准

每位孕妈妈体重增加的程度各不相同，所以不必因为你比其他准妈妈胖很多或瘦很多而担心。孕早期准妈妈一般只会增重0.9～2.3千克；在怀孕中期大约增重6千克；怀孕晚期约增重5千克。

BMI=体重千克数/身高米数的平方
例：体重54千克，身高1.6米，BMI=54/1.6²≈21.09

孕前体质指数（BMI）	孕期体质增加量（千克）
BMI≥28	增重8～11
BMI在24～28	增重10～12
BMI在18.5～24	增重11.5～12.5
BMI<18.5	增重13～15

水肿也可能导致体重增加

有些准妈妈会出现水肿，这会导致体重的增加。水肿主要是由于血管扩张和血流加速，但也有很少数与肾脏、心脏、肝脏功能紊乱或者循环不良有关。经常锻炼、穿宽松衣物可以改善循环。带外科用的支持软管或者穿长袜也有助于改善循环。

需要关注的健康问题

孕期失眠怎么办

整个妊娠期间，准妈妈都有失眠的可能，入睡表现为困难，或者醒来后就无法再入睡。有些准妈妈还会围绕着分娩或胎儿做噩梦。该怎么办呢？可以试用以下一些方法。

注意睡眠的姿势

为了保证睡眠的质量，还应该注意睡眠的姿势。什么样的姿势才算好的呢？其实只要自己觉得舒服就可以。按下列方法可能较好些。怀孕初期，一般仰卧的姿势比较舒服，还可以在膝盖下垫一个小枕头或沙发靠垫，这样更容易入睡。

坚持晚饭后散步

准妈妈应该保持一定的运动，可以选择运动量小的活动，比如可以怡然自得地散步，也是一种很好的休息形式，可以坚持晚饭后就近到公园、广场、体育场、宽阔的马路或乡间小路散步。最好夫妻同行，边散步边聊聊天，除能解除疲劳外，也是调节和保持准妈妈良好精神状态的妙方。坚持散步对准妈妈和胎儿的身心健康均有收益。

孕中期出现宫缩怎么办

孕中期有的准妈妈会出现子宫不规则的无痛性收缩，可由腹部摸到，准妈妈自己也能感觉到，但这种宫缩，无规律，并且无痛，这是正常现象。如果不出现加重，无明显腹痛，无阴道流血，可不做处理，如疼痛加重并出现阴道流血、流水，则有可能发生早产，需要找医生处理。

203

科学的饮食营养

血糖高可以这样吃

如果担心孕期血糖升高，最好采取以下方法进行日常饮食。

序号	具体做法
1	增加膳食纤维摄入。膳食纤维可延缓糖的吸收，建议每日膳食纤维摄入量以30克左右为宜
2	适量补充微量营养素。适当补充维生素C、维生素E、β-胡萝卜素、维生素B_1、维生素B_2、维生素B_6、维生素B_{12}、锌、铬、钒、硒、镁等
3	减少盐的摄入量。建议每天盐的摄入量应控制在6克以内
4	合理分配餐次。每天早、中、晚餐摄入的能量按25%、40%、35%的比例分配。可酌情采用少食多餐、分散进食的方法

准妈妈美味营养餐

★ 枣菇蒸鸡

- **材料准备**：肉鸡1只，红枣15枚，香菇10克，黄酒、姜片、葱段、食盐各适量。
- **做法**：
1. 鸡宰后去毛，剖腹去内脏，洗净。
2. 香菇、红枣水发，洗净，沥干水。
3. 将鸡内外用盐擦抹一遍，把香菇、红枣置于鸡膛内，加上黄酒、姜片、葱段，放入双层蒸锅中蒸2～2.5小时即可。

★ 肉末炒豌豆

- **材料准备**：鲜嫩豌豆300克，猪肉150克，植物油、酱油、盐、葱末、姜末各适量。
- **做法**：
1. 将猪肉剁成末，豌豆洗净，控干水分。
2. 植物油放入锅内，热后下入葱末、姜末略煸，下入猪肉末并加入酱油煸炒。
3. 然后把豌豆和其余的酱油、盐放入，用旺火快炒，熟后出锅即可。

★ 胡萝卜炒肉

- **材料准备**：瘦猪肉200克，胡萝卜150克，香菜20克，淀粉50克，植物油、葱姜末、酱油、盐、醋、料酒、香油各适量。
- **做法**：

1. 将胡萝卜洗净，切成细丝；香菜洗净，切段待用。
2. 将瘦猪肉剔去筋，切成细丝，放入盆内，加入淀粉、盐上浆，用热锅温油滑开捞出。
3. 将植物油放入锅内，热后下入葱姜末炝锅，投入胡萝卜丝煸炒断生，加入瘦猪肉丝搅拌均匀，再加入酱油、盐、醋、料酒，炒熟后加入香油、香菜，搅匀出锅即可。

本周胎教重点

运动胎教
跪式呼吸运动

1. 跪坐
跪坐，深呼吸。

2. 手放膝盖上
跪正，臀部与膝盖垂直，两手放在膝盖的前方，手掌与膝盖平行，吸气，腰部凹陷，头抬高，脸向上。

3. 腰部上下摆动
呼气，腰部提高，头向内缩，深呼吸，腰部上下摆动数次。

4. 还原调吸
还原，将呼吸调整均匀。

> 故事胎教

《孔融让梨》

古时候，有一个小孩儿名字叫孔融。他家有六个兄弟，他排行第六。因为他性情活泼、随和，大家都喜欢他。虽然家里兄弟多，但爸爸妈妈对他们每个人的要求都很严格，从不偏袒。

在孔融4岁那年，有一天，爸爸的一个学生来看老师和师母，并带来了一大堆梨。客人让孔融把梨分给大家吃，在爸爸点头同意后，小孔融站起来给大家分梨。他先拿个最大的梨给客人，然后挑两个较大的给爸爸、妈妈；再依次把大的一个一个分给了哥哥们；最后，他才在一大堆梨中拿了一个最小的给自己。客人问小孔融为什么拣一个最小的给自己呢？孔融回答："我年纪最小，当然应该吃最小的。"客人听了孔融的回答直夸奖他，爸爸也满意地点了点头。

小贴士

《孔融让梨》这个故事在中国可谓是家喻户晓。爸爸妈妈小时候都听过这个故事。中国自古以来就崇尚尊敬长辈、谦恭礼让，这也是我们祖先流传下来的优良品格。宝贝，从小做一个懂得礼让的人，将来与别人交往时，也会给你带来很大的益处。

> 语言胎教

诗歌《寻梦者》

——戴望舒

梦会开出花来的，
梦会开出娇妍的花来的：
去求无价的珍宝吧。
在青色的大海里，
在青色的大海的底里，
深藏着金色的贝一枚。
你去攀九年的冰山吧，
你去航九年的旱海吧，
然后你逢到那金色的贝。
它有天上的云雨声，
它有海上的风涛声，
它会使你的心沉醉。
把它在海水里养九年，
把它在天水里养九年，
然后，它在一个暗夜里开绽了。
当你鬓发斑斑了的时候，
当你眼睛蒙了的时候，
金色的贝吐出桃色的珠。
把桃色的珠放在你怀里，
把桃色的珠放在你枕边，
于是一个梦静静地升上来了。
你的梦开出花来了，
你的梦开出娇妍的花来了，
在你已衰老了的时候。

知识胎教
了解动植物百科

为准妈妈介绍一下关于动植物的知识，相信准妈妈一定会有不少收获。准妈妈还要认真地读出声来，让胎儿在这种美好的环境之下，一同感受鸟类与植物世界的美好。

尖尾雨燕——飞行速度最快的鸟

尖尾雨燕平时飞行的速度为170千米/小时，最快时可达352.5千米/小时，堪称飞得最快的鸟。

柯利鸟——最大的飞鸟

生活在非洲东南部的柯利鸟，翅膀长达2.56米，体重在18千克左右，是世界上能飞行的鸟中体重最大的。

非洲鸵鸟——体形最大的鸟

世界上体形最大的现生鸟类是生活在阿拉伯和非洲地区的非洲鸵鸟，它的体重56千克左右，最重的可达75千克，身高达2～3米。

可能是太重的缘故，它不能飞翔。它的卵重约1.5千克，长17.8厘米，等于30～40个鸡蛋的总重量，是现今最大的鸟卵。

沁人心脾的紫丁香

紫丁香于春季盛开，芬芳袭人，是人们极为喜爱的花卉之一。由于丁香花朵纤小文弱，花筒稍长，因此给人以欲尽未放之感。宋代王十朋称丁香"结愁千绪，似忆江南主"。历代吟咏丁香的诗，大多有典雅庄重、情味隽永的特点。

22周 胎儿骨骼完全形成

这时期胎儿的关节也很发达，能抚摸自己的脸部、双臂和腿部，还能吸吮手指头，甚至能低头。此时是进行胎教的重要时期，准妈妈一定要注意对胎儿进行胎教。

🐴 准妈妈和胎儿的变化

准妈妈的变化

第二十二周

{血液量大大增加}

这个时期准妈妈的血液量会大大增加，但因为需求量增加更大，准妈妈在孕中期容易出现贫血和眩晕的症状。此时由于体重突然增加、子宫增大，身体的重心发生偏移，这些都会破坏原本均匀的体形。这个时期身体行动显得比较困难，所以要穿舒适的衣服和平底鞋。

胎儿的变化

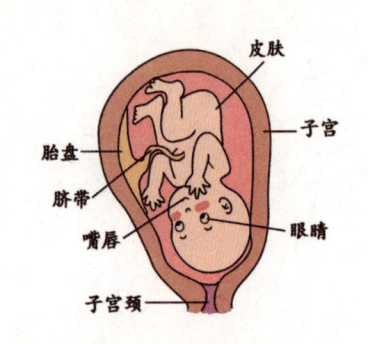

第二十二周

（图示标注：皮肤、子宫、胎盘、脐带、嘴唇、眼睛、子宫颈）

{大脑迅速生长}

胎儿现在有了汗腺，血管仍然可见，但皮肤不像以前那样透明了。他的指甲完全形成并继续生长。如果是个男孩，睾丸开始从骨盆向下降入阴囊内。原始精子在睾丸里已经形成。

必知的孕期生活指导

准妈妈此时容易引起贫血

孕中期，准妈妈的血液量会大大增加，所以很多准妈妈在孕中期容易出现贫血症状。孕中期最好充分摄取铁质，这样能有效预防贫血。富含铁质的食物有：海带、紫菜、木耳、香菇、猪肝、鸡肝、牛肉、猪肾、黄豆等。

要学会正确补铁

怀孕中期的准妈妈非常容易患缺铁性贫血。这种症状不仅会影响腹中胎儿的健康，还可能引起宫内胎儿窘迫、早产等危险。因此，准妈妈要注意补铁。但是补铁不能盲目，要讲究一定的科学。首先准妈妈最好去医院验血，如果检测出有贫血的症状，医生会开一些补铁剂，让准妈妈每天补60~120毫克的铁。为了能有效吸收铁，医生会建议准妈妈空腹时服用补铁药剂。另外，可以借助富含维生素C的饮品，如橙汁等帮助送服药剂，切不可用牛奶来服用，因为牛奶中含有的钙成分会妨碍铁的有效吸收。在实际中，有些准妈妈空腹服用补铁药剂时可能会感到不适，出现这种情况时可以改在饭后服用。

需要关注的健康问题

胎儿过小怎么办

胎儿偏小有可能是胎盘功能不好，营养都被孕妈妈吸收了，营养不能通过胎盘传输到胎儿，导致胎儿偏小，无论怎样补也不见效果。这种情况建议到医院检查一下。也有可能是准妈妈孕期营养不合理。孕中期以后，可在上午、下午两餐之间，加一次点心，同时要经常选用富含优质蛋白质的动物性食品，如蛋、奶、鱼肉等。经常选用动物内脏，以保证充足的维生素的供应。多吃新鲜蔬菜水果，尤其是富含钙、铁、锌的食物。

孕期胃灼热怎么办

产生胃部灼烧感的原因与食管反流有关，而且，随着怀孕月份的增大，发病率也提高。由于子宫体积逐渐增大，腹腔内压力和胃内压力升高，胃内容物就容易倒流入食道下段，出现食物反流现象。在反流时，带有胃酸的胃内容物刺激和损伤了食道黏膜，从而产生胃部灼烧感觉。

此外，孕中、后期时，由于孕激素分泌增加，可影响食道蠕动，减缓食管对反流物的清除，不利于减轻反流性食管炎的病情。当卧位、咳嗽和用力排便时，腹腔压力升高，也可加重食管反流。如再食酸性或辛辣刺激性食物，会进一步刺激黏膜炎症，使症状加重。

小贴士

即将进入孕晚期，可能因为宝宝在肚子里一天天地长大，难免会顶着胃，少量多餐就可以了，不用担心。

科学的饮食营养

补充复合维生素

由于准妈妈牙龈出血的情况越来越频繁,因此要注意多吃蔬菜和水果。蔬菜、水果中的维生素可以帮助牙龈恢复健康,防止牙龈流血,排出口腔中过多的黏膜分泌物及废物。用餐后喝一些柠檬水(在水中加上一片柠檬)或用柠檬水漱口,可令口腔保持湿润,还能刺激唾液分泌,减少因鼻塞、口干或口腔内残余食物引起的厌氧细菌造成的口臭。这个时期还要注意不要过多摄入简单的糖类食品(如蔗糖、果糖、葡萄糖等),以防引发妊娠糖尿病。

准妈妈美味营养餐

★ 海米拌油菜

- **材料准备**:油菜250克,海米25克,香油1大匙,盐1/2小匙。
- **做法**:
  1. 将油菜择洗干净,切成3厘米长的段。
  2. 将油菜放入开水锅内焯一下,捞出沥去水分,加入盐拌匀,盛入盘内。
  3. 将海米用开水泡开,切成粒,放在油菜上,加入香油,拌匀即可。

★ 木耳娃娃菜

- **材料准备**:娃娃菜200克,干木耳15朵,葱片、生抽、白糖、盐各适量。
- **做法**:
  1. 将干木耳泡软后去掉硬根,撕成小块,用沸水焯两分钟;娃娃菜洗净、切片。
  2. 锅内倒油烧热,倒入葱片炒香后,加入娃娃菜翻炒。
  3. 待叶片变软后倒入木耳,淋生抽,加盐、白糖,炒匀即可。

本周胎教重点

语言胎教

聆听《吉檀迦利》

《吉檀迦利》是"亚洲第一诗人"泰戈尔创作的佳作，是最能代表他思想观念和艺术风格的作品。《吉檀迦利》是他获得诺贝尔文学奖的作品。这部抒情诗集，风格清新自然，带着泥土的芬芳。泰戈尔以轻快、欢畅的笔调歌唱生命的枯荣、现实生活的欢乐和悲哀。这里推荐准妈妈朗诵冰心翻译的《吉檀迦利》其中的一首。冰心的译诗在选词和情感表达方面更温柔细腻。

这掠过婴儿眼上的睡眠——有谁知道它是从哪里来的吗？是的，有谣传说它住在林荫中，萤火朦胧照着的仙村里，那里挂着两颗甜柔迷人的花蕊。它从那里来吻着婴儿的眼睛。

在婴儿睡梦中唇上闪现的微笑——有谁知道它是从哪里生出来的吗？是的，有谣传说一线新月的微笑，触到了消散的秋云的边缘，微笑就在被朝雾洗净的晨梦中，第一次生出来了——这就是那婴儿睡梦中唇上闪现的微笑。

在婴儿的四肢上，花朵般地喷发的甜柔清新的生气，有谁知道它是在哪里藏了这么许久吗？是的，当母亲还是一个少女，它就在温柔安静的爱的神秘中，充塞在她的心里了——这就是那婴儿四肢上喷发的甜柔新鲜的生气。

故事胎教

《穿靴子的猫》

从前，有三个兄弟，父母去世后，他们一起商量分家的事。老大分到一间房子，老二分到一头毛驴，老三分到一只猫和一条麻袋。老三没有地方住，只好领着猫，背着麻袋离开了家。

路上，猫对老三说："只要你把靴子和麻袋给我，咱们就能过上好日子。"于是，猫穿上了靴子，背起了麻袋，向山里走去。

穿靴子的猫在山里用麻袋逮住了一只兔子。猫把兔子献给了国王，说道："这是侯爵送给您的礼物。"国王高兴地收下了。

有一天，猫告诉老三，国王带着公主要从这里经过，猫让老三脱下衣服，跳到河里等着。当国王的马车经过河边时，猫就跑到车前大喊大叫起来。国王从马车上下来，问猫发生了什么事情，猫说："侯爵洗澡时，衣服被人偷走了。"国王命大臣送给侯爵一套新衣服，让他穿在身上。

衣着华丽的老三来到国王的马车前，车里的公主看见英俊的侯爵，就喜欢上了他。国王见侯爵英俊潇洒，就请他一同乘车去游玩。

老三和国王刚刚登上马车，穿靴子的猫赶紧快跑，很快就把马车甩到了后面。猫跑到田边，对农夫说："如果国王问这片田地是谁家的，你就说是侯爵家的。"

国王的马车来到了田边，大臣问这片地是谁的，农夫说是侯爵家的。

这时，穿靴子的猫已经跑到了绿脸怪的城堡前。猫进入了城堡，问绿脸怪："你有什么本事？"绿脸怪说："我可以变成各种动物。"说着，绿脸怪变成了一头大狮子，猫装成害怕的样子说："你可以变成一只老鼠吗？"转眼间，大狮子变成了小老鼠，穿靴子的猫扑上去，一口就把它吃掉了。穿靴子的猫走出城堡，迎接国王，国王看到这样壮丽的城堡，赞叹侯爵太富有了。

不久，变成侯爵的老三和公主结婚了，穿靴子的猫给他们当伴郎。从此，穿靴子的猫也在城堡里过上了幸福的生活。

小贴士

《穿靴子的猫》这个故事有着幽默的韵味，它是一个智慧的故事。故事里有一些被那只猫骗取的富裕人，如国王就是其中的一个，他们虽然有钱，但很愚蠢，智力远远低于猫。我的宝贝，智慧就是财富，一个充满智慧的人往往胜过九个富有但愚蠢的人。

语言胎教

《致我的宝贝》

在胎教的实施过程中,准妈妈更应注意从书籍中吸取精神营养。闲暇时给胎儿念念散文或诗歌,既能让胎儿接受语言胎教,培养宝宝将来的语言发展能力,又能加强母子间的交流。

我亲爱的宝贝,
每次呼唤你的时候,
都充满了感恩和快乐。
你是上天赐予我们的礼物。
从知道你存在的那一天起,
这个世界就变了。
爸爸妈妈终于要成为真正的父母了,
是因为你,我们对世界有了新的认识。
我亲爱的宝贝,
爸爸因为想要见到你,
不知道有多激动,
还常常用耳朵去倾听你的声音。
我亲爱的宝贝,妈妈为了你,
认真地挑选每一首音乐,
每一本书,每一种食物……
想把所有的美好送给你。
宝贝啊,我亲爱的宝贝!
我知道,每一天,
你都能感受到我们的爱!

知识胎教

自然的奥秘

在浩瀚的苍穹和广阔的原野中有着千奇百怪的植物和形形色色的动物,准妈妈带着胎儿和我们一起走进大自然,探索大自然的神秘……

天为什么是蓝色的

太阳光是由红、橙、黄、绿、青、蓝、紫七种颜色组成,这七种颜色的光波长度是不一样的。大气中的尘埃和其他微粒散射蓝光的能力大于其他波长光的能力,所以天空就会显现出蓝颜色。

日出日落时天为什么是红色的

当阳光穿过大气层时,波长较短的紫光散射衰减较多,透射后"剩余"的日光中颜色偏于波长较长的红光。日出日落时太阳的位置较低,阳光要穿越广阔的地面,散射后肉眼所见到的就大都是红颜色的光了。

经典胎教全书

手工胎教

手工捏纸

可以先沿着画好的线粘一圈纸团，这样能保证轮廓更加清晰。需要准备的工具有剪刀、卡纸、皱纹纸、胶水、铅笔。

步骤1：准备一些黄色、红色、橙色的纸团。

步骤2：在纸上画出小鸡的轮廓。

步骤3：用黄色纸团将小鸡的身体粘满。

步骤4：再用红色的毛线粘好小鸡的腿部。

步骤5：用橙色的纸团将小鸡的翅膀粘好。

步骤6：再用红色纸团将小鸡的嘴粘满，可爱的小鸡就完成了。

23周 胎儿越来越像新生儿

准爸爸要给准妈妈做适当的腿部按摩，有助于缓解准妈妈腿部水肿和抽筋。准妈妈在这个时候应该补钙了，可以晚上睡觉之前喝一杯牛奶，有助于钙的吸收。

准妈妈和胎儿的变化

准妈妈的变化

第二十三周

{腹部隆起影响消化系统}

由于腹部的隆起，影响了消化系统。某些准妈妈可引起消化不良和胃有灼热感。少吃多餐比一天吃两三顿饭要好些，可减轻胃灼热感。饭后轻松地散散步将有助于消化。

胎儿的变化

第二十三周

{听觉更加敏锐}

由于胎儿内耳的骨头已经完全硬化，因此他的听觉更加敏锐。他能分辨出来自宫外和准妈妈身体内部的不同声音。

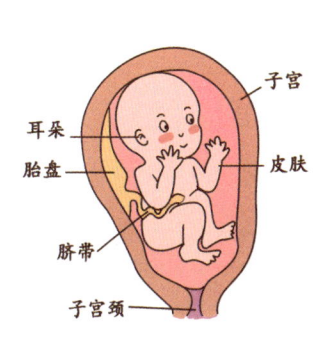

必知的孕期生活指导

准妈妈情绪波动很大

随着腹部逐渐增大，身体就会越来越笨重，且很容易莫名其妙地发脾气。怀孕中，女性雌激素的变化是出现频繁情绪波动的主要原因，体形改变、身体变重也会给准妈妈压力，所以会有较大的情绪波动产生。此时，应该以积极的态度去面对大部分女性都会经历的怀孕变化，并且以愉悦的心情去迎接即将到来的新生命。

快乐出行安全守则

度过前3个月的紧张期后，准妈妈的不适已逐渐消失，准爸爸可以松一口气了。在准妈妈身体沉重之前，不妨带着妻子来一次快乐出游吧。

合理日程

不要忘了自己的身体状况，那些和没有怀孕的人一样的比较劳累的日程计划还是尽量避免，要选择真正是轻松休息的旅游，逗留期为2～3天的旅行比较理想。

交通工具

长途旅行最好乘坐飞机，尽量减少长时间的颠簸，短途有条件的可以自驾车出游，避免拥挤碰撞准妈妈的腹部。准妈妈最好每15分钟站起来走动走动，以促进血液循环。

保持饮食规律

在旅游期间，亦要保持饮食规律，尤其是去长途旅行，或需要坐长途车或飞机的旅程，要记着补充充足的膳食纤维，如多吃橙子或蔬菜，保证准妈妈多喝水，防止出现脱水、便秘及消化不良等现象。

需要关注的健康问题

胎动不舒服怎么办

怀孕后期，胎儿在子宫里活动常常让准妈妈感觉不适。可通过以下方法改善：

深深地吸一口气，慢慢地将一只手臂举高到头上；深深地吐气，慢慢地将手臂放下；重复做几次。

此运动可以使胎儿移动到一个令准妈妈比较舒服的位置，并消除紧张和疲劳，增强体力。如果因为胎儿的活动太活跃，使你晚上睡不着觉，不妨换个姿势，还是不见效的话，可请准爸爸帮你按摩。

胀气

怀孕中晚期子宫扩大会压迫到胃肠道，使得肠道中的内容物及气体不能正常排泄，造成胀气。另外，准妈妈的活动量减少也会使胃肠蠕动减弱，引起便秘而使腹胀感更加严重。

改善孕期胀气应少量多餐，可采取一天吃6～8餐的方式进食，不要一下吃太多食物。另外，最好选择半固体的食物。

多吃蔬菜、水果，多喝白开水，多按摩。正确的按摩方式：饭后1小时轻轻躺下，呈45度半卧姿，双手从右上腹部开始，顺时针方向移动到左上腹部，再往左下腹部按摩，切记不能按摩中间子宫的位置。按摩力度不要过大，每天4～6次。散步也是促进肠蠕动的好方法，只要是身体健康、正常，都可以在饭后30～60分钟后，到外面散步20～30分钟。

科学的饮食营养

饮食需节制

孕23周准妈妈饮食需节制。这时准妈妈会特别偏好某些食品，看到平时爱吃的冰激凌或者麻辣豆腐时是不是会非常眼馋？没关系，偶尔可以稍稍地放松一下对自己的要求，但一定要有节制。由于孕中期基础代谢加强，对糖的利用增加，应在孕前基础上增加能量，每天主食摄入量应达到或高于400克，并且精细粮与粗杂粮搭配食用，食物增加的量可视准妈妈体重的增长情况、劳动强度进行调整。

准妈妈美味营养餐

★ 土豆鸡蛋卷

- **材料准备**：鸡蛋1个，土豆200克，牛奶15毫升，植物油、黄油、盐、香菜各适量。
- **做法**：
1. 将土豆煮熟；把鸡蛋打碎，放入黄油、盐调好。将煮熟的土豆捣碎，并用牛奶、黄油拌匀。
2. 把调好的鸡蛋糊用植物油煎成蛋饼，然后把捣碎的土豆泥放在上面即可。

★ 冬瓜鲤鱼汤

- **材料准备**：冬瓜200克，鲤鱼1条，生姜、绍酒、枸杞子，植物油、盐、胡椒粉各适量。
- **做法**：
1. 将嫩冬瓜去皮、籽切成丝；鲤鱼处理干净；生姜切丝。
2. 锅内烧油，投入鲤鱼，用小火煮透，下入姜丝，加入绍酒，注入适量清汤，煮至汤质发白。
3. 加入冬瓜丝、枸杞子，调入盐、胡椒粉，续煮7分钟即可。

本周胎教重点

情绪胎教
展开想象的翅膀

想象的作用常常可以舒缓准妈妈的情绪，例如心理学上就有一种放松的方法：通过引导词的作用让人想象森林、海洋、海岛，从而引导人们通过想象放松心情，准妈妈也可以利用这种方法胎教。

1 "妈妈，你肚子大了吗？"

3 "你怎么没有长翅膀呢？"

5 "小朋友长大了长不长翅膀呢？"

7 "小朋友要长翅膀，猴猴也要长。小朋友和猴猴是一样的。"（妈妈以前跟他讲过人类是怎么进化的。）

9 "有，手就是他的翅膀。不然猴猴怎么会像鸟儿一样飞到树上去呢？"

2 "大了。"

4 "妈妈不是鸟儿，不能长翅膀。"

6 "也不会长，小朋友也是人，不是鸟儿。"

8 "猴猴也没有翅膀啊。"

故事胎教
《丑小鸭》

在一个非常美丽的乡下，有一只鸭子马上要变成鸭妈妈了，因为她的小鸭子快要孵出来了。终于，蛋一个接着一个"噼、噼"裂开了，出来一个个可爱的、毛茸茸的小鸭子，小鸭子们还"吱、吱"地叫，鸭妈妈"嘎、嘎"地回答，小鸭子们好像在说："好美丽的世界啊！"

可是还有一个大的鸭蛋没有裂开，于是鸭妈妈继续坐在巢里耐心地等待。

终于这枚大蛋裂开了，出来一只又大又丑的鸭子，和其他小鸭子不一样。鸭妈妈想：这小家伙会不会是只火鸡呢？

鸭妈妈想了一个办法，这一天阳光明媚，非常暖和，她带着孩子们去游泳。鸭妈妈扑通跳进水里，小鸭子们也一个接着一个跟着跳下去。水淹到了小鸭子们的头上，但是小鸭子马上又冒出来了，游得非常漂亮。所有的小鸭子都在水里，连那个丑陋的灰色小家伙也跟大家在一起游。"真好，它不是火鸡！"鸭妈妈想。

可是过了几天，小鸭子们都开始啄这只丑鸭子，而且情况一天比一天糟。大家都要赶走这只可怜的丑小鸭，小鸭子们老是说："你这个丑妖怪，希望猫儿把你抓去才好！"

有一天，丑小鸭看见蓝天上飞过一群白天鹅，丑小鸭羡慕极了。它想：要是我也能拥有一双像白天鹅一样的翅膀该多好呀！那样，我就能飞到外面的世界去看看。"

丑小鸭慢慢长大，终于有一天它离开了家。这是一个寒冷的冬天，丑小鸭走了很久走累了，倒在了地上。这时，一位农夫路过，好心的农夫救了丑小鸭，把它抱回家给它造了一个温暖舒适的窝。

到了第二年春天，丑小鸭终于长大了。它也不再是那只灰色的丑小鸭，它拥有雪白的羽毛，变成了一只真正的白天鹅。这一天他在河里游泳，天空中有一群白天鹅飞过，白天鹅和丑小鸭打招呼，很快它们就成了好朋友，一起游过一条小河，不知不觉来到了丑小鸭出生的地方。小鸭们认出了丑小鸭，心里感到一种说不出的难过。鸭妈妈高兴地为丑小鸭祝福，看着丑小鸭和白天鹅们越飞越高、越飞越快、越飞越远……

小贴士

椰子树努力地长出椰子，是对风雨最好的抗议；"丑小鸭"变成"白天鹅"是对困境最好的抗议。我的宝贝，你在成长的过程中会面对诸多的困难，但不能因为自己在某方面不优秀，就看低了自己，只要敢于磨炼自己，永不服输，坚定地向着目标迈进，相信你一定能由最初的"丑小鸭"变成"白天鹅"。

名画欣赏
《小园丁》

《小园丁》是俄国19世纪上半期最杰出的肖像画家吉普林斯基的作品,他毕业于彼得堡美术学院。从他的肖像画中可以看出他豪放的笔触和熟练的油画技法。他所画的肖像都力图刻画人物的精神世界并揭示出人物个性,具有一定的浪漫情调。他注重光和色彩的处理,画面明暗对比强烈,也对人物的眼神、表情以及所处的精神状态刻画得细致入微。

1816年吉普林斯基有机会去意大利留学,在罗马时创作了这幅《小园丁》。这是一位意大利小园丁,他手执弯刀趴在石头上歇息,睁大一双眼睛陷入深深的沉思之中,画中人物有着柔和的轮廓线和富有表现力的造型。看了这幅画后观者不禁会问,他在想什么呢?

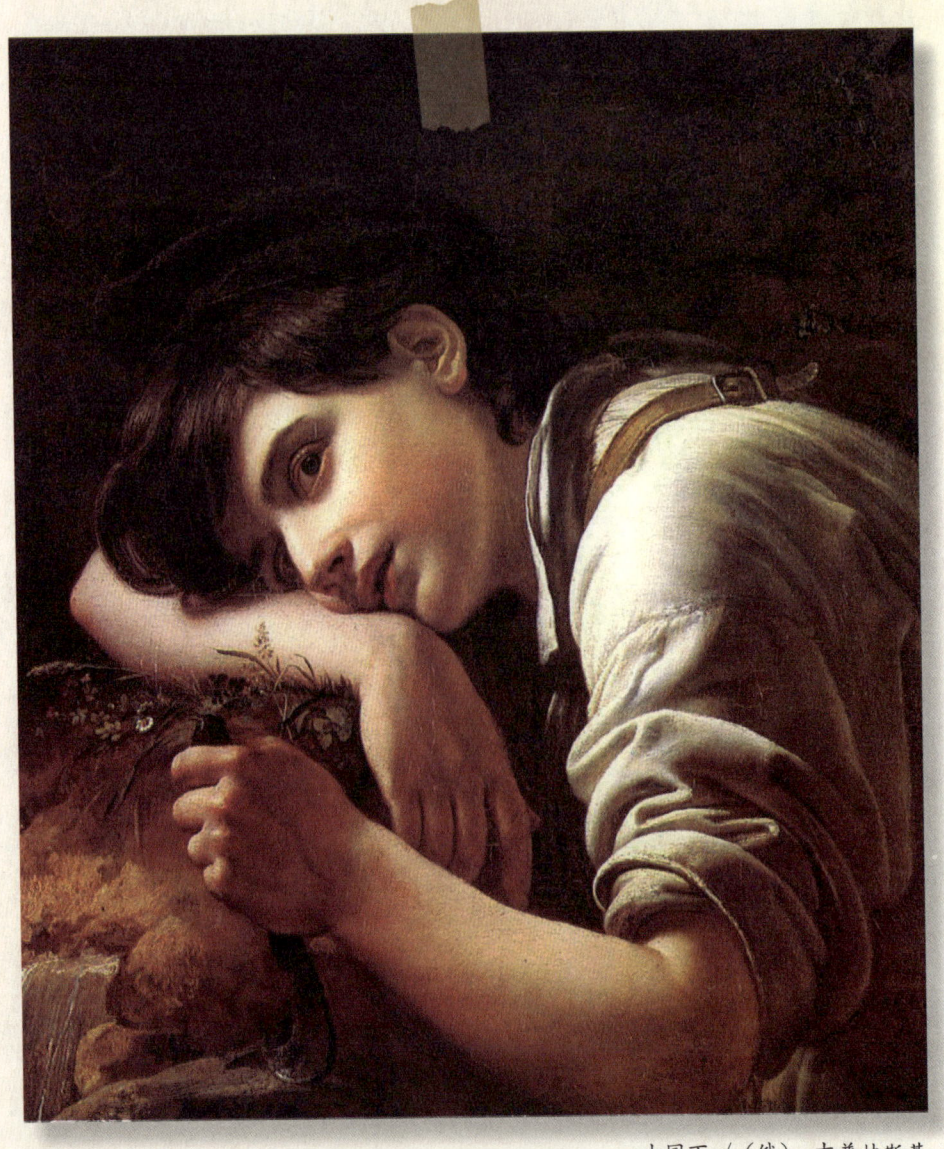

小园丁 /(俄) 吉普林斯基

语言胎教

一起来唱《数鸭子》

准妈妈平和、愉快的情绪是胎儿健康成长的基石。焦虑的情绪会引起血液中有害物质增多，影响胎儿的神经发育。如果准妈妈心情不好，学习儿歌是不错的改善情绪的方式。《数鸭子》是一首非常欢快的儿童歌曲，准妈妈记得要常常给胎儿哼唱，准妈妈的歌声是胎儿最爱听的声音。

《数鸭子》

门前大桥下　　　　　
赶鸭老爷爷

游过一群鸭，　　快来快来数一数　　二四六七八，
胡子白花花，　　唱呀唱着家乡戏　　还会说笑话，

嘎嘎嘎嘎　　　　真呀真多鸭，　　数不清到底
小孩小孩　　　　快快上学校，　　别考个鸭蛋

多少鸭，　　　数不清到底　　多少鸭。
抱回家，　　　别考个鸭蛋　　抱回家。

趣味胎教

七巧板

　　七巧板是一种非常适合准妈妈玩的智力游戏。七巧板是由七块板组成，这七块板可以组成许许多多的图形，准妈妈可以发挥自己的想象力，多多动手，看看到底能拼出多少种图形。现推荐一种拼好的图形，供准妈妈的参考。

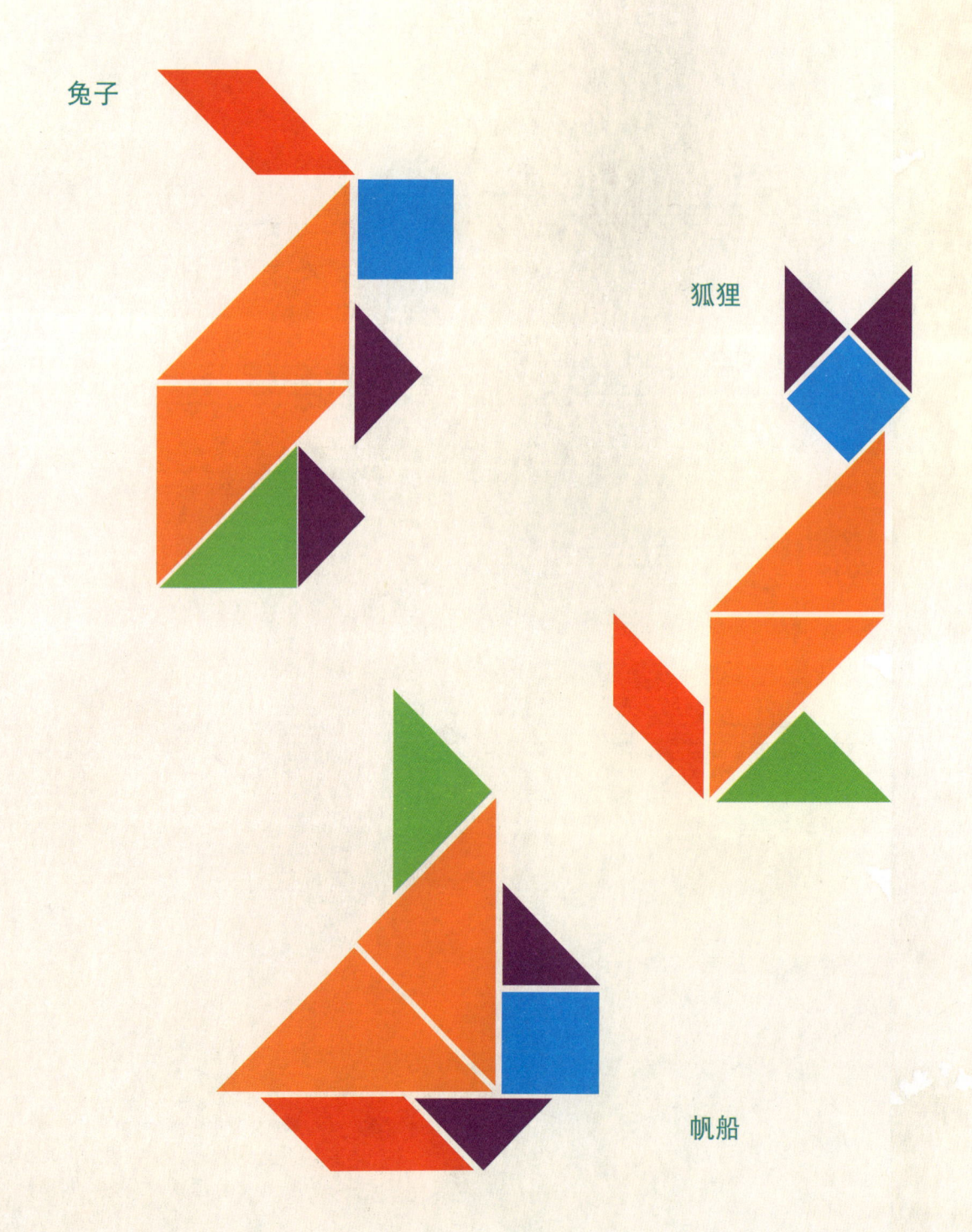

兔子

狐狸

帆船

24周 胎儿对音乐更加敏感

胎儿因为要为呼吸做准备，胎儿肺部的血管和肺泡会开始发育。胎儿经常张开嘴，重复喝羊水和吐羊水的动作。如果胎儿现在出生，成活的几率为20%。

准妈妈和胎儿的变化

准妈妈的变化

第二十四周

{腿部肌肉容易疲劳}

准妈妈体重增加过量时，支撑身体的腿部将承受很大的压力，所以腿部肌肉很容易疲劳。鼓起的腹部还会压迫大腿部位的静脉，因此腿部容易发酸或出现抽筋症状。这些症状经常在晚上睡觉时出现，准妈妈会被突如其来的腿痛惊醒。

胎儿的变化

第二十四周

{体内开始生成白细胞}

如果胎儿现在就出生，成活的概率是1/4～1/5。但他仍然非常瘦，浑身覆盖着细细的胎毛。他的体内开始生成白细胞以对抗感染。

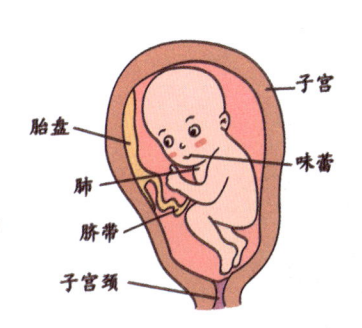

子宫 / 胎盘 / 味蕾 / 肺 / 脐带 / 子宫颈

223

必知的孕期生活指导

准妈妈经常熬夜坏处多

有些准妈妈在孕前因工作或娱乐，已经习惯于深夜睡觉，以致怀上胎宝宝后一时还不能改变这个习惯。可这样做既损害自身的健康，又影响胎宝宝的成长。

准妈妈最好的休息方式即是睡眠，通过适当的睡眠解除疲劳，使体力与脑力得到恢复。经常半夜才睡觉的准妈妈，会打乱生物钟的节律，使只有在夜间才分泌生长激素的垂体前叶功能发生紊乱，因而影响胎宝宝的成长发育，严重时会导致成长发育停滞。准妈妈也会因大脑休息不足引起大脑过劳，使脑血管长时间处于紧张状态，出现头痛、失眠、烦躁等不适，有可能诱发妊娠高血压综合征。

而且如果睡眠不足，可引起疲劳过度、食欲下降、营养不足、身体抵抗力下降、增加准妈妈和胎宝宝感染的机会，造成多种疾病发生。

因此，准妈妈应在每天晚上10点钟左右，先用温热水浸泡双足，然后，喝一杯牛奶后即上床，这样可促进尽快入睡。逐渐便可改掉深夜才入睡的不良习惯，建立身体生物钟的正常节律。

胎动的自行检查

通常情况下，准妈妈在孕18~20周时，可以感到胎儿在子宫内的活动，如流动、蠕动、伸展、踢跳等动作，这种胎动于孕28~32周逐渐增多，近预产期时减少。准妈妈学会数胎动进行自我监护，可以初步估计胎儿安危。

胎动计数方法是在妊娠28周以后，每天早、中、晚各数1小时胎动，将3个小时的胎动数相加后乘以4，就是12小时的胎动总数。每个准妈妈的胎动计数有差别，准妈妈要掌握自己的胎动规律，计数时最好左侧卧，精神集中，才能准确。

目前胎动标准多以胎动计数在12小时内大于或等于30次为胎儿情况良好，20~30次为警戒值，低于20次或1小时内少于3次为胎动减少，若在3天内胎动次数减少30%以上就要警惕，大约50%的胎动减少是由于胎儿宫内缺氧，容易发生于慢性胎盘功能不全，如妊娠高血压疾病、慢性高血压、过期妊娠等。遇到这种情况时，准妈妈要立即告知医生，因为从胎动完全停止到胎心音消失（胎儿死亡）往往还有数小时的短暂时间，及时抢救可以挽回胎儿生命，避免不幸发生。

需要关注的健康问题

准妈妈如何预防便秘

便秘一直困扰着很多人，准妈妈的便秘问题尤应注意和防范。准妈妈应定期到医院检查，发现胎位不正应及时纠正，以免下腔静脉受压导致回流受阻而发生痔疮，给排便带来严重影响。在日常生活中，准妈妈需注意以下几方面：

添加蔬果杂粮

准妈妈往往因进食过于精细而排便困难，因此要多食含膳食纤维多的蔬菜、水果和粗杂粮，如芹菜、绿叶菜、萝卜、瓜类、苹果、香蕉、梨、燕麦、杂豆、糙米等。定时进食，切勿暴饮暴食。平时多喝水，坚持每天清晨喝一大杯温开水，这样有助于清洁和刺激肠道蠕动，使粪便变软而易于排出。

晨起定时排便

定时排便，在晨起或早餐后如厕。由于早餐后结肠推进动作较为活跃，易于启动排便，故早餐后1小时左右为最佳排便时间。不要忽视便意，更不能强忍不便。更为重要的是蹲厕时间不能过长，不仅使腹压升高，还给下肢回流带来困难。最好采用坐厕排便，便后用免蹲洗臀盆清洗会阴部和肛门，既卫生又避免长久下蹲增加腹内压。

适宜运动锻炼

适量运动可以加强腹肌收缩力，促进肠胃蠕动和增加排便动力。但是采用揉腹按摩促进排便的方法是不可取的。

小贴士

如果没有异常情况，孕中期做一些适当的工作和家务，参加一些平缓的运动不但没有害处，还可增强肌肉力量和体力，有助于日后分娩，同时对调整心理状态也大有益处。

保持身心愉快

合理安排工作和生活，保证充分的休息和睡眠，保持良好的精神状态和乐观的生活态度。准妈妈不要因呕吐不适感而心烦意乱，烦躁的心态也可导致便秘，不妨多做一些感兴趣的事，比如欣赏音乐、观花、阅读等，尽量回避不良的精神刺激。

准妈妈要小心患妊娠期糖尿病

糖筛是指怀孕期对"妊娠期间糖尿病"的筛查，一般在孕24～28周期间进行。如今人们的生活水平提高了，准妈妈更加注重营养，因此营养过剩、生活方式不当等原因就让妊娠期糖尿病成了准妈妈的高发病。

准妈妈要进行50克糖筛检查

随着生活水平不断提高，体质指数增大，营养过剩的准妈妈越来越多，妊娠期糖尿病的发生率也逐渐增加。50克糖筛通常是妊娠24～28周后医生建议准妈妈做的一项检查。其目的是将妊娠期糖尿病的筛查出来，并对该疾病进行必要的干预和治疗。

做50克糖筛时医生会给准妈妈开一定量的葡萄糖，让准妈妈在服用1小时后测量血糖的浓度。正常值为不超7.8毫摩尔/升，很多大城市已将其列为孕期常规检查项目。

小心妊娠期糖尿病

在孕25～28周妊娠期糖尿病达到高峰，不仅会影响母体健康，对胎宝宝的成长发育也构成了严重的危害。

如果对妊娠糖尿病置之不理，准妈妈极容易发生感染、流产、早产、死产、羊水过多，而且由于母体血糖水平过高，胎宝宝长期处于高血糖环境中，体重增加过快，造成胎宝宝巨大，使其在子宫内的位置不正常，分娩也会比较困难。而且胎宝宝出生后可能患有低血糖及黄疸病（皮肤和眼睛发黄），患上新生儿呼吸窘迫综合征的风险也较高。

科学的饮食营养

通过食物补充维生素

孕24周，准妈妈及胎儿都需要一定数量的维生素。只有食入保持养分均衡的饮食，才能保证维生素的含量。铁的摄取是一定不可缺少的，因为铁是一种重要的无机盐，它的作用是用来生产血红蛋白（红细胞的组成部分）的，而血红蛋白把氧运送给细胞，人体需摄取少量的铁，贮存在组织中，胎儿就从这种"仓库"中吸取铁，以满足自己的需要。所以，准妈妈在妊娠期间必须多吃一些含铁的食物，例如：牛奶、肉、大叶青菜、水果等。

准妈妈美味营养餐

★ 冬瓜鲤鱼汤

- **材料准备：** 冬瓜200克，鲤鱼1条，生姜、绍酒、枸杞子，植物油、盐、胡椒粉各适量。
- **做法：**
1. 将嫩冬瓜去皮、籽切成丝；鲤鱼处理干净；生姜切丝。
2. 锅内烧油，投入鲤鱼，用小火煮透，下入姜丝，加入绍酒，注入适量清汤，煮至汤质发白。
3. 加入冬瓜丝、枸杞子，调入盐、胡椒粉，续煮7分钟即可。

★ 山药烧胡萝卜

- **材料准备：** 山药200克，胡萝卜40克，香菇50克，藕、豌豆各30克，葱末、高汤、酱油、盐各适量。
- **做法：**
1. 山药切成块状，胡萝卜、藕切片，香菇切开。
2. 油热后用葱末炝锅，将上述材料倒入煸炒。
3. 加入高汤及调味料，煮熟即可。

本周胎教重点

音乐胎教

《音乐之声》

推荐准妈妈观看电影《音乐之声》。《音乐之声》是由美国音乐剧的泰斗理查德·罗杰斯和奥斯卡·汉默斯坦二世根据玛利亚·冯·特拉普的自传《冯·特拉普家的歌手们》改写而成。

《音乐之声》取材于1938年发生在奥地利的一个真实故事：

修女玛利亚是位性格开朗、热情奔放的姑娘。她爱唱歌、跳舞，还十分喜爱大自然的清新、宁静和美丽。修道院院长觉得玛利亚不适合修道院的生活，应该放她到外面看看。于是玛利亚来到萨尔茨堡当上了前奥地利帝国海军退役军官冯·特拉普家7个孩子的家庭教师。冯·特拉普深爱的妻子几年前去世了，从此他变得心灰意冷，对生活失去了希望。家里再也没有了歌声，没有了笑声。

孩子们生性活泼，各有各的性格。他们不愿意过这种严加管束的生活，总设法捉弄家庭教师。但玛利亚自己就具有孩子般的性格，她引导他们，关心他们，帮助他们，最终赢得了他们的信任。

当上校带着准备与他结婚的男爵夫人回来时，他惊奇地发现那原本死气沉沉的家，现在竟出现了欢声笑语，充满了音乐之声。特拉普上校冷酷的心开始解冻了，他发现自己已经深深地爱上了心地善良的玛利亚……

运动胎教

缓解腰痛、脚痛操

在做运动操的过程中，可以备一首轻松的背景音乐，对于活泼好动的胎儿，可多听一些舒缓优美的乐曲，对于文静少动的胎儿，则应多听一些明快轻松的音乐。并且不时和胎儿说话，夸奖他几句，观察他的反应。

1 举起右臂
收腹，收缩臀部，举起右臂。

2 扭动腰部
向右倾斜，同时用左手支撑骨盆的位置，最少保持这种伸展20秒钟。

227

脚部运动

1. 脚和地面平行
端坐椅子上，脚和地面垂直，双脚并拢，脚心平放。

2. 翘脚尖
脚尖使劲上翘，待呼吸一次后，再恢复原状，然后重复做。

3. 翘脚尖
将一脚放在另一腿上，上面腿的脚尖慢慢上下活动。然后再换另一条腿，动作同上。

抚摸胎教

抚摸宝贝

每天睡觉之前准妈妈仰卧在床上，全身放松，将双手放在腹部从上至下、从左至右地抚摸。反复10次后，用示指或中指轻轻抚压胎儿，然后放松。也可以在腹部松弛的情况下，用一根手指轻轻按一下再抬起，来帮助胎儿做"体操"。有时胎儿会立即有轻微胎动以示反应，有时则要过一阵子，甚至做了几天后才有反应。这个抚摸体操适宜在早晨和晚上做，每次时间不要太长，5～10分钟即可。需要注意的是，抚摸胎教须定时进行，开始每天3次，以后逐渐增多。抚摸时动作要轻柔、舒缓，不能用力太强。如果胎儿反应太过强烈，如用力挣脱蹬腿，那是他在"提意见"，应立即停止抚摸。

序号	抚摸胎教的注意事项
1	抚摸胎教的时间不宜过长，应每天做2～3次，每次5～10分钟
2	抚摸及触压胎儿的身体时，一定要动作轻柔，不可用力
3	如果遇到胎儿"拳打脚踢"，应马上停止，可能预示着胎儿不舒服了
4	有习惯性流产、早产史、产前出血及早期子宫收缩者，不宜进行抚摸胎教

故事胎教

《白雪公主》

有位怀着宝宝的王后向上帝祈祷：我希望我未来的宝贝像白雪一样心地纯洁善良，相貌美丽优雅！不久，王后果真生了个漂亮的女儿，取名为"白雪"。不幸的是，没过多久王后便病逝了。

一年后，国王新娶了一位王后。这是个美丽的女人，但是她的心像冰冷的石头一样冷酷无情。王后从魔法师那里想方设法得到了一面魔镜，从那以后王后每天都要问魔镜："魔镜、魔镜，快告诉我这世上谁最美丽？"魔镜每次都如实回答："王后最美丽。"

白雪公主渐渐长大了，她真的像她的母后所希望的那样，美丽又善良。无情的王后像对待仆人一样使唤着白雪公主。时光飞逝，白雪公主出落得更漂亮了，她的美终于被魔镜发现了。有一天早上，王后装扮后又问魔镜："魔镜、魔镜，快告诉我这世上谁最美丽？"魔镜回答："白雪公主最美丽，她比您美上一千倍。"王后听了，大吃一惊，嫉妒使她丧失了理智。她找来了一位猎人，声嘶力竭地叫嚷着要他赶快把白雪公主带到黑森林里去杀了，并要他带回白雪公主的肺和肝。天真的白雪公主跟着猎人来到黑森林边，好心的猎人喜欢她的歌声，仰慕她的美丽，不忍心杀她，于是对她说："王后要杀你，快逃走吧，躲到王后找不到的地方去，永远也不要出现！"

白雪公主跌跌撞撞、伤心地跑进黑森林，看见森林深处有幢小巧可爱的木屋，屋里的东西也都很小巧精致，那里有七张小床。白雪公主又饿又渴又累，便倒在一张舒适的小床上睡着了。

小木屋的主人回来了，他们是七个小矮人。他们发现了躺在床上的白雪公主，当白雪公主醒来时，流着眼泪向矮人们诉说了自己的遭遇。小矮人们也向白雪公主介绍了自己，他们一致希望她留下来。白雪公主和小矮人们在一起感到很快乐，也很安全，于是她便留了下来。她每天为矮人们烧饭、铺床、洗衣服，可把忙碌的矮人们乐坏了。

王后过了一段舒心的日子后又不放心了。一天，她问魔镜："魔镜、魔镜，谁是这世上最美丽的女人？"魔镜说："翻过七座山冈，小矮人家中的白雪公主最美

229

丽。"王后听后恨得差点把牙咬碎了。她调制出一种能改变自己真实面目的药水，把自己变成一个可怜兮兮的丑老太婆，她还将一只苹果涂上一种有毒的药水。

"丑老太婆"来到小木屋的窗前，吆喝道："卖苹果喽，又香又甜的大苹果。"白雪公主禁不住打开了窗户。"丑老太婆"对白雪公主说："你好，亲爱的，尝尝这只又大又甜的苹果吧，吃了你会更美。"说着，她拿出了毒苹果。白雪公主吃了苹果后不幸的事情就发生了！七个小矮人急忙跑回小木屋，可是白雪公主已经倒在了地上，停止了呼吸。

王后回宫后又问魔镜："魔镜、魔镜，谁是这世上最美丽的女人？"魔镜回答："王后最美丽。"恶毒的王后终于笑了。白雪公主再也没有被救过来。小矮人们不舍得将她埋葬，含着眼泪把她装入一口玻璃棺材中，放在山上他们干活的地方，这样就能够天天陪伴着她。白雪公主在棺材里躺了10年，可样子像是在沉睡，脸色白里透红，头发又黑又亮。

一天，邻国的一位王子来森林里打猎，发现了躺在棺材里的美丽的白雪公主，一下子就喜欢上了她。得到矮人们的同意后，王子命仆人把白雪公主的棺材抬回自己的皇宫去。不料，棺材刚抬起来，就撞到了树上，白雪公主受到震动，吐出了那片毒苹果，她立刻睁开了双眼。

王子和公主举行了盛大的婚礼。婚礼上，王后一眼便认出那新娘就是白雪公主，气得她差点昏死过去。这时，七个小矮人为王后送来了一双烧红的铁鞋，已丧失理智的王后拿起它就穿在脚上。王后穿上那双烤得红彤彤的铁鞋后，一个劲儿地跳舞，一直跳到死在地上。

小贴士

白雪公主正是因为她的善良，才得到了大家的喜爱，也正是因为得到大家的喜爱，才没有惨死在仆人的手中，才会在孤独无助的时候打动了七个小矮人，得到了小矮人的帮助。即使死后，七个小矮人还为她做了水晶棺，让她最终有机会与王子相遇，重新生还。因而，我的宝贝，做一个善良的人，最终一定会有好的结果。另外，我的宝贝，这个故事还告诉我们：不应该轻信陌生人的话；不应该随便接受别人的东西；不应该随便吃别人的东西。

25周 胎儿皮肤开始红润

准妈妈最好的睡姿是左卧，避免仰睡，以免增大的子宫压迫脊柱前的下腔静脉，阻碍下半身的血液回流到心脏，而出现低血压。

准妈妈和胎儿的变化

准妈妈的变化

第二十五周

{腹部、臀部出现妊娠纹}

这时准妈妈腹部、臀部和胸部上开始出现紫色的条状妊娠纹。眼睛对光线非常敏感，而且非常干燥。

胎儿的变化

第二十五周

{胎儿能抱脚、握拳了}

现在胎儿能抱脚、握拳了。肺中的血管继续发育，鼻孔开始张开。在牙龈的高处，胎儿的恒牙牙蕾正在发育。胎儿口腔和嘴唇区域的神经现在开始越来越敏感，为出生后寻找妈妈的乳头这一基本动作做准备。

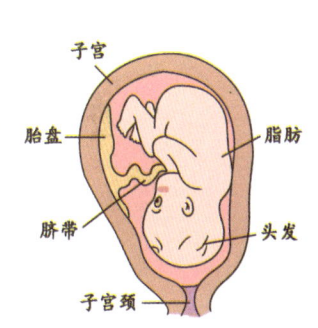

必知的孕期生活指导

开始记录胎动

25~28周时要开始记录每一次有规律的胎动。25~28周的胎宝宝活动比较频繁，它会用小手、小脚在准妈妈的肚子里踢打，有时还会翻跟头，把准妈妈的肚子顶得凹凸不平。也有的胎宝宝比较安静。这和胎宝宝的性格有很大关系。

在家怎样做胎心监测

家庭胎心监测是保证准妈妈和胎宝宝很重要且常用的措施。具体操作：准妈妈在排尿后仰卧床上，双腿伸直，准爸爸可以用耳直接贴在准妈妈腹壁上在医生指定的部位听胎心，仔细地听可以听到胎心，就像时钟"嘀嗒"声。如果发现胎心过快、过慢或不规则，可能是胎宝宝缺氧的警报，应立即就医。

需要关注的健康问题

怎样减轻静脉曲张

怀孕期间准妈妈的下肢和外阴部静脉曲张是常见现象，静脉曲张往往随着怀孕月份的增加而逐渐加重，这是因为，怀孕时子宫和卵巢的血容量增加，以致下肢静脉回流受到影响，增大的子宫压迫盆腔内静脉，阻碍下肢静脉的血液回流。此外，如果准妈妈久坐久站，势必加重阻碍下肢静脉的血液回流，使静脉曲张更为严重。预防静脉曲张最好的方法就是要休息好，避免久站，只要准妈妈注意平时不要久坐久站，也不要负重，就可避免下肢静脉曲张。

如果已经出现静脉曲张，最好穿上准妈妈专用减压弹力袜来促进血液循环，而且要经常由下向上按摩静脉曲张的部位。

预防静脉曲张的方法

静脉不正常拉伸，会导致小腿或大腿疼痛。把脚放在椅子上面或离地面有些高度会感到舒服一些。

减轻腿部疼痛

尽量不要碰因静脉曲张而引起疼痛的部位，可以用手由下向上按摩腿部。

腿部和小腿的痉挛

只要平时充分按摩，就能减少小腿和大腿的痉挛症状。出现痉挛时，可以用前后拉动大脚趾的办法进行缓解。

脐带绕颈并不可怕

胎儿在母体内并不老实，他在空间并不是很大的子宫内翻滚打转，经常活动。每个胎儿的特点不同，有的胎儿动作比较轻柔，有的胎儿动作幅度较大，特别喜爱运动。胎儿在准妈妈的子宫内活动、游戏时有可能会发生脐带缠绕。

大多数的脐带绕颈往往都是由于脐带本身比较长，而恰巧胎儿又比较活跃，经常有大的翻身活动，这样就有可能使得脐带绕上脖子。当胎儿向脐带绕颈的反方向转回来时，脐带缠绕就会解除。当然，如果脐带绕颈圈数较多，胎儿自己运动出来的概率就比较小一些。一旦脐带缠绕较紧，影响脐带血流的通过，从而影响到胎儿氧气和二氧化碳的代谢，使胎儿出现胎心率减慢，严重者可能出现胎儿缺氧，甚至使胎儿胎死腹中。

如何避免脐带绕颈

	● 正确做法
适当饮食	多进食富含营养的食物，避免烟酒及过于辛辣刺激性强的食物，忌生食海鲜、没有熟透及易过敏的食物
适当运动	运动时要选择动作柔和的项目，如散步、游泳、孕妇体操等，不宜选择剧烈的运动，也应避免过于喧闹的运动环境
适当休息	生活要有规律，不要熬夜，不能太贪玩，避免过于劳累
适当胎教	在进行胎教时要选择曲调优美的乐曲，节奏不宜过强，声音不要过大，时间不能过长，次数必须适当

怎样才知道胎儿是否会脐带绕颈

直到分娩才能知道脐带是否缠绕在胎儿的颈部，所以许多准妈妈都担心胎儿会遭遇不测或她们需要通过剖宫产分娩。实际上25%的胎儿在母体内都会出现脐带缠绕颈部的情况。脐带很长，而子宫空间又有限，所以随着胎儿不断成长出现此种情况十分正常。

这只是一个关于概率的问题。有时，通过超音波可以得知是否存在此危险，但通常情况下胎儿自己会改变姿势，这种情况在做超声波检查和分娩之间也会发生，不过我们却什么也做不了。通常来讲，我们不鼓励准妈妈试图了解自己的胎儿是否被脐带缠住了颈部。因为脐带绕颈很少会对胎儿产生影响，更重要的是，无论是否会对胎儿产生影响你都无计可施。而且因为胎儿处于不断运动的状态，过一段时间他们很可能将自己解脱出来。

● 序号	● 给准妈妈的建议
1	学会数胎动，胎动过多或过少时，应及时去医院检查
2	羊水过多或过少、胎位不正的要做好产前检查
3	通过胎心监测和超声波检查等间接方法，判断脐带的情况
4	不要因惧怕脐带意外而要求剖宫产
5	要注意减少震动，保持睡眠左侧位

科学的饮食营养

吃东西要有节制

孕25周，准妈妈已经面临了妊娠高血压综合征和妊娠糖尿病的危险，所以在饮食方面要格外小心。

不宜多吃动物性脂肪，减少盐的摄入量，日常饮食以清淡为主，忌吃咸菜、咸蛋等盐分高的食品。同时，要保证充足、均衡的营养，必须充分摄取蛋白质，适宜吃鱼、瘦肉、牛奶、鸡蛋、豆类等。

另外，要注意增加植物油的摄入。此时，胎儿机体和大脑发育速度加快，对脂质及必需脂肪酸的需要增加，必须及时补充。因此，增加烹调所用植物油即豆油、花生油、菜油等的量，既可保证孕中期所需的脂质供给，又提供了丰富的必需脂肪酸。

准妈妈美味营养餐

★ 大枣芹菜汤

- **材料准备**：芹菜500克，大枣20枚，红糖适量。
- **做法**：

1. 大枣洗净去核；芹菜择洗干净切段。
2. 将大枣、芹菜下锅，加水煎煮20分钟，取汁。
3. 用红糖调味分次饮服。

★ 海带栗子排骨汤

- **材料准备**：干海带50克，鲜栗子100克，排骨300克，盐适量。
- **做法**：

1. 鲜栗子先用开水煮3分钟，捞起去除外壳，海带泡水洗净打结，排骨用热水氽烫后洗净。
2. 锅中加入适量水煮开后，放入海带、栗子和排骨，煮开后转小火熬煮20分钟，放入盐调味即可。

★ 烧虾片

- **材料准备**：大虾400克，胡萝卜片少许，1个鸡蛋的蛋清液，绍酒1大匙，盐、葱、姜末各少许，淀粉、植物油适量。
- **做法**：

1. 大虾去头、尾、皮，挑除沙线，洗干净，切成片装碗，加入少许盐调味，蘸上"蛋清浆"，在锅中下入植物油，翻炒片刻，倒入盘中备用。
2. 留少许底油，用葱、姜末炝锅，烹绍酒，下入虾片、胡萝卜片翻炒，加入盐，用水淀粉勾芡，翻炒，出锅即可。

本周胎教重点

音乐胎教

《月光边境》

《月光边境》是一张新世纪音乐类型的钢琴专辑，是由中国新世纪音乐作曲家林海创作及演奏的。《月光边境》中的钢琴曲能够使准妈妈放松情绪，给人以流畅舒服的感觉，使人忍不住一听再听。这是一张能让人完全释放情绪的心灵专辑。清新的钢琴曲，描绘出了一个纯洁的空间，让你卸下面具，尽情地感动。准妈妈仔细聆听，可以体会到清新、玲珑、如珠落玉盘的感觉。

运动胎教

有助于顺产的孕妇操

常做孕妇操能够增强身体肌肉的弹性，尤其是骨盆底肌和会阴部肌肉的弹性，有助于自然分娩的顺利进行。

1. 站立，双脚打开比肩略宽，双手在腹部交叉合十，深呼吸；吸气，上身向后仰；呼气，上身向前弯。

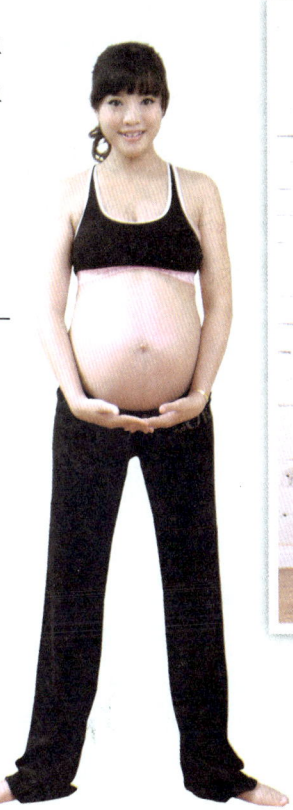

2. 双腿分开到最大限度，双手缓缓抬起，向上伸展，举过头顶，深呼吸，保持5秒。

3. 双腿分开到最大限度。双肩打开下沉，双手自然垂下，慢慢下蹲，深呼吸，保持5秒。

故事胎教
《司马光砸缸》

司马光是北宋时最有名望的大臣之一，他是陕州夏县（今山西夏县）人。他的名声从幼小的时候就已经传开了。

据说司马光七岁那年，就开始专心读书，不论是大伏暑天还是数九寒冬，他总是捧着书不放，有时候连吃饭喝水都忘了。

他不但读书用功，而且很机灵。有一次，他跟小伙伴们在院子里玩耍。院子里有一口大水缸，有个小孩爬到缸沿上，一不小心，掉到缸里。缸大水深，眼看那孩子快要没命了，别的孩子们一见出了事，吓得一面哭喊，一面往外跑，找大人来救。司马光不慌不忙，顺手从地上拾起一块大石块，使尽全身力气朝水缸砸去。"砰"的一声，水缸破了，缸里的水流了出来，被淹在水里的小孩便得救了。

小贴士

宝贝，读完这个故事，你是不是觉得司马光这孩子真聪明？可是，他到底聪明在哪里呢？仔细分析一下，其实司马光只不过是换了个角度思考问题，常人只想到脱离危险的方法是让人离开水，而司马光想到的是让水离开人，司马光打破了常规思考问题的方式，就叫多维思考。宝贝，你在遇到难题时，如果从正面思考得不出答案，那么就换一种角度去解决这个难题吧！

语言胎教

《咕咚》

木瓜熟了。一个木瓜从高高的树上掉进湖里,"咕咚!"

兔子吓了一跳,拔腿就跑。小猴儿看见了,问它为什么跑。兔子一边跑一边叫:"不好了,'咕咚'可怕极了!"

小猴儿一听,就跟着跑起来。他一边跑一边叫:"不好了,'咕咚'来了,大家快跑哇!"

这一下可热闹了。狐狸呀,山羊啊,小鹿哇,一个跟着一个跑起来。大伙儿一边跑一边叫:"快逃命啊,'咕咚'来了!"

大象看见了,也跟着跑起来。野牛拦住它,问:"'咕咚'在哪里,你看见了?"大象说:"没看见,大伙儿都说'咕咚'来了。"野牛拦住大伙儿问,大伙儿都说没看见。最后问兔子,兔子说:"是我听见的,'咕咚'就在那边的湖里。"

兔子领着大家来到湖边。正好又有一个木瓜从高高的树上掉进湖里,"咕咚!"

大伙儿你看看我,我看看你,都笑了。

手工胎教

金鱼

金鱼的眼睛要画得更加突出一些,这样可以使金鱼的特点更加鲜明。

步骤1:准备一张正方形彩色纸。

步骤2:对折后用画笔画出图案。

步骤3:将其余的部分撕掉。

步骤4:将步骤3展开,金鱼就完成了。

237

26周 胎儿的肺泡开始起作用

这个时候胎儿的大脑对触摸已经有了反应，视觉也有了发展，他的眼睛已能够睁开了。用手电筒照腹部时，胎儿的头会跟着光线移动。此时胎儿的眉毛、睫毛和手指甲虽然还很短，但是都具备了完整的形状。

准妈妈和胎儿的变化

准妈妈的变化

第二十六周 {子宫开始压迫肠胃}

随着胎儿的成长，子宫会越来越大。由于子宫会压迫肠胃，经常出现消化不良和胃痛。随着子宫肌肉的扩张，下腹部会经常出现像针刺一样的疼痛。

胎儿的变化

第二十六周 {胎儿已经学会呼气了}

胎儿的肺仍在发育成熟中。胎儿的脊柱强壮了，但仍不能支撑正在生长的身体，这时如果把耳朵放在准妈妈的腹部，就能听到胎儿的心跳。胎儿会吸气、呼气。双眼已经完全成形。当听到声音时，他的脉搏会加快。

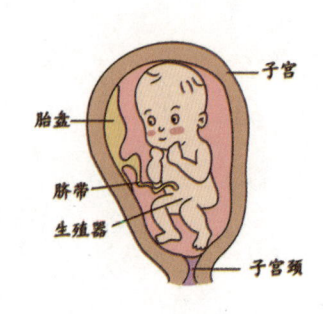

必知的孕期生活指导

准妈妈出现眼干症状

眼睛对光线非常敏感，而且非常干燥，让人感觉就像进了沙子一样刺痛。这是怀孕中经常出现的症状，不用过于担心，但如果这种症状比较严重的话，最好用眼药水补充眼睛的水分。

减少对皮肤的刺激

由于激素的均衡被破坏，所以皮肤在怀孕期间会变得非常敏感。准妈妈全身会泛红，同时长出很多米粒大小的疙瘩。有时准妈妈会感觉身体严重痒痛，甚至令人无法入睡。为了预防皮肤疾病，最好穿纯棉内衣。另外，洗衣服时要比平时多漂洗几次，这样可以将洗衣液引起的皮肤刺激降到最低。

需要关注的健康问题

胎位不正怎么办

什么是胎位不正

胎儿在子宫内的正常姿势是垂直的，有时也会横在子宫里，或是介于上述二者之间。另一种姿势是臀位，如果以这种姿势分娩，准妈妈多需要接受剖宫产手术。这一时间段的胎位对足月分娩无关紧要，可以不加干预。随着胎儿的胎头增大，多数胎儿能自行转成正常头位。

妊娠28周以后，特别是32周后，羊水逐渐减少，胎儿的活动空间受到限制，这一时间段的胎位一般越来越不易发生变化。

如此时进行产前检查发现胎位不正，应在医生指导下加以纠正，一般通过纠正可转成正常的头位，但矫正不必勉强。

序号	胎位不正的保健预防
1	横位应做选择性剖宫产。臀位分娩，初产妇多作剖宫产；经产妇，胎位异常儿较小、骨盆够大者，可考虑自然分娩
2	横位如未及时处理，会导致脐带脱垂、胎死宫内，甚至有子宫破裂危险
3	臀位有破水后脐带脱垂可能，分娩过程中有后出头的危险，会造成胎儿宫内窒息，甚至导致死亡
4	做好产前检查，预先诊断出胎位不正，及时治疗，如未转为头位，则先做好分娩方式选择，提前住院待产。可以预防分娩时胎位不正及避免因胎位不正造成的严重后果

胎位不正的纠正

胸膝卧式

排尽尿液，放松裤带，跪在铺着垫子的硬板床上，双手前臂伸直，胸部尽量与床贴紧，臀部上翘，大腿与小腿呈直角。如此每日两次，开始时每次3～5分钟，以后增至每次10～15分钟。

艾灸法

艾灸时放松裤带，腹部宜放松。点燃艾条后，将火端靠近准妈妈的足小指处，趾甲外侧角处（至阴穴），保持不被烫伤的温热感，或用手指甲掐压至阴穴。

小贴士

1. 艾灸至阴穴矫正胎位成功率较高，一般超过自然恢复率。艾灸矫正胎位简便、安全，对准妈妈、胎儿均无不良影响。

2. 灸法应注意治疗时机，妊娠7～8个月（30～32妊娠周）是转胎最佳时机。

3. 因子宫畸形、骨盆狭窄、肿瘤，或胎儿本身因素引起的胎位不正，或习惯性早产、妊娠高血压综合征，不宜采用艾灸治疗。

妊娠水肿怎么办

这一时期，很多准妈妈都会出现手脚肿胀，尤其是下肢水肿的现象。这是孕期正常反应，不是病理现象，以下这些方法可以帮准妈妈远离水肿。

饮食调节

要注意饮食调节，多吃高蛋白、低碳水化合物的食物，比如富含维生素B_1的全麦粉、糙米和瘦肉。饮食要清淡，注意限制盐分的摄取，多喝水。准妈妈不要因为水肿不敢喝水，水分会促进体内的废物排出，缓解水肿现象。

纠正穿衣习惯

为预防水肿，准妈妈不要佩戴戒指，不要穿紧身衣或者套头衫、紧身裤、长筒袜或到小腿的长袜，穿宽松的衣服及矮跟舒适的鞋子，保持血液畅通。

水肿异常要留心

怀孕期小腿轻度水肿属正常现象。如果水肿延伸到大腿、腹壁，经休息后不消退，则很可能发展为重度妊娠高血压综合征，一定要去医院确诊，避免危险的发生。

调整生活习惯

调整好工作和生活节奏，不要过于紧张和劳累。不要长久站、坐，一定要避免剧烈或长时间的体力劳动。适时躺下来休息。如果条件不允许，也可以在午饭后将腿举高，放在椅子上，采取半坐卧位。每晚睡前，准妈妈可以准备好温水，浸泡足部和小腿20~30分钟，以加速下肢的血液循环。

办公室也可以这样防水肿

把脚垫高

每天上班时，将双脚放在事先准备好的小凳子或小木箱上面垫高，能帮助腿部血液回流，以降低小腿水肿发生的概率。

抖抖腿

工作时，可以将双脚脚尖踮起来，然后上下或左右抖动双腿，这样能加速体液循环。

站起来多走动

准妈妈可以利用工作的间隙站起来活动一下，不仅放松了腿部，也能让僵直的背部得到伸展。可以多去几趟卫生间或多打几次水，趁这个机会活动一下双脚。如果环境限制的话，可以在座位旁边做一会儿原地踏步的动作，也是不错的放松机会。

序号	预防水肿的小窍门
1	休息时垫高腿部
2	不要穿紧身的衣服
3	尽量避免长时间站立或坐着不动
4	多喝水，充分排出体内的沉积物
5	穿平底鞋或舒适的鞋子
6	不要穿紧身裤、长筒袜或者超过小腿的袜子
7	外出时，要穿准妈妈专用的高弹力长袜
8	维持规律的运动

科学的饮食营养

均衡膳食营养

●序号	●孕25周的膳食应包括以下食品
牛奶	牛奶中含有丰富的必需氨基酸、钙、磷、多种微量元素及维生素A、维生素D和B族维生素。有条件者每日可饮用250～500毫升牛奶
鸡蛋	鸡蛋是提供优质蛋白质的最佳天然食品，也是脂溶性维生素、叶酸、B族维生素的丰富来源，铁含量亦较高。鸡蛋不仅烹调方法简单多样，甜、咸均可，并易于保存。凡条件许可的，应每天吃1～2个鸡蛋
鱼、禽、畜肉及内脏	这些都是蛋白质、无机盐和各种维生素的良好来源，每日的膳食中应供给50～150克。如条件不许可，可用蛋类、大豆及其制品代替
大豆及其制品	大豆及其制品是植物性蛋白质、B族维生素及无机盐的丰富来源
蔬菜、水果	尤其是黄绿色蔬菜都含有丰富的维生素、无机盐和纤维素；每天应摄取新鲜蔬菜250～750克，绿色蔬菜应占其中的一半以上
海产品	应经常吃些海带、紫菜、海鱼、虾皮、鱼松等海产品，以补充碘
硬果类食品	芝麻、花生、核桃等，其蛋白质和矿物质含量与豆类相似，也可经常食用

准妈妈美味营养餐

★ 排骨蘑菇汤

●**材料准备**：排骨500克，鲜蘑菇100克，番茄100克，料酒、盐各适量。

●**做法**：

1. 排骨用刀背拍松，再敲断骨髓，加适量盐、料酒腌约15分钟；番茄、蘑菇洗净切片备用。
2. 锅中加适量水，烧开后放入排骨，撇去浮沫，加入适量料酒，用小火煮约30分钟。
3. 倒入蘑菇片再煮10分钟，放盐调味后，加入番茄片，煮沸即可。

★ 鸡肉卤饭

- **材料准备**：米饭250克，鸡肉、豌豆、冬笋各50克，香菇25克，植物油、水淀粉、酱油、盐、葱末各适量。
- **做法**：

1. 香菇切丁；冬笋切丁。
2. 鸡肉切丁，放油锅中炒熟，放葱末、冬笋丁、香菇丁、豌豆、盐、米饭、酱油炒透盛盘。
3. 炒锅放适量肉汤和盐，烧开后用水淀粉勾芡，浇在炒好的饭上即可。

★ 橘味海带丝

- **材料准备**：干海带250克，白菜400克，香菜段20克，橘皮50克，酱油、白糖、香油、醋各适量。
- **做法**：

1. 干海带入锅蒸25分钟，捞出，放热水中浸泡30分钟，捞出备用。
2. 把海带、白菜切成细丝，码放在盘内，加酱油、白糖和香油，撒入香菜段。
3. 把橘皮用水泡软，捞出，剁成细碎末，放入碗内，加醋搅拌，把橘皮液倒入盘内拌匀即可。

★ 鲫鱼炖蛋

- **材料准备**：鲫鱼2条（约500克），鸡蛋1个，植物油3小匙，姜丝5克，盐、植物油适量。
- **做法**：

1. 将鲫鱼去鳞、鳃、内脏，用清水洗干净，在鱼身两侧划几道斜刀花。
2. 煲置火上，放入适量清水，大火烧开，下鲫鱼及1小匙盐，烧1分钟左右，连汤盛入碗内待用。
3. 鸡蛋磕入碗内，加清水、盐搅打均匀，上笼蒸至凝固取出，随即将鲫鱼放上，浇入煮鱼原汤，撒上姜丝，淋上植物油，再放蒸笼里，上火蒸5～10分钟即可。

本周胎教重点

运动胎教
动动手指来做操

步骤1：我是一个大苹果。（双手张开比划成"大"苹果）

步骤2：小朋友们都爱我。（双手示指点着前面的人）

步骤3：请你先去洗洗手。（双手做洗手的动作）

步骤4：要是手脏。（用右手示指点着左手手掌）

步骤5：别碰我！（挥动右手表示"不"）

抚摸胎教
准爸爸爱的表达

孕7月后，准妈妈在腹部能明显地触摸到胎儿的头、背和肢体时，就可以增加推动散步式的抚摸胎教。准妈妈平躺在床上，全身放松，轻轻地来回抚摸、按压、拍打腹部，同时也可用手轻轻地推动胎儿，使胎儿在宫内"散散步、做做操"。此种练习应在医生的指导下进行，以避免因用力不当或过度而造成腹部疼痛、子宫收缩，甚至引发早产。每次5～10分钟，动作要轻柔、自然，用力均匀适当，切忌粗暴。如果胎儿用力来回扭动身体，准妈妈应立即停止推动，可用手轻轻抚摸腹部，胎儿就会慢慢地平静下来。

故事胎教

《小红帽》

很久很久以前，有一个可爱的小女孩，跟爸爸妈妈住在一个小村庄里。她的外婆最疼她了，送给她一件连着可爱帽子的红色披风。因此，村子里的人都叫她"小红帽"。

有一天，妈妈对小红帽说："外婆生病了，你帮妈妈带一些点心去探望她吧。"妈妈又特别吩咐说："外婆住在森林里，路途很远，你在路上要小心，不要贪玩！"小红帽跟妈妈挥手再见，就上路了。

这是她第一次自己去外婆家，所以特别高兴。她刚一走进森林，就遇到一只大野狼。大野狼装出和善亲切的笑容说："可爱的小姑娘，你要去哪儿？"小红帽不知道大野狼是喜欢吃人的大坏蛋，因此笑眯眯地回答说："大家都叫我小红帽，我要到森林里的外婆家，外婆生病了，我得带好吃的东西去给她。"

大野狼蹑着脚，悄悄跟在小红帽的后面。它伸出尖尖的爪子，张开大大的嘴巴，正准备要抓小红帽时，忽然听到一声喝："坏野狼，你想干什么？"大野狼吓得急忙逃走了。

小红帽仍然继续往前走。走了一会儿，小红帽看到路边有一片野花，便蹲下来快乐地摘花。大野狼决定先去小红帽的外婆家。"砰砰砰……"大野狼敲了敲外婆家的门，它装出小女孩的声音说："外婆，我是小红帽，我带东西来看您了！"外婆听到小红帽来看她，高兴极了，急急忙忙跑过去开门。却看到一只大野狼，张开血红的大嘴巴，张牙舞爪地扑在她身上，"咕噜"一声，把她整个吞到肚子里去了。然后大野狼又穿上外婆的睡衣，爬到床上，装成外婆正在床上睡觉的样子。不一会儿，它就听到小红帽一路唱着歌儿，向外婆家走来。

"砰砰砰……"小红帽敲了敲门。等了一会儿没人开门，小红帽就自己推开门进来了。小红帽说："外婆，您好些没有？我带了很多好吃的东西来看您，快起来嘛！"大野狼说："噢，你来了，我的乖孙女儿，外婆正想着你呢！""外婆，您的声音好怪哦！"小红帽说。大野狼说："我感冒了呀，声音才变了！"小红帽走到床前，她看见"外婆"时吓了一跳，说："外婆，您的耳朵变得好大哦！"

大野狼赶快用棉被把脸盖紧，只露出两只大眼睛。回答说："耳朵大才听得清楚你说什么话呀！""可是，您的眼睛也变得好大哦！""这样才看得清楚你的脸呀。""可是……您的嘴巴也变得好大好大呀！""嘴巴这么大，才可以一口把你吃掉呀！"大野狼突然从床上跳了起来，张开大嘴，"咕噜"一声，连咬都没咬，就把小红帽吞到肚子里去了。

　　大野狼捧着大肚子，往床上一躺，马上就睡着了，而且睡得很熟很熟，呼呼的鼾声大到整个森林都听得到。

　　这时正在森林里追捕狐狸的猎人来到老婆婆家门口，他觉得奇怪，为什么老婆婆家里有那么可怕的打呼声，猎人悄悄打开老婆婆家的门，果然发现一只大野狼挺着好大好大的肚子，躺在老婆婆的床上，舒舒服服睡得正香呢！在大野狼肚子里的老婆婆和小红帽，听到有人推门，马上大声喊叫："救命啊！"猎人终于了解，原来大野狼这个可恶的家伙，把老婆婆和可爱的小红帽吃到肚子里去了。猎人拿出一把大剪刀，趁着大野狼还没有睡醒，用最快的动作，把大野狼的肚皮剪开。老婆婆和小红帽从大野狼的肚子里跳出来说："谢谢您救了我们祖孙两人！"

小贴士

　　小红帽和外婆，都被大灰狼骗了，那是因为她们轻易相信了大灰狼的话。幸亏有了猎人的相救，小红帽和外婆才得以脱险，大灰狼也受到了应有的惩罚。宝贝，你要记住，不要轻易相信别人的话，以免上了坏人的当。

语言胎教
绕口令

绕口令一般字音相近，极易混淆，准妈妈要想念得既快又好，没有快速的思维、良好的记忆、伶俐的口齿，是很难做到的。经常说绕口令，能够使准妈妈的思维更具敏捷性、灵活性和准确性，对胎儿的语言及思维发展具有潜移默化的影响。

《小花猫》

小花猫，爱画画，
先画一朵蜡梅花，又画一个小喇叭，
带着蜡梅花，吹着小喇叭，
回家去见妈妈，妈妈见了笑哈哈。

《鹅和鸽》

天上一群大白鸽，河里一群大白鹅。
白鸽尖尖红嘴壳，白鹅曲项向天歌。
白鸽剪开云朵朵，白鹅拨开浪波波。
鸽乐呵呵，鹅活泼泼，
白鹅白鸽碧波蓝天真快乐。

《大妹和小妹》

大妹和小妹，一起去收麦。
大妹割大麦，小妹割小麦。
大妹帮小妹挑小麦，小妹帮大妹挑大麦。
大妹小妹收完麦，噼噼啪啪齐打麦。

《画蛤蟆帽》

一个胖娃娃，画了三个大花活蛤蟆；
三个胖娃娃，画不出一个大花活蛤蟆。
画不出一个大花活蛤蟆的三个胖娃娃，
真不如画了三个大花活蛤蟆的一个胖娃娃。

《鸭和霞》

天上飘着一片霞，水上漂着一群鸭。
霞是五彩霞，鸭是麻花鸭。
麻花鸭游进五彩霞，五彩霞挽住麻花鸭。
乐坏了鸭，拍碎了霞，分不清是鸭还是霞。

趣味胎教

脑筋急转弯连连看

题目

1. 六岁的小明总是喜欢把家里的闹钟整坏，妈妈为什么总是让不会修理钟表的爸爸代为修理？
2. 为什么蚕宝宝很有钱？
3. 为什么青蛙可以跳得比树高？
4. 世界上最高的峰叫什么峰？
5. 为什么小白兔不嫁给斑马呢？
6. 鲨鱼吃了绿豆会怎么样？
7. 火柴烧着后进了医院，变成了什么？
8. 什么动物最爱贴在墙上？
9. 狐狸为什么经常会摔跤？
10. 苹果树上有二十个熟透的苹果，被风吹落了一半，后又被果农摘了一半，那么树上还有几个苹果？

答案

1. 妈妈让爸爸修理小明
2. 因为它会结茧（节俭）
3. 因为树不会跳
4. 高峰
5. 因为兔妈妈说文身不是好孩子
6. 变成了绿豆沙
7. 棉签
8. 海豹（报）
9. 因为狐狸很狡猾（脚滑）
10. 5个

手工胎教

飞碟

步骤1：将橡皮泥捏成球状。然后再将按成半圆状。

步骤2：再搓一个球。然后再将圆球按成饼状。

步骤3：搓第三个球，按成半圆状。

步骤4：将饼状橡皮泥夹在两个半圆中间，并将其他颜色的橡皮泥搓成小球粘在上面。

27周 胎动越来越强烈

此时，胎动越来越强烈了，准妈妈可能夜间会睡不好觉，在睡觉之前准妈妈可以做一些孕妇体操，让失眠变得更好。

准妈妈和胎儿的变化

准妈妈的变化

第二十七周

{很容易感到疲劳}

这时由于腹部迅速增大，准妈妈会感到很容易疲劳，同时，脚肿、腿肿、痔疮、静脉曲张等不适也可能困扰着准妈妈。注意休息、不时变换身体姿势、舒缓的伸展运动、热水浴和按摩，都能帮准妈妈缓解不适。此时家人的关心也非常重要。

胎儿的变化

第二十七周

{胎儿越来越胖了}

随着皮下脂肪的增多，胎儿越来越胖了。现在吮吸拇指可能是胎儿最喜欢的运动之一。此时，胎儿的眼皮开始睁开，虹膜开始形成。胎儿似乎可以察觉出光的变化，研究显示，如果将手电筒的光照在准妈妈的腹部，胎儿可移向或离开光源的方向。

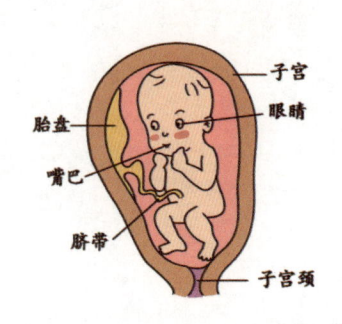

必知的孕期生活指导

尽量舒缓不适症状

这时由于腹部迅速增大，准妈妈会感到很容易疲劳，同时，脚肿、腿肿、痔疮、静脉曲张等不适症状也可能困扰着准妈妈。注意休息、不时变换身体姿势、做舒缓的伸展运动、洗热水浴和按摩，都能帮准妈妈缓解不适。此时家人的关心也非常重要。

要控制体重，加强运动

孕中期，胎盘已经形成，所以不太容易造成流产。这个时期，胎儿还不是很大，准妈妈也不是很笨拙，所以在孕中期增加运动量是非常适合的。

游泳

游泳可以锻炼准妈妈的全身肌肉，促进血液流通，让胎儿更好地发育。同时，孕期经常游泳还可以改善情绪，减轻妊娠反应，对胎儿的神经系统有很好的影响。但游泳时要防止他人踢到腹部。

散步

对于不会游泳的准妈妈，每天早晚散步也是一种很好的运动，既能促进肠胃蠕动，还能增加耐力，耐力对分娩是很有帮助的。准妈妈在走动的同时，还可以刺激胎儿的活动。其实，在阳光下散步是最好的，可以借助紫外线杀菌，还能促进肠道对钙、磷的吸收，对胎儿的骨骼发育特别有利。

散步的速度最好控制在每小时4千米，每天1次，每次30～40分钟，步行的速度和时间要循序渐进。同时，散步要选择好环境，比如空气清新的花园或树林。这一时期所说的加大运动量，并不是增加运动强度，而是提高运动频率、延长运动时间。

但需要强调的是，一定要根据自己的情况来做运动，不要勉强运动。如果以前一直没有运动，那么可以做一些轻微的活动，比如散散步；如果以前一直坚持运动，可以游泳、打乒乓球等。

体操

可以利用专门的体操学院或医院的孕妇体操教室做体操。即使在家中持续做一些简单的体操运动也能取得很好的效果。体操可以消除压力、防止肥胖、锻炼肌肉和关节，所以有助于顺产。

准妈妈做体操时最好穿着舒适的衣服，在专用的垫子上进行。从怀孕5个月以后开始进行孕妇体操，每次进行10～15分钟。

需要关注的健康问题

准妈妈血压上升

该时期准妈妈血压会稍有上升，属正常现象无须担心。但若准妈妈血压升高至140/90毫米汞柱以上就会对胎儿及准妈妈产生严重影响。若准妈妈血压异常，应该立即前往医院接受产科医生的检查。

头昏眼花

如果平时身体健康状况只有60分的女性，在怀孕时，她身体的心、肺、肝、肾脏的工作量都必须增加，如此一来就无法负荷过多的工作量，很多的不适症状就会出现。妊娠期准妈妈的血压较低，很可能感到头晕眼花，站不稳，需要坐下和躺下。这种情况大部分发生于孕中期和孕晚期。

准妈妈为了避免出现这种症状，尽量不要站立太久。如果突然感到晕厥，要坐下来并把头放在两膝之间，过一会儿就会好转。在洗完热水浴后，起身动作要慢。在躺下的时候，两脚要抬至高于头部。

科学的饮食营养

补充膳食纤维

从现在开始到分娩，应该增加谷物和豆类的摄入量，因为胎儿需要更多的营养。富含纤维的食品中B族维生素的含量很高，对胎儿大脑的生长发育有重要作用，而且可以预防便秘。如全麦面包及其他全麦食品、豆类食品等，准妈妈都可以多吃一些。

准妈妈美味营养餐

山药鱼肉汤

- **材料准备**：山药1段，石斑鱼肉240克，高汤适量。
- **做法**：
  1. 山药削皮，切成丁以备用。
  2. 药材放入高汤内，用大火煮开后，转中小火煮15分钟至山药熟软。
  3. 放入石斑鱼片续煮3分钟即可。

海带豆腐汤

- **材料准备**：豆腐1块，海带4片，葱1根，柴鱼2大匙，姜末2小匙，高汤3杯，柴鱼酱油1大匙，萝卜泥少许。
- **做法**：
  1. 海带洗净，豆腐切小块，余烫，捞出放凉。
  2. 将海带平铺在砂锅上，加入豆腐，再倒入高汤、葱、姜及柴鱼煮15分钟，食用时蘸萝卜泥及柴鱼酱油即可。

本周胎教重点

运动胎教

矫正骨盆运动

1. 坐在垫子上
坐在垫子上,深呼吸。

2. 双脚并拢
两脚并拢,脚跟靠近会阴处,挺直腰背,停留6～10秒钟,深呼吸。

3. 两手伸直放于膝盖前
两手伸直,向前放在膝盖前方。

知识胎教

理解《三字经》

准妈妈不仅要教胎儿学唱《三字》经歌,还要教会胎儿理解其中的意思。

人之初,性本善。性相近,习相远。

人们刚出生的时候,本性都是善良的。善良的本性非常相近,只是因为在成长过程中,后天的学习环境的差异,使性情也有了好坏的差别。

苟不教,性乃迁。教之道,贵以专。

如果不及早地接受良好的教育,人善良的本性就会受到影响。为了使孩子拥有高尚的品质,就要及早地采用正确的教育方法,专心一致地教育孩子。

昔孟母,择邻处。子不学,断机杼。

在战国时期,为了使孟子有个好的学习环境,孟子的妈妈曾三次搬家。有一次孟子学习不用功,孟母就割断织机的布来教育孟子,学习要持之以恒,不能半途而废。

窦燕山,有义方。教五子,名俱扬。

五代时,燕山人窦禹钧使用正确的教育方法教育孩子,他教育的五个孩子都很有成就,同时科举成名。

养不教，父之过。教不严，师之惰。

身为父母只是供养儿女吃穿，不好好教育孩子是父母的过错。只是教育学生，但不严格要求学生就是做老师的过错。

子不学，非所宜。幼不学，老何为。

孩子不热爱学习是不对的。一个人如果在小时候都不好好学习，那么到了老的时候既不懂做人的道理，又没有知识，能有什么作为呢？

玉不琢，不成器。人不学，不知义。

玉不经过雕琢，不会成为精美的器具；人如果不学习知识，就不会懂得礼仪，不能成才。

为人子，方少时。亲师友，习礼仪。

人在小的时候应该亲近老师和朋友，这样可以从他们那里学到更多为人处世的道理。

语言胎教
哼唱儿歌《哆来咪》

Doe, a deer, a female deer
鹿，是鹿，一只母鹿
Ray, a drop of golden sun
光，是金色的夕阳
Me, a name I call myself
我，那是我的名字
Far, a long, long way to run
远，长长的路要跑
Sew, a needle pulling thread
绣，是针儿穿着线
La, a note to follow Sew
啦，就跟在嗖之后
Tea, a drink with jam and bread
茶，是饮料配面包
That will bring us back to Do
那就让我们再次回到哆
Do-re-mi-fa-so-la-ti-doSo-do!
哆来咪发嗦啦西哆嗦哆

这首短小而活泼的《哆来咪》，是经典音乐电影《音乐之声》中的一首插曲。修女玛丽亚给七个聪明却顽皮的小孩子做家庭教师，玛丽亚从最最基础的音符教起："Do-Re-Mi-Fa-So-La-Ti"，每个音符都有个发音相近的单词，简单易记且妙趣横生。

趣味胎教
画鸭子

在画鸭子的时候，身体的姿态是重中之重，画线要一气呵成，这样线条才会更加流畅。

步骤1：画出鸭子的嘴。

步骤2：画出鸭子身体的上半部。

步骤3：画出鸭子的尾部和身体的前半部。

步骤4：画出鸭子的眼睛。

步骤5：画出鸭子的翅膀。

步骤6：进一步完善鸭子的翅膀。

步骤7：画出河水。

步骤8：栩栩如生的鸭子完成了。

28周 胎儿大脑迅速发育

准爸爸要加入胎教，因为准爸爸的参与和关注，会使准妈妈的心情愉快，继而胎儿也会感觉到愉悦。

准妈妈和胎儿的变化

准妈妈的变化

第二十八周

{**开始**面对腿肿等困扰}

怀孕晚期不仅腹部增大，手臂、腿、脚踝等部位也容易肿胀发麻，容易感到疲劳。夜间出现轻微的水肿是非常正常的怀孕症状，所以不用担心。但是如果早晨醒来脸部严重肿胀，或者水肿一整天都不消退，就有可能是患了妊娠高血压综合征，建议及时到医院做检查。

胎儿的变化

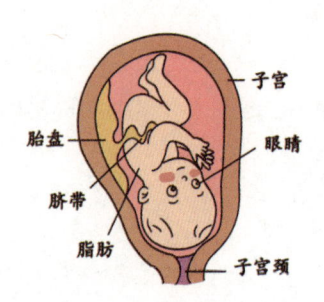

第二十八周

（图示：子宫、胎盘、脐带、脂肪、眼睛、子宫颈）

{**胎儿的**生殖器官**继续发育**}

胎儿正在以最快的速度生长发育。胎儿现在的主要任务将是增加体重。此时男孩儿的睾丸开始下降进入阴囊。女孩儿的阴唇仍很小，还不能覆盖阴蒂，在怀孕最后几周两侧的阴唇将逐渐靠拢。

必知的孕期生活指导

分娩姿势提前练习

放松

每天尝试训练你的呼吸和练习放松。

蹲姿

这个姿势在分娩的时候非常好用，因为它可利用地心引力帮助宝宝从产道出来。蹲姿训练可以使你的骨盆打开到最宽，并帮助拉伸会阴，可以防止分娩过程中的撕裂。

刚开始练习这一姿势时会比较困难，最初的训练可以坐在一个矮凳上，将两脚尽量分开，身体前倾，保持背部挺直，用双肘将膝盖向外推。一旦关节灵活了，并感到这个姿势很舒服时，就可以尝试着将矮凳撤掉。练习蹲姿时，如果脚后跟不能着地，你可以用一个卷起来的毛毯或毛巾垫在脚后跟下面。

坐姿

脚心相对而坐，这一姿势不仅可以帮助锻炼大腿肌肉，使之更强健，而且可以帮助你保持蹲姿并提高骨盆的灵活性。做这个训练时要保持背部挺直，两脚底相对，将脚后跟拉向会阴方向，用两臂将大腿下压。如果刚开始觉得这个姿势比较困难，可以放两个靠垫在大腿下面作为支撑，也可以将身体直直地靠在墙上。练习这个姿势时，要注意呼吸和放松的技巧。

注意围产期保健

围产期是指怀孕满28周，胎儿体重达到或超过1 160克，至产后7天的这段时期。在这段时期，准妈妈及胎儿容易发生危险，因此如果发现异常要及早治疗。28周以后，准妈妈要每两周进行一次产检，36周以后则每周检查一次。

需要关注的健康问题

看腹型，知健康

这些因素决定腹部大小

● 决定腹部大小的因素	
准妈妈的体型	准妈妈的体型不同，腹部大小看起来也有所不同。准妈妈的体型娇小时，腹部就显得大，而且隆起得速度快
腹部的形状	一般来说，腹部的形状可以决定腹部的大小。向两边扩展的腹部显得比较小，向前鼓起的腹部显得比较大。消瘦的准妈妈的腹部通常显得又大又圆
羊水量	羊水量也影响腹部的大小。羊水量随着准妈妈体质有所不同。羊水过多或过少时，都会引起各种问题
怀孕次数	在怀孕中，有生育经验的经产妇身体变化比初产妇更快。经产妇的腹部曾经被扩张过，所以腹部会隆起得比较突出

关于腹部大小的错误观点

胎宝宝越大越容易难产

大部分准妈妈认为，胎宝宝过大就容易难产，其实这种说法并不准确。骨盆大小和胎宝宝头部的大小是否合理，这才是决定难产与否的关键。如果产道跟胎头大小一样宽，就不会影响分娩，而骨盆比胎宝宝的头部小时，就容易难产。

胎宝宝太小有可能是发育不全

由于遗传的影响，胎宝宝有可能很小。如果不是遗传原因，就应该注意检查是否患有妊娠高血压等疾病。由于妊娠高血压可能使胎宝宝发生供血供氧不足，很容易生下发育不全的胎宝宝。正常情况下胎宝宝在子宫内待的时间越多越安全，所以要慎重对照子宫环境和胎宝宝发育状态选择最佳时期进行诱导分娩。

怀有双胞胎时，腹部会隆起两倍

双胞胎等多胎情况下，从怀孕13～16周开始，子宫的增大速度比一般准妈妈要快4周以上，所以表面上看来，腹部显得特别大。由于子宫内有两个胎宝宝，所以每个胎宝宝都比较小。

怀有双胞胎时，如果发生早产，就容易生下发育不全的胎宝宝。正常分娩时，虽然体重比普通胎宝宝小一些，但是发育很正常。

外阴瘙痒怎么办

外阴瘙痒是外阴各种不同病变所引起的一种症状，但也可发生于外阴完全正常者，当瘙痒加重时，患者多坐卧不安，以致影响生活和工作。

外阴瘙痒

有的女性在怀孕后会出现外阴瘙痒，经过体格检查之后，如果并没有其他疾病，则多是由于精神因素或外界刺激引起。

医学研究证明，女性在怀孕之后，由于生活有了某些改变，如性生活的减少或中断、对妊娠的恐惧心理、失眠等常会引起外阴瘙痒。由于外阴瘙痒会造成失眠，以至精神不振、食欲减退，从而会使身体抵抗力降低，因此对妊娠和顺利分娩都是不利的。

对于这类的外阴瘙痒，首先要停止各种烫洗措施，其次要停用一切含"松"的药物。停药之初可能更痒，这时可用叠厚的冷毛巾湿敷外阴，每3分钟清洗毛巾1次，不使其变热。持续冷敷，直到不痒，再痒再敷。不涂任何药物，终可痊愈。在饮食上应注意不宜吃辛辣刺激性食物，如辣椒、姜、蒜、油炸食品、五香粉、胡椒等。

平日排泄之后，只用冷水冲洗外阴即可，但勿将水冲入肛门或阴道内，以免影响机体组织的自洁作用。

警惕妊娠瘙痒

妊娠期瘙痒常从腹部开始，遍及全身。皮肤上没有皮疹、皮损，只有抓痕。严重者可见巩膜、皮肤黄疸，但无腹胀、腹泻、食欲减退等消化道症状。这是一种妊娠期特有的以瘙痒和黄疸为特征的并发症，对胎宝宝危害特别大。有瘙痒症状的准妈妈要化验检查肝功能和黄疸指数。及时发现异常，及早处理。轻症患者要密切监护宫内胎宝宝的生存情况，每天3次数胎动，每次需1小时，把所数到的胎动数相加乘以4，达到或超过20次为正常。

科学的饮食营养

为胎儿补脑

本周开始，是胎儿生长最快的阶段，准妈妈的膳食要保证质量、品种齐全。为了防止腿部水肿，准妈妈可以多吃些鲤鱼、鲫鱼、黑豆等有利水作用的食品，以缓解水肿症状。这一时期胎儿大脑发育进入高峰期，准妈妈在此时可适当补充健脑的食品，如核桃、芝麻、花生等。

准妈妈美味营养餐

★ 莲子炖猪骨

- **材料准备**：莲子6克，猪排骨500克，冰糖100克，姜、葱、黄酒、卤汁各适量。
- **做法**：

1. 莲子去心洗净，入锅炒香，捣碎，放入适量水中煮烂，取汁备用。
2. 把猪排骨洗净，切成小块；姜切片，葱切段，备用。
3. 把猪排骨、姜、葱放入锅内，加入莲子汁，置火上煮至七成熟，去浮沫，捞取排骨凉凉，将卤汁倒入锅中加冰糖，在小火上炖1小时，烹入黄酒后，至浓汁即可。

★ 健美牛肉粥

- **材料准备**：大米100克，牛里脊肉150克，牛骨高汤10杯，芹菜末、盐、香油各适量。
- **做法**：

1. 将大米洗净沥干，牛里脊肉洗净并切成细丝。
2. 牛骨高汤加热煮沸，放入粳米和牛里脊肉，续煮至滚时稍微搅拌，改小火熬煮30分钟，加盐调味。
3. 盛入碗中，在粥表面撒上芹菜末，一起翻炒数下，加入盐、香油调匀即可盛起。

★ 海带炖酥鱼

- **材料准备**：小鲫鱼200克，干海带80克，料酒、盐、酱油、醋、白糖、葱段、姜片各适量。
- **做法**：

1. 将小鲫鱼去内脏洗净。干海带泡发后切宽条，上锅蒸20分钟后备用。
2. 将鱼摆在小锅内，在上面码上一层海带，放上料酒、盐、酱油、醋、白糖、葱段、姜片。
3. 加水没过菜面，大火煮开后，小火焖至汤稠即可。

本周胎教重点

运动胎教

缓解腿部疲劳

1 双脚分开约1米宽站立,放松双肩,挺直后背。调整呼吸,双手合十置于胸前。吸气,在缓缓呼气时身体慢慢下蹲,尽力向下,保持上身与地面垂直。

2 双腿分开到最大限度。双肩打开下沉,双手自然打开与肩平行,慢慢下蹲,深呼吸,保持5秒。

3 双腿分开到最大限度。双肩打开下沉,双手自然打开与肩平行,慢慢下蹲,慢慢转动颈部呈90°,保持5秒,还原,另一方向做相同动作。

手工胎教

方向盘

步骤1:准备一张正方形彩色纸。

步骤4:折成三角形。

步骤5:用画笔画出图案。

步骤2:对折后用画笔画出图案。

步骤3:沿虚线向内折叠。

步骤6:沿画好的线剪后展开,方向盘就完成了。

故事胎教

《灰姑娘的故事》

从前，有个非常可爱的女孩叫辛德瑞拉，她不仅聪明漂亮而且心地善良。她的妈妈在她还小的时候就病逝了。女孩的父亲又娶了个新妈妈回来，新妈妈还带来两个新姐姐。但是新妈妈根本就不疼爱女孩，甚至还虐待她。

城堡里的王子发出请帖，邀请各户人家的女孩参加舞会。在辛德瑞拉的家里，两个姐姐也因收到王子的请帖而兴奋、愉快地准备着，可是继母不许辛德瑞拉去参加舞会，她必须留下来打扫房间和做饭。

马车来了。"我们走！"两个姐姐由妈妈带着，装模作样地矫饰了一番，然后出门了。辛德瑞拉真的好难过，难道自己不能去参加舞会？辛德瑞拉在火炉旁开始抽抽噎噎地哭了。突然有人在辛德瑞拉背后叫她，辛德瑞拉吓了一跳，转头一看，有位陌生的老婆婆站在那儿。老婆婆笑了："你是个心地善良的好女孩，我一定让你去参加王子的舞会。"

老婆婆口中念念有词，然后用拐杖触摸辛德瑞拉的衣服。"噢！"转瞬之间，辛德瑞拉的脏衣服已经变成耀眼夺目的礼服。老婆婆又拿出一双漂亮的水晶鞋给辛德瑞拉穿上。

漂亮的公主——辛德瑞拉赶着马车，往王宫的方向驶去，心里无比地兴奋和紧张。当辛德瑞拉进入王宫的大厅时，"啊！好漂亮呀！这是哪一个国家的公主呀？"众人睁大眼睛看着辛德瑞拉！

王子一看见辛德瑞拉，便发自内心地喜欢她。王子对辛德瑞拉说："请跟我跳支舞好吗？"辛德瑞拉像只蝴蝶般，迈着轻快、纯熟的脚步。王子真的非常喜欢辛德瑞拉，他非常想知道她会是哪一个国家的公主。"公主！你到底是哪个国家的呢？"可是，如果辛德瑞拉的名字或家世被王子知道，那就糟了。辛德瑞拉不知该怎么回答，便急急忙忙赶着离开了。当她跑到台阶时，不小心摔了一跤，掉了一只鞋，可是她顾不了这只鞋了。"公主！公主！请等一下。"她没有理会王子的喊叫声，加快脚步，十万火急地朝着幽暗的城堡外跑去。

自从舞会结束，匆匆分开的那一刻起，王子便日日夜夜地思念着辛德瑞拉公主。可是不管向谁打听，都探听不出公主的事来。所剩下的唯一证物就是公主的一只鞋。于是王子对部下说："你们快去找适合这只鞋子的女孩。"

"是谁能穿上这只鞋子啊？"姐姐们对辛德瑞拉说，"辛德瑞拉，无论如何你一定不能穿的，可是你也来穿穿看吧。"辛德瑞拉便把脚伸进这只水晶鞋，"呀！正合适呀！"王子的部下眼睛瞪得圆圆的叫出声，"鞋子正适合辛德瑞拉的脚呀！"

找到了公主，王子非常高兴。不久，辛德瑞拉和王子举行了结婚典礼，场面盛大，热闹非凡。辛德瑞拉与王子从此过着幸福快乐的生活。

小贴士

灰姑娘本来就已经失去了母爱，还要受继母和两个姐姐的欺负。但是现实的困境并没有使她放弃追求幸福的权利。继母不爱她，姐姐们也不爱她，但她懂得爱自己。因此，没人能阻止她来参加舞会，也没人能阻止她当上王后，除了她自己。你说对吗？我的宝贝。

知识胎教
认识数字3和4

准妈妈在这周要教胎儿学数字"3、4"，教"3"这个数字时，可以说"3像耳朵听声音"等，让"3"这个数字变得具体又形象；在教"4"这个数字时，可以说"4像红旗随风飘"。

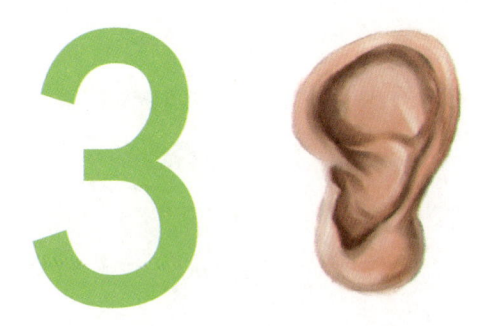

3像耳朵听声音。

4像红旗随风飘。

名画欣赏

《小淘气》

当准妈妈看到名画《小淘气》时，会不会想到自己的宝宝诞生时会长得像谁呢？也许宝宝的大眼睛像妈妈，高鼻梁和小嘴巴像爸爸，如果是男孩儿，那么一定很帅气，如果是女孩儿，一定和画中的女孩一样美丽。

《小淘气》是威廉·阿道夫·布格罗的作品，威廉·阿道夫·布格罗是法国19世纪上半叶至19世纪末法国学院艺术绘画的最重要人物。布格罗追求唯美主义，擅长创造美好、理想化的境界。布格罗的作品已经完全摆脱了古典主义手法的束缚，从生活出发，表达一种博爱的人性思想。

他强调形式之美，关注母爱，善于运用幻想的方式，注重女性美感的塑造。因此，这种完美的风格吸引了大批艺术追随者，他一生获得多种殊荣，成为当时法国最著名的画家。

《小淘气》这幅画表现的是妈妈将孩子从栏杆上抱下来的一瞬间。孩子粉红的脸庞（在周围墨绿的浓荫中，这抹粉红让整个画面显得极其生动）正对着画面，像天使一般美丽；母亲把脸庞侧面留给观赏者，留下巨大的想象空间。母亲与孩子对视的那一瞬间，正是心灵的无声交流。尤其值得揣摩的是画面的背景。正是这浓密的绿荫，让母子与外面世界隔离开来，形成一个相对封闭的空间。这个空间，在这一时刻，只属于充溢着温情的母子俩……

小淘气／（法）威廉·阿道夫·布格罗

趣味胎教

对对联

《五字对联》

花开香富贵，竹报岁平安。
海为龙世界，云是鹤家乡。
寿同山岳永，福共海天长。
日月华光照，乾坤喜气多。
五云迎晓日，万福集新春。
三阳从地起，五福自天来。
祥光普天照，瑞气盈华门。

《六字对联》

与松竹梅交友；择兰荷菊为邻。
山碧千峰竞秀；水清百鸟争春。
月明五湖曙色；潮满三江春光。
户户金花报喜；家家紫燕迎春。
孔雀开屏报喜；画眉欢唱迎春。
冬去山明水秀；春来鸟语花香。
日暖风调雨顺；家和人寿年丰。

261

第三章

孕晚期：
胜利就在眼前，幸福分娩进行时

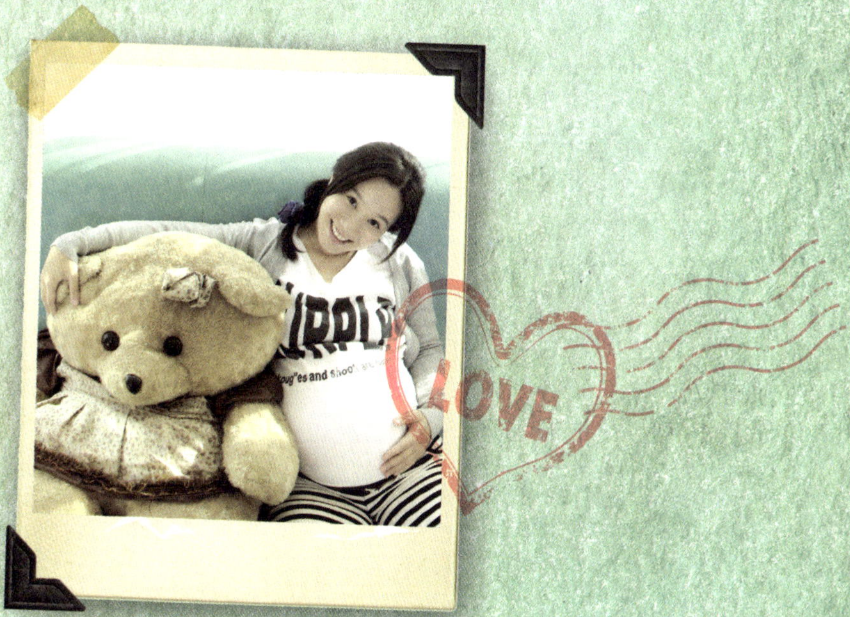
LOVE

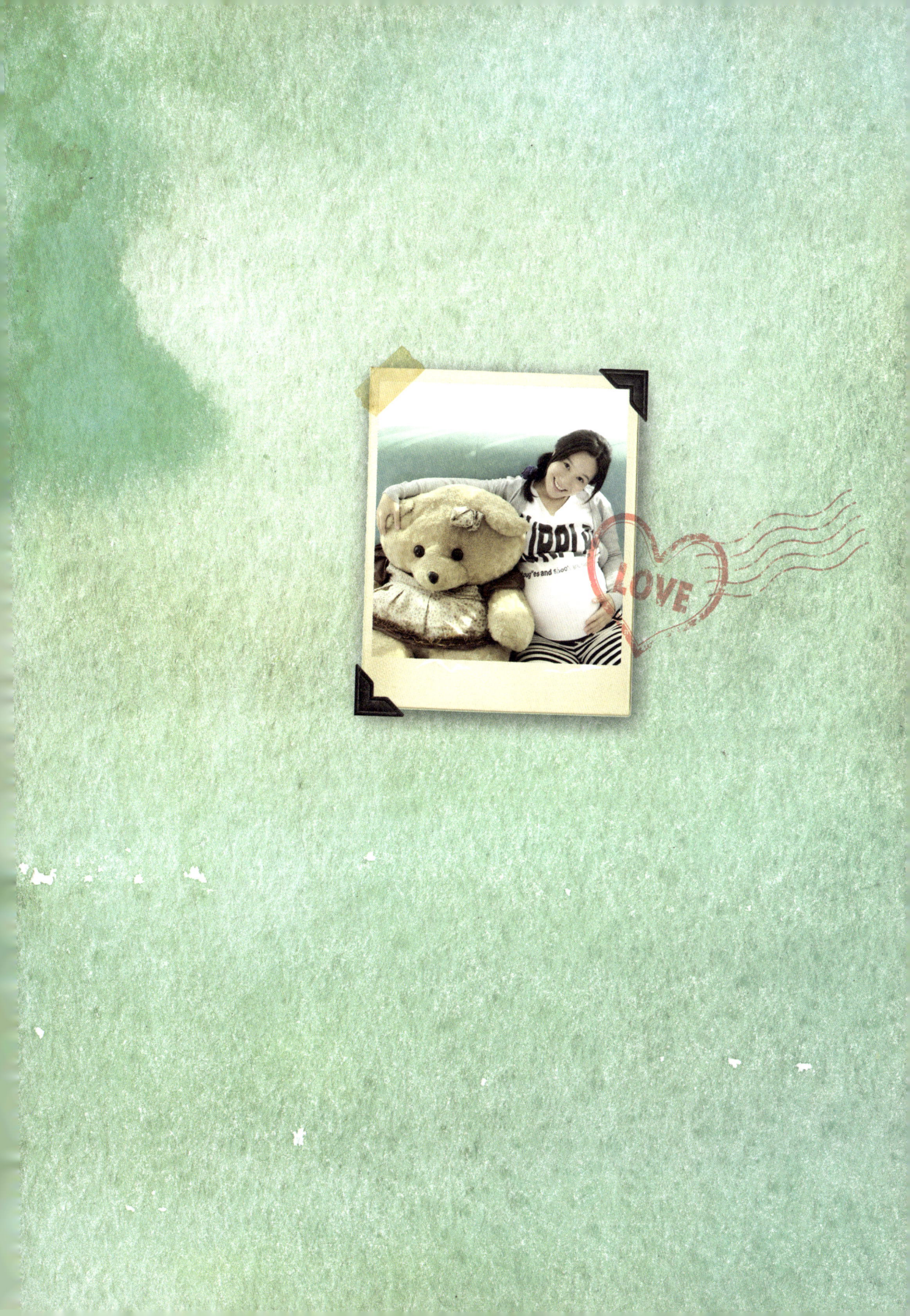

29周 能够看到子宫外的亮光

准妈妈要积极进行胎教，因为胎教的确会给胎儿带来好的影响，有研究表明，在孕期进行过胎教的孩子会更健康、更聪明。

准妈妈和胎儿的变化

准妈妈的变化

第二十九周

{有规律的子宫收缩}

一般情况下，准妈妈每天会有规律地出现4～5次的子宫收缩，这时最好暂时休息。为了顺利地分娩，子宫颈部排出的分泌物增多。为了预防瘙痒，准妈妈要经常换洗内衣，保持身体的清洁。

胎儿的变化

第二十九周

{对光线更加敏感}

此时胎儿能完全睁开眼睛，而且能看到子宫外的亮光，所以用手电筒照射时，胎儿的头会随着光线移动。这时期的胎儿对光线、声音、味道和气味更加敏感，能区别出日光和灯光。

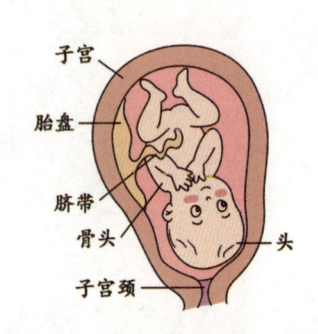

必知的孕期生活指导

孕晚期怎样穿衣服

不要穿紧绷的裙子

孕晚期不要穿着腰部紧绷的裙子，也不能像平常一样穿着牛仔裤。不要认为这并不要紧，当你勉强拉上拉链，会使整个身体紧绷。怀孕并非普通的发胖，而是腹中的胎儿不断地成长。绝对不要勉强地穿着过紧的衣服。压迫腹部，会导致下半身水肿，而更严重的是影响胎儿的发育。

着装舒适安全第一

清理衣柜时，首先要将化纤面料的服装都清理出来，尤其是内衣。因为怀孕期间，皮肤会变得敏感且易出汗。如果经常接触人造纤维的面料，容易引起皮肤过敏，可能会影响到胎儿的健康。

暂时收起颜色鲜艳的衣服

为了降低衣服的褪色程度，很多服装会使用偶氮作为固色剂，而偶氮可能通过皮肤接触进入血液循环，对胎儿产生不良影响。

小贴士

染烫发最好等到怀孕3个月以后，因为怀孕3个月前胎儿正值器官发育期，最容易造成畸形。应尽量减少染发的次数，以免累积的药物造成影响。染发或烫发可以只处理头发中、尾端的部分，减少头皮药物的吸收或是过敏。

选择好分娩的医院

如果确定已经怀孕，便需要定期去医院检查。尽量选择离家或是工作单位较近的地方，并不赞成选择位置较远或需要坐车去的医院。而且最好要听听周围人的经验之谈。此时便要考虑到分娩方式，并通过与丈夫商议，选择在环境、设施、专业程度等方面都比较满意的医院。

综合性医院和妇幼保健院的优劣

妇幼保健院更专业

专业妇幼保健院的医师面对的就诊群体相对比较单一，大多数是孕产妇。

因此，一些中型妇幼保健院所配置的产科医疗器械比一般大型的综合医院会更齐全。如孕期的超声波检查、唐氏综合征筛查，妇幼保健院在此方面的设备和专业能力，无疑会比综合性医院的产科更完善。另外，专业妇幼保健院的产科医师每天负责的就是从孕期—产期—出院这一循环过程，技术实力相对较高，医护人员的操作更为熟练。

综合性医院的优势

现在许多大型的综合性医院科室齐全，各科专业人员技术水平高，对于那些容易出现异常并发症的准妈妈来说，一旦出现并发症，可以及时地在综合性医院各门诊科室得到会诊和处理。所以，容易出现异常并发症的准妈妈都适合选择综合性医院。怎样选择合适的医院，要根据家庭经济实际状况和准妈妈的身体状况决定。

如果准妈妈在怀孕时伴有异常或出现严重的并发症，就要选择大型综合性医院。

需要关注的健康问题

孕晚期尿频、尿失禁

准妈妈在咳嗽、笑、打喷嚏、提重物或慢跑等某些运动时排出一些尿液，也就是通常所说的压力性尿失禁，这在孕晚期或产后会经常出现。尿失禁是一种非常令人尴尬的症状，难以说出口。

尿失禁的原因

女性在妊娠29～32周，因子宫增大，压迫膀胱，易引起尿失禁。盆底肌本来就弱的人更易发病，但大多数女性在产后，随着膀胱所受压迫的消失，便会自然地得到改善。尿失禁从恶化到治疗可能颇费时间。所以，准妈妈最好从孕期就认真做盆底肌运动。同时，准妈妈要注意，不要让自己的膀胱涨得太满，不要忽略自己想去厕所的感觉。

尿失禁的缓解方法

做骨盆底肌肉收缩运动可以增强骨盆底的肌肉力量，从而减轻压力性尿失禁。盆底肌体操非常简单，在许多场合都可以进行：首先臀部肌肉用力，收缩肛门，坚持数到10后，由口缓缓吐气，放松。呼吸一下后，反复进行。10次为一组，1天最少做5组才会有效果。当然这5组不必连续做，可分为数次进行。

出现心慌气短怎么办

怀孕中后期，准妈妈出现心慌气促，呼吸困难等情况属于正常现象，这是因为当女性怀孕后，身体的新陈代谢加快，到了孕中期以后，机体耗氧量增加约10%～20%，因此必须通过加快和加深呼吸，让肺的通气量增加约40%而使自身的需氧量得到保障。

妊娠后期增大的子宫迫使心脏向左上移动，膈肌活动幅度也减少，由此使心脏负荷加重。由于上述原因，女性在怀孕后期偶尔在活动量增大的时候，很容易出现心悸、心急等现象，但多数并不严重。

但是如果出现这些症状后，特别是症状持续时间长而且程度重时，则要引起准妈妈的重视，应该及时到医院检查。

科学的饮食营养

少食多餐

孕晚期的准妈妈不要过多摄入糖类，也就是不要吃太多主食，以免胎儿过大，影响分娩。到了孕29周，增大的子宫顶住胃部，吃一点就饱，可以少食多餐，每天吃7～8次。很多准妈妈有夜间饿醒的经历，夜间可以吃点粥，吃两片饼干，喝1杯牛奶，或吃两块豆腐干，记得睡前要漱口。

准妈妈美味营养餐

⭐ 羊肾羹

- **材料准备：** 羊腰子2个，肉苁蓉30克，陈皮3克，草果5克，葱、姜、盐适量。
- **做法：**
1. 把羊腰子切成片状剔除内膜备用。
2. 先将肉苁蓉、陈皮、草果及葱、姜等材料装入纱布袋内扎口，与羊腰子同煮熬汤；再用此道菜煮面条即可。

⭐ 花生红枣粥

- **材料准备：** 花生、红枣各50克，糯米100克，冰糖10克。
- **做法：**
1. 将花生剥开取仁浸泡2小时，红枣去核洗干净。
2. 将花生仁、红枣和淘洗干净的糯米一起下锅熬成粥，等到粥黏稠后加入冰糖，稍微煮一下即可。

⭐ 小番茄炒鸡丁

- **材料准备：** 鸡肉、小番茄各200克，黄瓜100克，咖喱粉20克，白糖、蒜、盐、植物油、玉米淀粉各适量。
- **做法：**
1. 将小番茄及小黄瓜洗干净沥干，切成块备用。
2. 鸡肉洗干净，切丁。鸡丁内加适量盐、植物油、淀粉、白糖搅拌均匀，将鸡丁腌10分钟。
3. 锅内倒入植物油，烧至八成热，将鸡肉丁略炒半熟，放入蒜爆香。
4. 将咖喱粉放入炒匀，放入小番茄、小黄瓜片、白糖、盐等一起翻炒，炒至肉熟后即可。

本周胎教重点

故事胎教

豌豆上的公主

从前有一位王子，他想找一位公主结婚，他要求必须是一位真正的公主。为了寻找这位公主，他走遍了全世界，可是他无论到什么地方，总是碰到一些障碍。他虽然见到了不少公主，但是没有办法断定她们是不是真正的公主。结果他只好回到家里，他的心中很不快乐，他是多么希望得到一位真正的公主啊。

有一天晚上，忽然来了一阵可怕的暴风雨。只见天空中一阵电闪雷鸣，接着下起瓢泼大雨，这真是叫人害怕！正在这个时候，有人敲城门，国王的奴仆赶紧过去开门。

城门外站着一位美丽的姑娘，可是，也许是刚刚被雨淋过，她的样子非常狼狈，水沿着他的头发和衣服一直向下流，一直流进鞋子里，又从脚跟流了出来。可是，她大声对奴仆说，她是一位真正的公主。

奴仆赶紧将这个情况汇报给国王和王后。

"是不是真正的公主，我们马上就能考查出来。"王后心里想，她吩咐把这个自称为真正公主的姑娘带进来。王后什么话也没有说，径直走进卧室，把所有的被褥都搬开，在床榻上放了一粒豌豆，接着她又取出20床垫褥，把它们压在豌豆上，这还没完，王后又在这些垫褥上放了20床鸭绒被。随后，她吩咐仆人领这位公主夜里就睡在这张床上。

早晨，王后来到公主的床前，问她昨晚睡得怎么样。

"啊，实在是太不舒服了！"公主满脸憔悴，一副痛苦的模样说，"我差不多一整夜都没有合上眼睛，天晓得我睡的这张床有什么东西。我好像觉得我一直都是睡在一块很硬的东西上面，弄得我全身发青发紫，这真是太可怕了！"

公主的话音刚落，大家都认准了，这是一位真正的公主，因为压在这20床垫褥和20床鸭绒被下面的只是一粒豌豆，而她居然能够感觉出来。除了真正的公主之外，任何人都不会有这么娇嫩的肌肤。

王子知道她是一位真正的公主后，马上就迎娶了她。

音乐胎教
哼唱一首儿歌

《一只小毛驴》

准妈妈最好在孕期里多抽出一些时间来进行音乐胎教。只要准妈妈带着对胎儿深深的母爱去唱，胎儿一定能感受到。心情愉悦地哼唱，胎儿一定会十分喜欢。

我有一只 小毛驴，我 从来都不 骑，
有一天我 心血来潮骑着去赶 集，我
手里拿着 小皮鞭，我 心里正得 意，
不知怎地 哗啦啦啦，我 摔了一身 泥。

名画欣赏
《星月夜》

准妈妈平时可以静下心来读一首诗，也可以用心地感受一幅画，让胎儿和自己沉浸在欣赏艺术的快乐之中。

《星月夜》是荷兰后印象主义画家文森特·威廉·梵·高的油画名作。这幅画描绘了一个夸张变形与充满强烈震撼力的星空景象。那卷曲旋转的巨大星云，那一团团夸大了的星光，以及那一轮令人难以置信的橙黄色明月，大约是画家在梦中所见。对梵·高来说，画中的图像都充满着象征的含义。那轮从月食中走出来的月亮，暗示着某种神性，使人联想到梵·高所乐于提起的一句雨果的话："上帝是月食中的灯塔。"而那巨大的、形如火焰的柏树，以及夜空中像飞过的卷龙一样的星云，象征着人类的挣扎与奋斗的精神。

这幅画在梵·高这里变成了一种深刻有力的呐喊，一种无法言表的精神的颤动。金黄色、深蓝色、橙色、绿色、紫色……画中的色彩都是梵·高一生钟爱的颜色，它们在画中如同一些凝固而孤独的圣者，象征着光辉、生命和永恒的神秘。

星月夜／（荷兰）文森特·威廉·梵·高

趣味胎教
开怀笑一笑

《考驾照》

一女人考驾照，路考。前面的那个人下车，轮到她了，她很紧张！她从右侧下车，下车后绕到左侧，拉开车门紧接着一声大叫：教练！方向盘哪儿去了！考官回头看她一眼，很平静地说：你开的是后门。

《哭笑不得的爸爸》

一个男人在等候室焦急地等着他临产的妻子。过了很长时间，一位笑意盈盈的护士推着装了三个婴儿的婴儿车出来。男人仔细看了看三个婴儿，郑重地对护士说道：我要中间这一个。

《他的职业》

我曾经喜欢一个女孩，但她不喜欢我。她说她喜欢的男人是那种开车在路上大家都不敢靠近的那种。她觉得那样的男人才霸气。上个月，她结婚了，如她所愿，她老公是开洒水车的！

《北极探险家》

六岁儿子："爸爸，我长大了要当一名北极探险家。"爸爸："好啊，爸爸支持你。"孩子："可是我想现在开始训练自己。"爸爸："怎么个训练法？"孩子："我每天要吃一个冰激凌。"

30周 胎儿的生殖器更加明显

准妈妈要趁此时行动还算方便，要与准爸爸逛街、采购一些关于宝宝的用品，例如婴儿床、浴盆、被子等。

🐴 准妈妈和胎儿的变化

准妈妈的变化

第三十周 {呼吸变得困难}

随着子宫的增大，它开始压迫横膈膜，所以准妈妈会出现呼吸急促的症状。为了缓解呼吸急促症状，坐立姿势要端正，这样有利于减轻子宫对横膈膜的压迫。睡觉时，最好在头部和腰部垫上靠垫。

胎儿的变化

第三十周 {具备身体所需全部器官}

此时胎儿的胎毛正在消失，头发变得浓密了。虽然这时候不能自己呼吸，不能自己保持体温，但是已经具备身体所需的全部器官，所以此时即使早产，胎儿的存活率也很高。现在许多胎儿采取了头向下的姿势，这是最普遍、最容易出生的姿势。

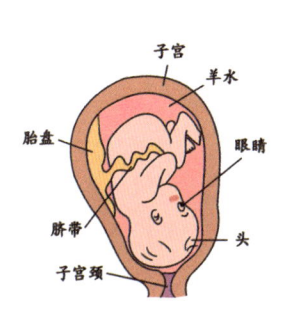

必知的孕期生活指导

准妈妈体重进入快速增长期

这周准妈妈会明显发现大胎动越来越少了，但只要偶尔能感到胎儿在动，就说明胎儿发育很好。因为胎儿这时候生长速度很快，准妈妈现在的体重较上个月增加了1300~1800克，在最后几周中可能会增加更多。

准妈妈出现呼吸急促

随着子宫的增大，它开始压迫横膈膜，所以准妈妈会出现呼吸急促的症状。为了缓解呼吸急促症状，坐立姿势要端正，这样有利于减轻子宫对横膈膜的压迫。睡觉时，最好在头部和肩部垫上抱枕。

需要关注的健康问题

呼吸不顺畅

怀孕30周，准妈妈容易出现呼吸不顺畅的情况。这是因为进入孕晚期后，子宫扩大，隆起的子宫向上顶到肋骨和肺脏，导致有效呼吸的空间变少，母体会自动调整呼吸，采用浅而短的呼吸方式，以增加呼吸到肺脏的氧气。

孕晚期呼吸不顺畅是需要大口吸气才能获得较多氧气的感觉，和一般速率较快且短的喘气不同。怀孕后心脏血管系统会产生改变，因血流量升高，心脏的输出功率也会随之提升，所以必须吸较多氧气以保证血液中的含氧量充足，所以怀孕后的准妈妈可能会渐渐发现自己的呼吸方式是较大口且长的呼吸方式，和以往比起来稍有不顺畅的感觉。

另外，进入孕晚期，因子宫向上顶到横膈膜，横膈膜会上升约4厘米，肺脏容积会跟着减少，也会影响呼吸的方式。

整个怀孕期间几乎都会感到呼吸不太顺畅，直到孕晚期，胎头下降后，肺脏不再受到挤压，子宫也不会向上顶到肋骨和肺脏，自然就能让准妈妈出现轻松感，呼吸情况会感到明显好转。

手指发麻

怀孕30周，准妈妈容易出现手指水肿、疼痛、发麻。因为手指属身体末端，孕期血液循环不佳时，此部位更容易受到影响，会出现水肿的情况，严重者会进一步产生酸麻的感觉。这是因为血液循环不佳，水分会从血管壁组织渗出，因此四肢末端容易水肿，特别是每天早上睡醒时，经过一夜的固定睡眠姿势，血液缺乏流动，容易因严重的水肿而感到手指发麻。

感到手指发麻时，只要稍做活动后一般就可恢复正常，可做握拳再放松的动作，促进血液循环。另外，平时要减低钠的摄取量，饮食以清淡为主，过咸的食物容易引起水肿。也可多吃些促进排水的食物，像红豆汤，多吃含维生素B1的食物，像坚果、全麦谷物和绿色蔬菜等。

科学的饮食营养

补充钙质

怀孕30周骨骼开始钙化，仅胎儿体内每日就需沉积约110毫克的钙，而这完全来源于母体，从这点看，每个准妈妈都需要补钙。按照《中国居民膳食营养素参考摄入量》建议，孕晚期钙的适宜摄入量为1200毫克/天。

如何吃才能保证钙的摄入量呢？准妈妈每天至少要喝250毫升牛奶，还要多吃乳酪、豆制品、海带、虾皮、鱼类等。单纯补钙还不够，准妈妈要多晒太阳，常进行散步等较舒缓的运动，晒太阳能促进人体维生素D合成，帮助钙的吸收和利用。

准妈妈美味营养餐

★ 奶油白菜汤

- **材料准备：** 白菜400克，牛奶75毫升，植物油2小匙，盐1/2小匙，葱5克，姜3克，素高汤300毫升。
- **做法：**
1. 将白菜取下叶片用手撕碎，清洗干净；葱、姜均切成末。
2. 将炒锅放在火上，倒入植物油烧热，下入葱、姜爆香，放入素高汤、盐及白菜叶，待开锅后加入牛奶，汤再次煮开后盛出即可。

★ 鲫鱼汤

- **材料准备：** 鲫鱼500克，玉兰片鲜蘑菇各60克，盒装豆腐2盒，姜、料酒、葱白、大蒜各适量。
- **做法：**
1. 玉兰片切菱形，豆腐切小块，鲜蘑切开，姜葱切片。
2. 鲫鱼去鳞和内脏，入油锅炸至金黄色取出。
3. 油烧热后，放姜、蒜、葱炒香，加水成汤，放入鲫鱼、料酒，汤烧沸后去掉浮沫，出锅即可。

★ 荠菜山药

- **材料准备：** 馄饨皮150克，荠菜、肉末各50克，海米、紫菜、香油、盐、白糖、酱油各适量。
- **做法：**
1. 将荠菜洗净，放开水锅内烫一下，捞入凉水内过凉，沥干水分切末。
2. 肉末放入碗内，加盐、白糖、香油及水适量，拌搅后加入荠菜调和成馅。
3. 将馄饨皮放在左手掌上，挑入馅心，折成馄饨生坯。
4. 海米（或虾皮）、荠菜末、紫菜、酱油放入碗内，再将馄饨放入开水锅内煮熟，捞入碗内，浇入原汤，调匀即可。

273

本周胎教重点

运动胎教
髋部练习

1. 双腿分开到最大限度。双肩打开下沉，双手自然打开与肩平行，慢慢下蹲，深呼吸，身体慢慢转向右侧，保持5秒钟，还原，另一侧做同样动作。

2. 吸气，收腹、挺胸、塌腰，屈右腿，左腿向后伸直，双手并拢用力向上伸展，身体前倾。屏住呼吸，保持几秒钟，恢复初始状态。然后换腿进行。

3. 双脚分开约80厘米站立，双臂侧平举，吸气，呼气，上身缓缓向右侧弯曲，弯到极限后，右手扶小腿或脚跟，左臂尽量向上伸直，努力保持双臂上下呈一条直线，保持10秒钟，自然地呼吸，慢慢还原到原位后，再换另一侧做一次。

故事胎教
《小毛驴》

从前，有个国王和王后，他们很富有，只是没有孩子，王后为此日夜伤感。上帝最后成全了他们，给了他们一个孩子，但这孩子根本不像人，而是头小毛驴。

驴儿慢慢长大了，他的耳朵又细又长，向上直伸着。这驴儿天性活泼，到处跳跃、游戏，且特别爱好音乐。于是他走到一位有名的乐师那里，说："把你的本领教给我吧，我要把琴弹得和你一样好。"他学起琴来又勤快、又刻苦，最后练得竟和师傅一样好了。

有一次，这驴儿出去散步，不知不觉来到了一口井边。他往水中一瞧，那儿有自己的驴子模样。他懊丧极了，便带了忠实的仆人离家出走。他们四处漂泊，最后来到了一个王国，统治这个国家的是位年迈的国王，不过他有一位美丽绝伦的独生女。驴儿说："我们就在这儿待下吧！"他取出他的琴，弹起来，音乐非常优美动听，守城门的人听了赶忙跑去报告国王。

国王让驴儿进来，让他坐下来和仆人一块儿吃饭，他却很不乐意，说："我可不是头普通的驴子，我可是位贵族。"国王便让他坐在了公主的身边。

这高贵的驴儿在宫里住了一段日子，要离开时，国王已经非常喜欢他了，便说："小毛驴，什么事让你不开心？你是不是想娶我的宝贝女儿做妻子？""啊！是的是的！"他一下子变得高兴起来，那确实是他所希望的。于是国王让他和公主举行了隆重而豪华的婚礼。

新婚之夜，国王想知道驴儿是不是举止温文尔雅，便命一个仆人躲在婚房里。驴儿脱了身上的皮，竟是个英俊潇洒的青年。新娘非常高兴，爱上了他。早上，他又重新披上驴皮。

先前藏在婚房的仆人向国王透露了一切。到了晚上他们睡觉时，国王偷偷地拿走了驴皮并将其烧成了灰烬。年轻人睡醒后，想穿上那张驴皮，但没找着。"现在我非逃走不可了。"但是国王并不同意他离开。国王说："我现在就把我的一半王国给你，等我死后，整个王国都归你。"一年后国王死了，整个王国都属于了他。他自己的父亲死后，他又得到了另一个王国，从此便过着荣华富贵的生活。

小贴士

这是一个很有趣的小故事，小毛驴的外貌是丑陋的，可他凭着优美的琴声、高雅的举止和积极自信的心态，最终赢得了幸福。所以，我的宝贝，千万不要一遇到困难就自暴自弃，只要你充满自信地去面对生活，就一定会有意想不到的收获。

语言胎教
读一读民间童谣

准妈妈是不是对临产有满满的期盼和一丝的恐惧？读一读传统民谣，放松下来。

《拉大锯》

拉大锯，扯大锯，
姥姥家里唱大戏。
接姑娘，请女婿，
就是不让冬冬去。
不让去，也得去，
骑着小车赶上去。

《小白兔》

小白兔，白又白，
两只耳朵竖起来。
爱吃萝卜和青菜，
蹦蹦跳跳真可爱。

《小松鼠》

小松鼠，尾巴大，
轻轻跳上又跳下，
我帮你，你帮他，
采到松果送回家。

《新年到》

新年到，放鞭炮，
噼噼啪啪真热闹。
耍龙灯，踩高跷，
包饺子，蒸年糕。
奶奶笑得直揉眼，
爷爷乐得胡子翘。

《我有一双小小手》

我有一双小小手，
一只左来一只右。
小小手，小小手，
一共十个手指头。
我有一双小小手，
能洗脸来能漱口，
会穿衣，会梳头，
自己事情自己做。

《五指歌》

一二三四五，
上山打老虎。
老虎没打到，
见到小松鼠。
松鼠有几只？
让我数一数。
数来又数去，
一二三四五。

知识胎教
认识太阳

太阳是距离地球最近的恒星，是太阳系的中心天体。太阳系质量的99.87%都集中在太阳。太阳系中的八大行星、小行星、流星、彗星、海王星天体以及星际尘埃等，都围绕着太阳运行（公转）。太阳给了地球光和热，给了地球四季，给了地球生命，没有太阳的光照，就没有地球上众多的生命，动物、植物都依靠着太阳生活。

31周 肺和消化器官基本形式

准妈妈在这个时候开始制订分娩计划，确定分娩的医院，特别是年龄比较大的准妈妈，最好选择综合性的医院。

准妈妈和胎儿的变化

准妈妈的变化

第三十一周

{肌肉松弛出现腰痛}

这时支撑腰部的韧带和肌肉会松弛，所以准妈妈会感到腰痛。准妈妈打喷嚏或放声大笑时，会不知不觉出现尿失禁的现象，这是由于增大的子宫压迫膀胱而引起的，不用太担心。

胎儿的变化

第三十一周

{发育进入最后的冲刺}

胎儿31周大了，重约1.6千克。此时胎儿的生长速度全面减慢，子宫空间变窄，羊水量逐渐减少。胎儿脑的发育正在进行最后的冲刺，肺将是发育成熟最晚的器官。

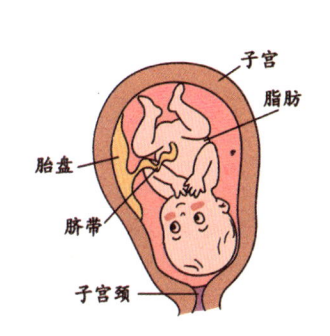

必知的孕期生活指导

睡眠时间安排

准妈妈休息是非常重要的，睡眠是休息的最高形式。因此，准妈妈必须保证有良好的睡眠，保证充足的休息。

睡眠能调节人的神经，放松肌肉。通过睡眠可使内脏器官的血液循环正常，新陈代谢平衡。睡眠可算是最彻底的休息，如果睡眠不足，准妈妈非常容易疲劳，对胎宝宝也很不利。为保证充足的睡眠，准妈妈每天夜间至少要睡够8小时。以前就习惯8小时睡眠或者午间休息不好的准妈妈应该延长1~2小时。夜间醒过几次的，也要晚起2小时左右。

小贴士

怀孕29~32周后，一些准妈妈会在仰卧或躺坐于沙发中看电视时，出现头晕、心慌、发冷、出汗等现象，这时很可能发生了"仰卧综合征"。

什么时候开始停止工作

《女职工保护法》规定：女职工生育后，在其婴儿一周岁内应照顾其在每班劳动时间内授乳两次（包括人工喂养）。每次单胎纯授乳时间为30分钟，亦可将两次授乳时间合并使用。多胞胎生育者，每多生一胎，每次哺乳时间增加30分钟。婴儿满一周岁后，经区、县级以上医疗保健机构确诊为体弱儿的，可适当延长女职工授乳时期，但最多不超过6个月。授乳时间及在本单位内授乳往返时间，应算作劳动时间。

需要关注的健康问题

胎动是否正常

现在胎动次数比原来减少了，动作也减弱了，不再像以前那样在准妈妈的肚子里翻筋斗了。不必担心，只要准妈妈还能感觉到胎宝宝在蠕动，就说明它很正常。

胎动减少了是因为胎宝宝身体变大了，准妈妈子宫内的空间已经快被占满了，它活动不开了，所以胎动的频率也减少了。

什么样的睡姿最舒服

注意睡觉的姿势

为了能睡个舒服的觉，保证睡觉的质量，一定要注意睡觉的姿势。睡觉时，最好能在脚下垫一个枕头，这样有利于血液循环，防止两腿水肿，起到充分解乏的作用。胎宝宝在母体内可得到很好的保护，一般是准妈妈选择自己所喜爱的睡姿，胎宝宝就不会被压坏。但到了怀孕中期，准妈妈应采取左侧卧位，可改善子宫的右旋程度，利于子宫供血。这样做，胎宝宝能更好地成长发育，准妈妈也能安全分娩。

避免采用仰卧式睡姿

有些准妈妈怀孕月份较大，担心侧卧会挤压了胎宝宝，便采用仰卧式睡姿。首先，这种担心是多余的，而且仰卧睡姿弊端非常多。在孕21~24周时子宫已明显增大，仰卧位时就会压向脊柱，使位于脊柱侧的大血管受压，影响流向心脏的血液量，使心脏向全身各组织器官输出血量减少。

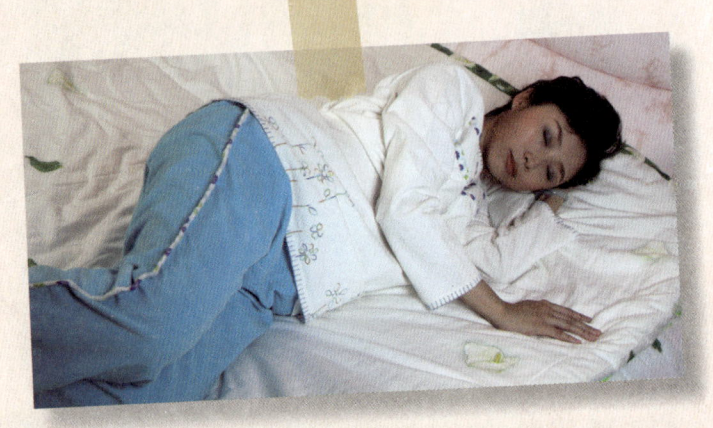

如果大脑供血严重不足，准妈妈会感到头晕、心慌；如果子宫供血减少，就会使胎宝宝缺血、缺氧。仰卧位还可压迫输尿管，影响尿液流入膀胱，使尿量减少。这不仅不利于代谢废物排出体外，还可能会引起准妈妈的身体发生水肿。

仰卧时，子宫在骨盆入口处压迫输尿管，使肾盂被动扩张，尿液潴留，尿量减少的同时引起钠潴留，使水肿加重。有人测定仰卧时尿量仅为侧卧的40%。

侧卧位可降低舒张压，除了夜间侧卧，白天左侧卧4小时，有可能预防、治疗妊娠高血压综合征疾病。

妊娠子宫大部分向右旋转，子宫血管也随之扭曲。左侧位可纠正子宫右旋，使血管复位，血流通畅。

注意仰卧综合征

妊娠晚期，出现一系列的血压下降症状。此外，心输出量不足，大动脉受压，会减少对子宫的供血，导致腹中的胎宝宝缺氧，出现胎心增快、减慢或不规律，甚至窒息和死亡。

因此，准妈妈无论夜晚睡眠还是白天躺卧，都应采取最能减少心脏负荷的左侧卧位。如出现头晕、心慌等现象，不要立即起床，应迅速改为左侧卧位或半卧位，症状一般能马上缓解。准妈妈在看牙、做美容和做妇科检查时，几乎都要采取仰卧位，准妈妈更要注意，不可太久地仰卧，随时警惕发生仰卧综合征。

科学的饮食营养

开始补充DHA

人的一生都需要不饱和脂肪酸，怀孕期间尤其如此。不饱和脂肪酸中的Ω-3和DHA（二十二碳六烯酸）有助于胎儿眼睛、大脑、血液和神经系统的发育，整个孕期需要这些元素，尤其是怀孕的最后三个月，胎儿大脑迅速发育的时候，要多吃鱼类、坚果类食物。晚上准妈妈可能一两个小时就想上一次厕所，不要试图通过白天少喝水来防止晚上起夜，因为身体需要大量的水。

准妈妈美味营养餐

酥炸甜核桃

- **材料准备**：核桃肉100克，盐1/4小匙，白糖、芝麻、柠檬汁各1小匙，植物油适量。
- **做法**：
1. 核桃肉入开水中煮3分钟盛起，沥干。芝麻洗净，沥干，下锅炒香。
2. 坐锅点火，锅内加水，加入白糖、盐及柠檬汁，放入核桃煮3分钟盛起，吸干水分。
3. 另起锅，热油，当油热至七八成时，加入核桃炸至微黄色盛起，撒上芝麻即可。

红烧大虾

- **材料准备**：大虾500克，生抽2匙，白糖1匙，大蒜4瓣，水适量。
- **做法**：

1. 将虾洗净后，剪去虾枪，沥干水后待用。
2. 锅中放油，四成热后放入大蒜爆锅，至蒜瓣呈金黄色，倒入大虾爆炒半分钟。
3. 放入生抽、白糖炒匀，倒入没及一半虾身的水，盖盖儿煮开后，再煮2分钟即可。

本周胎教重点

故事胎教
《青蛙王子》

很久以前有一位国王，他有好几个女儿，个个都长得非常美丽，尤其是小女儿，更是美如天仙。

王宫附近有一片森林，森林中有一个水潭，潭水很深。有一次，公主在潭边玩耍，不小心把金球掉进了潭里。小公主伤心地哭起来。"公主，您这是怎么啦？"一只青蛙从水潭里伸出丑陋不堪的大脑袋问道。

"啊！原来是你呀！"小公主对青蛙说，"我的金球掉进水潭里去了。"青蛙回答说："我有办法帮助您，可您拿什么东西回报我呢？""亲爱的青蛙，你要什么东西都成。"小公主回答说。青蛙对小公主说："只要让我做您的好朋友就行，我们一起游戏、吃饭，睡在一张床上。要是您答应所有这一切的话，我就潜到水潭里，把您的金球捞出来。"

"好的，太好了！"小公主说。小公主虽然嘴上这么说，心里却想："这只青蛙可真够傻的，怎么可能做人的好朋友呢？"青蛙得到了小公主的许诺之后，把金球捡了起来，公主拿到金球撒腿就跑了，并且很快就把可怜的青蛙忘得一干二净。

第二天，小公主跟国王和大臣们刚刚坐上餐桌，就听到一阵敲门声，小公主急忙跑到门口一看，原来是那只青蛙！小公主见是青蛙，心里害怕极了。

国王就问她："孩子，你怎么会吓成这个样子？"小公主就把昨天的事情说了一遍，国王听了之后对小公主说："你绝不能言而无信，快去开门让青蛙进来！"之后，青蛙就和小公主一起吃了饭，小公主害怕这只冷冰冰的青蛙，连碰都不敢碰一下。青蛙又让小公主把他抱上床，小公主勃然大怒，一把抓起青蛙，朝墙上使劲儿摔去。谁知青蛙一落地，已不再是什么青蛙，一下子变成了一位王子。原来王子被一个狠毒的巫婆施了魔法，除了小公主以外，谁也不能把他从水潭里解救出来。最后，遵照国王的旨意，他成为小公主最亲密的朋友和伴侣，他们将一道返回他的王国。

小贴士

我的宝贝，故事中的青蛙虽然看上去丑陋，但是它也许并非表面上那样。所以，人不可貌相，从一个人的表面是无法完全看清本质的。另外，故事中的小公主，最初犯了一个错误，她答应青蛙的事并没有做到，失去了做人应有的诚信。但是后来小公主知道错了，改正错误后，她仍然获得了幸福。

知识胎教

认识数字5和6

准妈妈在这周要教胎儿学数字5、6。教5这个数字时，可以说"5像秤钩去买菜"，让"5"这个数字变得具体又形象；在教6这个数字时，可以说"6像口哨吹得响"。

5像秤钩去买菜。

6像口哨吹得响。

语言胎教

《春天来了》

准妈妈应该多去室外呼吸一下新鲜空气，周围清新的环境会带给你一天的好心情。

春天来了，小树发芽了，小草变绿了，小花也开了，有桃花、梨花、丁香花、玉兰花，真是漂亮极了。晚上，天空挂着月亮，小星星在月亮婆婆身边睡着了。这时，公园里传来了好听的说话声。

桃花说："春天真好，我最喜欢春天了，太阳暖暖的，花儿也开了，多好啊！你们说是不是我先开的？是我把春天迎来的。"梨花说："你说的不对，是我先开的，你看我全身白白的，多像雪白的玉。"玉兰花说："你们说的都不对，是我最先和春姑娘说话的，我最香了，春姑娘最喜欢我了。"

花儿们的说话声把月亮婆婆吵醒了，月亮婆婆问花儿们："你们说什么呢？真热闹，让我也听听。"梨花向月亮婆婆招招手，高兴地说："月亮婆婆，春天真好，您告诉我们，是谁最先把春天姑娘迎来的？"

月亮婆婆想了想，微笑着说："春姑娘是小草最先迎来的，在你们没开花的时候，小草已经钻出地面了。"听了月亮婆婆的话，桃花、梨花、玉兰花都低下了头。月亮婆婆又说："好了，孩子们，咱们睡觉吧！待一会儿春姑娘该来叫你们了。"公园里又静静的了，月亮婆婆，还有桃花、丁香花、玉兰花都闭上眼睛了，她们的梦里春姑娘还在跳舞呢。

名画欣赏

《有香有色》

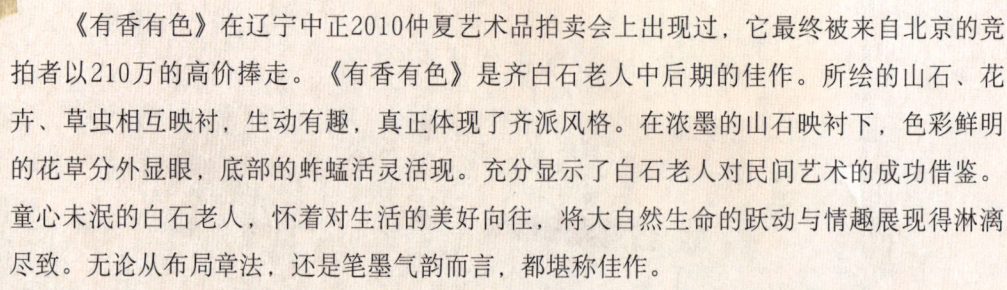

《有香有色》在辽宁中正2010仲夏艺术品拍卖会上出现过，它最终被来自北京的竞拍者以210万的高价捧走。《有香有色》是齐白石老人中后期的佳作。所绘的山石、花卉、草虫相互映衬，生动有趣，真正体现了齐派风格。在浓墨的山石映衬下，色彩鲜明的花草分外显眼，底部的蚱蜢活灵活现。充分显示了白石老人对民间艺术的成功借鉴。童心未泯的白石老人，怀着对生活的美好向往，将大自然生命的跃动与情趣展现得淋漓尽致。无论从布局章法，还是笔墨气韵而言，都堪称佳作。

为什么齐白石笔下的蚱蜢如此生动呢？据说齐白石小时候家里很穷。他八岁就给人家放牛、砍柴。他经常用木棍在地上画画。后来，他当了木匠，白天干活，晚上在昏暗的油灯下学画。齐白石家里种着许多花草，招来许多小昆虫。

水缸里还养着鱼和虾，他每天仔细地观察它们。他要画蚱蜢，就跟在一只蚱蜢后面满院子跑，一直到看清蚱蜢跳跃时双腿的动作为止。别人劝他把蚱蜢拴住再看，他说拴上绳子蚱蜢不舒服，动作不自然，那就画不准了。勤于观察和刻苦练习使得齐白石获得了很大的成功，他的画深受各国人民的喜爱。

手工胎教

捏螃蟹

准妈妈在粘贴螃蟹腿的时候可能会粘贴不上，可以使用牙签进行辅助，使其粘牢。

步骤1：取白色、红色、黑色彩泥各一块。

步骤2：将红色彩泥做成半圆形身体和眼睛。

步骤3：用白色的彩泥做出眼白，用黑色的彩泥做出黑眼珠。

步骤4：用红色的彩泥捏成三角形，用剪刀剪一下，做成钳子。

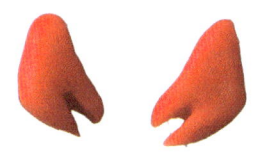

步骤5：搓出6个圆形当作螃蟹的爪子。

步骤6：将各部分粘贴在一起，完成。

32周 胎儿的活动变得迟缓

原来特别活跃的胎儿，明显地变得迟钝。这并不是胎儿出现问题，相反的，胎儿的成长非常正常。出现这样的状况，是由于妈妈的子宫内空间对胎儿来说日渐狭小，使得胎儿活动空间减少。

准妈妈和胎儿的变化

准妈妈的变化

第三十二周

{体重快速增长}

怀孕32周时，准妈妈的体重会快速增长。随着胎儿成长，腹部内的多余空间会变小，胸部疼痛会更严重，呼吸也越来越急促。不过，当胎儿下降到骨盆位置后，症状就会得到缓解。

胎儿的变化

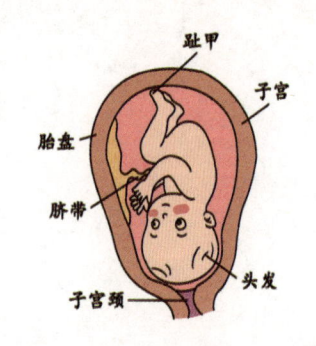

第三十二周

{脚指甲全部长出}

现在胎儿的五种感觉全部开始工作，他能炫耀一项新本领了——将头从一边转向另一边。他的内脏器官正在发育成熟，脚指甲全长出，头发仍在生长。虽然他继续坚持练习睁眼、闭眼，但每天有90%～95%的时间在睡眠中度过。

必知的孕期生活指导

准妈妈腹内多余空间变小

孕32周，随着胎儿成长，准妈妈腹部内的多余空间会变小，胸部疼痛可能会更严重，呼吸也越来越急促。不过，当胎儿下降到骨盆位置后，症状就会得到缓解。

提前预定月嫂

越接近分娩，越需要做很多准备工作，其中一件就是必须先确定专门负责产后护理的人选。一般来说，从娘家、婆家、亲戚中挑选一位具有产后护理经验的人拜托其进行产后护理的情况比较普遍。最近，利用坐月子中心或请产后护理员上门服务的情况也越来越多了。

选择坐月子中心时，要仔细比较不同地方的设备和服务等条件都比较完善的地方。尽量多向曾经在该中心享受过服务的人了解服务水准。请产后护理员时，要根据产妇的状况商定合理的服务时间，尽量请一位年龄适中、经验丰富的护理员。

准爸爸按摩显身手

进入怀孕后期，准爸爸的作用变得特别重要。为了安抚神经敏感的妻子，准爸爸必须更加细心地关怀，还要随时按摩妻子的身体和腿部，舒缓妻子的身体，分担妻子的压力，这也是做准爸爸的责任。

给妻子按摩的最佳时间

一般来说睡觉前按摩的效果最佳，同时有助于准妈妈松弛神经，改善睡眠。

贴心按摩的要诀

部位	方法
头部	1.双手放在头部两侧轻压一会儿，有助松弛，然后用手指轻揉整个头部 2.双手轻按前额中央位置，向两侧轻扫至太阳穴 3.轻按眼部周围； 4.双手轻按两颊，再向上扫至太阳穴 5.双手放在下巴中央，然后向上扫至太阳穴 6.将示指及中指沿着耳部四周前后轻按
肩背	1.双手按压在肩上，慢慢向下滑落至手腕位置 2.双掌放在肩胛中央位置，向外及往下轻压
手部	1.用手托着手腕，另一只手的指头轻按捏手腕至腋下 2.同样托着手腕，另一手上下扫拨手腕至腋下 3.双手夹着手臂，上下按摩手腕至腋下 4.最后轻轻按揉每只手指
脚部	1.用手托着脚掌，另一手的指头轻轻按捏小腿至大腿 2.同样用手托着脚掌，另一只手上下扫拨小腿至大腿 3.双手夹着脚部，上下按摩小腿至大腿 4.最后可轻轻按揉每只脚趾

小贴士

1.切忌在肚饿、肚饱或心情郁闷时按摩。

2.身体某些部位，如乳房、腹部、背部、小腿后肌及足踝等，都不要大力按摩。

3.若准妈妈有妊娠并发症或其他疾病，例如皮肤病、心脏病、哮喘及高血压等，都不宜按摩。

需要关注的健康问题

预防早产

早产的典型症状是阴道出血，而出血量因人而异。不过，怀孕5个月后的早产往往伴随着下腹疼痛，这是早产的主要特征。这种下腹痛跟分娩时的阵痛一样，一阵阵地收紧抽筋。

早产的对策

如果有早产的迹象，最好立即住院接受诊察。当然，有早产的迹象不代表准妈妈要一直躺着不动，准妈妈可以进行读书等简单的活动，所以不用过于着急，此时应该保持平和的心态。医生会根据具体情况使用预防子宫收缩的药物，使胎儿尽量在母体内多停留一段时间。

部位	方法
1	充分的休息和睡眠
2	及时消除各种压力
3	怀孕中参加剧烈运动就容易引起子宫收缩并导致早产。散步或孕妇体操之类的简单运动，既可以改善心情又能增加体力，所以要经常做
4	肚子疼痛时，随时都要躺下来休息
5	为预防妊娠高血压综合征，准妈妈尽量要少吃特别咸的食物
6	考虑到准妈妈和胎儿的健康，要均衡地吸收充足的营养
7	尽量避免压迫腹部的行为，也不要提重物
8	准妈妈要经常清洁外阴部，以免感染

预防方法

早产跟准妈妈的健康有着直接的关系。如果准妈妈患有糖尿病、高血压、妊娠高血压综合征等疾病，则胎盘不能正常发挥保护胎儿、提供营养的功能，可能会增加早产的危险性。准妈妈要经常进行定期检查，及早发现身体的异常，这样才能采取适当的对策，因此孕期定期检查是非常重要的。

虽然是怀孕晚期，但是也不能让身体过分疲劳，不要进行过度的运动。尽量不要压迫腹部，也不要提重物。要有充分的睡眠，减少心理压力，防止对腹部的冲击，避免摔倒。经常清洁外阴部，以免阴道感染。总而言之，要注意生活中的各方面。

避免剧烈运动

怀孕中，需要进行运动时，要注意控制运动量，防止身体过度疲劳。如果出现腹部疼痛或僵硬的情况就应该立即停止运动，保持稳定状态。患有妊娠高血压综合征等早产危险疾病的或有早产经历的准妈妈最好不要运动。

目前尚未发现完全预防早产的方法，但有研究表明准妈妈过于疲劳容易导致早产，所以要避免身体过于疲劳。

怀孕中参加剧烈运动就容易引起子宫收缩并导致早产。如果身体状况不佳，即使获得医生同意可以运动的准妈妈也应该多休息。不过像散步或孕妇体操之类的简单运动，既可以改善心情又能增加体力，还是可以经常做。

预防妊娠高血压综合征

为预防妊娠高血压综合征，尽量少吃特别咸的食物。考虑到准妈妈和胎儿的健康，要均衡地吸收充足的营养。

耻骨疼痛

怀孕32周后，准妈妈容易发生耻骨疼痛。这是因为怀孕后，体内分泌的孕激素和黄体素会使韧带松弛，好让骨盆的伸缩性变大，除了能给胎儿更多的成长空间，也有助于分娩，但有时这两种激素分泌过多，会使骨盆间的韧带过于松弛，引发耻骨疼痛。

一般而言，怀孕过程可能增加耻骨间的距离2~3毫米，一般怀孕的女性，耻骨间的正常距离为4~5毫米，增加后也应在9毫米以下，只要在此范围之内，准妈妈通常不会有症状，即使有疼痛也都在可以忍受的范围内。一旦超过9毫米，就属于耻骨联合过度分离，会引起较严重的疼痛感。

一般而言，进入孕晚期，耻骨疼痛的情况才会较为明显，但若是关节本身就有问题者，或是胎儿较大，都可能提前出现耻骨疼痛的问题。

疼痛多半是从耻骨部位延伸到髋骨，使髋关节无法内收及外展，更可能造成下背疼痛，当双腿分离或抬脚时都会引起特别的疼痛，疼痛严重的准妈妈，从床上起身或翻身都会变得很困难。

耻骨疼痛通常是在坐起和翻身或双腿张开时会较疼痛，因此，建议准妈妈要避免双腿张开的动作，若是十分疼痛，建议多卧床休息，睡觉时采用侧躺，并在双腿中间放置一个枕头，以免侧躺时股骨关节过度内缩又再度引发疼痛。准妈妈平时站立也要避免单脚使力，应双脚平均受力，另外，也可使用托腹带减缓过度分离的情况。

科学的饮食营养

维生素E预防早产

这个阶段提倡食物的多样化。多吃动物性食物、豆类食物和水果，选用富含B族维生素、维生素C、维生素E的食物，B族维生素可以促进消化，增加食欲。维生素C可以提高机体抵抗力，改善新陈代谢，有解毒、利尿的作用。维生素E能防止早产。少吃或不吃不易消化的、油炸的、易胀气的食物。

准妈妈美味营养餐

虾皮烧冬瓜

- **材料准备**：虾皮50克，冬瓜350克，生油20克，盐适量。
- **做法**：
1. 将冬瓜削去皮，切成块。虾皮浸泡洗净待用。
2. 把锅放在火上，放油，烧热后下冬瓜快炒，然后加入虾皮和盐，并加少量水，调匀。
3. 盖上锅盖，烧透入味即可。

★ 鱼肉馄饨

- **材料准备**：肉、干淀粉各300克，猪肉馅350克，盐、绍酒、绿叶菜、葱花、鸡油各适量。
- **做法**：

1. 将鱼肉剁成膏，加盐拌匀，做成鱼丸。砧板上放干淀粉，把鱼丸放在干淀粉里滚动，用擀面杖做成直径约7厘米的鱼肉馄饨皮。
2. 将猪肉馅做成馅心，用鱼肉馄饨皮卷好捏牢。
3. 旺火烧锅，放入清水烧沸，下馄饨，用筷子轻搅，以免黏结。用小火烧到馄饨浮上水面5分钟左右，即可捞出。在汤中加盐和绍酒，烧沸后放入绿叶菜，倒入盛有馄饨的碗中，撒葱花，淋鸡油即可。

★ 牛肉末炒芹菜

- **材料准备**：牛肉70克，芹菜200克，酱油5克，淀粉、植物油各15克，料酒、葱、姜各3克，盐4克。
- **做法**：

1. 用酱油、淀粉、料酒调汁拌好；将牛肉去筋膜洗净，切碎。将芹菜择好，用开水烫过洗净切碎。葱去皮切成葱花。姜洗净切末。
2. 把葱、姜煸炒，再下牛肉末和芹菜加盐，用旺火快炒，盛出待用。
3. 把剩余的酱油和料酒倒入其中，搅拌几下即可。

★ 黄瓜拌猪肝

- **材料准备**：猪肝300克，黄瓜100克，虾米、香菜、香油、酱油各5克，醋3克。
- **做法**：

1. 黄瓜洗净，切成片。猪肝切小片，放开水中烫一下，捞出凉凉沥水。香菜洗干净切成段。
2. 黄瓜摆在盘内垫底，放入猪肝、海米、酱油、醋、香油，撒上香菜段拌匀即可。

本周胎教重点

对话胎教
《美好的一天》

《美好的一天》出自波兰著名诗人切·米沃什之笔。"多美好的一天啊！"诗歌开头的一句话，引起了人们美好的想象和回忆。在一个早晨，暖和温情的阳光照在花园里，花园里的花朵还没有完全开放，还在充满生机的枝头孕育着春天的气象，蜂鸟从花园中飞起，传递着春的气息。在这样的早晨，诗人在自己靠近海边的花园劳作，那是一种平凡而美丽的生活，让人体会到了那平凡的幸福。

多美好的一天啊！
花园里干活儿，
晨雾已消散，
蜂鸟飞上忍冬天的花瓣。
世界上没有任何东西我想占为己有，
也没有任何人值得我深深地怨；
那身受的种种的不幸我早已忘却，
依然故我的思想也纵使我难堪，
不再考虑身上的创痛，
我挺起身来，
前面是蓝色的大海，
点点白帆。

小贴士

到了怀孕的第八个月，生活在准妈妈腹中的胎儿已经是一个能听、能看、能懂话。凝聚着父母深情的呼唤和谈话，一定会使胎儿聚精会神地倾听，准爸爸、准妈妈应不失时机地加紧与胎儿之间的语言沟通与交流，对他施以良性刺激，以丰富胎儿的精神世界，这对开发胎儿的智力是有极大好处的。

音乐胎教
《远航》

准妈妈可听一些象征着勇气和智慧的歌，让歌声伴着准妈妈的声音，告诉胎儿勇敢的意义。《远航》是电影《哥伦布传》的主题曲，《远航》这首歌朴实无华、意境悠远，既有心情的宣泄，又带点淡淡的忧伤，透出一股苍茫，给人以力量。

I am sailing 我在航行
Home again 'cross the sea
跨越海洋再次归家
I am sailing stormy waters
我在暴风中航行
To be near you 向你靠近
To be free 获得自由
I am flying 我在飞翔
Like a bird 'cross the sky
像只鸟儿飞越天空
I am flying passing high clouds
我在白云中穿越飞翔
To be near you 向你靠近
To be free 获得自由
Can you hear me 你可听到我的心声
Through the dark night far away
夜空茫茫，远隔万里
I am dying 我生命垂危
Forever crying 永远哭泣

To be near you 向你靠近
Who can say 其中甘苦谁能说
Can you hear me 你可听到我的心声
Through the dark night far away
夜空茫茫，远隔万里
I am dying 我生命垂危
Forever crying 永远哭泣
To be near you 向你靠近
Who can say 其中甘苦谁能说
We are sailing 我们在航行
Home again 'cross the sea
跨越海洋 再次归家
We are sailing stormy waters
我们在暴风中航行
To be near you 向你靠近
To be free 获得自由
Oh Lord 哦，上帝
To be near you 向你靠近
To be free 获得自由

故事胎教

《爱学人的猴子》

在茂密的大森林里，住着一群聪明、活泼的猴子。这些猴子特别爱玩耍，尤其爱模仿人的样子。

一天早上，一群猴子正在玩耍。突然，它们看见猎人正在往地上铺一张很大的网，并站在网上做一些猴子们看起来稀奇古怪的动作。之后，猎人似乎心满意足地走开了，其实他是躺在一棵大树后偷看猴子们的动静。

猴子们看见猎人走了，立刻跑向大网，争着在上面玩起来。它们学着猎人的样子，翻跟头、打滚儿。但没过多久，它们的手就被网勒得紧紧的，拔不出来了。这时候，猎人大模大样地从大树后面走出来，他拿出了一个特别大的口袋，把惊慌失措的猴子们一个个抓起来，装了进去。

小贴士

首先，模仿别人的动作就是不礼貌的行为；另外，猴子还因为模仿猎人的动作而自食其果。所以宝贝，我们从小就要做一个有礼貌的好孩子，懂得尊重别人，才能得到别人对你的尊重。否则就会像故事中的猴子一样，最终使自己陷入困境。

语言胎教

《给爱恩斯》

《给爱恩斯》是雪莱赞美他的新生女儿爱恩丝的诗句，诗句表达出了雪莱对女儿的喜爱及赞美之情。

第一次爱抚／（法）威廉·阿道夫·布格罗

你可爱极了，
婴孩，
我这么爱你！
你那微带笑靥的面颊，
蓝眼睛，
你那亲热的、柔软动人的躯体，
教充满憎恨的铁心都生出爱心；
有时候，
你要睡就马上睡着了，
你母亲俯身把你抱紧在她清醒的心上，
你默默的眼睛所感到的一切动静就把她喜悦的爱怜传到你身上；
有时候，
她把你抱在洁白的胸口，
我深情注视你的脸，她的面貌就在你脸上隐现——这样的时候，
你更可爱了，
美丽纤弱的花苞；
你母亲的美影借你温柔的神态充分呈现后，
你就最最可爱！

知识胎教
练习写字

把一些笔画简单、容易记忆的字制成颜色鲜艳的卡片,和胎儿一起学一学、读一读。

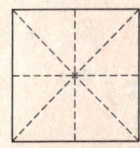

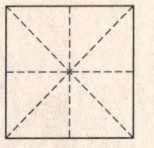

儿 左边是一撇,右边竖弯钩,
儿子要坚强,不让眼泪流。

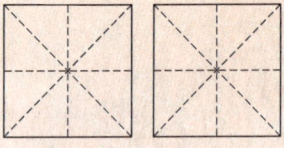

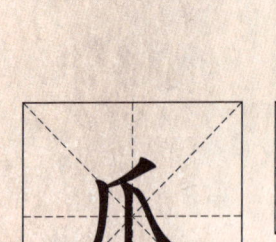

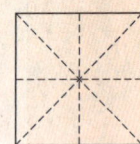

人 先撇后一捺,人字不分家,
入字捺出头,分手便是八。

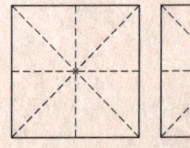

爱 小爪抓着秃宝盖,
朋友爱到下边来,
爱党爱国爱人民,
我最爱吃家乡菜。

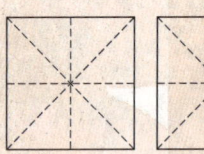

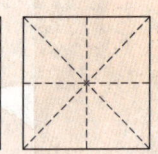

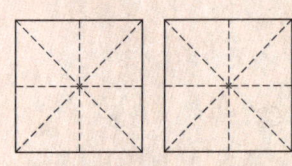

从 两人一样高,并肩上学校,
他俩多友好,从不打和闹。

不 一下面,是小爪,
不乱抓,乖娃娃。

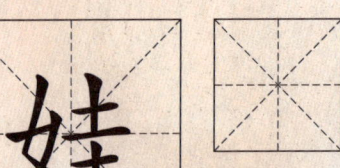

目 口字里面有两横,
好像双目小瞳仁,
看书上网做作业,
注意保护大眼睛。

爪 三个小脚丫,就是一个爪,
老鹰有爪子,爱把小鸡抓。

子 头弯起,脚勾起,
一根扁担来挑起,
挑麦子,不歇气,
真是一个好孩子。

娃 女儿站在左边数,
右边上下两块土,
女儿数完变娃娃,
娃娃从小爱读书。

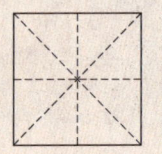

心 一点竖弯钩,两点跟在后,
走路要小心,莫要摔跟斗。

33周 胎儿迅速发育

准妈妈要积极做一些有助于分娩的运动，以便可以顺利分娩。准妈妈不要为长出的妊娠纹而感到痛苦，比起做妈妈这点不算什么，可以早晚抹食用橄榄油缓解。

准妈妈和胎儿的变化

准妈妈的变化

第三十三周

{排尿次数增多}

这个时期，腹部的变化特别明显，又鼓又硬，使得肚脐都凸露出来。这时排尿次数会增多，而且有排尿不净的感觉。随着分娩期临近，准妈妈的性欲也明显下降。所以在怀孕晚期，应该暂时节制性生活，提倡以轻柔的爱抚表达夫妻间的爱意，有助于减轻准妈妈的心理负担。

胎儿的变化

第三十三周

{羊水达到高峰}

羊水量达到了最高峰并将一直维持到分娩，本周迅速发育使头大约增加了9.5毫米。现在胎儿没有多少活动空间了。

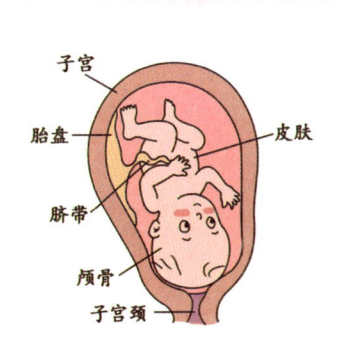

子宫　胎盘　皮肤　脐带　颅骨　子宫颈

必知的孕期生活指导

购买婴儿用品

一般情况下，怀孕7～8个月就要开始准备婴儿用品。因为腹部还没有进一步增大，所以尽量提前购买好所需要的婴儿用品。不过，科学的方法应是先仔细确定好婴儿所需的用品目录，然后再拿着目录去商场选购。因为盲目地购物就容易弄不清楚该购买哪些品牌的用品进而造成不必要的支出。购买婴儿用品时，以新生儿最需要的用品为主，其他用品可以在抚育婴儿的过程中慢慢添置。另外，制定分娩用品目录时最好咨询周围有过育儿经验的人，先听听她们的意见。

婴儿车

婴儿车是宝宝出行必备的工具。在选购时保证倾斜时必须牢固，制动器需作用于两个轮子上，脚踏方便，轮子小而宽，移动起来更稳固。而且顶棚封闭要严密，折叠方便，撑开时不会自行塌落。弹簧不能太软，尽量减少颠簸。然后在小车里放一个较平的婴儿睡垫和一条小毯子备用。

婴儿床

选择至少可以使用两年的坚固的摇床和床垫，床板的位置可以进行高低调整，栏杆的距离不得大于7.5厘米，以防卡住宝宝的头。在刚出生的几周，宝宝会喜欢空间较小的摇篮。但其使用时间较短，可根据自己的情况来决定是否购买。记得将婴儿床放在自己居室附近，夜间喂奶时，可放在妈妈身边。

婴儿袋（兜）

婴儿袋（兜）可以作为随时携带宝宝的简易工具，不但方便，还能使宝宝靠近你的身体，产生一种安全感，也会配合爸爸妈妈的动作。婴儿袋主要有腹部、背部和髋部几种携带方式，在选择一种方法之前，应先试一试，再进行练习，然后使布料能牢固地围拢并支撑着婴儿的头部、颈部和背部，注意对新生儿的颈部保护，避免让宝宝的头颈部受到伤害。

床垫

宝宝很容易出汗，最好准备1～2床床垫，一方面避免潮湿，另一方面可以吸汗。床垫要经常翻晒。

其他

床单：准备两条柔软的棉织婴儿床单，交替使用。

棉被：1～2条轻柔的小棉被，随季节更换。

小毯子：4～5条毯子，在宝宝睡觉或者冷天带他外出时盖上。

婴儿枕头

为了让宝宝睡出完美头型，婴儿的枕头可用荞麦皮做芯。不过不宜装得太高，否则会使宝宝的头颈弯曲，影响他的呼吸和吞咽。如果想让宝宝的头型自由发展的话，可将纱布或毛巾叠为几层，放在他的头下即可，在吐涎时也便于更换。

准妈妈日常生活需注意

参加准妈妈讲座

随着肚子的增大和胎动的出现，对怀孕和分娩的好奇心也越来越强，要多参加准妈妈讲座。

透过准妈妈讲座，不仅能了解怀孕时的生活守则，还能学到各种分娩方法和产后护理知识、分娩用品的准备等。而且，周末让丈夫陪自己参加准妈妈讲座本身也是一件非常有意义的事情。

禁止性生活

在怀孕晚期，由于精神上的疲劳和不安以及胎动、睡眠姿势受限制等因素，你可能经常会失眠。不必为此烦恼，失眠时看一会儿书，心平气和自然能够入睡了。这个时期的你，为预防胎盘早破、感染和早产，性生活是被严格禁止的。仍需继续保护好乳房，每天用温水洗奶头，如奶头短小，应每天用手轻轻向外牵拉。

不要做长途旅行

这个时期，为了胎儿的安全和准妈妈自己安全着想，最好不要做长途旅行。上下班尽量不挤公共汽车，不骑自行车，短途者以步行为安全。

这个时期准妈妈的身体重心继续后移，下肢静脉血液回流受阻，往往会引起脚肿。所以应避免穿高跟鞋，否则因脚重心不稳摔跤，造成早产或流产，将危及胎儿的生命和准妈妈的健康。

> **小贴士**
>
> 在怀孕最初3个月和最后两个月禁止性交。在怀孕期间性交，很容易造成感染、胎儿脑缺氧、影响胎儿大脑发育和智能，以及引起流产等状况。

需要关注的健康问题

为母乳喂养做准备

注意清洁

首先必须注意乳房、乳头的清洁，每天用毛巾蘸温水擦洗乳头及乳晕。

选择适当的乳罩

除了要注意清洁之外，准妈妈还要注意选择适当的胸罩。授乳胸罩有各种样式——有无支撑钢丝、平实无华、罩杯由边缘或中央打开，或可直接拉向一边的。多试试，一定要选择宽松（有空间容纳继续膨胀的胸部）且强韧、透气性好的棉质胸罩，以舒适和便利为第一原则。胸罩太紧会导致乳腺阻塞，乳房肿胀和乳头疼痛引起的不适就更不在话下了。

乳头内陷的矫正法

如果有乳头内陷，可擦洗后用手指牵拉，严重乳头内陷者，可以借助乳头吸引器和矫正胸罩来矫正。使用的时候要注意，一旦发生下腹疼痛则应立即停止。曾经流产过的人尽量避免使用这种方法刺激乳头。

> **小贴士**
>
> 对乳头刺激敏感的女性，在孕期要避免提拉、揉搓乳房，以免引起流产、早产。

乳房按摩

按摩也是乳房护理的重要方法之一。其实，从孕中期开始，乳腺组织就迅增长，按摩乳房可以松解大肌筋膜和乳房基底膜的黏着状态，使乳房内部组织疏松，促进局部血液循环，有利于乳腺小叶和乳腺导管的生长发育，增加产后的泌乳功能，并可以有效防止产后排乳不畅。

孕晚期异常要警惕

每个准妈妈都希望顺利地走过十月妊娠，生个健康聪明的宝宝，但是实际上常常会发生一些意外情况，给分娩造成困难，特别是妊娠后期，更应该小心每一个异常细节，不要让前期计划功亏一篑。

胎儿姿势异常

有3%～4%准妈妈胎位是异常的。臀位是最常见的胎位异常，可分为以下几种：复合臀先露、单臀先露、单足先露和双足先露。如果确定为"臀位"，需考虑择期行剖宫产术分娩，如果超声波显示是"混合臀位"，就更需要比预产期提早两周左右住院，以剖宫产结束妊娠。

前置胎盘

在正常情况下，胎盘附着处在子宫体部的后壁、前壁或侧壁，如果它在孕28周后附着在子宫下段，或者覆盖在子宫颈内口处，比胎儿的先露还要低，就是"前置胎盘"。

前置胎盘最主要的表现是在妊娠晚期或临产时，发生无痛性、反复阴道出血。如果处理不当，将会危及母子生命安全，需格外警惕。如果准妈妈有人工流产、刮宫产等引起的子宫内膜损伤的病史一定要注意了。

为了预防胎盘早剥的发生，准妈妈应注意充分休息，并保证充足的营养，同时还应坚持产前检查。如果是高危妊娠更应重视定期复查，积极防治各种并发症。尽量少去拥挤的场所，避免猛起猛蹲、长时间仰卧等。

胎盘早剥

妊娠20周后或分娩期，正常位置的胎盘在胎儿娩出前，部分或全部从子宫壁剥离，叫作胎盘早剥。其主要表现为剧烈腹痛、腰酸背痛、子宫变硬，可伴少量阴道出血。剥离面出血过多时，还会出现恶心、呕吐、面色苍白、出汗、血压下降等休克征象。这是一种严重的妊娠并发症，如果不及时处理，会危及母子生命，因此要引起重视。

羊水过多或过少

羊水是宝宝的摇篮，它能稳定子宫内的温度，保护胎儿不受伤害，并有轻度的溶菌作用。然而，羊水的量必须适度，过多、过少均会出现问题。羊水量超过2 000毫升，称为羊水过多。其中30%～40%的患者是不明原因的，另外一部分则可能是并发有胎儿畸形或者是多胎妊娠，通过超声波检查可以进一步明确原因。

羊水量少于300毫升，称为羊水过少。在过期妊娠或者胎儿畸形时可以发生，对胎儿影响较大，甚至发生死亡，所以要十分重视。

科学的饮食营养

补充营养

孕33周胎儿的营养需求达到了最高峰，准妈妈需要摄入大量的蛋白质、维生素C、叶酸、B族维生素、铁质和钙质，每天大约需要200毫克的钙用于胎儿的骨骼发育。这时胎儿的骨骼、肌肉和肺部发育正日趋成熟，应合理饮食，适当运动。多吃含纤维丰富的食物，预防便秘。

准妈妈美味营养餐

蚝油牛肉

- **材料准备**：口蘑150克，牛肉200克，胡萝卜半根，蚝油、酱油各2小匙，料酒1小匙，姜丝、香油各少许，高汤、淀粉各适量，植物油2大匙。
- **做法**：
1. 口蘑洗净，切片。胡萝卜洗净，切丝。牛肉切细丝，加少许酱油与淀粉拌匀上浆。
2. 炒锅烧热，加植物油，三成热时放入牛肉丝炒散，捞出沥油。
3. 锅中下入姜丝爆香，再下入胡萝卜丝、口蘑片，接着放入牛肉丝、高汤、蚝油、酱油、料酒翻炒，出锅前勾芡后淋入香油即可。

凉拌茄子

- **材料准备**：茄子、葱各2根，大蒜2瓣，酱油2小匙，糖、醋、淀粉各1小匙。
- **做法**：
1. 葱洗净、大蒜去皮，均切末。茄子洗净，切3~4厘米长段。
2. 茄子放入滚水中，大火煮软，捞起，沥干水分，平铺于盘中待凉。
3. 锅中倒入1小匙油烧热，爆香葱、姜末，加入醋和1大匙水，中火煮滚，再加入淀粉勾芡，香油盛起时淋在茄子上即可。

本周胎教重点

故事胎教

《团结有力量》

一位农夫有三个能干的儿子。可是，他们之间却并不和睦。

有一天，农夫将一捆树枝递给大儿子，让他折断这捆树枝。老大接过来用力折了几下，树枝一根也没断。老二和老三也试着折，都折不断这捆树枝。农夫把那捆树枝解开，分给三个儿子每人一根，说："你们试试，现在会是什么结果。"三个儿子接过树枝，毫不费力地就把树枝全都折断了。

这时，农夫语重心长地对三个儿子说："树枝成捆时，谁都不能把它们折断，一旦分成一根一根的，谁都可以轻易地将它折断，这就是团结的力量。"

三个兄弟明白了这个道理，从此以后，就变得非常团结了。

小贴士

宝贝，这个故事告诉我们，团结具有不可征服的力量。如果一个集体内部之间互相争斗，最易损耗自己，从而轻易被人征服。只有团结起来，大家齐心合力，才是不可战胜的。

音乐胎教

和胎儿一起唱

音乐对于胎儿的发育有着不可替代的作用，胎儿在大脑发育的过程中，需要音乐这种良性的信号刺激。如果准妈妈能亲自给胎儿唱歌，胎儿能够从中得到感情上和感觉上的双重满足。所以，准妈妈在闲暇时间，不妨经常哼唱一些自己喜爱的歌曲，把自己愉快的信息通过歌声传递给胎儿，和胎儿分享自己的喜悦。

如果 感到 幸福 你就 拍拍手，如果 感到 幸福 你就 拍拍 手，如果 感到 幸福 你就 一起 拍拍手，如果 感到 幸福 你就 拍拍 手。

手工胎教
为胎儿制作爱心小手套

步骤1：将裁好的布料相对而放，在位于剪裁线以内0.4厘米的位置对周围进行粗缝。按相同形状和方法制作两块。
针脚距离：0.2~0.3厘米

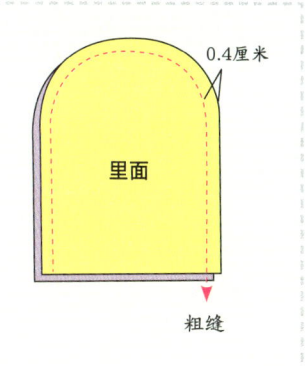

0.4厘米
里面
粗缝

步骤4：将手套封口处从外面1厘米处进行翻折，然后再折两厘米。

表面　表面

步骤2：在步骤1的基础上，将粗缝的手套翻过来，在距离手套边缘0.5厘米处进行粗缝。
针脚距离：0.3~0.4厘米

0.5厘米
表面
粗缝

步骤3：将两侧的多余部分向内侧折。

表面
向内折

步骤5：粗缝手套口处。留出1厘米能放松紧带的位置不缝。

表面
放入松紧带的地方（1厘米）

步骤6.放入松紧带，封口。

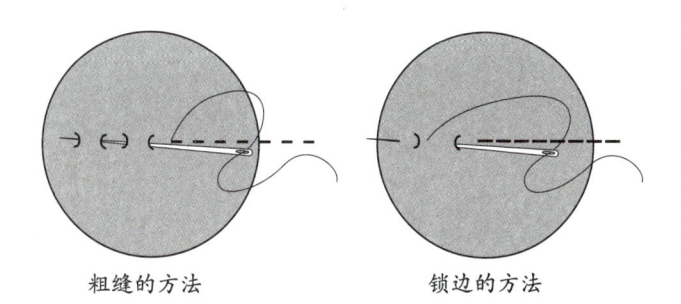

放入松紧带的方法：剪一条长14厘米的松紧带，一端插上别针插入留口处，向里推别针的同时，松紧带便也穿了进去。最后，将松紧带的两端叠放在一起进行锁边。

粗缝的方法　　锁边的方法

粗缝：针脚和距离都按照同样的长度进行缝制，且前后面针脚的距离也相同。

锁边：缝完一针后，向后错一下再缝下一针，这是针法中最结实的方法之一。

经典胎教全书

34周 胎儿头部开始朝向子宫

这个时期，大部分胎儿把头部朝向准妈妈的子宫口，开始为出生做准备。这时起医生会格外关注胎儿的位置，胎位是否正常直接关系到是否能正常分娩。

🐴 准妈妈和胎儿的变化

准妈妈的变化

第三十四周

{手脚出现肿胀}

每次产前检查都要测量血压和化验尿液。可能注意到手上的戒指紧了，或者手脚肿胀。这是因为液体积留，但如果紧身的衣服限制了血液流动，情况会变得更糟。

胎儿的变化

第三十四周

{具备基本免疫系统}

胎儿的免疫系统正在发育以抵御轻微的感染。胎儿现在太大了，已经不能漂浮在羊水里了，他的运动较以前粗大而缓慢。

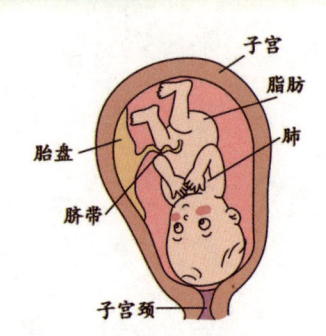

必知的孕期生活指导

保存脐带血有用吗

脐带血的作用

在过去脐带血是直接被丢弃的，但现代科学研究发现，脐带血含有可以重建人体造血和免疫系统的造血干细胞，可以治疗多种疾病。

脐带血是造血干细胞的重要来源，可用于造血干细胞移植，是非常宝贵的人类生物资源。随着科学的发展，干细胞在神经系统的治疗和器官脏器的修复等方面都会取得突破，将来干细胞能治疗更多的疾病。由于脐带血中所含干细胞的免疫功能尚未发育完全，所以在配型上相对容易许多，尤其在家人中间概率更高。

	脐带血中的造血干细胞可以治疗的疾病
1	白血病、淋巴瘤、骨髓异常增殖综合征、多发性骨髓瘤等
2	海洋性贫血、再生障碍性贫血等
3	先天性代谢性疾病、先天性免疫缺陷疾患、自身免疫性疾患等
4	小细胞肺癌、神经母细胞瘤、卵巢癌等

脐带血库的分类

脐带血保存的血库也分为两种：

公共脐血库

公共的脐血库，一般接受公众捐赠的脐带血并免费保存，用于任何配型合适的病人。捐赠者在今后取用配型脐带血时可享受优先权和费用优惠。

自体脐血库

是用来保存胎儿本人的脐带血，为将来本人或亲属的造血干细胞移植做储备，是需要付费的。

劳逸结合做健康准妈妈

怀孕期间，准妈妈总会担心自己的举手投足会伤害到自己腹中的胎宝宝，下面提出几点建议，帮助准妈妈做一个劳逸结合的妈妈。

准妈妈要注意情绪的调整

不要低估了胎宝宝，他（她）能够感受准妈妈的喜怒哀乐，因而女性在怀孕期保持良好的情绪是非常重要的一件事情。准妈妈如果焦虑、神经紧张，会释放出能使血压升高的激素，如肾上腺素，胎宝宝能够通过胎盘感受到这种激素，从而感知准妈妈很紧张，这对胎宝宝的成长也是非常不利的。

轻松心态面对工作

准妈妈容易感到疲累，因此需要适当休息。况且，过度劳累容易造成准妈妈流产，尤其是那些高龄产妇、有过流产史、患有某些慢性疾病的准妈妈，需格外注意休息。

怀孕后不能像平时一样操作一切事务，干任何事情都不能过分，觉得累就应该停下来休息。作为职业准妈妈，在早孕期应避免接触化学或放射污染的环境，孕28周后就应该不上夜班，但只要健康允许也可以一直工作到预产期。

累了就要休息

这是最好的忠告。最好是每晚保证睡眠8小时左右，中午休息1~2小时是很有益的，因为怀孕是额外负担，在孕后期更是要保证足够的睡眠，以顺利度过妊娠期。

虽然卧床休息是最佳的安胎方法，但在初次发现有出血现象时，最好还是请医师辨明症状，以免错失治疗时机。

需要关注的健康问题

孕晚期心理调适

到了孕后期，准妈妈的心理上产生了一些变化，有许多准妈妈心中充满了兴奋与紧张，从而导致情绪不稳定、精神压抑等心理问题，甚至会因心理作用而自感全身无力，即使一切情况正常，也不愿活动。

每位准妈妈的妊娠生理过程是相似的，但是她们的心理变化显示出千差万别。在妊娠的不同阶段，准妈妈往往会有不同的情绪体验，出现这些情绪很自然，因为这时身体的变化可能已经超出了理性可以控制的范围。

但准妈妈在此时应该学会调节自己的情绪，给自己一个愉快的心情，也给胎宝宝创造一个良好的发育环境。

孕后期的种种忧虑

造成准妈妈有心理压力的，往往不是别人，而是自己的各种忧虑和焦躁情绪，准妈妈主要有以下几种：

1.胎宝宝在肚子里一天比一天大了，他动得更厉害了，而且现在出现了消化不良、下肢静脉曲张和水肿等现象，日常生活越来越不便，心里非常焦躁不安，急盼快些分娩，快点结束这段"痛苦"的日子。

2.越临近分娩就越担心分娩时会不顺利，会有危险。害怕分娩的疼痛，因为没有勇气自然分娩，又害怕剖宫产的种种弊端，因此难以抉择是选择自然分娩还是剖宫产，矛盾重重。

3.虽说母乳喂养对于宝宝来说是最好的，可是总是担心这样会破坏自己优美的身材，因此在选择母乳喂养还是人工喂养的问题上举棋不定。

4.担心住院以后看到医护人员的恶劣态度及其他准妈妈的痛苦状况会影响自己的情绪和顺利分娩。

5.分娩的日子很快到来，似乎还没准备好，为自己是否能够担当妈妈这一角色而感到忧虑。

准妈妈的心理自救

由于临近预产期，准妈妈对分娩的恐惧、焦虑或不安会加重，准妈妈要保持良好的情绪需要注意哪些问题：

1.了解分娩，克服恐惧

这对有效地减轻心理压力，解除思想负担以及做好孕期保健，及时发现并诊治各类异常情况等均有很多帮助。

2.改变单一枯燥的生活

做点力所能及的家务，使自己的生活丰富起来，减少了胡思乱想的时间。

3.为分娩做好准备

这一切准备的目的都是确保母婴平安，同时这一准备的过程也是对准妈妈情绪的安抚。

孕晚期患了痔疮怎么办

女性怀孕以后，痔疮的发生率也会明显增高，尤其是到孕晚期，这是因为子宫静脉与直肠静脉密切相连。妊娠期因腹压增加，日益膨大的子宫压迫盆腔，同时也压迫直肠静脉，使血液回流不畅，产生瘀血。加上怀孕后，女性体内的雌、孕激素含量增高，造成水钠潴留、血管扩张，加之孕期活动量减少，胃肠蠕动减缓，易于引起大便干燥，甚至便秘。排便时用力屏气，腹压增高，这些也是诱发痔疮的因素。怀孕期间得了痔疮，要注意以下几点：

养成定时排便习惯

排便后温水坐浴，从而促进肛门处血液循环。若便秘，应遵医嘱服通便药，切莫擅自用泻药，以免引起早产。

多食新鲜的蔬菜

饮食上要注意选用多膳食纤维的新鲜蔬菜，以利于大便的通畅，不要吃刺激性的调味品，平时注意多饮水。

患痔疮后要注意按摩

按摩要注意按摩肛门和腹部两处。排便后注意用热毛巾按压肛门，按顺时针和逆时针方向各按摩15分钟，以改善局部的血液循环。

科学的饮食营养

治疗便秘的食物

最有效的防治孕期便秘的食物有

玉米	玉米是粗粮中的保健佳品。其膳食纤维含量很高，能刺激胃肠蠕动，加速粪便排泄，对孕期便秘大有好处
黄豆	黄豆的营养价值很高，又被称为"豆中之王"、"田中之肉"，它含有非常优质的蛋白质和丰富的膳食纤维，有利于胎儿的发育，并促进准妈妈的新陈代谢。同时，丰富的膳食纤维能通肠利便，有效改善便秘
草莓	草莓营养丰富，含有多种人体必需的维生素、矿物质、蛋白质、有机酸、果胶等营养物质，其中的胡萝卜素有明目养肝的功效。最主要的是其所含果胶和膳食纤维可以助消化、通大便，对胃肠不适有滋补调理作用
红薯	红薯富含利于胎儿发育的多种营养成分，同时其所含的食物纤维能有效刺激消化液分泌和胃肠蠕动，促进排便
酸奶	酸奶营养丰富，它含有新鲜牛奶的全部营养，其中的乳酸、醋酸等有机酸，能刺激胃液分泌，抑制有害菌生长，帮助清理肠道

准妈妈美味营养餐

★ 虾皮香芹燕麦粥

- **材料准备**：燕麦150克，虾皮20克，芹菜50克，盐1/2小匙，香油1小匙。
- **做法**：

1. 燕麦洗干净。芹菜择洗干净，切成小丁备用。
2. 坐锅点火，锅中倒入适量的清水，放入燕麦，用大火煮开，放入虾皮，再用小火煮直至软烂。
3. 加入盐进行调味，撒上芹菜丁后，再淋上香油即可。

★ 黑木耳肉羹汤

- **材料准备**：黑木耳30克，里脊肉100克，姜4片，酱油、淀粉、盐、香油各适量。
- **做法**：

1. 将黑木耳泡水3~4个小时，捞出洗净，浸泡在清水中。姜去皮、切成片备用。
2. 里脊肉切成3厘米方块，拍松，加入酱油、香油腌渍，待烹调前捞出沾裹淀粉做成肉羹备用。
3. 锅中加水烧开，放入黑木耳、姜片煮半小时，加入肉羹煮熟，再加盐即可。

★ 蜂蜜水果粥

- **材料准备**：苹果、梨各2个，大米100克，枸杞5克，蜂蜜1小匙。
- **做法**：

1. 将大米淘洗干净熬成粥。
2. 将枸杞洗干净，苹果、梨去皮核切成小丁。将枸杞、水果丁一起加入粥内，煮开后，稍稍冷却即可。

本周胎教重点

音乐胎教

《小狗圆舞曲》

波兰音乐家肖邦创作的《小狗圆舞曲》是一首优秀钢琴作品，它的艺术性很强，生活气息浓郁，雅俗共赏。

这首圆舞曲音乐描述了小狗咬着自己尾巴原地打转的有趣情景，亲切活泼、短小通俗，旋律悦耳动听、富有动感。因为篇幅短小、演奏速度快，这首乐曲又称为《一分钟圆舞曲》，而实际演奏时间则在一分钟以上。

圆舞曲：圆舞曲主要用于音乐会演奏和舞会演奏。用于舞会演奏的圆舞曲也叫华尔兹，原为奥地利、德国民间的3拍子舞蹈，18世纪后半叶风行于欧洲各国的各种社交舞会，整个19世纪在欧美舞曲中占主导地位。

肖邦：伟大的波兰音乐家，年少成名，后半生正值波兰亡国，在国外度过，创作了很多具有爱国主义思想的钢琴作品，以此抒发自己的思乡情、亡国恨。肖邦晚年生活非常孤寂，痛苦地自称是"远离母亲的波兰孤儿"。他临终嘱咐亲人把自己的心脏运回祖国。舒曼称他的音乐像"藏在花丛中的一尊大炮"，向全世界宣告："波兰不会亡。"其一生不离钢琴，被称为"钢琴诗人"。

乐曲是三段式。四小节引子过后，出现快速的反复回转型，描写小狗飞快旋转追逐自己尾巴的样子。这段曲调健康活泼、诙谐有趣，把小狗的神态呈现在听众面前。第二段是优美抒情的圆舞曲主题，好像小狗奔跑了一段时间，躺下来休息片刻，悠然自得，懒散舒适。第三段又是快速的音型，就像小狗休息之后又开始追逐尾巴的游戏，一直到乐曲结束。

小贴士

传说肖邦的情人乔治·桑喂养着一条小狗，这条小狗有追逐自己尾巴团团转的"兴趣"。肖邦依照乔治·桑的要求，把"小狗打转"的情景表现在音乐上，作成了这首乐曲。

音乐胎教

《喜洋洋》

准妈妈应该非常熟悉《喜洋洋》这首曲子，这首曲子是中国著名民族音乐家、民族弓弦乐大师、作曲家、教育家刘明源先生的作品。刘明源先生的作品题材广泛，风格多样，具有浓厚的地方色彩，贴近百姓情感，所以深受广大群众的喜爱。相信准妈妈听了这首曲子后，一定可以一扫心里的阴云。推荐准妈妈欣赏喜洋洋室内乐团演奏的这首民乐。

《喜洋洋》全曲共分三段，是ABA结构。A的主题取材于山西民歌《卖膏药》，作者以两个笛子声部的重叠、顿音和加花的手法，充分发挥了原曲轻快活泼的特点，并增加了热烈洋洋的气氛。B的主题根据另一首山西民歌《碾糕面》改编，作者保持了原曲舒展的特点，将上下两句发展成起承转合的四句；加上笛子、二胡与板胡以各种技巧润饰旋律，木鱼则以规整的节奏衬托曲调，喜悦的歌声犹闻在耳。第三段完整重复了A的旋律。

故事胎教

《井底之蛙》

一只小青蛙生活在井底，自以为井底就是整个世界。无聊时，它就数数天上飘过的白云，一朵、两朵、三朵……累了，就躺在小床上舒舒服服睡个觉。

有一天，井沿上飞来一只鸟。青蛙很奇怪，就问："小鸟，你是从哪儿飞来的啊？"小鸟回答说："我是从天上飞来的啊，飞了一百多千米呢，口渴了，想下来找点水喝。"

青蛙听了哈哈大笑起来："哈哈，真好笑，你别吹牛了，天只有井口那么大，你还能飞一百多千米吗？"小鸟认真地说："天是无边无际的啊，可大了，你不知道吗？外面的大象大过我几千倍呢。"

青蛙说："我天天都看着天，怎么不知道呢？你就别吹牛了吧！"小鸟于是笑了："青蛙大哥，你天天待在井里，就只能看到这么大的天，你要是不信，就跳出井口来看看吧，我还要继续飞行呢！"

青蛙听了小鸟的话，整整想了好几天，终于下定决心跳出井口去看看。

青蛙抬头一看，天啊！天真的是无边无际的啊，天上还有很多白云。它们紧紧地靠在一起，太美了。大地一片片绿油油的庄稼，大树又高又壮，真是美不胜收啊。远处的大象真是比小鸟大几千倍！

青蛙这才知道小鸟说的是对的，要是自己听了小鸟的劝告，早点从井里出来就能早一点看到这么美丽的世界了。

小贴士

常年蹲在井底的青蛙，只能看到井口那么大的一块天，就以为是天的全部了。宝贝，世界是无限广阔的，就像知识的海洋永无止境一样。所以，我的宝贝，即使有一天你获得了很大的成功，也不要骄傲，因为那也只不过是沧海一粟而已。

35周 胎儿移动很艰难

这个时候，准妈妈的身体越来越疼痛，准妈妈要适当做一些简单的运动来缓解，不要做很难的运动。

准妈妈和胎儿的变化

准妈妈的变化

第三十五周

{**骨盆**开始扩张}

孕激素、松弛素分泌及胎儿的体重作用引起骨盆连接部扩张，为分娩做准备。可能感觉到这些部位有些不舒服。

胎儿的变化

第三十五周

{**发育**进入最后的冲刺}

这时出生的胎儿，99%能存活下来。中枢神经系统正在发育成熟，消化系统基本发育完毕，肺通常也完全发育成熟，如果胎儿在这个时间早产的话，很少会发生呼吸问题。胎儿的胳膊和腿丰满起来，已占据了子宫的大部分空间，所以很难再四处移动。

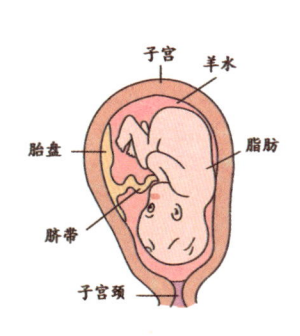

必知的孕期生活指导

胎儿入盆是怎么回事

入盆是怎么回事

当妊娠进入后时期，准妈妈子宫中的胎儿已经在为出生做准备了。胎儿会在羊水和胎膜的包围中，以头朝下、臀朝上、全身蜷缩的姿势等待时机。在分娩之前，胎儿要使其头部通过母体的骨盆入口进入骨盆腔，从而其身体的位置得到巩固。这就是"入盆"。那么，胎儿入盆后多久才能分娩呢？一般初产妇入盆后2~3周就可能会分娩，而非初产妇胎儿入盆会晚一些，入盆后随即开始分娩。

入盆是什么感觉

当胎儿入盆的时候，很多准妈妈会感觉腹部阵阵发紧和有坠痛感，感觉胎儿正在下降，就以为是入盆了。其实，这种感觉并不是真正临产前的征兆，但准妈妈不必紧张，可以继续观察后再去医院。

有助于顺产的运动

方式	方法
会阴肌肉运动	增加会阴肌肉韧力及控制力，对分娩及复原有帮助
准妈妈动作	卧，屈曲双脚及微微分开，收缩骨盆底的会阴肌肉，数4下放松，再数4下收缩。重复做10次

● 脚部运动有助促进血液循环，预防抽筋，减轻脚肿

准妈妈动作	仰卧，双脚用两个枕头垫高。腹肌运动矫正腰部及盘骨的姿势
准妈妈动作	仰卧，屈曲双膝，收缩腹部及臀部肌肉至腰部压着准爸爸的手，数5下放松，再数5下收缩，伸直双脚，休息一会儿。重复做5次

需要关注的健康问题

如何识别真假宫缩

假宫缩，也叫迁延宫缩，是真正分娩前连续许多天的宫缩，发生频繁，没有剧疼，程度也时强时弱，不规律，间隔时间也长。

这样的假性宫缩的宫缩强度不增加，常在夜间出现，清晨消失，宫缩时不适主要在下腹部，这时不需要着急去医院的。但是如果阴道流血量较多，超过平时月经量的话，就应该抓紧去医院了。

怀孕28周后，腹部会时常出现假宫缩。若准妈妈长时间用同一个姿势站或坐，会感到腹部一阵阵地变硬，这就是假宫缩。临产前，由于子宫下段受胎头下降的牵拉刺激，假宫缩的情况会越来越频繁。

如果上述症状仅是偶尔出现，并且持续时间也不长，也没有阴道流血的现象，就不必紧张，多为正常。

小贴士

如果假宫缩间隔时间较短，并且出现明显的腹痛、阴道流血等现象，就要及时到医院就诊，以免意外。

呼吸困难

进入怀孕35周时，子宫底高度达到最大，已经上移到胸口附近。子宫会挤压胃部或肺部，同时压迫心脏，所以此时呼吸困难和胸部疼痛的程度最为严重。日益临近的分娩会使准妈妈忐忑不安，和丈夫、朋友或父母多聊聊，也许可以稍微缓解一下内心的压力。

科学的饮食营养

为分娩储备能量

恭喜你，已经进入最后一个月的倒计时阶段了！同时提醒你不要由于对新生命的即将来临过于激动而忽略了营养。进入冲刺阶段后，你的胃部不适之感会有所减轻，食欲随之增加，因而各种营养的摄取应该不成问题。

最后阶段，准妈妈往往因为心理紧张而食欲缺乏，许多准妈妈会对分娩过程产生恐惧心理，觉得等待的日子格外漫长。这时要注意调整心态，以减轻心理压力，正常地摄取营养。

孕晚期除保证畜禽肉、鱼肉、蛋、奶等动物性食物摄入外，可多增加一些豆类蛋白质如豆腐和豆浆，这两种食物包含了大豆的全部营养成分。目前市场上供应的豆奶，所含大豆优质蛋白质达40%，含油脂20%，而且多数是不饱和脂肪酸，具有健脑补胃的功能，还富含钙、磷、铁等无机盐和B族维生素，孕晚期准妈妈应多食用。

准妈妈美味营养餐

★ 番茄蛋卷

- **材料准备**：鸡蛋2个，番茄酱30克，盐、胡椒粉各适量。
- **做法**：
1. 将蛋打匀，加入盐、胡椒混合均匀。
2. 盘上先铺上纱布，上面放上做法1中的材料，再盖上纱布后用微波加热40秒钟。
3. 取出后混拌一下，盖回纱布再加热40秒钟，取出后撕去纱布，将鸡蛋饼卷成卷。
4. 蛋卷放入盘中，滴上番茄酱即可。

★ 莲藕排骨汤

- 材料准备：莲藕、排骨各300克，盐1小匙。
- 做法：

1. 排骨洗干净，放入滚水中汆烫，捞出。
2. 莲藕去皮，切约1厘米厚片。
3. 排骨、莲藕放入锅中加入半锅冷水，中火煮开，改小火慢熬1~1.5小时，熬煮至排骨熟烂，加入盐调匀即可盛出。

★ 三色蜇丝

- 材料准备：海蜇皮200克，红椒、青椒各1个，盐、白糖、姜、香油各适量。
- 做法：

1. 将海蜇皮洗净，切细丝，用温水略浸泡，沥干。红椒、青椒、姜分别洗净，切丝备用。
2. 将海蜇丝放入盘中，加入盐、白糖、香油、红椒丝、青椒丝拌匀，最后撒上姜丝即可。

本周胎教重点

音乐胎教
《人间天上》

这首《人间天上》选自班得瑞的《微风山谷》，班得瑞乐团花了三年时间，埋首于瑞士南方的萨斯菲山谷之中，不仅实地撷取自然原声为素材，并以音乐忠实呈现不同时空的时节变化。

《人间天上》是一首适合夜晚的摇篮曲，能让人安然入眠。如果孕晚期增大的腹部让你寝食难安，那么此刻就静静地斜靠在舒服的靠椅上，让明亮的月光投影在你的周身，你逐渐放松着身体的各个部位，心也跟着放松了下来。伴着若有若无的乐曲，你会感到身体在慢慢地变轻，像一片飘落的羽毛摇曳在空气中，悠闲极了。

运动胎教

怀孕9个月的助产运动

在做运动操的过程中，可以为其准备一首轻松的背景音乐，对活泼好动的胎儿，可多听一些舒缓优美的乐曲，对文静少动的胎儿，则应多听一些明快轻松的音乐。并且不时和胎儿说话，夸奖他几句，观察他的反应。准妈妈的夸奖可是宝宝最大的动力哦！

小贴士

适量的运动，不仅对分娩有帮助，也能有效地调节准妈妈的心情；更重要的是，运动能使准妈妈充分吸入氧气，胎儿的大脑也会因为充足的氧气而变得更有活力。准妈妈需注意"适量"两个字。剧烈的运动会适得其反。

骨盆运动

放松骨盆的关节与肌肉，使其柔韧，利于自然分娩。

1. 单膝屈起，膝盖慢慢地向外侧放下，左右各做10次。

2. 双膝屈起，左右摇摆至床面，慢慢放松，左右各做10次。

扭腰运动

1. 双腿并拢，将双手交叉置于脑后，腰部挺直。

2. 降低左肘，右肘抬高，身体向左倾斜，双腿略微弯曲，保持这种伸展姿势20秒钟后换另一个方向。

311

故事胎教

《一鸣惊人》

战国时期，齐国的淳于髡是位很有名的学者。虽然他身材矮小，其貌不扬，但是他非常机警聪明，博学多才。

齐威王即位以后，整天吃喝玩乐，不问政事，于是遭到各诸侯国的侵犯，齐国危在旦夕。大臣们都很担心这样下去国家会灭亡，可是又不敢劝齐威王。齐威王有个怪癖，喜欢听笑话、猜谜语。淳于髡滑稽幽默，言语风趣，他打算用谜语来劝告齐威王。

一天，淳于髡来到宫殿求见。只见一群歌姬正在翩翩起舞，齐威王陶醉其中。见到淳于髡很不耐烦，他说："你没看见我正在忙着吗？有事明日再议吧。"淳于髡说："大王，我最近听到一则谜语，特意来讲给您听。"齐威王一听谜语，高兴地说："好啊，快快讲来。"淳于髡说："咱们齐国有只大鸟落在大王的庭院里三年了，它不飞也不叫。大王知道是什么吗？"齐威王马上就猜到淳于髡是在讽刺自己。他很不服气地说："这只大鸟，它如果飞的话，就会冲到天上去；它如果鸣叫的话，肯定会惊动众人，你等着看吧。"齐威王说。原来，齐威王以前的所作所为只不过是个假象。当时齐国的政权掌握在卿大夫手中，齐威王需要等待时机，考察哪个是忠臣，哪个是奸臣，所以才会装作不理朝政。齐威王听出淳于髡使用谜语讽喻他，他认为时机已经成熟，于是下决心整顿朝纲，收复失地，振兴齐国。

第二天，齐威王召集大臣入宫，严肃地说："从今天起，我要整顿朝政。你们说一下县吏的情况。"有几个大臣说："阿城县令最好，即墨县令最坏。"齐威王下令全体县令到都城述职，还在大殿放了一口大锅，煮开了水。齐威王把真相都摆了出来，下令将阿城县令扔到大锅里。原来即墨县令刚直不阿，所以没人说他好话；阿城县令行贿受贿，许多大臣替他美言。

自从这件事情之后，齐国百官都不敢为非作歹了，都尽心尽力地为民办事。齐国富强了，也收回了失地。

小贴士

宝贝，这个故事比喻平时默默无闻却突然做出了惊人成绩的人。也就是说，并非滔滔不绝才能显出自己的本事，平时不露声色并不代表没有见解，只是为长远观察而蓄积力量，这样做不但能正确地预见未来，更能够掌握适当的时机出手，或许成功的概率会更高。

语言语言

《爱的奉献》

准妈妈一定还记得《正大综艺》中翁倩玉演唱的主题曲《爱的奉献》。推荐准妈妈将这首歌哼唱给胎儿听，让胎儿感受到你对他的爱。

爱是love，爱是amour
爱是rak，爱是爱心，爱是love
爱是人类最美好的语言
爱是正大无私的奉献
我们都在爱心中孕育生长
再把爱的芬芳洒播到了四方
我们要在爱心中大声地歌唱
再把爱的幸福带进每个人的身上
爱会带给你无限温暖

也会带给你快乐和健康
爱是love，爱是amour
爱是rak，爱是爱心，爱是love
爱是人类最美好的语言
爱是love，爱是amour
爱是rak，爱是爱心，爱是love
爱是人类最美好的语言
爱是正大无私的奉献

名画欣赏

《西斯廷圣母》

对于准妈妈来说，你完全没必要把自己当作一个特殊的人看待，如果身体不适，可以躺下来休息一下，尽可能地保持你原来的生活节奏，让自己惬意、从容。做些能让自己开心的事情，比如欣赏一下拉斐尔的《西斯廷圣母》，也许看到这幅美丽的画，就会让你暂时忘掉那些身体的不适。

拉斐尔的画对美丽与神圣、爱慕与敬仰都恰到好处，使人获得一种纯洁、高尚的精神享受。画中圣母脚踩云端，代表人间权威的统治者教皇西斯廷二世，身披华贵的教皇圣袍，取下桂冠，虔诚地欢迎圣母驾临人间。圣母的另一侧是圣女渥瓦拉，她代表着平民百姓来迎驾，她的形象妩媚动人，沉浸在深思之中。她转过头，怀着母性的仁慈俯视着小天使，仿佛同他们分享着思想的隐秘，这是拉斐尔的画中最美的一瞬间。人们忍不住追随小天使向上的目光，最终与圣母相遇，这是目光和心灵的汇合。

从天而降的圣母出现在我们的面前，初看丝毫不觉其动，但是当我们注视圣母的眼睛时，仿佛她正向你走来，她年轻美丽的面孔庄重而又平和，细看那颤动的双唇，仿佛听到圣母的祝福。趴在下方的两个小天使睁着大眼仰望圣母的降临，稚气童心跃然画上。

36周 胎儿器官发育成熟

从这时开始，准妈妈应每周接受一次定期检查，为随时都有可能来临的分娩做好充分准备，以积极的心态，尽最大努力坚持到最后。

准妈妈和胎儿的变化

准妈妈的变化

第三十六周

{做梦逐渐增多}

从现在直到分娩为止，最好每周做一次产前检查。这些检查包括B型链球菌抗体检测。发现睡觉时做梦增多，而且梦境都非常生动。

胎儿的变化

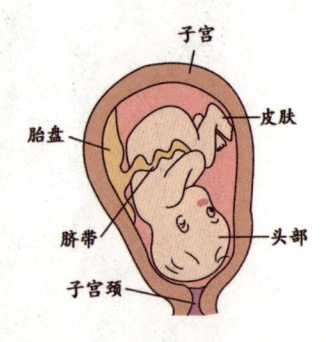

第三十六周

{胎儿头部向下}

子宫的空间越来越小，现在准妈妈肯定注意到了胎儿的运动发生了变化。因为受到限制，他四处扭动的次数减少，但运动通常更有力和更明显。在这个阶段，大多数的胎儿会采取头向下的姿势准备出生。

必知的孕期生活指导

了解分娩前的征兆

一般临近分娩时会出现各种征兆，但并不是每个准妈妈分娩时都会出现这些征兆。有些征兆会因人而异，有许多人就是在没有任何征兆的情况下开始分娩的。通常临近分娩有如下征兆：

分泌物增多

准备分娩时，子宫颈管会变得软化，分泌物也会增多，大多是白色的水性分泌物。

腹部频繁地感觉到张力

为准备开始分娩，子宫收缩频繁，因此会经常感觉到腹部的张力。如果张力是有规律的，那就是阵痛。

大腿根疼

为便于胎儿通过，左右耻骨的接合处正在慢慢打开。因此，大腿根的部位会有抽筋或疼痛的感觉。

胎动减少

由于胎儿的头部下降到了骨盆里，因此胎动相对减少。也有的胎儿一直到分娩前都经常动来动去。

腹部下降

由于胎儿下降到骨盆内，会感觉到下腹部变大，而上腹变空。

临产信号

规律性宫缩

做好分娩准备

	特征
1	子宫的收缩有规律，逐渐加强。宫缩初期大概每隔10分钟宫缩1次，且强度较轻微
2	宫缩强度逐渐加深，宫缩频率加快，每隔3～5分钟宫缩1次，每次宫缩持续时间变长，可持续50～60秒钟
3	大部分出现在腹部下方，但是会扩散到背部下方
4	宫缩会引起腹痛，腹痛一阵紧似一阵，就预示着快临产了。宫缩从不舒服的压力到绷紧、拉扯的痛
5	有少数准妈妈会出现腰酸症状
6	宫缩发生时通常情况下会见红

出现宫缩怎么办

走动可能会使腹痛更严重，准妈妈可以卧床躺着休息。用垫子或椅子做支撑，找一种最适合的姿势减轻疼痛。不要做剧烈运动及使用腹肌的运动，可以做散步这样轻微的活动。如果宫缩不规律或是形成规律但间隔很长，说明离分娩还有一段时间，可以在家休息，等阵痛达到每10分钟1次的时候再入院待产。

见红

见红的特征

	特征
1	见红的颜色一般为茶褐色、粉红色、鲜红色
2	出血量一般比月经的出血量少
3	混合黏液流出，质地黏稠
4	见红大多发生在分娩临近，阵痛发生前24小时出现。但个体是有差异的，也有准妈妈在分娩1周前或更早就出现见红的情况

出现宫缩怎么办

如果只是出现了淡淡的血丝，量也不多，准妈妈可以留在家里观察。平时注意不要太过操劳，避免剧烈运动。如果见红后出现阵痛和破水就应该立即在家人的陪同下去医院。

破水

破水的特征

	● 特征
1	流出的羊水无色透明，可能含有胎脂等漂浮物
2	感觉到热的液体从阴道流出
3	准妈妈无意识，不能像控制尿液一样控制羊水流出
4	破水具有持续性

出现破水怎么办

不管在什么场合，都应立即平躺，防止羊水流出。破水后，可以垫些护垫，需要干净的内裤和干净的卫生护垫。破水可能导致宫内感染，所以一旦发生破水就应立即去医院。

小贴士

破水会导致羊水大量流出，脐带可能会随压力带动或因为重力作用而导致脱垂。一旦脐带脱垂就可能导致胎儿缺氧、组织器官坏死甚至胎儿死亡。破水后如果6~12个小时内没有分娩迹象，为防止细菌感染，医生会使用催产素来帮助准妈妈进入产程，开始分娩。

需要关注的健康问题

准妈妈出现腹部下坠感

随着分娩的临近，准妈妈的腹部也会出现明显变化。肚脐到子宫顶部的距离缩短，会有腹部下坠感，这是胎儿头部进入产道时引发的现象。随着胎儿下降，上腹部会出现多余空间，准妈妈的呼吸终于变得顺畅，但是骨盆及膀胱的压迫感会加重。腹部下坠感因人而异，有些准妈妈在分娩前几周就有感觉，有些准妈妈则在阵痛开始后胎儿向产道移动时才有感觉。

正确对待分娩痛

分娩会很疼，但准妈妈越害怕疼痛，这种担心和紧张越会导致肌肉的紧张和拉扯力量的加剧，反过来又加重疼痛。所以要学会放松，正确地看待分娩疼痛，有助于缓解紧张的情绪，从而缓解疼痛。

分娩疼痛表现不一

分娩只是一个生理过程，准妈妈在临盆时，体内支配子宫的神经感觉纤维数目已很少了，一般不会产生强烈的痛觉。客观地说，分娩是有痛觉的，因为在分娩过程中，会牵扯子宫邻近的某些组织器官，产生局部痛感。体力劳动者平时活动量大，分娩时比较顺利，痛感也相应较轻。脑力劳动者，或平时活动少的准妈妈，常常因极度紧张和恐惧而加剧疼痛感。

妈妈疼痛，宝宝获益

1.分娩过程中子宫的收缩，能使胎儿肺部得到锻炼，使表面活性剂增加，肺泡易于扩张，出生后不易患呼吸系统疾病。

2.子宫的收缩及产道的挤压作用，使胎儿呼吸道内的羊水和黏液排挤出来，新生儿窒息及新生儿肺炎发生率大大降低。

3.胎儿经过产道时，胎儿头部受到挤压，头部充血，可提高脑部呼吸中枢的兴奋性，有利于新生儿出生后迅速建立正常呼吸。

需要疼痛多长时间

顺利分娩的过程就是准妈妈的产力、产道与胎儿身体的径线相互适应的过程。既然是相互适应，就需要有一定的时间，长时间的疼痛是必需的，只有经过了长时间的疼痛，才能使产道的大门慢慢"打开"，使胎儿轻松地通过。一般来说，初产妇的宝宝通过妈妈的产道一般需要12～16小时，而经产妇则只需要8～12个小时。

疼痛的时间过短和强度过弱，容易造成准妈妈产道的严重撕裂，发生大出血、新生儿颅内出血及产伤，又会造成准妈妈疲劳、乏力，使产程时间过长，器械助产率增加，新生儿窒息率、新生儿产伤率都会有所增加。因此，正常的分娩不可能在短时间内完成。

科学的饮食营养

营养餐单

	孕36周每日膳食构成
1	米、面等主食350～450克
2	鸡蛋1～2个
3	禽、畜、鱼肉200克
4	动物肝脏50克
5	豆类及其制品50～100克
6	新鲜蔬菜500～750克
7	时令水果100克
8	乳类250～500克
9	植物油30克

准妈妈美味营养餐

翠瓜小菜

- **材料准备**：绿苦瓜半条，芥末酱1小匙，沙拉酱5匙，糖1匙，海鲜酱油1匙。
- **做法**：
1. 苦瓜洗净对剖两半，去籽，再切对半，用锋利的小刀去净白色内瓤。
2. 将苦瓜斜切薄片，泡入加盐的冷开水中，放入冰箱冷藏至呈透明状。
3. 取出，完全沥干水分装盘，调味料与沙拉酱和匀，蘸作料食用。

317

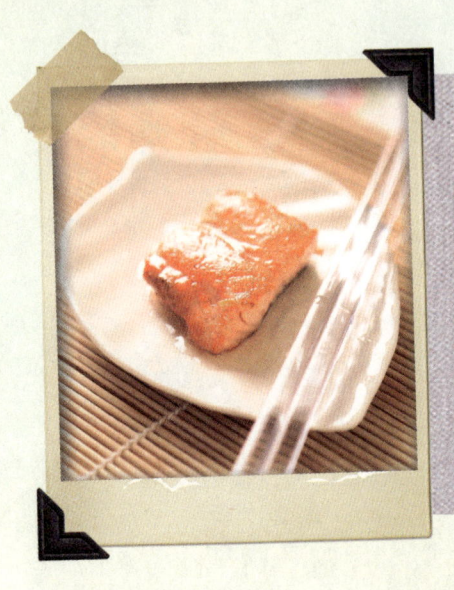

★ 酸甜三文鱼

- **材料准备**：三文鱼60克，柠檬汁15克，橄榄油10克，盐3克，胡椒粉3克。
- **做法**：
1. 将柠檬汁、橄榄油混合搅拌均匀。
2. 将三文鱼放入混合汁中，同时撒上盐及胡椒粉，腌制约10分钟备用。
3. 用橄榄油起锅，放入三文鱼两面煎熟，然后将腌汁一起加热后淋上即可。

★ 虾皮紫菜蛋汤

- **材料准备**：紫菜10克，鸡蛋1个，虾皮、香菜、花生油、盐、葱花、姜末、香油各适量。
- **做法**：
1. 将虾皮洗净，紫菜用清水洗净，撕成小块，鸡蛋磕入碗内打散，香菜择洗干净，切成小段。
2. 将炒锅置火上，放油烧热，下入姜末略炸，放入虾皮略炒一下，添水200克，烧沸后，淋入鸡蛋液，放入紫菜、香菜、盐、葱花即可。

本周胎教重点

音乐胎教

适合做胎教音乐的世界名曲

《彼得与狼》——做个勇敢的宝宝

作曲家运用乐器来刻画人物和动物的性格、动作和神情，富有艺术魅力。长笛的高音区表现小鸟的灵活好动；弦乐描绘了彼得的机智勇敢；双簧管刻画出鸭子那蹒跚的步态；爷爷老态龙钟的神态由大管浑厚的声音来表现；狼阴森可怕的嚎叫用三只圆号来体现。整个乐曲生动活泼，犹如在面前展开一幅生动的画。准妈妈们，去听听吧，让你的小宝宝跟小鸟、小猫、小鸭子玩玩，并与彼得一起战胜恶狼，做一个勇敢的宝宝。

《杜鹃圆舞曲》——与鸟儿一起嬉戏

睡醒了该活动一下了，听听约纳森的《杜鹃圆舞曲》吧！整首乐曲欢快清新，特别适合在熟睡的早晨倾听。那跳跃的旋律犹如杜鹃在歌唱，它以轻快、活泼的节奏和清新、流畅的旋律，描绘了一幅生机盎然的景象。听一听活泼、可爱、明朗的《杜鹃圆舞曲》，让肚子里的小宝宝做做运动吧。

《培尔·金特》组曲中《在山魔王的宫殿里》——感受力度与节奏

乐曲描写了培尔·金特来到山魔王的宫殿里，引来了许多小妖怪，吓得魂不附体的场景。听诙谐可爱的旋律，你也会看到许多小妖怪在乱舞的场景。准妈妈们，带着你的小宝宝经历一下小妖怪的宫殿吧。感受不同的节奏、不同的力度、不同的音色，相同的旋律带给我们不同的体验——弱的声音的神秘，强的声音的紧张。

《梦幻曲》——梦幻的国度

《梦幻曲》把我们带进了温柔优美的梦幻境界。这首曲子主题非常简洁，具有动人的抒情风格和芬芳的幻想色彩，使人不觉中被引入轻盈缥缈的梦幻世界。当你疲倦的时候听听《梦幻曲》，帮你安然入睡。

《维也纳森林的故事》——穿越绿色的森林

春天的早晨，在美丽的蓝色的多瑙河畔，远处群山起伏，田野一望无际。晨曦的阳光透过大树茂密的叶子洒在挂满露珠的草地上，山边小溪波光粼粼。羊儿在草地上吃草，小鸟在林间婉转啼鸣，牧童吹着短笛，猎人吹响号角，马蹄"嘚嘚"，构成一幅大自然美丽的图画。一曲《维也纳森林的故事》，一切宛如人间天堂。准妈妈们，假日的清晨，迎接这美丽的森林吧！

F大调 第六号交响曲 《田园》——到自然中呼吸新鲜空气

整部作品表达了对大自然的依恋之情，作品细腻动人，朴实无华，宁静而安逸，是贝多芬最受欢迎的交响曲之一。各个乐章分别表现了"初到乡村时的愉快感受"，"溪边小景"，"乡村欢乐的集会"，"暴风雨"等情景，最后的"牧歌"，主题恬静开阔，像牧人在田野中歌唱，表现了雨过天晴之后的美景。好一幅自然的美景，感受一下吧，小宝宝。

《拉德斯基进行曲》——感受强烈的节奏与柔媚的线条之美

乐曲以其脍炙人口的旋律和铿锵有力的节奏征服了广大听众，成为流传最为广泛的进行曲。强劲有力的引子之后是第一部分主题，让人们仿佛看到了一队步兵轻快地走过大街。随后是与前面主题相对比的轻柔主题，优美动听。听后让人感觉激情澎湃，活力无限。

勃拉姆斯的《摇篮曲》——妈妈无尽的爱

乐曲以其脍炙人口的旋律和铿锵有力的节奏征服了广大听众，成为流传最为广泛的进行曲。强劲有力的引子之后是第一部分主题，让人们仿佛看到了一队步兵轻快地走过大街。随后是与前面主题相对比的轻柔主题，优美动听。听后让人感觉激情澎湃，活力无限。

维瓦尔第的小提琴协奏曲《四季》——春天多美呀！

乐曲描绘了一幅春临大地，众鸟欢唱，和风吹拂，溪流低语的画面。当春临大地，仙女和牧羊人随着风笛愉悦的旋律，在草原上婆娑起舞，多么美丽的画面！是一首非常好听的小提琴曲。

故事胎教

《凿壁偷光》

拉斐尔的画对美丽与神圣、爱慕与敬仰都恰到好处，使人获得一种纯洁、高尚的精神享受。画中圣母脚踩云端，代表人间权威的统治者教皇西斯廷二世，身披华贵的教皇圣袍，取下桂冠，虔诚地欢迎圣母驾临人间。圣母的另一侧是圣女渥瓦拉，她代表着平民百姓来迎驾，她的形象妩媚动人，沉浸在深思之中。她转过头，怀着母性的仁慈俯视着小天使，仿佛同他们分享着思想的隐秘，这是拉斐尔的画中最美的一瞬间。人们忍不住追随小天使向上的目光，最终与圣母相遇，这是目光和心灵的汇合。

从天而降的圣母出现在我们的面前，初看丝毫不觉其动，但是当我们注视圣母的眼睛时，仿佛她正向你走来，她年轻美丽的面孔庄重而又平和，细看那颤动的双唇，仿佛听到圣母的祝福。趴在下方的两个小天使睁着大眼仰望圣母的降临，稚气童心跃然画上。

小贴士

想到借着别人家的微弱光线读书，这是一种怎样的决心啊！宝贝，我们每个人都有自己喜欢做的事情，只要你是真心喜欢，无论环境多么艰险，也无法阻挡你的行动。妈妈希望你将来能为自己的梦想而拼搏，克服一切困难实现梦想，这是多么幸福的事啊！

语言胎教
《木兰辞》

唧唧复唧唧，木兰当户织。
不闻机杼声，惟闻女叹息。
问女何所思，问女何所忆。
女亦无所思，女亦无所忆。
昨夜见军帖，可汗大点兵，
军书十二卷，卷卷有爷名。
阿爷无大儿，木兰无长兄。
愿为市鞍马，从此替爷征。
东市买骏马，西市买鞍鞯，
南市买辔头，北市买长鞭。
旦辞爷娘去，暮宿黄河边。
不闻爷娘唤女声，
但闻黄河流水鸣溅溅。
旦辞黄河去，暮至黑山头，
不闻爷娘唤女声，
但闻燕山胡骑鸣啾啾。
万里赴戎机，关山度若飞。
朔气传金柝，寒光照铁衣。
将军百战死，壮士十年归。
归来见天子，天子坐明堂。
策勋十二转，赏赐百千强。
可汗问所欲，木兰不用尚书郎；
愿驰千里足，送儿还故乡。
爷娘闻女来，出郭相扶将；
阿姊闻妹来，当户理红妆；
小弟闻姊来，磨刀霍霍向猪羊。
开我东阁门，坐我西阁床，
脱我战时袍，著我旧时裳，
当窗理云鬓，对镜帖花黄。
出门看伙伴，伙伴皆惊忙：
同行十二年，不知木兰是女郎。
雄兔脚扑朔，雌兔眼迷离；
双兔傍地走，安能辨我是雄雌？

名画欣赏
《洗澡》

  这幅画外形明确，由强烈的轮廓线划分出间隔。在这幅作品中，画家将孩子与母亲的身子和手臂拉得很长，让其在画面上伸展开来。画面运用俯瞰的方法，使背景色彩的分布划分为上下两部分。通过母亲的条纹服装将花纹墙纸的赭色与地面地毯图案的红棕色衔接起来，使色调在表现情绪中融为一体。这些丰富图案使孩子身体的朴素色彩得到强调。画家运用这种形式、色彩刻画母女之爱，特别是着力于刻画女孩的可爱、母亲亲昵的动作，从而加深对母爱主题的烘托。

  画中的两个人物由她们的姿势动作而互相联系：母亲的右手握着小女孩右脚，她们的左手又在膝上碰到一起。下面那只大水壶稳住了构图，并起到焦点的作用。

37周 胎儿形成免疫能力

准妈妈要开始准备待产包了，因为胎儿已经足月，随时有生的可能性。准妈妈要了解一些关于分娩呼吸法，以缓解准妈妈的紧张情绪。

准妈妈和胎儿的变化

准妈妈的变化

第三十七周

{子宫口变得柔软}

随着预产期的临近，准妈妈下腹部经常出现收缩或疼痛，甚至会产生阵痛的错觉。疼痛不规则时，这种疼痛并非阵痛，而是身体为适应分娩时的阵痛而出现的正常现象。随着分娩期的接近，子宫口开始变得湿润、柔软、富有弹性，有助于胎儿顺产。准妈妈现在要做的是充分休息，做好一切准备，耐心等待分娩的来临。

胎儿的变化

第三十七周

{看起来像个新生儿}

现在胎儿足月了，也就是说，他随时可以出生。如三维超声波扫描所示，胎儿看起来像个新生儿。如果胎儿是臀先露，医生现在可能会使用体外胎位倒转术。

恭喜你！你的宝宝到现在已经算是足月了

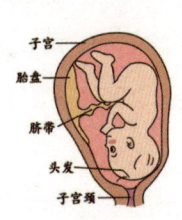

子宫　胎盘　脐带　头发　子宫颈

必知的孕期生活指导

准备好待产包

入院重要物品

物品	用处
入院证件	带好医院就医卡、母子健康手册，便于医生了解准妈妈情况
照相机、摄像机	给宝宝、新妈妈拍照，摄像留念，注意要确保电量够用
手机	住院无聊时，产后痛苦时，都可以用音乐来缓解
银行卡和现金	两者都需要准备，一定要带好现金，买点小东西的时候也方便。如果医院不能用卡支付费用时就更需要现金了，应事先向医院了解清楚支付方式
笔记本、笔	不但可以用来记录阵痛、宫缩时间，还可以写宝宝日记

妈妈用品

名称	数量	用处
水杯	1个	新妈妈用的最好是带有吸管的，顺产的准妈妈进入产房后不方便起来喝水，所以用吸管会方便很多
一次性防溢乳垫	1盒	新妈妈的乳汁分泌很多时，可防止弄湿衣服着凉，另外也能起到美观的作用
一次性防污垫	1大包	防止新妈妈身体分泌物弄脏床单，医院有提供，但是量不够，价格高，自备一些可以省去很多麻烦
卫生巾	1包	分娩后会有恶露，需要垫产妇卫生巾
保温桶	2个	给新妈妈吃饭喝汤或带饭用
微波碗	1个	有的医院提供微波炉，可用来加热食物
塑料盆	2个	新妈妈清洗时用
毛巾	2条	新妈妈清洗时用，可从家里带
香皂	1块	洗手用，可从家里带
梳子	1把	洗手用，可从家里带
帽子	1个	防止新妈妈产后受风
抽纸或者纸巾	2份	清洁用
哺乳内衣	2~3件	方便哺乳
束腹带	1条	恢复身材，备用。上床后可以取下，以利于伤口恢复

小贴士

很多准妈妈产前都会准备分娩用品、休产假、办理证件等，以便在胎儿出生前把一切打点周全。其实这些忙碌只会增加你的不良情绪，让你无法善待自己。你可以多做一些让自己感觉愉快的事情，比如看看小说，尝尝美食，散散步，这样有利于帮助缓解你的紧张情绪。至于产前的忙碌可以交给家人。

323

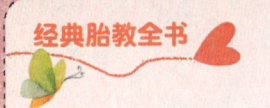

妈妈用品

名称	数量	用处
奶瓶	150毫升的1个 250毫升的1个	喂配方奶用（有条件的家庭希望攒多后一次清洗消毒，可以准备10个）
饮水用奶瓶	100毫升的1个	宝宝喝水专用
凉开水用奶瓶	250毫升的1个	用于凉开水的，方便准备冲奶备用水
奶粉	两罐	尽量选择好的奶粉，初次选择很重要，后面不宜更换品牌。1罐带产院1罐留家备用
软小匙	1把	刚出生宝宝不会吮吸奶瓶时用来喂水
奶嘴	S型号（小号）3～4个	一般奶瓶上原装的奶嘴都不好，需要买好的奶嘴换上去
吸奶器	1个	妈妈的乳汁宝宝吃不完时可以吸出来放在冰箱里冷冻保存。也可以用于吸通乳腺、促进乳汁分泌用
奶瓶刷	1个	清洗奶瓶
纯棉手帕方巾	20～30条	20条只少不多。用于给宝宝哺乳、喂水时放在脖子上接奶接水用
隔尿垫	两包	在床上给宝宝换尿布时防止弄脏床单和衣服。1包带到产院，1包放在家里备用
纸尿裤	1袋	接宝宝排便
毛巾被	两条	夏天用
婴儿包被	两条	轻而不滑。可以只带1条去医院，宝宝弄脏后换着用
毛毯	1条	要选择质量好、不容易掉毛的，否则宝宝大些了会把毛毛揪出来放进嘴里吃
湿纸巾	2～6包	给宝宝擦屁股。去产院带1包即可
小塑料盆	两个	1个脸盆，1个便便盆
长袖纯棉内衣	3～5套	哺乳、喂水时不小心弄湿后换着用
新生儿帽子	1顶	保暖
小袜子	3双	保暖

随身必备物品

接近临产的时候，准妈妈应该在身上带好以下东西，一旦分娩的话，这些东西随时会用到。

母子健康手册

母子健康手册是记录整个怀孕过程详细的手册，不光是妊娠后期，整个怀孕阶段的心得你都可以写进母子健康手册中。外出时记得要和病历一起随身携带。

医疗保健卡

医疗保健卡的具体使用方法，是根据不同医院的情况而定的，但基本用法都比较接近，可以在临产前咨询准妈妈所预定的产院。

移动电话和备用电池

随身携带移动电话并不需要格外提醒，现代人基本都养成了这种习惯，重点在于同时也要随身备好充满电的电池。

紧急叫车时的费用

一旦紧急情况发生时，没有过多的时间可以耽误，家人一定要事先把零钱准备好，避免因为找钱而耽误宝贵的时间。

拉美兹分娩镇痛法

"拉美兹分娩镇痛法"是指当阵痛来临时,将原本疼痛时立即出现的"肌肉紧张"经过多次练习转化为"主动肌肉放松",而使疼痛减少,分为以下几个部分。

拉美兹分娩镇痛法

呼吸放松	专心的呼吸可转移对疼痛的注意力,并且可使氧气与二氧化碳浓度在体内保持平衡。分娩第一阶段用腹式呼吸,第二阶段用胸式呼吸
触摸放松	这种方式需要准爸爸的配合,他应当能够确定准妈妈身体正在用力的部位,并且触摸这一紧张区域,使准妈妈的注意力集中在那儿
按摩放松	分娩第一期,大腿和腰部会产生酸痛或慵懒无力的现象,此时用拇指压髂前上棘或耻骨联合或双手握拳压迫腰骶部,就会显得较为轻松。在分娩的中晚期冷敷以及热敷都会使疼痛的信号在通往大脑的传递途中受到抑制或削弱
想象放松	在分娩中进行积极的想象可以大大加强放松效果。想象当准妈妈呼气时,疼痛通过准妈妈的嘴离开准妈妈的身体,想象准妈妈的子宫颈变得柔软而有弹性,这样有利于分娩的顺利进行
音乐放松	准妈妈在产程中利用音乐作为吸引注意力的工具将会取得非常好的效果
伸展训练	通过产前锻炼骨盆四周及骨盆底的肌肉力量,有助于增加骨盆四周、骨盆底的关节韧带的弹性,更利于胎儿通过产道,对准妈妈产后康复和体形恢复也非常有益

需要关注的健康问题

真假分娩症状巧分辨

有的产妇会出现假分娩的现象。一般来讲,真假分娩是难以辨别的。通常假分娩宫缩无规律,且宫缩程度不如真分娩剧烈。辨别的办法是检查阴道和子宫的变化。还有就是进行宫缩计时,计算连续两次开始宫缩的时间间隔,若为30分钟或1小时则为分娩症状。

若出现下列情况,请马上去医院或请医生

1	要经常检查血压的状态,确认是否出现血压的突然变化
2	阴道流出的是血,而非血样黏液
3	宫缩稳定而持续地加剧
4	产妇感觉胎儿活动减少

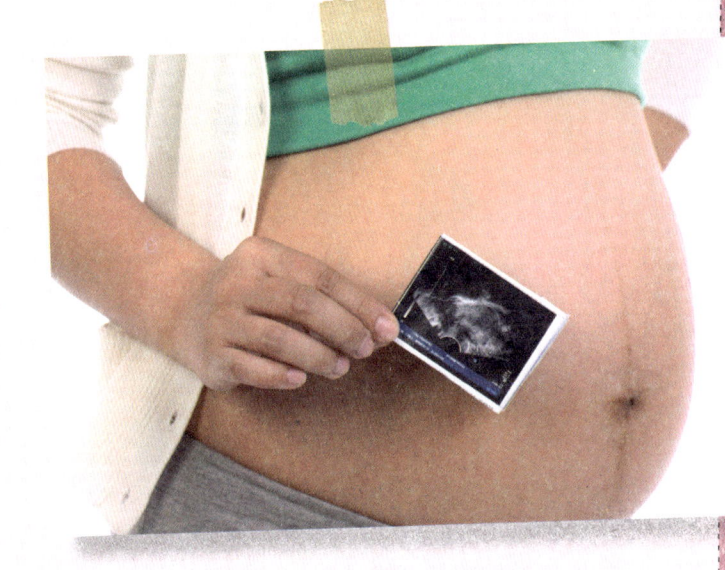

小贴士

有些胎儿入盆1周就生了,有些胎儿入盆1个月才生,也有些胎儿还没入盆就生了。准妈妈只需耐心等待,听医生的安排。

肚子变小胎动增多是不是临产征兆

37周肚子应该不是变小的，只是慢慢向下降。因为宝宝快要出生了，宝宝的头降入到骨盆里，胎动增多是宝宝在调整位置。如果真的是胎动太异常可考虑宝宝是不是宫内缺氧，最好咨询医生按医生指示操作。这时候分泌物会相对地增多，也是为宝宝出生做准备的。

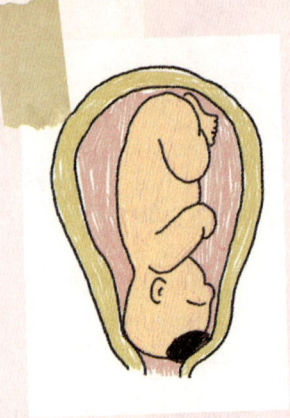

科学的饮食营养

补锌有助于顺产

准妈妈每天摄取的锌越多，其顺产的机会越大，反之，准妈妈剖宫产或借助产钳的机会就会增加。对于大多数准妈妈来说，通过食物补充锌是最有效也是最安全的。因此，准妈妈在日常饮食中一定要注意补充锌元素。准妈妈可以经常吃些动物肝脏、肉、蛋、鱼以及粗粮、干豆，这些都是含锌比较丰富的食物。还有一种水果是锌非常好的来源，那就是苹果，它不仅富含锌等微量元素，还富含脂质、碳水化合物、多种维生素等营养成分，有助于胎儿大脑发育。

准妈妈美味营养餐

大枣莲子百合粥

- **材料准备：** 大枣10枚，百合25克，莲子45克，大米100克，冰糖1小匙。
- **做法：**
  1. 将大枣、百合泡开、洗净；莲子泡开去掉里面的心。粳米淘洗干净。
  2. 将大枣、百合、莲子、大米一起放入热水锅内，小火煮烂成粥，加入冰糖拌匀即可。

榛子杞子粥

- **材料准备：** 榛子仁30克，枸杞15克，大米50克，冰糖1小匙。
- **做法：**
  1. 先将榛子仁捣碎，然后与枸杞一同加水煎，去渣留汁备用。
  2. 坐锅点火，加入清水和去渣后的榛子、枸杞汁与大米一同用小火熬成粥即可。

本周胎教重点

音乐胎教
《土耳其进行曲》

《土耳其进行曲》，为奥地利音乐家莫扎特的A大调第十一号钢琴奏鸣曲的第三乐章，又称为《土耳其风回旋曲》。这首乐曲曾被改编为香港动画片《麦兜故事》的插曲及香港无线电视情景喜剧《同事三分亲》的片头曲。

《土耳其进行曲》是一首驰名世界的变奏曲。实际上，乐曲的主题本身并非具有纯正的土耳其风格，只是反映了当时流行的一种"东方风格"，而在现代人看来，乐曲几乎没有什么东方味道。但是由于它具有十分通俗而流畅的旋律，故与莫扎特的同名作品齐名，成为不朽的古典小品。

运动胎教
骨盆运动

1 仰卧位，后背紧贴床面，双腿直立，脚心和手心平放在床上。

3 单膝屈起，膝盖慢慢地向外侧放下，左右腿各做10次。

2 腹部向上突起呈弓形，默数10下左右，再恢复原位。

4 双膝屈起，左右摇摆至床面，慢慢放松，左右各做10次。

经典胎教全书

⑤ 双腿直立，且双膝并拢。

⑦ 左腿伸直，且右腿直立。

⑥ 双肩紧靠床上，双膝带动大小腿左右摆动，像用双膝在空中画半圆，动作要慢，要有节奏。

⑧ 右腿膝盖慢慢向左侧倾倒。

⑨ 待膝盖从左侧恢复原位后，再次向左倾倒，反复多次后，再换另一条腿做同样的动作。

故事胎教
《铁杵磨针》

李白是唐代著名的诗人，但他小时候读书并不用功，常常逃学。

有一天，他没有去上学，跑到大街上玩儿。突然，他看见一位老奶奶，正在磨刀石上用力地磨着一根棍子般粗的铁棒。李白觉得很奇怪，便走过去，傻傻地看了好一阵。老奶奶也不理会他，只是全神贯注地磨着。

李白忍不住问道："奶奶，您这是干什么呢？""我在磨一根针来缝衣服。"老奶奶头也不抬，专心地磨。"磨针？"李白更加奇怪了，"这么粗一根铁棒怎么能磨成针？！"老奶奶这才抬起头来说："孩子，滴水可以穿石，愚公可以移山，铁棒再粗，我天天磨，还怕它磨不成一根针吗？"李白听了，非常惭愧，"只要有恒心，再难的事情也能做成功的，读书不也是这样吗？"于是他便立刻转身跑回家去，拾起扔在地上的书本，专心读书，从此再也不逃学了。后来，李白终于成为了名垂千古的伟大诗人。

小贴士

宝贝，把铁杵磨成针或许不是个聪明的办法，这个故事只是用来比喻，做事要有锲而不舍、持之以恒的精神！只要有耐心、恒心、毅力，万事皆可成功。所以，我的宝贝，妈妈希望你决定做一件事情后，就不要半途而废，要持之以恒地坚持下去，总有一天，你会把这件事做成的。

语言胎教
唱一首儿歌

当胎儿听到好的音乐时也会感到幸福。对于胎儿来说，除了妈妈的声音以外，最好听的声音就是音乐。准妈妈听音乐的时间最好控制在半小时左右，尽量选择一些舒缓的曲子，并且声音不能太大。

《小兔子乖乖》

小兔子乖乖，把门儿开开，
小兔子乖乖，把门儿开开，
快点儿开开，我要进来，
快点儿开开，我要进来，
不开不开，我不开，
就开就开，我就开，
妈妈不回来，谁来也不开。
妈妈回来了，我就把门开。

38周 孕期最后的定期检查

准妈妈可以安排产假了,要合理安排产假,因为准妈妈在孕期休假的时间越长,就意味着产后照顾宝宝的休假时间越短,要根绝准妈妈的工作性质做合理安排。

准妈妈和胎儿的变化

准妈妈的变化

第三十八周

{疲劳与焦虑共存}

在怀孕晚期,分娩来临的焦虑、睡眠不足、产后的疲劳和结束怀孕的渴望等多种情绪混杂到一起,使一些准妈妈陷入抑郁。如果有这种感觉,要将感受告诉医生,尽量暂时停止工作。

胎儿的变化

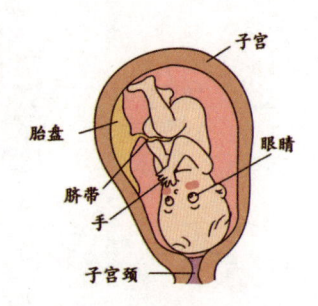

第三十八周

(子宫、胎盘、脐带、手、眼睛、子宫颈)

{胎盘开始老化}

胎儿发育成熟了,现在随时准备出生。胎盘开始老化,给胎儿提供必需品的角色正在结束使命。它转运营养物质的效率降低,开始出现血块和钙化斑。

必知的孕期生活指导

合理安排产假

如果准妈妈是上班族，在漫长的十月孕期里坚持工作，这时也要好好享受一段特别的假期了。你要提醒她，只有处理好产假与工作的关系，事先做好准备，才能让产假无后顾之忧。

何时开始休产假

何时开始休产假，这在一定程度上取决于妻子自己的意愿，她可以只工作到孕期的36～38周，也有权一直工作到临盆。不过，妻子在孕期休假的时间越长，就意味着产后照顾宝宝的休假时间越短。这时准爸爸一定要和准妈妈好好商量一下，在充分考虑她的身体状况和工作性质的同时合理安排产假。

请产假前的准备

物品	用处
与主管沟通	确定要请产假后，准妈妈要与主管沟通，确定代理人。准妈妈也可以推荐合适人选。属于自己负责部分的工作可先详细制订一份计划表，告知主管工作进程
做好交接	在休产假之前，告诉准妈妈应做好交接工作，所从事的工作不可替代性越高，交接准备工作就越复杂。最好是在产假前一两个月就开始着手准备，应让代理人了解工作的脉络与流程，并提前进入工作状态，以备出现早产等症状时能轻松离开
保持联系	在今后的产假中，可让妻子与代理人通通电话，关心一下代理人的工作状态。不要吝惜这点时间与耐心，这对重返职场将有很大的帮助

充分利用你的产假

目前，大多数省份都规定丈夫在妻子分娩期间，有休护理假的时间，一般晚育者为7～10天，有的地方还长达1个月！这是属于准妈妈的特殊权利，当然，也要趁此机会好好表现一下。

剖宫产好还是自然分娩好

自然分娩

优点

适合于大小适中的胎儿，在正常子宫收缩下，经过准妈妈的产道，胎儿多能够顺利诞生。产后恢复快、住院时间短。产后可立即进食，仅会阴部位可能会有伤口，并发症少。

缺点

产前阵痛，阴道松弛，子宫膀胱脱垂后遗症，会阴伤害甚至感染，外阴血肿等。

剖宫产

优点

可避免自然分娩过程中的突发状况，阴道不易受到损伤。

缺点

出血较多。并发症较多，包括伤口感染、腹腔脏器粘连及麻醉后遗症等。产后恢复较慢，住院时间较长。需要较复杂的麻醉，有手术出血及术后发生并发症的机会，对准妈妈的精神与肉体方面都会造成创伤。

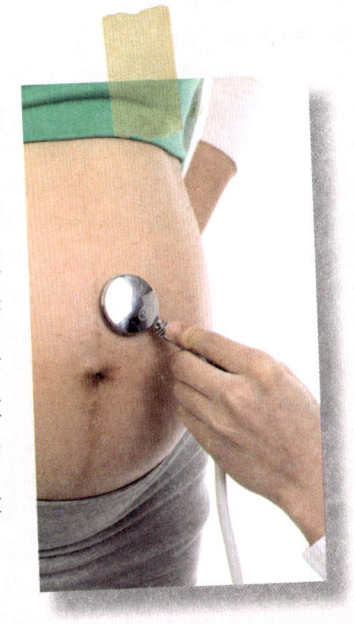

需要关注的健康问题

足月能否提前剖宫产

足月可以提前剖宫产，胎儿到37周一般就成熟了，不过有个说法叫作"瓜熟蒂落"，在肚子多待肯定有好处，一般是见红之后24小时之内才会出来。

现在的医疗技术很发达，所以建议还是等有分娩迹象后再去医院安排手术，这样肯定会对分娩有好处的，前提是在羊水和胎盘都正常的情况，如果羊水量少了，或是胎盘功能老化等情况出现，那就得赶紧进行剖宫产。

小贴士

本身有剖宫产史的再次生育，选择自然分娩面临的风险要比正常情况的高，当宫缩紧密时，宫腔内的压力会很高，有子宫破裂的危险，一旦发生子宫破裂直接会危及母子平安。

分娩前的焦虑

在孕晚期，分娩来临的焦虑、睡眠不足、渴望结束怀孕等多种情绪混杂到一起，使一些准妈妈陷入抑郁。如果有这种感觉，要将感受告诉医生，尽量停止工作。

科学的饮食营养

增加产力小偏方

优质羊肉350克，红枣100克，15～20克黄芪，15～20克当归加1000毫升水一起煮，在煮成500毫升后，倒出汤汁，分成两碗，加入红糖。在临产前3天开始早晚服用。这个方法能够增加产妇的体力，有助于顺利分娩，同时还有安神、消除疲劳的作用。

准妈妈美味营养餐

酥炸鸡肝

- **材料准备**：鸡肝300克，蛋黄2个，淀粉、盐、姜汁、料酒、生抽、香油、生粉、植物油各适量。
- **做法**：

1. 蛋黄、淀粉拌匀成蛋浆。
2. 鸡肝切去油脂洗净，抹干水分，切为4块，加入盐、姜汁、生抽、香油、料酒，拌匀腌30分钟，然后蘸上蛋浆，再蘸生粉。
3. 锅置火上，放入油，烧热，将弄好的鸡肝放入油锅中炸两分钟盛起，再放入油中炸脆上碟。

本周胎教重点

情绪胎教
深呼吸训练

好的呼吸方法不仅给胎儿提供足量的新鲜空气，更可帮助准妈妈在分娩过程中正确用力，保证分娩的顺利进行。因此准妈妈需要掌握正确的呼吸方法。

吹气球

平时可以准备一些气球，没事的时候用力吹气球，直到感觉肺部的空气全部被呼出，然后持续几秒钟，再用鼻子做深呼吸。

抬起手臂，再放下

在散步的时候，将手臂平举到与肩同高，然后按照呼吸的节奏将手臂向上抬20厘米，再放下。

运动训练法

双脚分开站立与臀部同宽，右脚向侧面跨一大步，然后是左脚，将手放在臀部上保持平衡，在同一方向重复15秒，然后换方向重复。

做饭时保持呼吸节奏

当做一些费力的家务时，采用腹式呼吸：吸气，鼓肚子；呼气，吸肚子，然后再呼气。

散步放松

以放松短小的步伐向前迈，一定要以一个感到舒适的调子进行，手臂自然放在身体两侧，可以利用这种散步的方法训练用鼻子深呼吸，然后用口呼气，如果能在海边或绿荫下进行这种散步就更好不过了。准妈妈可以尝试一种轻松简单的散步方法。

间隔式散步法：首先进行一个10分钟的放松热身散步，然后以中速慢走1分钟，最后快速走2分钟。行走的过程中要保持抬头，肩膀放平，手肘弯曲放在身体两侧。两臂在行走的过程中应该摆动起来保持身体的平衡，重复这种散步方法6次，最后进行放松慢走5分钟。

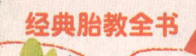

矫正骨盆运动

骨盆运动

放松耻骨联合与股关节,伸展骨盆底肌肉群。这种锻炼有助于胎儿可顺利通过产道。

1. 笔直坐好,双脚合十,用手拉向身体,双膝上下活动,宛如蝴蝶振翅。重复此动作10次。

2. 同一姿势,吸气伸直脊背,呼气身体稍向前倾。重复此动作10次。

腹肌运动

锻炼支持子宫的腹部肌肉。

1. 单腿屈起、伸展、屈起,左右腿各10次。

2. 双膝曲起,单腿上抬,放下,上抬,放下,左右腿各10次。

故事胎教

《七只小羊》

从前有个山羊妈妈，她有七个孩子。一天，山羊妈妈要到森林里去找点吃的东西。于是，她把七只小山羊叫到跟前，一一叮嘱他们："我不在的时候，如果大灰狼来了，你们千万不要开门。""大灰狼的嗓音是粗粗的，爪子是黑黑的。凭这些，你们会一下子认出它来。"

七只小山羊说："别担心，妈妈，我们会小心的。"没过多久，"咚咚咚"，有人敲门。"小羊儿乖乖，我是妈妈，我回来了，带来好多好吃的东西。"但是这声音听起来粗声粗气的，小山羊们大声回答："不开不开就不开，妈妈没你这么粗的嗓子。"于是，大灰狼到商店里买了些滑石粉吃了，好让声音听起来柔细一些。这次，它又来到小山羊的门前。"小羊儿乖乖，我是妈妈，我回来了，带来好多好吃的东西。"但是从门上的小缝里，小山羊们看到了大灰狼漆黑漆黑的爪子。"不开不开就不开，妈妈没你这么黑的爪子。"于是，大灰狼出去给爪子撒了些面粉，便又来敲小山羊的门。

"小羊儿乖乖，我是妈妈，我回来了，带来好多好吃的东西。"小山羊们看到了白白的爪子，以为门外站着的是妈妈。"欢迎妈妈回来！"门刚开，大灰狼"呼"地一下跳进屋。小山羊们尖叫着，急忙在屋子里躲藏了起来。但是大灰狼毫不费力地找到了他们，把小山羊一个一个地吞到肚子里去，只有躲在落地大钟里的那只小山羊没有被吃掉。大灰狼吃得太饱了，他它摇摇晃晃地走了出去，在一棵大树下睡着了。

不久，山羊妈妈回来了。"出了什么事？我的孩子，快回答我！"但是，只有一只小山羊回答说："我在这儿，妈妈！大灰狼来了，把它们都吃掉了。"山羊妈妈赶紧跑了出去。她看到大灰狼正躺在草地上睡觉。山羊妈妈用剪刀把大灰狼的肚子剪开，小山羊一个接一个地从里面跳了出来。

小山羊和妈妈一起回到了家，从此以后，它们再也不会上大灰狼的当了。

小贴士

故事中的狼，不断地伪装成羊妈妈欺骗小羊，小羊最终还是上了大灰狼的当。宝贝，爸爸妈妈不在家的时候，如果有人敲门，开门前一定要确定门外是不是自己最亲近的人，然后再决定开门或是不开门。如果遇到坏人，你要怎么保护自己呢？对，想办法求助，拨打110报警电话。

手工胎教

折纸鹤

天鹅的翅膀和头部、尾部折叠的时候要认真压实，看起来会更加活灵活现。

步骤1：准备一张正方形纸，先折出双菱形。

步骤2：沿虚线向箭头方向翻折。

步骤3：沿虚线向箭头方向对折。

步骤4：将虚线部分向两边折出头尾。

步骤5：先沿实线往上折，再沿虚线向箭头方向下折，背面也一样。

步骤6：完成。

39周 胎儿肠道充满胎便

这个时候，准妈妈可能开始产生阵痛了，如果羊膜破裂，羊水流出来，就要立即去医院了，准妈妈不要感到慌张，这时候去医院还来得及。

准妈妈和胎儿的变化

准妈妈的变化

第三十九周

{子宫占据了很大空间}

由于子宫占据了骨盆和腹部的大部分空间，准妈妈会感到非常不舒服。

胎儿的变化

第三十九周

{肠道里充满胎便}

胎儿准备出生的时候大部分胎毛已经褪去。他将胎毛连同其他分泌物吞进去，储存在肠道中。这将刺激胎儿的肠蠕动，排出称为胎粪的黑色排便。他的肺逐渐成熟，表面活性剂分泌增多。

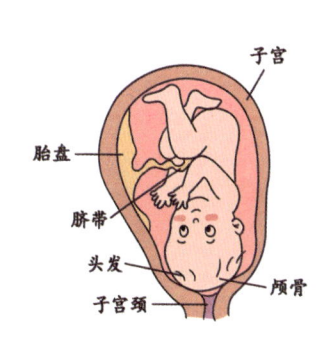

子宫、胎盘、脐带、头发、子宫颈、颅骨

必知的孕期生活指导

关节韧带变得松弛

准妈妈的腹部在逐渐增大，子宫底的高度为30~32厘米。由于胎头下降，准妈妈全身关节和韧带变得松弛，腹部经常阵发性地变硬、变紧。

出现有规律的宫缩

临近分娩时，子宫颈部变得更加柔软，开始出现有规律的宫缩。随着准妈妈的活动，宫缩越发强烈。如果收缩间隔规律，而且越来越短，就应该立即去医院。

分娩前的知识准备

什么是足月期

所谓的"足月期"是指从妊娠期的37周到42周这一段时间。

胎儿没有满37周就出生的叫作早产。这个时候的孩子身体机能没有完全发育成熟，从母体出生后不能保持一个良好的稳定状态。

胎儿在母体孕育42周之后出生的叫作过产。

足月期出生的胎儿一般体重在2.5千克，体长在48厘米。他的内脏、神经系统发育状况良好。一出生就会自主呼吸，会主动去吸吮妈妈的乳头，这些可以说明孩子是非常健康的。

小贴士

孩子在出生的时候，他的头部先从子宫口附近产出。随着足月期的到来，胎儿会用自己的力量逐渐地将自己的头降至妈妈的骨盆。

胎儿在将要脱离母体的时候，准妈妈的产道会变得很柔软。

了解子宫口逐渐打开

随着产道逐渐变柔软，子宫口也慢慢变软，逐渐打开，胎盘渐渐增加宽度。

一旦进入了临产期，因为胎儿的头已降至骨盆，准妈妈会感觉到自己的耻骨附近（肚子的下方）会有向外突出的感觉。如果按压自己的膀胱，会增加去卫生间的次数，由于压迫到了骨盆内的神经，脚跟也会有疼痛感。随着阴道和子宫的变软，白色的分泌物也随之增多。

当胎儿在子宫内活动的次数减少（胎动减少），准妈妈自身也没有了疼痛感。但是过不了多久，到了分娩前2~3周，就会有发紧的感觉，同时还会感觉到疼痛。

每天疼痛达3~4次之多。这种疼痛就是人们常说的"前驱阵痛"。这样的前驱阵痛，如果腰部出现压迫感，常常就是迫近临产了。

症状的程度因人而异，根据准妈妈的体质和胎儿的情况不同而不同。因此，就是专业医生也难以估计。当出现阵痛状况时，准妈妈不必惊慌，听从医生的建议即可。

需要关注的健康问题

分娩前需要做的检查

在经历过了阵痛、见红、破水之后，还需要再耐心地等待一段时间才能够分娩。如果是初次分娩的准妈妈大概要经历10多个小时，非初次分娩的准妈妈大概要经历5个小时。

克服阵痛接受检查

进入产院之后首先要办理入院手续，医院在白天、双休日、夜间手续办理的方法是不同的，通常入院的手续要写入院申请书等必要的记录，可是在诊疗时间之外，如果阵痛十分强烈，可以先分娩后办手续，但是都要有准妈妈家属签字，同意在医院分娩。

检查之后确定是否临产

入院后要做几项检查，如是否有妊娠期高血压征、胎位不正等症状发生。还会对准妈妈的体温、血压、脉搏、体重、腰围、尿检、血糖、蛋白含量、子宫口开合情况进行检查。医生还会问一些相关的问题，如"阵痛什么时候开始的"、"是否有见红和破水"，通过这些掌握准妈妈将要分娩的进程。

分娩前的应急准备

临近分娩身边没有亲人怎么办

如果临近分娩的时候身边没有家人的话，一定不要过于紧张。

可以事先自己模仿一遍自己一个人在家将要分娩时候的情景，将分娩顺序记录下来。

羊水大量流出时要马上去医院

胎盘中包裹胎儿的羊膜破裂，接着羊水流了出来，流出来破裂的羊膜会弄脏衣服，当羊膜真正破裂的时候，羊水会"哗"的一下子大量流出。这时应立刻与产院联系。

卫生巾是破水和出血时用的，因为不是整个妊娠期都用，所以买来放置的人也有。但是，它也用于处理产后的污血，所以尽量不要放置过长的时间。

在外出时突然要分娩怎么办

即使进入了临产期真正分娩的时间也是很难把握的，所以一旦外出的时候必须带着自己的医疗保健卡、手纸、毛巾、医院的地址记录本、家人的联系电话等必备品。

产前想去卫生间怎么办

只要没有大量的出血或者破水，就可以去卫生间。但如果感觉宫缩特别频繁，想去卫生间，这个时候有可能是胎儿的头已经进入阴道里，是要分娩的表现，不能去卫生间。

不要把自己孩子在阴道里刺激直肠误认为感觉要大便，这个时候不能去卫生间。如果去卫生间，会把孩子生在卫生间里。

如果有阵痛的时候，医生告诉你宫口并不大，胎儿头的位置比较高，完全可以去卫生间，如宫口比较低了，开得比较大了，就不要去卫生间了。

胎动异常时要马上去医院

临产期过后就要进入正常分娩期，阵痛是有间隔期的，期间会有周期性的间隔，接下来痛还是会延续下去。

阵痛时候的主要感觉是肚子有张力。张力的间隔变得越来越短，阵痛也越来越疼。疼痛的时间间隔是：第一次分娩的人会每隔10分钟阵痛，非初次分娩的准妈妈每隔15分钟阵痛。

一旦阵痛的间隔在10～15分钟时就要马上去医院，因为张力的间隔缩短了，分娩就要接近了，准妈妈需要及时检查。如果阵痛发生仅有5～7分钟的间隔，这时候就要立刻把准妈妈送往医院，因为准妈妈马上要分娩了。

此外，还要观察是否有胎动。如果前一天胎动，而今天却突然静止了，要马上去医院就诊。

数着胎动次数，在阵痛紧急的时候，如果胎儿很安静要马上去医院。

科学的饮食营养

哪些食物适合临产的准妈妈

准妈妈要有足够的能量供给，才能保障分娩的顺利。以下这些食物，会对分娩有所帮助。

食物名称	功效
巧克力	享有"助产大力士"的美誉。在分娩时，巧克力可助准妈妈一臂之力
红糖水	在第二产程时，准妈妈会消耗很多能量，而食用红糖水可补充体力
牛奶	准妈妈在分娩期间喝点牛奶，可补充能量
藕粉	含有大量的淀粉，可在人体内转变为糖，为准妈妈提供能量

准妈妈美味营养餐

鲫鱼汤

● 材料准备：鲫鱼500克，玉兰片、鲜蘑菇各60克，盒装豆腐两盒，植物油20克，料酒、姜、葱白、大蒜各适量。
● 做法：
1 玉兰片切菱形，豆腐切小块，鲜蘑切开，姜、葱切片。
2 鲫鱼去鳞和内脏，入油锅炸至金黄色取出。
3 烧热后，放姜、蒜、葱炒香，加水成汤，放入鲫鱼、料酒、汤烧沸后去掉浮沫，出锅即可。

★ 奶油白菜汤

- **材料准备**：白菜400克，牛奶75毫升，葱5克，姜3克，素高汤300毫升，植物油2小匙，盐1/2小匙。
- **做法**：
1. 将白菜取下叶片用手撕碎，清洗干净；葱、姜均切成末。
2. 将炒锅放在火上，倒入植物油烧热，下入葱、姜爆香，放入素高汤、盐及白菜叶，待开锅后加入牛奶，汤再次煮开后盛出即可。

★ 小番茄炒鸡丁

- **材料准备**：鸡肉200克，小番茄200克，黄瓜100克，咖喱粉20克，白糖、蒜、盐、植物油、玉米淀粉各适量。
- **做法**：
1. 将小番茄及小黄瓜洗干净沥干，切成块备用。
2. 鸡肉洗干净，切丁。鸡丁内加入适量盐、植物油、淀粉、白糖搅拌均匀，将鸡丁腌制10分钟。
3. 锅内倒入植物油，烧至八成热，将鸡肉丁略炒半熟，放入蒜爆香。
4. 将咖喱粉放入炒匀，放入小番茄、小黄瓜片、白糖、盐等一起翻炒，炒至肉熟后即可。

本周胎教重点

情绪胎教

轻松面对分娩

不怕难产

大多数准妈妈对分娩无经验、无知识，对宫缩、见红、破膜感到害怕、紧张，不知所措。怕痛、怕出血、怕胎儿出现意外状况。是顺产还是难产，一般取决于产力、产道和胎儿自身3个因素。对后两个因素，一般产前都能做出判断，如果有异常发生，肯定会在产前决定是否进行剖宫产。所以，只要产力正常，自然分娩的希望很大。如果每天担心自己会难产，势必会造成很大的心理负担，正确的态度是调动自身的有利因素，积极参与分娩，即使因为特殊的原因不能自然分娩，也不要情绪沮丧，还可以采取其他方式分娩。

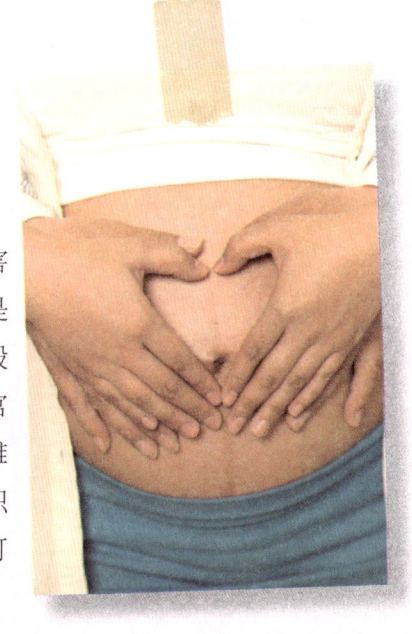

不怕疼痛

面对即将来临的产痛，准妈妈精神上可能会有一定压力，这主要受亲属、妈妈和姐妹的影响，或受周围环境发生的影响，如病房内其他准妈妈的分娩经过，待产室内其他准妈妈的号叫或呻吟等刺激造成。子宫收缩可能会使准妈妈感到有些疼，但这并非不能忍受。如果出现疼痛，医生会让准妈妈深呼吸或对准妈妈进行按摩，减少疼痛，如果实在不行，还可以用安定等药物来镇痛。

远离产前焦虑

临产前焦急与等待、期盼与担心，矛盾交织，很多准妈妈既渴望早一天见到宝宝，又会为分娩时宝宝或自己是否受到伤害而担心，过度的焦虑与担心会影响准妈妈的睡眠与休息，引发妊娠高血压综合征，会增加分娩的困难，甚至导致难产。这些不良的心理状况需要与产科医生、心理医生及时沟通，得到丈夫及家人的关爱也是保持准妈妈良好精神状态的重要支柱。

其实，宝宝的出生不仅是对宝宝的一次历险，更是对将为人母的你的巨大考验。毕竟对于第一次将做母亲的你来说，分娩是一件令人感到恐惧紧张的事。但妈妈对宝宝爱的天性会让你承受住一切痛苦。

故事胎教
《一诺千金》

楚汉相争时，季布是项羽的部下，曾几次献策，使项羽的部队大败刘邦的部队。刘邦当了皇帝后，想起这事，就气恨不已，下令通缉季布，并严厉地宣布："有胆敢隐藏逃犯季布者，灭其三族。"

季布原是楚国人，从军后一直仗义疏财，广交天下，因此很多人宁愿冒着危险也会收留他。不久，季布装扮成穷人，到山东一家姓朱的人家当佣工。朱家明知他是季布，仍收留了他。后来，朱家觉得季布这样东躲西藏不是办法，就只身到洛阳去找刘邦的老朋友汝阴侯夏侯婴说情。刘邦在夏侯婴的劝说下撤销了对季布的通缉令，还封季布做了官，不久又改做河东太守。

季布有一个同乡叫曹邱生，很有口才，专爱结交有权势的官员，借以炫耀和抬高自己，季布一向看不起他，得知季布又做了大官就拖窦长君介绍他与季布相识。季布听说曹邱生要来，准备发落几句话，让他下不了台。谁知曹邱生一进厅堂，不管季布的脸色多么阴沉，话语多么难听，立即对着季布又是鞠躬，又

是作揖，要与季布拉家常叙旧。并吹捧说："我听到楚地到处流传着"得黄金千两，不如得季布一诺"这样的话，这都是我到处宣扬你的好名声的结果，你为什么不愿见到我呢？"季布听了曹邱生的这番话，心里顿时高兴起来，留下他住几个月，作为贵客招待。临走，还送给他一笔厚礼。

后来，曹邱生又继续替季布到处宣扬，季布的名声也就越来越大了。

小贴士

宝贝，一个人的诚信，就像金子一样珍贵。一个说到做到的人，自然能够得到更多人的帮助，能获得大家的尊重和友谊。反过来，如果贪图一时的安逸或小便宜，而失信于朋友，表面上是得到了"实惠"，但为了这点"实惠"而毁了自己的声誉，无异于丢了西瓜捡芝麻，得不偿失呀！

运动胎教

动动手指来做操

步骤1：我是一个大苹果。（双手张开比画成"大"苹果）

步骤2：小朋友们都爱我。（双手示指点着前面的人）

步骤3：请你先去洗洗手。（双手做洗手的动作）

步骤4：要是手脏。（用右手示指点着左手手掌）

步骤5：别碰我！（挥动右手表示"不"）

40周 开始分娩

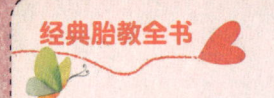

准妈妈开始分娩了,马上要与自己的宝宝见面了,是不是很兴奋呢?准妈妈要勇敢地迎接分娩,在分娩前喝一些红糖水,吃一些巧克力,会增强准妈妈的体力。

准妈妈和胎儿的变化

准妈妈的变化

第四十周

{**分娩**的时候**到了**}

本周该分娩了,但只有约5%的胎儿按预产期出生。多半胎儿在预产期前后两周内分娩。

胎儿的变化

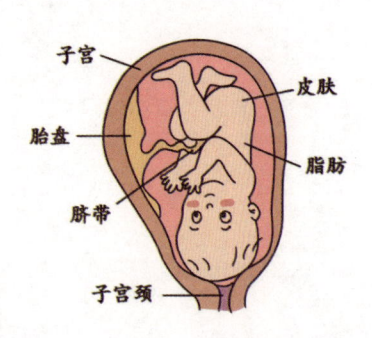

第四十周

（图示:子宫、皮肤、胎盘、脂肪、脐带、子宫颈）

{**已经**为出生**做好准备**}

在这段时期准妈妈可能感觉不到他的活动。脐带长约51厘米,与胎儿从头到脚的长度差不多。

必知的孕期生活指导

准妈妈开始真正的阵痛

腹部感到针刺似的疼痛，这种疼痛以30分钟或1小时为间隔持续发生，那么这时就可以认定阵痛开始。阵痛的时间间隔因人而异。一旦阵痛间隔时间小于30分钟，不要慌张，沉着地做好住院准备。

临产

分娩第一期

婴儿出生，大致可以划分为3个阶段。首先，从阵痛间隔缩短变为10分钟到子宫口全部打开，是第一期即开口期。出现每8~10分钟一次，持续30~60秒的规则阵痛，便意味着第一期的开始。在第一期中，子宫收缩每隔5~10分钟进行一次，每次持续30~60秒的被称作准备期，2~4分钟一次，持续45~60秒收缩，痛感变得强烈的过程被称作进行期。在进行期时，会感到痛不可耐，甚至呼吸困难，但还是尽量在呼吸法辅助下进行深呼吸，放松身心，努力保持良好状态。这时，婴儿按着阵痛的节奏，顺着骨盆往下去，这给了子宫压力，使子宫逐渐张开。阵痛变为每隔2~4分钟一次，持续45~60秒时，子宫的入口就已经完全打开了。

基础呼吸+呼吸方法：

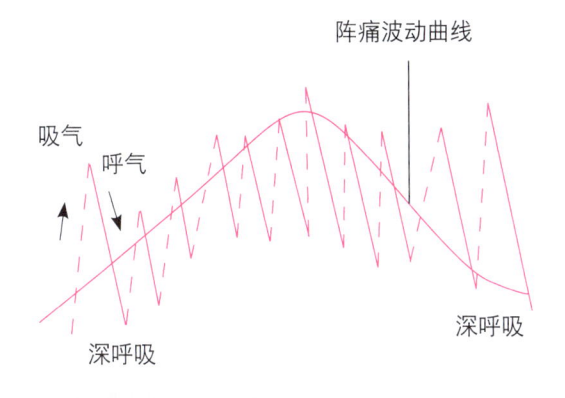

呼吸方法：子宫收缩波动来时做1~2次深呼吸。并且，hi、hi的吸气，fu式的呼气。

基础呼吸+呼吸方法：

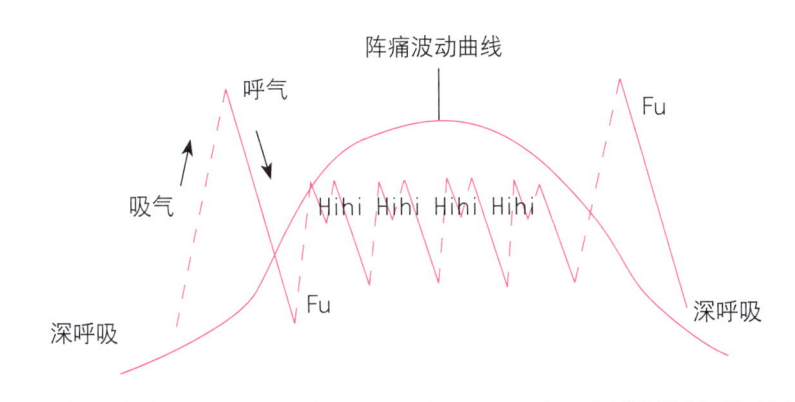

呼吸方法：想要憋气使劲时要先做深呼吸，快速呼气。

阵痛缓解方法：

| 抱住枕头放松。 | 按摩背部和腹部。 | 用手掌进行全身按摩。 |

分娩的进程：

分娩的征兆
1. 阵痛。
2. 破水。
3. 见红。

→ 入院：入院可以轻轻沐浴，但破水情况出现后则应当禁止。

→ **安装分娩监视装置**
安装分娩监视装置，可以详细观察到子宫收缩和胎宝宝心脏节奏。

片刻的休息 → **子宫口全部张开（约10厘米）**

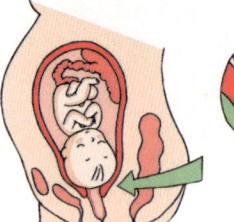

子宫口张到8～10厘米之前，在阵痛室等待随时入产房。

↓

进入分娩室
若分娩室与阵痛室不是同一房间的话，这时就要进入到分娩室了。

分娩第二期

　　子宫口张到10厘米或是全开，直到宝宝从母体中娩出叫作分娩第二期。随着阵痛的波动，弓起背来，收着上下颌，憋住气，在肛门处向外使劲。阵痛的波动缓和时，停止使劲，全身放松。宝宝的头出来后又缩了回去，这种状态叫作排临状态。再使一把力，会阴就会完全伸展，可以完全看到宝宝的头部，这叫作发露。在这时停止憋气使劲，换成浅浅的短短的呼吸。婴儿的头部完全露出后，两肩也会先后出来，然后就全身脱离母体了。

　　这时宝宝的样子：婴儿的头向母亲的肛门移动，边回旋边向外出来。头出来后，一切就都很顺利了！

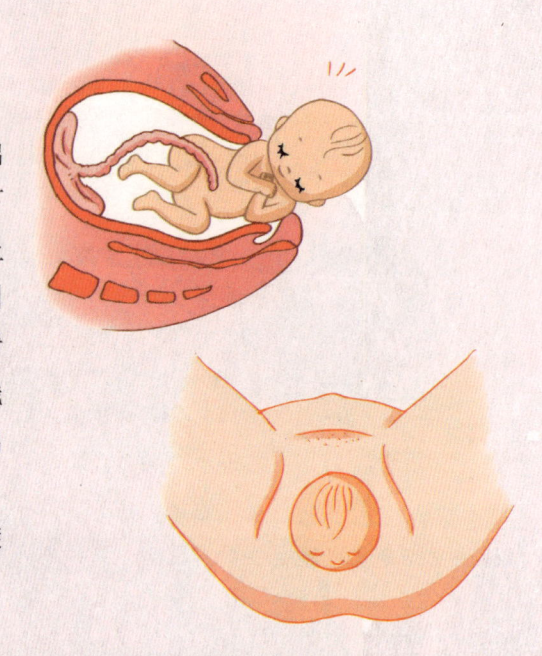

346

准备期的呼吸：

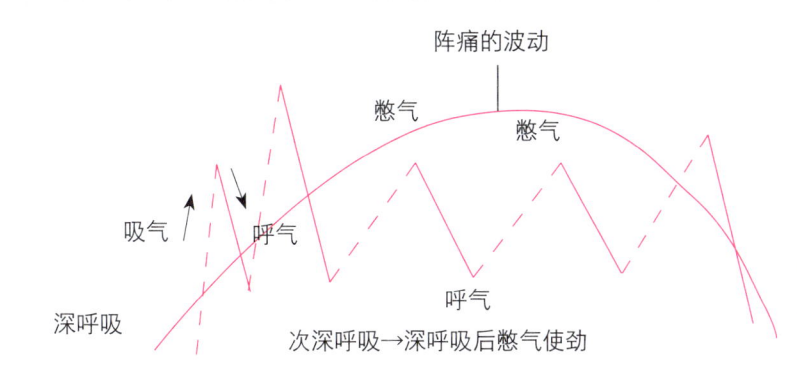

阵痛的波动
憋气
憋气
吸气
呼气
深呼吸
呼气
次深呼吸→深呼吸后憋气使劲

呼吸方法：需要憋气时，首先进行两次深呼吸，第三次深呼吸后憋气、使劲。

分娩第二期四阶段：

1 憋住气，使劲
1．顺其自然，想要使劲的时候再使劲。
2．向分娩的部位使劲，尽量长时间地使劲。

2 排临
→宝宝的头部出来又缩回去了。

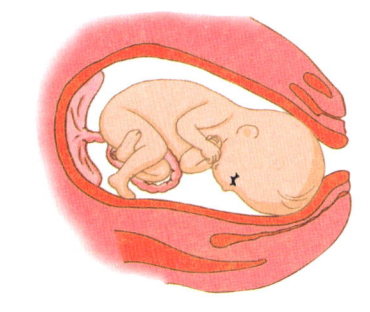

需要关注的健康问题

缓解阵痛的姿势

改变姿势有时能够有效地缓解阵痛，从以下介绍的姿势中产妇不妨积极地尝试，寻找自己感觉最舒服的姿势。

膝胸卧姿

采取俯卧姿势，两手臂贴于床面，脸侧贴于地面，双膝弯曲跪着与大腿成垂直状，注意臀部应抬高，胸部与肩部尽量贴于床垫，双腿分开与肩同宽，以避免腹壁肌肉受到压力，此种姿势可促进骨盆腔的血液循环。

把体重负荷压在墙上

将双臂伸直压着墙壁，把所有的体重压在墙壁上，由于此姿势是站立的方式，因此有帮助胎儿降落的效果。

跨坐在椅子上

将两脚张开跨坐在椅子上有利于产道的扩张，同时还能减轻腰部的负担。可将身体略微前倾，把体重负荷在椅背上，注意不要用有轮子的椅子，以免摔倒。

分娩前可以来回走动

当阵痛尚不强烈的时候，活动一下身体会比一直躺在床上舒服，下床在医院内走走或许还能调节一下情绪。

科学的饮食营养

补充蛋白质

如果你准备母乳喂养，孕40周时就要保证每天摄入80~100克的蛋白质。产前可以常喝莲藕、红枣、章鱼干、绿豆、猪爪一起煲的汤。莲藕性平，健脾开胃，益血生肌；红枣性温，补脾合胃，益气生津。临产时还可以准备一些容易消化吸收、少渣、可口味鲜的食物，如面条鸡蛋汤、面条排骨汤、牛奶、酸奶、巧克力等食物，同时注意补充水分，让自己吃饱吃好，为分娩准备足够的能量。否则吃不好睡不好，紧张焦虑，容易导致疲劳，很可能引起宫缩乏力、难产、产后出血等危险情况。

准妈妈美味营养餐

★ 荞麦面条

- **材料准备**：荞面300克，胡萝卜、紫菜、虾皮、青蒜、盐适量。
- **做法**：
1. 将荞面加水揉成面团后饧一段时间。胡萝卜和青蒜炒香。
2. 将高汤煮开，加紫菜、虾皮、盐等调味后关火。
3. 把荞面饧好后，擀成面条，将擀好的荞麦面条下到锅中煮熟，过凉水后盛入碗中，浇入汤汁，放上菜料即可。

★ 海带猪腰汤

- **材料准备**：猪腰2个，海带30克，盐适量。
- **做法**：
1. 海带泡发后洗净，切块。猪腰洗净，切片。
2. 为去除腥味，在锅内烧水，至水开时放入猪腰汆约3分钟。
3. 把海带放入锅内同煲至熟，加适量盐调味即可。

龙眼姜枣汤

- **材料准备**：龙眼肉15克，生姜10克，大枣10枚，水300毫升。
- **做法**：

1. 大枣洗净，生姜洗净，切片。
2. 将龙眼肉、生姜、大枣一起放入砂锅中，加入水，先用大火烧开后改小火，共煮约40分钟，然后拣去姜片，食用龙眼肉、大枣，并饮汤。

本周胎教重点

情绪胎教

分娩是一种幸福的痛

分娩，使生命走向辉煌，
做母亲，让女人完整。
痛苦与幸福同时存在，
降生的那一刻就注定，
一切成果一头系在幸福，
另一头系在痛苦，
——撕心裂肺的痛苦。
划破产房里一丝丝的血腥，
我听见了，从久远的年代传来，
那是一种裂帛的惨叫。
伴随着电闪雷鸣，凄风苦雨，
每一个稚嫩的生命，
都降生在母亲无助的痛苦之中。

有了母亲，出世的那一刻，
每一个幼小脆弱的生命，
不会躺在泥水里，也不会匍匐冰天雪地。
母亲会把儿女揽在怀里，
尽管母亲还在流血，还在痛苦中挣扎……
懵懂的小生命会以笑靥报答母亲，
尽管还不谙世事，也分辨不清赤橙黄绿青蓝紫。
他的梦里却已经有了颜色，
母亲，是橘黄色的温情，粉红色的呓语。
尽管人类从蒙昧的时代走来，
分娩却还例行着亘古不变的过程。
不管是顺产还是难产，母亲要承受一切，
体会着那种幸福的痛……

运动胎教
散步

这个时候不要做剧烈运动，准爸爸每天可以陪准妈妈散步，如果正赶上东北的冬天，那么也要在家里走动走动，或者慢慢上楼、下楼，这样有助于自然分娩。做简单的家务也可以，适当分散一下注意力，不要给自己不好的心理暗示，思想放松才能顺利分娩。

故事胎教
聪明的小绵羊

一只离开了羊群的小绵羊被一只大灰狼逮住了。小绵羊对大灰狼说："狼先生，今天我吃了好多青草，通过运动才能消化，使草变成肉。如果你让我跳跳舞，活动活动，我的肉不就更好吃了吗？"大灰狼听了很高兴，就答应了。"狼先生，你用铃铛给我打拍子吧！"小绵羊把铃铛解下来，递给大灰狼。大灰狼使出吃奶的力气，拼命地摇动铃铛，清脆的铃铛声随风传到了牧羊人的耳朵里。他马上带着几只牧羊犬顺着铃声找到了小绵羊，几只牧羊犬扑向大灰狼，把它咬得遍体鳞伤。小绵羊凭着机智和勇敢，脱离了危险。

小贴士

宝贝，这一次，小绵羊是凭借机智和勇敢脱险的；可下一次呢？小绵羊再也不敢离开大家了。所以，我们在佩服小绵羊机智勇敢的同时，也要吸取它的经验教训：自由散漫、脱离群体是很冒险的行为。所以，宝贝上了幼儿园以后，也要和小朋友们在一起，不能擅自离开。

名画欣赏
《亲吻》

不再猜测，不再胡思乱想，就要和他见面了……不要过分期待，也不要过分焦虑，不要把分娩看作是很困难的事情，这是一位母亲必然要接受的历练。在感到焦虑的时候，欣赏一幅名画，心绪也许会得到平静。静静地等待着他的第一声啼哭……

亲吻 /（法）阿道夫·威廉·布格罗

语言胎教
思念

《静夜思》
——（唐）李白
床前明月光，
疑是地上霜。
举头望明月，
低头思故乡。

《鹊桥仙》
——（北宋）秦
纤云弄巧，
飞星传恨，
银汉迢迢暗度。
金风玉露一相逢，
便胜却、人间无数。
柔情似水，佳期如梦，
忍顾鹊桥归路。
两情若是久长时，
又岂在、朝朝暮暮！

《三五七言》
——（唐）李白
秋风清，秋月明，
落叶聚还散，
寒鸦栖复惊，
相思相见知何日，
此时此夜难为情。
入我相思门，
知我相思苦，
长相思兮长相忆，
短相思兮无穷极，
早知如此绊人心，
还如当初不相识。

《相思》
——（唐）王维
红豆生南国，
春来发几枝。
劝君多采撷，
此物最相思。